Andreas Kossert

Masuren

Ostpreußens
vergessener Süden

Pantheon

FSC

Mix

Produktgruppe aus vorbildlich
bewirtschafteten Wäldern und
anderen kontrollierten Herkünften

Zert.-Nr. SGS-COC-1940
www.fsc.org
© 1996 Forest Stewardship Council

Verlagsgruppe Random House FSC-DEU-0100
Das für dieses Buch verwendete FSC-zertifizierte
Papier *Munken Premium* liefert
Arctic Paper Munkedals AB, Schweden.

Der Pantheon Verlag ist ein Unternehmen der
Verlagsgruppe Random House GmbH.

Dritte Auflage

Umschlaggestaltung: Jorge Schmidt, München
Satz: Ditta Ahmadi, Berlin
Karten: Peter Palm, Berlin
Druck und Bindung: GGP Media GmbH, Pößneck
Printed in Germany 2008
ISBN 978-3-570-55006-9

www.pantheon-verlag.de

Inhalt

Masuren, das unbekannte Land

EINE EUROPÄISCHE GRENZREGION
ZWISCHEN PREUSSEN, DEUTSCHLAND UND POLEN

Masuren – Ostpreußens vergessener Süden? Warum sollte ausgerechnet der Landstrich Ostpreußens, der am häufigsten von Fremden besucht und ob seiner landschaftlichen Reize gepriesen wird, vergessen sein? Und doch ist Masuren vergessen, seine Geschichte und die ehemaligen Bewohner dieser Grenzregion, die einst wie kaum eine andere Bindeglied zwischen polnischer und deutscher Kultur war. Die Geschichte des Landes und die Geschichte wie das Schicksal der Menschen, die hier einst lebten, dem Vergessen zu entreißen, nach den Spuren einer untergegangenen Ethnie Ostmitteleuropas zu suchen, dazu will dieses Buch einladen.

»Wo sich aufhört die Kultur, beginnt zu leben der Masur.« Solche Verse voller Spott und Hohn prägten über Jahrzehnte das Bild Masurens in der deutschen Öffentlichkeit. Masuren, das ferne und unbekannte Land im Osten, stand für Rückständigkeit, Armut und kulturelle Wüste an der Peripherie des Reiches und wurde absichtlich in seiner kulturellen Bedeutung herabgesetzt, belächelt und verhöhnt. Masuren hatte, so weit seine Geschichte zurückreicht, zu kämpfen mit Vorurteilen, Fehlinterpretationen und Versuchen politischer Vereinnahmung. Weder die deutsche Politik bis 1945 noch die folgende polnische Masurenpolitik nach dem Zweiten Weltkrieg räumten der Region eine gleichberechtigte Rolle ein. Masuren besaß keine politische Lobby.

Das Leben der Masuren lief gleichförmig dahin, bestimmt vom schweren Kampf ums tägliche Brot. Wer hier geboren wurde, den erwartete ein hartes Schicksal. Dagegen stand der Zauber des Landes. Ein Sohn Masurens, der Schriftsteller Siegfried Lenz, lässt die versunkene Welt Masurens in den heiteren Erzählungen »So zärtlich war Suleyken« wieder erstehen: »Meine Heimat lag sozusagen im Rücken der Geschichte; sie hat keine berühmten Physiker hervorgebracht, keine Rollschuhmeister oder Präsidenten; was hier

vielmehr gefunden wurde, war das unscheinbare Gold der menschlichen Gesellschaft: Holzarbeiter und Bauern, Fischer, Deputatar-
beiter, kleine Handwerker und Besenbinder. Gleichgültig und geduldig lebten sie ihre Tage, und wenn sie bei uns miteinander
sprachen, so erzählten sie von uralten Neuigkeiten, von der Schaf-
schur und vom Torfstechen, vom Vollmond und seinem Einfluß
auf die neuen Kartoffeln, vom Borkenkäfer oder von der Liebe.«[1]

»Reise in *die* Masuren« – diese Überschrift stand in den achtziger und neunziger Jahren verschiedentlich über Zeitungsarti-
keln und zeigt, wie weit vielen Deutschen diese alte Landschaft
entrückt ist. Die aus dem Polnischen übernommene, aber in der
deutschen Masurenrezeption unübliche Pluralkonstruktion (im
Polnischen heißt es *na Mazury*, also in die Masuren, im Deutschen
dagegen nach Masuren) offenbart Ignoranz und Unkenntnis.
Während sich jede Zeitschrift mit einer Reportage über eine Reise
»nach Toskana«, »in die Cornwall« oder »in die Flandern« maßlos
blamiert hätte, konnte sie derartige Unkenntnis vom Osten an
den Tag legen, ohne größere Kritik fürchten zu müssen. Glück-
licherweise hat sich das Blatt nach 1989 gewendet. Heute fährt
man wieder »nach Masuren« und kann dort eine einzigartige
Landschaft erleben.

»Nach Masuren« zu fahren sollte aber auch heißen, sich der
Kultur und Geschichte der hier einst lebenden Bevölkerung zu
nähern. Dieses Buch begibt sich auf die Spurensuche. Die Erkun-
dung der Geschichte Masurens versteht sich als ein Versuch, Interesse an der historisch einzigartigen Grenzkultur zu wecken, die
hier im Laufe von Jahrhunderten durch Prußen, Polen und Deutsche geschaffen wurde. Dieser Landschaft und ihren Menschen
soll hier ein Denkmal gesetzt werden.

Die deutsche wie die polnische Geschichtsschreibung haben
Masuren bislang fast ausschließlich als Objekt ihrer nationalen Be-
gehrlichkeit gesehen. Menschen und Geschichte dieses Landes
wurden entweder »germanisiert« oder »polonisiert« – eine Son-
derrolle zwischen Deutschland und Polen, eine masurische regionale Identität, war nicht erwünscht und wurde von beiden Seiten
mit allen Mitteln bekämpft. Masuren soll hier der Platz eingeräumt werden, den es in der Geschichte nie einnehmen durfte:
den eines eigenständigen, vollwertigen Subjekts. Das ist kein leichtes Unterfangen, denn Masuren und seine Geschichte waren
lange Zeit nichts weiter als ein Spielball nationalistischer Interes-

sen. Der deutsch-polnische Konflikt führte schließlich zum Untergang des Grenzvolkes zwischen Preußen, Deutschland und Polen. Damit teilen die Masuren das Schicksal vieler ethnischer, nationaler und konfessioneller Minderheiten Ostmitteleuropas, die durch den Wahn ethnischer Ausgrenzung und nationaler Vereinnahmung im 20. Jahrhundert ausgelöscht wurden. Überlebt haben hingegen die nationalen Denkkategorien.

Der Name Masuren geht auf die Siedler aus dem polnischen Herzogtum Masowien zurück. Bereits der polnische Historiker Wojciech Kętrzyński bezeichnete Masuren daher als »Mazowsze pruskie«, als preußisches Masowien. Schon im 14. Jahrhundert siedelten polnische Masowier in den südlichen und südöstlichen Gebieten des Ordensstaates und späteren Herzogtums Preußen. Masowien steht in diesem Fall als Oberbegriff für alle polnischen Regionen südlich der preußischen Grenze. Vor allem aus dem grenznahen polnischen Bug-Narew-Gebiet, der Sumpflandschaft Kurpie mit den Städten Ostrołęka, Mława, Łomża und Płock, kamen immer wieder Siedler in das südliche Preußen. Nach der Reformation in Preußen vollzogen auch die polnischen Untertanen des preußischen Herzogs den Glaubenswechsel. Der polnischsprachige Protestantismus war eine der Besonderheiten Masurens. Friedrich Krostas Definition von 1875 war daher durchaus zutreffend: »So weit also der masurische Dialect von einer evangelischen Bevölkerung gesprochen wird, ist Masuren.«[2]
    Obwohl die geografische Eingrenzung Masurens schwer festzulegen ist, stimmen deutsche und polnische Forschung darin überein, dieser Region heute die Kreise Neidenburg (Nibork, später Nidzica), Ortelsburg (Szczytno), Sensburg (Ządzbork, seit 1946 Mrągowo), Johannisburg (Jańsbork, seit 1946 Pisz), Lötzen (Lec, seit 1946 Giżycko) und Lyck (Ełk) im 1905 geschaffenen Regierungsbezirk Allenstein zuzurechnen. Weiter zählen Teile des Kreises Osterode (Ostróda) zu Masuren sowie der Kreis Oletzko (nach 1928 Treuburg, seit 1945 Olecko) und Teile der Landkreise Angerburg (Węgorzewo) und Goldap (Gołdap), die zum Regierungsbezirk Gumbinnen gehörten.
    Landschaftlich gliedert sich Masuren von Westen nach Osten in acht Zonen. Im äußersten Westen liegen die Kernsdorfer Höhen zwischen den Städten Gilgenburg, Osterode und Hohenstein, die zugleich die höchste Erhebung Masurens sowie der ehe-

maligen Provinz Ostpreußen darstellen (bis 313 Meter). Weiter östlich erstreckt sich das Hügelland zwischen Neidenburg und Soldau, das nach Osten hin zunehmend sandiger wird. Im Norden, angrenzend an das Ermland und Natangen, liegen das so genannte Obere Allegebiet und das Sensburger Höhenland, das von langen Seenketten geprägt ist. Im mittleren Masuren bestimmen Sanderflächen der Ortelsburger und Johannisburger Heide die Landschaft, die sich auf polnischem Gebiet in der Kurpischen Heide (Puszcza Zielona) bis zum Narew fortsetzt, sowie die Masurische Senke mit den größten Seen, dem Mauer-, Löwentin- und Spirdingsee. Südlich davon liegen die seearmen Höhen von Bialla, die bis nach Kolno in Polen reichen. In Richtung Südosten erstreckt sich von dort aus das ostmasurische Hügelland von Lötzen und Lyck. Den äußersten östlichen Abschluss Masurens bilden die Seesker Höhen im Kreis Oletzko, die bis 309 Meter ansteigen.

Der landwirtschaftliche Großgrundbesitz konzentrierte sich um die Kernsdorfer Höhen im äußeren Westen und entlang einer Linie, die man westlich von Sensburg nach Ortelsburg ziehen kann, da es dort die besten Böden gab. Auch die Kreise Angerburg sowie der südliche Kreis Lötzen wiesen Gutsbetriebe auf. Charakteristisch für Masuren waren jedoch eher Mittelbesitz in den Kreisen Lötzen, Lyck und Oletzko sowie kleinere Betriebe in den Heide- und Waldgebieten der Kreise Johannisburg, Ortelsburg und Neidenburg. Zu Masuren gehörte mit Johannisburg der waldreichste Kreis Ostpreußens (ein Drittel der Fläche) sowie mit Lötzen der waldärmste (ein Sechzehntel der Fläche). Das raue Kontinentalklima mit langen Wintern und kurzen, heißen Sommern ließ nur kurze Reifephasen zu. Auf den Seesker Höhenzügen im Kreis Oletzko maß man im Vergleich zu ähnlichen Landschaften die niedrigsten durchschnittlichen Jahrestemperaturen im ehemaligen Deutschen Reich. Marggrabowa verzeichnete jährlich 56,9 Tage unter dem Gefrierpunkt.[3]

Wie bei fast allen Ethnien Europas handelte es sich auch bei den Masuren um eine Mehrheitsethnie, die andere Gruppen wie Altpreußen, Deutsche, französische Hugenotten, Schotten und Salzburger assimilierte. Die ethnisch polnische Bevölkerung blieb dabei bis 1945 stets die dominierende Gruppe im Süden Preußens. Über Jahrhunderte prägte sie sprachlich und kulturell das Land und gab die entscheidenden Impulse für das, was wir heute unter Masuren verstehen.

Mit Masuren verbindet die Deutschen eine tiefe Sehnsucht. Es ist das »Land der dunklen Wälder« und der »lichten Wunder«, die heitere Stimmung aus Siegfried Lenz' Erzählungen »So zärtlich war Suleyken«, aber auch das Geschehen im Januar 1945, als sowjetische Panzer in das Land einrückten. Es war eine Geschichte voller Tragik, die sich hier abspielte und die mit dem Untergang der masurischen Ethnie endete. Aber es sind Spuren geblieben, denen eine junge, unbelastete Generation heute nachgeht.

Masuren mit seiner spezifischen ethnischen Struktur hätte – in idealer Weise – wunderbar die Brücke zwischen deutscher und polnischer Kultur bilden können, doch noch heute wird seine Geschichte aus einseitig nationalen Perspektiven betrachtet. Dabei sah schon 1870 der preußische Historiker Max Toeppen in der Geschichte Masurens den »Gegensatz und die Versöhnung« zwischen Deutschen und Polen dokumentiert. In Anlehnung an Toeppen soll die vorliegende Geschichte der Masuren das Zusammenspiel von Deutschem und Polnischem bei dieser Grenzbevölkerung zum Inhalt haben. Allein aus einer vergleichenden Analyse der nationalen Positionen kann die Dimension des nach 1870 entstandenen Konflikts um die ethnische und nationale Zugehörigkeit Masurens deutlich werden. Vor allem offenbart der Vergleich die Unversöhnlichkeit der beiden nationalen Lager, die eine Annäherung beider Seiten aus ideologischen Gründen unmöglich machte. Bis heute ist die Frage der ethnischen und nationalen Zuordnung der Masuren von starken emotionalen Reaktionen begleitet.

Die Geschichte der kleinen Grenzbevölkerung, die in den Strudel der großen Politik geriet und als Opfer zweier konträrer Nationalismen mit dem Untergang masurischen Eigenlebens zahlte, soll hier weder einem »deutschen« noch einem »polnischen« Lager zugeordnet werden. Masurens spannende und komplexe Geschichte kann durchaus als Mahnung verstanden werden – als Plädoyer für den Erhalt der Vielfalt in den Grenzregionen Europas. Den einstigen Bewohnern Masurens, die von der ethnischen Landkarte Europas verschwunden sind, sei diese Arbeit gewidmet.

MYTHOS UND WIRKLICHKEIT

Nationale Mythen überleben mit erstaunlicher Beharrlichkeit. Ihre unkritische Rezeption bestimmt bis in die jüngste Gegenwart gerade das deutsch-polnische Verhältnis. Zwar gab es schon immer heikle Punkte im Verhältnis beider Nationen zueinander, doch das nationalstaatliche Denken dominierte erst seit dem 19. Jahrhundert die Interpretation der vorangegangenen Jahrhunderte. Die deutsche Nationalhistoriografie seit Heinrich von Treitschke sah in der Geschichte des Deutschen Ordens ein langfristig kulturell überlegenes Zivilisationsmodell, während die polnische Geschichtsschreibung eine Linie von den Ordensrittern bis zu Hitler zog und aller deutschen Politik den »Drang nach Osten« unterstellte. Sinnlose Kontroversen über die ethnische und nationale Zugehörigkeit von Nikolaus Kopernikus oder Veit Stoß banden die Gelehrten beider Staaten, unzählige Abhandlungen galten dem deutschen oder polnischen Status der Hansestadt Danzig.

Auch Masuren war ein Zankapfel, auf den beide Nationen Anspruch erhoben. Am Beispiel Masurens und der unterschiedlichen Bewertung seiner Geschichte dringt man sofort zum Kern der deutsch-polnischen Beziehungen des 19. und 20. Jahrhunderts vor. Aus der ethnisch polnischen Dominanz in der masurischen Bevölkerung leitete die polnische Seite einen historischen Anspruch auf Masuren als »urpolnisches Land« (prapolskie ziemie) ab. Sowohl nach 1918 als auch nach 1945 ignorierte man die jahrhundertealten Traditionen dieser Landschaft in einem preußisch-protestantischen Staat.

Gemäß nationaler Logik war es nur folgerichtig, dass die deutsche Geschichtsschreibung wegen der unwiderlegbaren polnischen Dominanz in der mittelalterlichen und frühneuzeitlichen Besiedlung Masurens auf andere frühere Perioden zurückgriff, wenn sie den »urdeutschen« Charakter unterstreichen wollte. Neben der Betonung der herausragenden Bedeutung des Deutschen Ordens als »Kulturträger« verwies die deutsche Forschung gern auf frühgeschichtliche prußische oder vorprußische Elemente. Abstruse Konstruktionen sollten den Beweis liefern, dass lange vor den Prußen und Slawen die Goten und Germanen Masuren besiedelt hätten und die erste nachweisbare menschliche Besiedlung also eine »deutsche« gewesen sei. Nach 1933 wurde dann jeder frühgeschichtliche Wall, jedes steinzeitliche Grab zur »Stätte des Germanentums« stilisiert und der deutsche Anspruch auf diesen Siedlungsboden bis in die vorchristliche Zeit zurückgeführt. Diese Tendenz setzte sich noch nach 1945 fort.

Die polnische Seite wertete die polnische Sprache und Kultur der Masuren als Indiz für deren nationale Gesinnung, während die deutsche Seite seit der wilhelminischen Zeit den Einfluss des Polnischen in Masuren zurückzudrängen oder herunterzuspielen suchte. Schließlich leugneten die deutschnationalen Ideologen sogar, dass in Masuren Polnisch gesprochen wurde, indem sie den masurischen Dialekt der polnischen Sprache kurzerhand zum »Masurischen« erklärten. Damit entzog man sich nicht nur dem stärksten Argument der Gegner, sondern verschloss sich vorsätzlich historischen Tatsachen. Die Landschaft Masuren und das Verbreitungsgebiet der polnischen Sprache stimmen im südlichen Ostpreußen nämlich überein. Masowische Dialekte des 14. und 15. Jahrhunderts bildeten die Ursprünge des masurischen Polnisch. Mit der Einwanderung nach Preußen wurden die masurischen Polen von ihren masowischen Herkunftsregionen getrennt. Damit verloren sie den Kontakt zur polnischen Hochsprache und bewahrten den archaischen Dialekt der frühen Neuzeit, ein grammatisch einfach strukturiertes bäuerliches Idiom, das in der Aussprache wesentlich härter ist als das Hochpolnische.

Sprachlich isoliert und auf sich gestellt, gelang den Polen in Masuren keine Weiterentwicklung des Polnischen, vielmehr behalf man sich bei Neuerungen, indem man deutsche Begriffe übernahm. Beamte waren *beamty*, man ging zum *banof* (Bahnhof) und fuhr mit dem *cug* (Zug). Aus den wenigen Germanismen kann jedoch nicht auf eine deutsch-polnische Mischsprache geschlossen werden. Es handelt sich beim masurischen Polnisch auch nicht um »Wasserpolnisch«, da es im Gegensatz zu den oberschlesischen polnischen Dialekten ohne Einschränkung ein polnischer Dialekt blieb. Slawisten bescheinigen ihm eine authentischere Reinheit der polnischen Sprache als anderen Dialekten Polens. Gerade anhand des masurischen Polnisch gelang polnischen Sprachwissenschaftlern vor 1945 die Rekonstruktion von Aussprache und Satzstruktur der hochpolnischen Sprache im 16. und 17. Jahrhundert. Masurens polnische Sprache gibt einen unvergleichlichen Einblick in den bäuerlichen Alltag, der reich ist an Sagen, Märchen, Erzählungen und Liedern. Eines davon besingt das Schicksal eines Waisenkindes *Sierotka* (in masurischer Aussprache wiedergegeben):

Z kaniena na kanien	Von Stein zu Stein
Skowroneczek skaze	die Lerche springt
Tak i moje serce, tak i moje serce	so mein Herz, so mein Herz
Zawze we mnie płaze	immer in mir weint.
Ojculek z matecko	Vater und Mutter
Pod zimie sie skryli	haben sich unter der Erde versteckt
A mnie Sierotezke, a mnie Sierotezke	und mich, arme Waise, arme Waise
W swiecie zostażili.	In der Welt zurückgelassen.

Die bäuerliche Welt Masurens verharrte selbst im nationalen Zeitalter noch lange in vornationalen Strukturen. Für einen Masuren war es überhaupt kein Widerspruch, auf Polnisch stolz zu verkünden: *Jestem Prußakiem* (Ich bin ein Preuße). Die Masuren gaben bis ins 20. Jahrhundert ein Beispiel dafür, dass Sprache, Kultur und nationale Identität nicht kongruent sein müssen.

Nach 1873 verschwand die polnische Sprache schrittweise aus dem öffentlichen Leben Masurens. Trotz massiver Germanisierungsbestrebungen überdauerte sie in der mündlichen Überlieferung der dörflichen Gemeinschaften und Familien bis 1945. Den Höhepunkt der deutschen Eliminierungsbemühungen bildete das 1939 erlassene formelle Verbot, Polnisch zu sprechen. Verdrängung, Ausgrenzung und bewusste Verdrehung der historischen Tatsachen bestimmten aber auch nach 1945 die Lage. Als Hunderttausende von Masuren in die Bundesrepublik Deutschland kamen, taten die Vertriebenenverbände nichts zur Rettung und Dokumentierung der polnischen Sprache Masurens. Das war der Todesstoß: Das masurische Polnisch ist untergegangen.

Da hier dem Nationalismus kein später Sieg zuteil werden soll, sind für alle Orte die amtlichen preußisch-masurischen Bezeichnungen von 1912/13 beziehungsweise noch frühere Namen gewählt worden. Damit sind die zentralen Germanisierungsaktionen der zwanziger und dreißiger Jahre in ihrer Bedeutung auf das reduziert, was sie waren, nämlich politisch-ideologische Konstrukte, die nur eines zum Ziel hatten: die Auslöschung des slawisch-masurischen Antlitzes dieser Landschaft.

Wie sich innerhalb von hundert Jahren das Bild von den Masuren wandelte, je mehr die Ideologie im Spiel war, dokumentieren die Lexikoneinträge seit 1846. Laut Allgemeiner Deutscher Real-Encyklopädie von 1846 sprachen die Masuren als eingewanderte Polen »ein verderbtes Polnisch«. Meyers Konversations-Lexikon von 1897 bezeichnet die Masuren als »poln. Landbevölkerung im südlichen Teil der Provinz Ostpreußen sowie in den angrenzenden polnisch-russischen Gouvernements Plozk, Lomsha und in einem kleinen Teil von Suwałki«. Noch in der Hochphase der wilhelminischen Ostmarkenpolitik werden die preußischen und die polnischen Masowier auf dieselbe Weise charakterisiert: »Die Masuren sind ein biederes, von Landwirtschaft und Viehzucht lebendes Völkchen, bei dem noch patriarchalische Familienzustände herrschen. Sie gelten für fröhlich, gemütlich und

weich, kleiden sich zum Teil noch in selbstgewebtem grauen Woll-
zeug (Wand), lieben den Branntwein und verzehren meist vege-
tabilische Nahrung (Kartoffel, Pastinaken, Rüben und Mehl-
speisen).«[4]

In der Brockhaus-Ausgabe von 1932 sind die Masuren bereits
ein »Volksstamm ... mit eigener Sprache, einem polnischen, vom
Deutschen stark beeinflußten Dialekt«, und zwei Jahre später sind
sie gar ein »slaw. Volksstamm« mit polnischer »Mundart«. In Meyers Lexikon von 1939 schließlich findet sich zu den Masuren eine
verzerrte, allein ideologisch motivierte Definition, die von der
deutschen Geschichtswissenschaft bis in die jüngste Gegenwart
teilweise unkritisch rezipiert wurde. Die polnischen Masowier, die
nach Masuren kamen, sind demnach »altpreußischen Ursprungs,
wenn auch masowischer Sprache«. Dabei deklarierte die nationalsozialistische Forschung die masowischen Herkunftsgebiete in Polen als Teile der altpreußischen Gaue Galinden und Sudauen. Im
Umkehrschluss bedeutete dies, dass die polnischen Masowier
Prußen und damit keine Slawen waren. Ihre Sprache deutete man
zu einer »vom Polnischen durch ihre Altertümlichkeit völlig verschiedene slaw. Mundart« um.

Polnische Lexika betonten unter dem Stichwort *Mazowsze
pruskie* (preußisches Masowien), dass 1870 »noch 75 Prozent der
Bevölkerung polnischer Nationalität« gewesen seien und sich ihre
Zahl nur »unter dem Druck der Germanisierung« verringert
habe. Die größte polnische Enzyklopädie – die Wielka Enzyklo-
pedija Powszechna – führte 1966 »das Wirken der Verteidiger
des Polentums« an, die im 19. Jahrhundert mit ihrem Schaffen
das gesamtpolnische Augenmerk auf Masuren lenkten. Das Jahr
1945 feiert der Beitrag als Datum, an dem »Masuren ... durch die
sowjetische Armee der 1. und 2. Weißrussischen Front befreit
wurde«.

Was deutscher und polnischer Nationalismus anrichteten, offenbart sich in zynischer Weise in einem Lexikonbeitrag aus der
DDR von 1974: »Mazury: das eiszeitlich gestaltete seen- und wald-
reiche Hauptgebiet des Baltischen Landrückens in den nordostpolnischen Wojewodschaften Olsztyn und Białystok.«[5] Einen
Querverweis auf die deutsche Bezeichnung gibt es nicht. Die Bevölkerung Masurens wird überhaupt nicht mehr erwähnt – im
Osten nicht und auch nicht im Westen.

18

Die Landschaften Sassen, Galinden und Sudauen im Ordensstaat
(1225–1525)

MASUREN VOR DER ORDENSZEIT

Wann beginnt die Geschichte Masurens? Hier ist Hartmut Boockmann beizupflichten, der den Anfang der Geschichte Ost- und Westpreußens dort ansetzt, wo mit den Prußen eine erste Bevölkerungsgruppe in dieser Region auftritt, die »eine Kontinuität des Wissens der Landesbewohner von ihrer eigenen Vergangenheit«[1] hat.

Über die historischen Landschaften Sassen, Galinden und Sudauen, die ungefähr dem Gebiet des späteren Masuren entsprechen, ist wenig bekannt. Die hier lebenden Menschen zählten zu den baltischen Völkern. Ihre Existenz wurde bereits – wenn auch geografisch kaum konkret nachweisbar – von Tacitus und Ptolemäus bezeugt.

Vor der Ordensherrschaft existierten nur vage Vorstellungen über das Siedlungsgebiet der Prußen. Zum ersten Mal taucht eine schriftliche Erwähnung der Region bei dem jüdischen Reisenden Ibrahim ibn Ja'qub auf. Dieser orientalische Kosmopolit reiste zwar nur bis Magdeburg, verfasste aber während der Regentschaft Kaiser Ottos I. im Jahre 965 oder 966 einen Bericht, in dem auch die ihm persönlich unbekannten östlicher gelegenen Regionen beschrieben sind. In diesem Zusammenhang erwähnte er den Namen »Brus«.

Erste Berichte über direkte Kontakte zweier Missionare mit den Prußen stammen aus der Zeit der ersten Jahrtausendwende. Mit den Missionierungsideen Kaiser Ottos III. richtete sich das christliche Bekehrungswerk immer mehr auf die östlich des Reiches gelegenen Gebiete. Missionsreisen waren daher keine Unternehmungen religiöser Einzelgänger, sondern Bestandteil der päpstlichen und königlichen Politik.

Der erste bedeutende Kleriker, der sich um die Missionierung der Prußen bemühte, war der aus altböhmischem Adel stammende heilige Adalbert (tschechisch Vojtech, polnisch

Wojciech). Als Bischof von Prag hatte Adalbert resigniert und sich hinter Klostermauern auf dem römischen Aventin zurückgezogen. Dort traf er auf Kaiser Otto III., dessen Missionsvorstellungen er teilte. Mit nachhaltiger Unterstützung des Kaisers begab sich Adalbert in das westliche Land der Prußen, wo er 997 den Märtyrertod starb. Der polnische König Bolesław I. Chrobry kaufte den Prußen den Leichnam Adalberts ab und sorgte für dessen Überführung nach Gnesen, wo Otto III. höchstpersönlich im Jahre 1000 an der feierlichen Beisetzung des Märtyrer-Bischofs teilnahm. Wenig später erfolgte die Kanonisierung Adalberts, der zum polnischen Nationalheiligen aufstieg, durch Papst Silvester II. Noch im selben Jahr wurde Gnesen gegen den Willen der bisherigen Metropole Magdeburg zum eigenständigen Erzbistum erhoben. Damit war eine eigene polnische Kircheneinheit geschaffen, die den Prozess der polnischen Staatwerdung maßgeblich unterstützte.

Auf den heiligen Adalbert, dessen Vita von den Prußen berichtet, folgte Brun von Querfurt, der als »Erzbischof der Heiden« eine Missionsreise in das Land der Prußen unternahm. Brun gilt als der erste Christ, der in das Gebiet des späteren Masuren vordrang. Dort wurde er um 1009 in Sudauen, wahrscheinlich im östlichen Kreis Lyck, von den heidnischen Sudauern, einem Prußenstamm, erschlagen. Mit Bruns Reise beginnt die Geschichte des Christentums in Masuren, wenngleich er ebenso erfolglos war wie der heilige Adalbert: Die Prußen blieben bis zur Ankunft des Deutschen Ordens Heiden.

Immerhin wurden die Prußen nun von westlichen Chronisten wahrgenommen. Adam von Bremen berichtete in der zweiten Hälfte des 11. Jahrhunderts in seiner »Hamburgischen Kirchengeschichte« von den Prußen, obwohl er sich gar nicht bei ihnen aufgehalten hat. Vieles wurde damals ohne genaue Kenntnisse kolportiert und – religiös motiviert – idealisiert, so dass das tatsächliche Wissen von den Prußen doch sehr gering blieb. Sie verfügten über kein einheitliches Staatswesen, sondern lebten in relativ autarken Gauen und Familienverbänden. Diese uneinheitliche Struktur erleichterte dem Orden nach 1226 deren Unterwerfung. Man zählte sie zu den baltischen Stämmen, deren Sprache mit dem Litauischen, Kurischen und Lettischen verwandt war. Das Prußische besaß bis ins 16. Jahrhundert keine eigenen Handschriften. Diese fanden erst nach der Reformation durch drei

Auf der romanischen Bronzetür des Gnesener Doms ist in achtzehn Bildern das Leben des heiligen Adalbert dargestellt. Der Missionar der Prußen fand 997 auf einer seiner Missionsreisen im Nordosten Europas den Märtyrertod. Er gilt als einer der wichtigsten Heiligen der Slawen und symbolisiert wie kein Zweiter den Ursprung der polnischen Staatwerdung. Bis heute ist Gnesen das Zentrum der polnischen Kirchenprovinz, und der polnische Primas ist automatisch Erzbischof des ältesten polnischen Bistums.

Die altpreußischen Landschaften um 1200. Die Karte zeigt die prußischen Gaue und deren preußische Nachbarregionen. Masuren erstreckte sich damals über die historischen Landschaften Sassen, Galinden und Sudauen.

Übersetzungen des lutherischen Katechismus unter Herzog Albrecht von Preußen Form und Gestalt, was aber den Untergang der prußischen Sprache im 17. Jahrhundert nicht aufhalten konnte. Unmittelbar vor der Eroberung Preußens durch den Orden gliederte sich die Region in elf historische Landschaften, die Peter von Dusburg in seiner »Chronik des Preußenlandes« im 14. Jahrhundert beschreibt: Pomesanien, Warmien, Natangen, Samland, Kulmer Land, Löbau, Pogesanien, Nadrauen, Schalauen, Sudauen, Galinden und Barten. Diese Landschaften wurden von Völkern (nationes) bewohnt, was den autarken Charakter der einzelnen Regionen zum Ausdruck bringt. Nach Schätzungen Boockmanns lebten auf dem Gebiet Preußens mit dem Kulmer Land vor der Eroberung durch den Orden etwa 220 000 Menschen.

Die in Sassen, Galinden und Sudauen – dem späteren Masuren – siedelnden prußischen Stämme tauschten sich über die Grenze im Südosten mit den slawischen und baltischen Völkern aus. Lange gelang es den Galindern und Sudauern, sich äußerer Feinde zu erwehren, da ihnen die natürlichen Gegebenheiten Masurens mit den undurchlässigen Wäldern und Seen Schutz boten. Sie richteten ihren Abwehrkampf vornehmlich gen Osten, doch es zeigte sich, dass ihre verwundbare Stelle letztlich im Westen lag: Von hier aus drang der Deutsche Orden mit aller Härte gegen diese letzten Inseln prußischer Eigenständigkeit vor, um sie endgültig seinem Herrschaftsbereich zu unterwerfen.

DER DEUTSCHE ORDEN IN PREUSSEN

Zu Beginn des 13. Jahrhunderts verstärkte die Kurie ihre Missionierungsversuche in Ostmitteleuropa. Sowohl der Gnesener Erzbischof als auch der Abt von Lekno, der 1215 in Rom zum Missionsbischof geweiht wurde, sollten das Christentum nach Preußen bringen, und im Jahre 1217 rief Papst Honorius III. zum Kreuzzug gegen die Prußen auf. Aber alle diese Bemühungen blieben vergebens. Als schließlich ein weiterer militärischer Versuch masowischer Fürsten misslang, die Region zu unterwerfen, entschloss sich Konrad von Masowien 1226, den Deutschen Orden zu Hilfe zu rufen. Dieser sollte den nördlichen Nachbarn nach westlich-christlichem Verständnis befrieden und christianisieren. Die Ordensritter folgten dem Aufruf Konrads, und es gelang ihnen auch, das Land der Prußen zu erobern. Aber nun mussten die masowischen Teilfürsten und der polnische König erkennen, dass sie mit diesem Verbündeten keinen verlässlichen Partner, sondern einen Konkurrenten um die Vorherrschaft im nordöstlichen Ostseeraum gerufen hatten, dem nun für dreihundert Jahre die gestaltende Kraft des Landes zukommen sollte.

Der Deutsche Orden wurde während des Dritten Kreuzzugs 1198 als »Ordo militium hospitalis S. Mariae Teutonicorum Hierosolymitami« im Heiligen Land gegründet. 1211 rief ihn der ungarische König Andreas II. zum Kampf gegen die Kumanen nach Siebenbürgen. Als der Orden jedoch Anstalten machte, dort ein eigenes Staatswesen zu gründen, verwies Andreas ihn 1225 des Landes. So war der Hochmeister Hermann von Salza 1226 nur allzu gern bereit, das Angebot des masowischen Herzogs Konrad zu akzeptieren, das die Schenkung des Kulmer Landes vorsah. Bevor der Orden seine Aufgaben in Preußen übernahm, suchte er sich – nach den schlechten Erfahrungen mit dem ungarischen König – rechtlich abzusichern. Der erste Schritt auf diesem Weg war die Bestätigung der zukünftigen Aufgaben des Ordens in Preußen in der Goldenen Bulle von Rimini 1226. Kaiser Friedrich II. sicherte dem Orden darin alle Eroberungen in Preußen zu und hob ihn in den Stand eines Reichsfürsten. 1230 besiegelte der Vertrag von Kruschwitz (dessen Authentizität wissenschaftlich umstritten ist) die Übertragung des Kulmer Landes durch den Masowierfürsten Konrad an den Deutschen Orden. Vier Jahre später, am 3. August 1234, bestätigte Papst Gregor IX. im Vertrag von Rieti den Landbesitz des Ordens und erklärte das Gebiet zum Eigentum des Patrimonium Petri.

Da der Orden am Vierten Kreuzzug teilnahm, konnte er erst 1230 mit der ersten Burg in Thorn das Kulmer Land in Besitz nehmen. An der Weichsel und halbkreisförmig weiter an der Ostseeküste entlang umschloss er nun das noch zu erobernde Preußen von Westen und Norden. 1233 erfolgte die Gründung der Städte Kulm und Thorn. Nach der so genannten Kulmer Handfeste erfolgten fast alle späteren Stadtgründungen in Preußen. Die Handfeste geht auf einen Akt zurück, bei dem durch Handauflegen ein Vertrag gültig gemacht wird (manu firmata).[2] Für die Prußen, die ursprünglichen Bewohner Preußens, war diese Entwicklung kein Segen. Zwar setzte die Kurie im Vertrag von Christ-

Der Deutsche Orden kam im Osten durchaus nicht in eine »Große Wildnis«, sondern stieß auf eine prußische Kultur, die in den so genannten Baben überliefert ist, altpreußischen Steinfiguren, deren Bedeutung noch immer im Dunkeln liegt.

burg 1249 durch, dass die Prußen – bekehrt oder noch dem alten Glauben verhaftet – nicht zu unterdrücken seien, und den zum Christentum bekehrten Prußen sicherte der Vertrag sogar umfangreiche Freiheitsrechte zu. Die Praxis sah jedoch anders aus. Fast immer nahmen die Prußen untergeordnete Stellungen ein, und fast überall ging ihr sozialer und wirtschaftlicher Ausgrenzungsprozess mit der vom Orden geförderten Ansetzung deutschsprachiger Siedler in den neu gegründeten Siedlungen einher.

Von Anfang an beabsichtigte der Orden, sich ein eigenes Hoheitsgebiet zu schaffen und seine Abhängigkeiten von Polen und dem Reich auf ein Mindestmaß zu beschränken. Die preußischen Bistümer unterstanden deshalb nicht dem Erzbistum Gnesen, sondern dem Metropolitanbistum Riga. Dem Orden gelang es auch – und das war weit wichtiger als dieser eher formale Aspekt –, in drei der vier 1243 auf seinem Territorium gegründeten Bistümer Kulm, Pomesanien, Ermland und Samland die Domkapitel mit eigenen Mitbrüdern zu besetzen und damit eine kuriale Einmischung von außen zu verhindern. Im Innern hatte er sich vorerst der aufständischen Prußen zu erwehren. Diese erhoben sich 1260 gegen die Fremdherrschaft des Ordens, der erst nach vierzehn Jahren blutiger Kämpfe fast ganz Preußen in Besitz nehmen konnte. Bis 1283 gelangte das von den Prußen besiedelte Land vollständig in die Hand des Ordens.

Nach der Eroberung Pommerellens 1308 verlegte der Orden im darauf folgenden Jahr seinen Hochmeistersitz von Venedig in die Marienburg. Unmissverständlich bekundete er damit seinen Anspruch auf die uneingeschränkte säkulare Herrschaft über Preußen, die er nun zu festigen trachtete. Unter Hochmeister Winrich von Kniprode (1351–1382), der als Diplomat und Verwalter die Interessen des Ordens geschickt zu vertreten verstand, erreichte der Orden den Höhepunkt seiner Macht.

Immer wieder kam es zu Auseinandersetzungen mit dem Nachbarn Polen, der in der steigenden Macht des Ordens nicht zu Unrecht eine gefährliche Bedrohung sah. Spätestens mit der Taufe des litauischen Großfürsten Jagiełło (Jogaila) 1386 hatte der Orden seine Aufgabe erfüllt, denn es gab in Ostmitteleuropa keine heidnischen Territorien mehr, die befriedet werden mussten. Wollte der Orden sich in Preußen behaupten, musste er sich als weltliche Macht etablieren. Darauf richtete er von nun an alle Kraft. Zugleich setzte er seine machtpolitisch motivierten Unternehmungen fort und wurde dadurch für seine Nachbarn zu einem unberechenbaren Risikofaktor.

Einer dieser Nachbarn war der Großfürst Jagiełło, der den Grundstein für das polnisch-litauische Großreich legte und als Begründer der Jagiellonendynastie als Władysław II. Jagiełło den polnischen Königsthron bestieg. Im Mai 1409 kam es zum offenen Kampf Polen-Litauens mit dem Orden. Unter Hochmeister Ulrich von Jungingen führten die Ordensritter mit der Besetzung der Burg Driesen an der Netze den ersten Schlag. Daraufhin antwortete im Sommer 1410 das polnisch-litauische Heer, verstärkt durch masowische Truppen, mit der Besetzung großer Teile des Ordensstaates. In der berühmten Schlacht von Tannenberg – auf masurischem Boden – erfuhr der Orden am 15. Juli 1410 eine vernichtende Niederlage. Auf dem Schlachtfeld fiel auch Hochmeister Ulrich von Jungingen. Der siegreiche Władysław II. Jagiełło konnte große Teile Preußens besetzen, die er jedoch fast alle wieder aufgab.

Die Deutschen verbinden die Niederlage des Ordens mit dem Dorf Tannenberg, die Polen ihren Sieg mit »Grunwald«, dem nahe gelegenen Ort Grünfelde. Mit dem Aufkommen des modernen Nationalismus maßen beide Seiten dem Jahr 1410, in dem die erste deutsch-polnische Auseinandersetzung stattfand, hohe Bedeutung zu, denn nun folgte nach nationaler Lesart ein ständiges Ringen zwischen Slawen und Germanen um die Vorherrschaft in Ostmitteleuropa. Für die polnische Seite wurde spätestens seit Henryk Sienkiewiczs 1902 erschienenem Roman »Die Kreuzritter« (Krzyżacy) der Deutsche Orden zum Synonym für eine Zwangsgermanisierung mit Feuer und Schwert, für eine permanente Bedrohung der Slawen bis ins 20. Jahrhundert. Der polnisch-litauische Sieg von Grunwald war für sie eine moralische Genugtuung, während er in der deutschen Nationalgeschichtsschreibung eine traumatische Demütigung darstellte. Im Kontext der wilhelminischen Ostmarkenpolitik sah der Johannisburger Superintendent Paul Hensel 1910 in Masuren – symbolisiert durch das Schlachtfeld von 1410 – einen kontinuierlichen Kampf um die »Ostmark« und ein Beispiel für »das gewaltige Ringen zwischen Slawen und Germanen, welches vor 500 Jahren auf dem Schlachtfelde von Tannenberg im masurischen Kreis Osterode am 15. Juli 1410 zu einem blutigen Zusammenstoß führte«.[3]

Unter dem neuen Hochmeister Heinrich von Plauen gelang

damals ein moderater Friedensschluss, der Erste Thorner Frieden von 1411. Bis auf kleinere Gebietsverluste und ein Strafgeld behielt der Orden sein Territorium. Polens materielle Beute war gering, aber es konnte einen gewaltigen Prestigegewinn verbuchen, während der Orden politisch und moralisch nachhaltig geschwächt wurde.

Der Friede hielt nicht lange vor. Schon bald brach ein neuer Konflikt zwischen Polen-Litauen und dem Ordensstaat aus, in dessen Zentrum der Anspruch beider Seiten auf Sudauen stand und damit auch auf das spätere östliche Masuren. Nach erbitterten Kämpfen endete diese Auseinandersetzung am 27. September 1422 mit dem Frieden vom Melnosee. Der Orden verzichtete auf die von ihm besetzten litauischen Gebiete und stimmte einer Teilung Sudauens zu. Die Grenzziehung wurde noch einmal 1435 im Frieden von Brest (Brześć) bestätigt. Die in den beiden Friedensschlüssen beschriebenen Grenzverläufe zwischen Masuren und Polen-Litauen – die polnisch-ostpreußische Südgrenze – erfuhren ihre Bestätigung und behielten ihre Gültigkeit bis 1939.

Der ethnisch überwiegend deutsche Adel sowie die Städte im Ordensgebiet, die zunehmend an Einfluss gewannen, vertraten seit Beginn des 15. Jahrhunderts ihre Interessen mit wachsendem Nachdruck gegenüber dem selbstherrlichen Orden. 1440 schlossen sie sich im Preußischen Bund zusammen und stellten damit für den Orden eine innenpolitische Bedrohung dar. 1454 eskalierte der Konflikt. Die im Preußischen Bund zusammengeschlossenen Stände boten dem polnischen König Kazimierz IV. die Oberherrschaft über Preußen an. Dieser inkorporierte 1454 formal das gesamte Ordensgebiet, wobei er Adel und Städten die ihnen zugesicherten Rechte bestätigte.

Der Orden sah seinen Einfluss schwinden und empfand die innenpolitischen Tumulte als Provokation. Beharrlich weigerte er sich, der Option der preußischen Stände für die polnisch-litauische Union nachzugeben, die unter der Ordensherrschaft ihre Freiheit massiv beschnitten sahen. Der Kampf um die Vorherrschaft in Preußen gipfelte im Dreizehnjährigen Krieg zwischen Polen und dem Orden, der mit einem polnischen Sieg und dem Zweiten Thorner Frieden von 1466 endete. Diesmal musste der Ordensstaat einschneidende territoriale Veränderungen hinnehmen. Pommerellen mit Danzig, das Kulmer Land, Elbing, Marienwerder und das Ermland wurden Polen zugesprochen, wodurch das ostmitteleuropäische Großreich Polen-Litauen einen Zugang zur Ostsee erhielt. Die neugeschaffenen Wojewodschaften Pommerellen, Kulm und Marienburg wurden als »Preußen Königlich Polnischen Anteils« jedoch nicht direkt der Krone Polens unterstellt, sondern erhielten einen auf weitgehenden Freiheiten basierenden Sonderstatus, der den Hansestädten der Region eine ungeahnte Blütezeit bescherte. Das Jahr 1466 bezeichnete den Anfang vom Ende des Ordensstaates.

1511 wählte das Ordenskapitel seinen letzten Hochmeister Albrecht von Brandenburg aus der jüngeren Linie Hohenzollern-Ansbach. Der neue Hochmeister übernahm einen Orden, der unter Nachwuchsmangel litt und politisch am Ende war. Der aus Franken stammende Albrecht, dessen Mutter eine Jagiellonin war, galt als Mann von Talent. Er korrespondierte mit Osiander und später auch mit Luther, der ihm 1523 riet, den Ordensstaat in ein weltliches Herzogtum umzuwandeln und der Krone Polens zu unterstellen. Die Säkularisierung gelang: Am 10. April 1525 huldigte Albrecht feierlich seinem Onkel, dem polnischen König Zygmunt I. Stary, und wurde offiziell mit dem Herzogtum Preußen belehnt. Damit war der Ordensstaat in ein weltliches Herzogtum übergegangen.

PRUSSEN, POLEN UND DEUTSCHE IM SÜDLICHEN ORDENSSTAAT

Masuren blieb bis zur Mitte des 14. Jahrhunderts von den Unternehmungen des Ordens verschont. In dieser »Großen Wildnis« waren noch immer ganze Landstriche unbesiedelt. Erst nachdem der Orden sich im Westen und Nordwesten Preußens dauerhaft festgesetzt hatte, richtete er sein Augenmerk auch auf diese vernachlässigten Regionen im Süden und Osten. Als er sie schließlich in Besitz nahm, bediente er sich des bereits erprobten Verwaltungssystems der Komtureien.

Das Zentrum einer Komturei bildete stets eine größere Burg, die als Sitz eines Komturs und eines Ordenskonvents diente. Dem Komtur oblag die Verwaltung des Bezirks, welche Finanzen, Gerichtsbarkeit, Polizei- und Kriegswesen sowie die Beaufsichtigung der landesherrlichen Vorwerke und deren Besiedlung umfasste. Auf Grund ihrer großen Ausdehnung wurden die Komtureien in kleinere Verwaltungseinheiten, die Kammerämter, unterteilt. Diese dezentrale Struktur erhöhte die Effizienz der Verwaltung. An der Spitze der Kammerämter standen Pfleger, Vögte, Hauskomture sowie Wald- oder Fischmeister. Mit dem engmaschigen Netz von Komtureien und Kammerämtern gelang es dem Orden, sein Gewaltmonopol in allen Landesteilen zu jeder Zeit und an jedem Ort auszuüben.

Die Einnahme und Besiedlung Masurens erfolgte vom westlichen Stützpunkt des Ordens im Kulmer Land und in Pomesanien in Richtung Osten. Das benachbarte preußische Land Sassen – das spätere westliche Masuren mit den Kreisen Osterode und Neidenburg – wurde dem Orden bereits 1257 durch eine Schenkung der Herzöge von Kujawien und Masowien zugesprochen. Seit dieser Zeit gehörte der westliche Teil Masurens formal zum Ordensgebiet. Allerdings konnte von einer systematischen Inbesitznahme anfänglich nicht die Rede sein, da der Orden hier erst mehr als ein halbes Jahrhundert später erste ständige Niederlassungen gründete. Zwar fiel es dem Orden nicht schwer, die fast menschenleeren Gebiete Sassens und Galindens in Besitz zu nehmen, doch die Urwälder, Sümpfe und Seen erschwerten die Errichtung einer funktionierenden Infrastruktur. Auf größeren Widerstand stieß der Orden nur bei der Unterwerfung des östlichen Sudauen, das auch Jadwingerland genannt wurde und weit nach Polen-Litauen hineinragte. Immer wieder unternahmen die Sudauer Feldzüge in das Ordensgebiet und nach Polen, wo sie 1260 Płock zerstörten. Erst in den Kämpfen zwischen 1277 und 1283 unterlagen die Sudauer unter ihrem Fürsten Skomand als letzter einheimischer Stamm Preußens dem Orden. Damit geriet das gesamte Gebiet des späteren Masuren unter die Herrschaft der Ordensritter.

Die erste Erwähnung eines Ordensstützpunktes in Masuren findet sich in Gilgenburg 1314/1316. Der spätere Hochmeister Luther von Braunschweig verfügte noch als Christburger Komtur 1326 die Verschreibung der Stadt Gilgenburg. Damit dehnte der Orden seine Herrschaft auf den westlichsten Zipfel Masurens, den alten preußischen Gau Sassen, aus. Um einer weiteren geordneten Ansiedlung den nötigen Schutz zu gewähren, errichtete er so genannte Häuser, das waren befestigte Anlagen an strategisch wichtigen Punkten. Dem ersten Haus in Gilgenburg von 1314 oder 1316 folgten um 1323 die Gründungen der Burgen in Oste-

Anfang des 14. Jahrhunderts gelangte der Deutsche Orden in den westlichen Teil Masurens, wo er die Neidenburg gründete, zu deren Füßen die gleichnamige Stadt entstand. Dort wuchs zu Beginn des 19. Jahrhunderts Ferdinand Gregorovius auf, der 1865 seiner in Florenz lebenden und dort erkrankten ostpreußischen Freundin Pauline Hillmann ein elf Strophen langes Gedicht mit dem Titel »Schloß Neidenburg« sandte:

»Die alte Burg der Neide,
Der Heimat Stolz und Freude,
Sie will ich preisen hoch.
Ich bin aus ihrem Turme
Ein Falk, der sich im Sturme
Ins weite Land verflog.

Ein ahnend Weltbesinnen
War's, das von jenen Zinnen
Mir in die Seele floß;
Was ich gesagt, gesungen,
Hat sich hervorgeschwungen
Aus dir, du Vaterschloß.

Die Türme, die da ragen
Aus alten Rittertagen
So fest und trutziglich.
Sie waren meine Meister,
Die deutschen Heldengeister,
Die einst erzogen mich.

Ich werd' dich nimmer sehen,
Auf grünem Berg nicht stehen
Am dunklen Eichenbaum;
Nicht sehn die Wolken reisen,
Die Schwalben dich umkreisen
Wie sonst im Kindheitstraum. «

rode, 1344 in Soldau sowie 1350 in Hohenstein und Neidenburg. 1350 wird auch ein festes Haus in Ortelsburg erwähnt. Etwa zehn Jahre später erfolgte die Inbetriebnahme des südlichen Vorpostens Willenberg.

Als der Vormarsch der Ordensritter im Bereich von Ortelsburg und Willenberg abgeschlossen war, gingen sie daran, zum Schutz gegen die von Osten eindringenden Litauer von Norden her eine Burgenkette über Angerburg (1335) und Lötzen (1337) zu errichten. 1345 entstand das Haus Johannisburg (castrum sancti Johannis) am Pissek, das, vollkommen ungeschützt in der Wildnis liegend, den wichtigen Flussübergang sichern sollte. 1360/61 entstand achtzehn Kilometer nördlich von Johannisburg das Haus Eckersberg. Auf einer strategisch wichtigen Anhöhe zwischen dem großen Spirdingsee und dem Tirklosee postiert, diente es der Verteidigung des westlich und nördlich gelegenen Altsiedelgebiets und erwies sich zugleich als Schutzbastion für die weit in sudauisches Gebiet vorgeschobene Johannisburg. 1377 wird erstmals die Burg Rhein erwähnt, und 1398 folgt als vorgeschobener Posten im äußersten Südosten schließlich die Burg Lyck.

Damit war ein grobmaschiges Befestigungsnetz geschaffen, das zumindest notdürftig das eroberte südöstliche Preußen sicherte. Um die befestigten Anlagen der Pfleger und Vögte entstanden kleinere Siedlungen, aus denen sich später die ersten masurischen Städte entwickelten. 1326 wird die Stadt Gilgenburg, zwischen 1324 und 1333 Osterode, 1349 Soldau, 1359 Hohenstein und 1381 schließlich die Stadt Neidenburg erwähnt.

Die eroberten Gebiete wurden zunächst den bestehenden Komtureien angegliedert, was eine engere Anbindung an das Zentrum des Ordensstaates bedeutete. So zählten die Kreise Osterode, Neidenburg und Ortelsburg zeitweise zur Komturei Elbing, die Kreise Sensburg, Johannisburg sowie der Südteil des Kreises Lyck zur Komturei Balga. Zur Komturei Brandenburg gehörten die Kreise Lötzen, Oletzko und der nördliche Kreis Lyck. Erst seit 1341 gab es auf dem Gebiet Masurens mit Osterode eine eigenständige Komturei, der die Ämter Neidenburg, Soldau, Hohenstein, Gilgenburg, Osterode und Deutsch-Eylau zugeordnet waren.

Die planmäßige Besiedlung Masurens kam erst verhältnismäßig spät in Gang. Zum Teil hat die deutsche Forschung angenommen, dass der Orden die Wildnis als natürlichen Schutzkordon gegen Feinde aus dem Süden und Osten nutzte. Natürlich

In Lyck, im äußersten Südosten Masurens, errichtete der Deutsche Orden 1398 einen Vorposten gegen die Sudauer, die dem hegemonialen Streben des Ordens bis dahin erbitterten Widerstand geleistet hatten. Lyck nahm eine Vorreiterrolle unter den Städten Masurens ein. 1910 zählte die Gemeinde gut 13 000 Einwohner und war mit Abstand die größte der Region. Vom Kirchturm aus schweift der Blick über die mehrgeschossigen Häuser des Zentrums auf den Lycksee.

konnten Urwälder, Sümpfe und Seen ein undurchdringliches Bollwerk bilden, aber das warf keinen Gewinn ab, und den strebte der Orden an. Er wollte die natürlichen Ressourcen des Landes gewinnbringend ausbeuten, und deshalb forcierte er mit aller Kraft dessen Erschließung und Besiedlung. Der Schutzwall einer undurchdringlichen Wildnis war ihm daher höchst ungelegen, denn er erschwerte die Anwerbung von Siedlern, die bereit waren, sich den extremen Unbilden der Natur auszusetzen.

Von Westen her schritt nun langsam die Siedlungsgründung in der Umgebung der befestigten Stützpunkte des Ordens voran. Der Orden und später dann die von ihm delegierten Gutsherren machten oft Stadtbürger, die ein gewisses Vermögen vorweisen konnten, zu Lokatoren, worunter man sich so etwas wie einen Dorfgründungsunternehmer vorzustellen hat. Die Lokatoren übernahmen in den Dörfern in der Regel das Schulzenamt und wuchsen allmählich in die ländliche Oberschicht hinein. Die schriftlich fixierte Handfeste, der Gründungsakt einer Siedlung, legte Lage und Größe der Dorfschaft fest sowie die Rechte und Pflichten der zukünftigen Bewohner. Durchschnittlich erhielten die Siedler Parzellen von anderthalb bis zwei Hufen, das sind maximal 33 Hektar. Dem Schulzenhof fielen vier bis sechs Hufen, manchmal ein Zehntel des Dorfgrundes, zu. Erfolgte die Dorfgründung nach kölmischem Recht, also dem Recht der Stadt Kulm, blieben die Bauern scharwerkfrei. Ihr Beitrag an den Fiskus bestand lediglich aus einer festgelegten Steuer, während Siedler nach Magdeburger Recht zur Leistung von Spanndiensten und zusätzlichen Steuerzahlungen verpflichtet waren. Kölmische Bauern konnten ihr Land selbstständig bewirtschaften und verkaufen, und sie rangierten, da sie von Frondiensten befreit waren, in der sozialen Hierarchie der Dörfer ganz oben.

Unter den Bauern nach Kulmer und Magdeburger Recht standen die prußischen unfreien Hakenbauern, denen aber die Möglichkeit geboten war, sich freizukaufen. Daneben gab es kleinere Gutsbesitzer, die Kleinen und Großen Freien. Kleine Freie erhielten ein Kleingut und zahlten geringe Abgaben. Im Kriegsfall bestand ihre besondere Verpflichtung gegenüber dem Landesherrn im Reiterdienst mit leichten Waffen. Die Kleinen Freien waren fast ausschließlich Prußen, die sich im Gegensatz zu den prußischen unfreien Hakenbauern freiwillig dem Orden unterworfen hatten und nun mit diesem Freiheitsprivileg belohnt wurden.

Große Freie erhielten größere Güter zugesprochen und zahlten ebenso wie Kleine Freie nur geringe Abgaben. Ihnen oblag der Reiterdienst mit schweren Waffen. Große Freie übten die grundherrlichen Aufgaben über unfreie Hufenzinsbauern oder Hakenbauern aus, wobei ihnen auch die Gerichtsbarkeit über die von ihnen abhängigen Bauern zustand. Aus dieser Schicht entwickelte sich der eigentliche Landadel, der aber nur begrenzte Herrschaftsrechte besaß, da die Freien nicht wie Adlige anderer Länder ihr Land als Lehen empfingen. Im Ordensstaat blieb der Orden bis 1525 alleiniger Eigentümer des gesamten Landes.

Um den Dorfgründungen eine gedeihliche Entwicklung zu gewähren, befreite man sie in den ersten Jahren von der Steuer. Wovon hätten die Siedler diese auch zahlen sollen, da sie das Land doch erst der Wildnis abringen mussten? In reinen Waldregionen war das gar nicht möglich, so dass man zur Gründung von Beutnerdörfern überging. Beutner (Biener) arbeiteten als Imker und zahlten ihre Abgaben in Naturalien (Honig und Wachs). Sie lebten im Dorfverband mit den Bauern, zogen jedoch im Sommer in die Wälder. Dort sammelten sie in hohlen Baumstämmen gelagerte Bienenstöcke (Beuten). Der Wildhonig erfreute sich großer Beliebtheit, solange es noch keinen Zucker gab. Erst mit dem Zuckerrübenanbau seit der Mitte des 18. Jahrhunderts verlor der Honig seine wirtschaftliche Bedeutung. Neben der Land- und Bienenwirtschaft bildeten Holzhandel und -verarbeitung die ökonomische Basis der masurischen Kammerämter. Holz diente als Brennstoff sowie als Baumaterial für Zäune, Wehranlagen und Haushaltwaren. Eng mit der Holzwirtschaft verbunden war die Gewinnung von Pech, Teer, Kienöl und Rinde.

Ein Beispiel für die Gründung eines festen Hauses und einer Ansiedlung im Burgbereich ist Ortelsburg. Bereits um 1350 entstand inmitten der Wildnis die Etappenstation Ortulfsburg, benannt nach dem Elbinger Komtur Ortulf von Trier (1349–1371). Die später zur Burg ausgebaute Befestigung lag strategisch günstig, denn sie beherrschte von einer geschützten Anhöhe aus die Landenge zwischen dem Großen und dem Kleinen Haussee. Schon bald entstand für die Siedlung um diesen Außenposten, auf dem ein Pfleger saß, der polnische Name *Szczytno,* was Schild, Giebel, Spitze und Anhöhe bedeutet und daher die geografische Lage der Burg treffend beschreibt. Eine später Beutnerdorf genannte Siedlung um die Ortulfsburg wird 1360 von Ortulf von

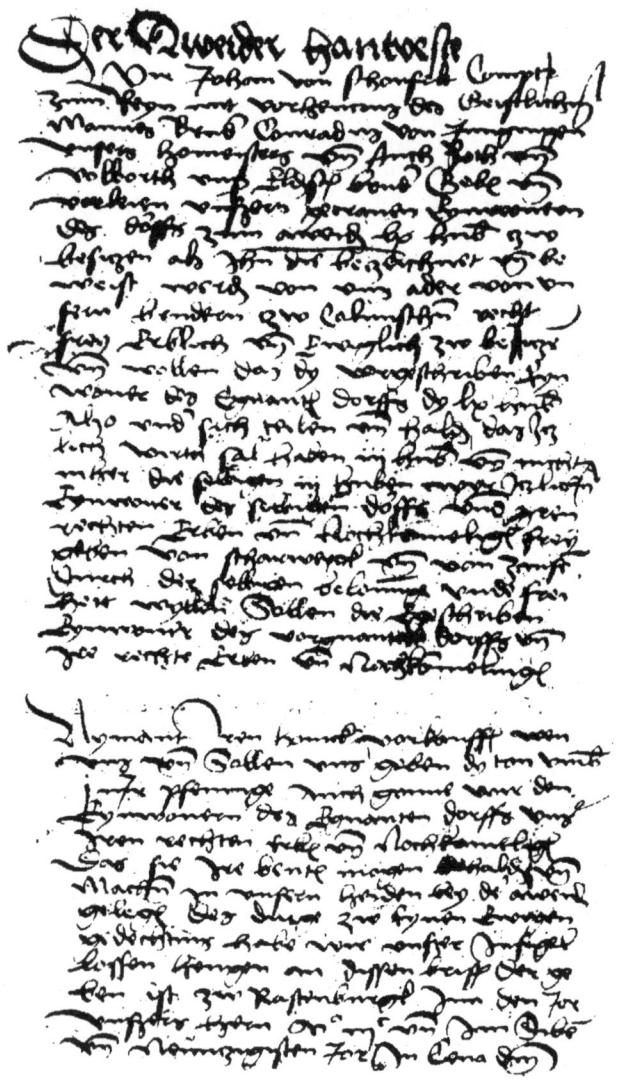

Eines der ältesten Zinsdörfer des Kreises Sensburg ist das Beutnerdorf Aweyden.
Johann von Schönfeld, Komtur zu Rhein, verlieh am Gründonnerstag (»in cena
domini«) 1397 zu Rastenburg dem Dorf seine Handfeste »zu eynen ewigen
gedechtnis«.

Trier am nördlichen Rand des Kleinen Haussees gegründet und mit polnischen Beutnern (Biener) besetzt. Dies ist eine der ältesten urkundlichen Erwähnungen ethnisch polnischer Siedlungen in Masuren. In der Handfeste von 1360 finden die ersten polnischen Siedler sogar namentlich Erwähnung (nach einer Abschrift aus dem 16. Jahrhundert): »Wyr bruder Ortolff von Tryre spitteler des ordens sente Marie des deu[t]schen haußes des spitales von Jerusalem und kumptur zcum Elbynge thun wyssenthlich und offenbar allen den, dy dysßen bryff anseen ader horen leßen, daz wyr myth wyßen, rathe und volworth [Zustimmung] unßer bruder doselbyst dy Polen haben enthfangen und sy unß gesychert und gelobeth haben, daz sy bey unß bleyben wollen und unß getraue wellen seyn, der namen hyrnach geschryben stehen Querke, Mikusch von Pivade, Swanteslaff, Sweanczey, Anderzey, Gnenur, Pauel Schzeme, Gretthyn, Domang, Vasezinicz, Reydan. Jacob Manik, Piothwey, Mykuss, Mertzin, Tforsian, Waczach, Pyortrey.«[4]

Beutnerdorf verlor seinen Status als eigenständiges Dorf erst Anfang des 20. Jahrhunderts, als es dem Stadtgebiet Ortelsburg eingemeindet wurde. Der polnische Name für Beutnerdorf, *Bartna Strona*, findet sich bis heute als Straßenname in Ortelsburg und erinnert wie der in Masuren weit verbreitete Familienname Bartnik (Beutner, Imker) an die mittelalterliche Imkertradition. Die Siedlung um die Ortelsburg erhielt jedoch nicht – wie gemeinhin üblich – das Stadtrecht. Vielmehr fiel dieses Recht 1386 an das etwa fünfzehn Kilometer westlich gelegene Passenheim, das bereits 1381 als Kirchdorf Heinrichswalde erwähnt wird. Damit ist Passenheim die älteste Stadt des mittleren und östlichen Masuren. Die Einwohnerzahlen blieben allerdings sehr bescheiden: Passenheim zählte in der späten Ordenszeit um 1500 etwa 557 Seelen, das gesamte Hauptamt Ortelsburg allerhöchstens fünftausend Einwohner.

Bis auf den östlichen Kreis Neidenburg und den südlichen Kreis Ortelsburg, die auf Grund der schlechten Bodenqualität entlang der Grenze weitgehend unbesiedelt blieben, war der masurische Westen bis zum Hauptamt Ortelsburg um die Mitte des 15. Jahrhunderts erschlossen. Von Norden her drang die planmäßige Besiedlung im Gebiet der Großen Masurischen Seen in der zweiten Hälfte des 14. Jahrhunderts vor, also in der zweiten Phase der Kolonisation durch den Orden. Im Pflegeamt Seehesten entstanden das Beutnerdorf Aweyden (1397), Seehesten

Passenheim nach einem Stich aus Caspar Hennenbergers »Erclerung der Preussischen grösseren Landtaffel oder Mappen«, Königsberg 1595. Im Vergleich zu den Städten anderer europäischer Regionen war Passenheim eher ein befestigtes Dorf. Dicht an der Stadtmauer stand die 1391 als massiver Bau errichtete Stadtkirche. Diese älteste Kirche Masurens mit ihrem wuchtigen, markanten Turm ist heute das Gotteshaus der kleinen evangelischen Gemeinde der Stadt. Sie beherbergt eine der wertvollsten Orgeln Masurens, die 1998 restauriert wurde und seither wieder im Zentrum sommerlicher Kirchenkonzerte steht.

*Heinrich Walpot von Bassenheim aus Bassenheim bei Koblenz war erster
Hochmeister des Deutschen Ordens. Unter Zeugenschaft seines Anverwandten,
Siegfried Walpot von Bassenheim, erhielt das Kirchdorf Heinrichswalde am
4. August 1386 das Stadtrecht und den neuen Namen Bassenheim. So kündet
die Stadt am Kalbensee wie andere auch von den Herkunftsregionen der Ordensritter. Zur Feier des 610. Jahrestages der Stadtgründung lud die polnische
Gemeinde Pasym (Passenheim) 1986 ehemalige Passenheimer aus Deutschland
und Vertreter der rheinland-pfälzischen Stadt Bassenheim ein, eine Geste, die
aus den Kontakten über viele Jahre erwuchs.*

(1401) und Peitschendorf (1448), die ihren Zins in Honig zahlen mussten. Als Stadt entstand Sensburg zwischen 1393 und 1407. Im Amt Rhein ist das zwischen 1392 und 1396 gegründete Eichmedien das älteste bekannte Zinsdorf, gefolgt von Arys (1443) und Gutten (1450) an der Ostseite des Spirdingsees. Mitte des 15. Jahrhunderts wies das Gebiet um die 1378 zerstörte Burg Eckersberg feste Siedlungsstrukturen auf.

Im Gegensatz zu den Zinsdörfern, die dem Orden gehörten, entstanden die Freidörfer bereits früher. Im späteren Hauptamt Lötzen beispielsweise wurde 1387 das Freidorf Groß Stürlack nach Kulmer Recht angelegt. Der Historiker Grzegorz Białuński stellte fest, dass die Erstsiedler Prußen und Polen waren, aber keine Deutschen.[5] Im Amt Johannisburg, das erstmals in einer Handfeste von 1367 erwähnt wird, lockte der Orden Siedler mit freier Fischerei und Jagd bis zu dem Lande der Litauer, »so weit die Furcht vor diesen ihnen das Jagen gestattet«.[6] Dennoch setzte in der Johannisburger Gegend außerhalb des festen Hauses erst im zweiten Viertel des 15. Jahrhunderts eine nennenswerte Besiedlung ein. 1428 wurden unter anderen die Dörfer Lissaken, Sokollen und Kowalewen gegründet. 1438 folgte Drygallen (damals Drigelsdorf) nach einem Martin Drigal, sieben Jahre später die Dörfer Gehsen, Adlig Kessel und Gentken.

Im Vergleich zu den westlichen und nördlichen Regionen Masurens war das östliche Sudauen noch verhältnismäßig dünn besiedelt. Der Landstrich wirkte auf Grund seiner schlechten Böden und der sumpfigen und sandigen Waldgebiete auf Neusiedler wenig anziehend. Zudem fielen die benachbarten Litauer häufig in das unwegsame Grenzgebiet ein. So gelang im späteren Kreis Lyck, dem äußersten südöstlichen Vorposten des Ordens, erst 1398 die Errichtung eines Hauses, und erst 1409 wird im Lycker Haus ein eigener Pfleger erwähnt. Um diese Zeit dürfte eine Siedlung am Nordufer des Lycksees entstanden sein. Eine planmäßige Besiedlung der Region begann jedoch erst nach dem Frieden von Melnosee im Jahre 1422.

Sämtliche Dorfgründungen im Lycker Raum lagen zunächst in so genannten Damerauen, einem bis 1945 erhalten gebliebenen ostpreußischem Ausdruck für Senken, die in der waldigen Wildnis die einzigen Freiflächen für Wiesen boten. Dort war die Rodung leichter und Viehzucht möglich. Hier entstanden die Freigüter Chelchen (1431), Ploczicznen (1438), Krzywen am Ray-

grodsee (1439) sowie Gollubien als östlichster Vorposten (1440).
Im Jahre 1439 folgte das Zinsdorf Neuendorf. Als erstes Zinsdorf
hatte jedoch Lyck eine Handfeste erhalten. Lokator des Dorfes bei
der gleichnamigen Burg war der Pole Bartusch Bratomil. Die Entwicklung verlief zögerlich. Noch 1483 und 1516 wird der Ort in
Urkunden als Dorf bezeichnet.

Kaum waren jedoch die ersten Erfolge der Besiedlung erkennbar, brach der Dreizehnjährige Krieg aus und machte alle
Bemühungen zunichte. Der Zweite Thorner Frieden verfügte den
Verbleib Masurens beim Ordensstaat. Nach dem Friedensschluss
von 1466 trat die Kolonisation Masurens in eine neue Phase, denn
nun wanderten in verstärktem Maße polnische Bauern und Adlige
aus dem benachbarten Masowien ein, und zugleich vollzog sich
eine Binnenkolonisation aus den westlichen Gebieten Masurens.
Der prußische Bevölkerungsanteil blieb verhältnismäßig stark,
wenn er auch nicht mehr dominant war.[7]

Die Neusiedler fanden weitaus ungünstigere Bedingungen
vor als die Bauern der frühen Siedlungsperiode. Die neue Landesordnung billigte ihnen nur wenige Freiheiten zu, so dass die
bäuerliche Abhängigkeit dramatisch zunahm. Dies war eine un-
mittelbare Folge des Dreizehnjährigen Krieges, für den der Orden Söldnerführer aus dem Reich angeheuert hatte, die er jedoch
nicht bar zu entlohnen im Stande war. Als Gegenleistung für ihre
Dienste erhielten sie nun große Besitzungen im Ordensstaat zugesprochen. Durch diese Landübernahme etablierte sich die später
für Ostpreußen charakteristische Guts- und Landadelsschicht. Sie
benötigte für ihre Güter zunehmend abhängige Bauern, wodurch
die Frondienste deutlich anstiegen. Während die Rechte der köl-
mischen Bauern erhalten blieben, entstand zwischen den Bauern
anderen Rechts und der neuen Adelsschicht ein Abhängigkeits-
verhältnis, das für die nächsten Jahrhunderte prägend sein sollte.

Was aber geschah mit der einheimischen Bevölkerung, den
Prußen? Während die polnische Seite die brutale Ausrottung der
Prußen durch den Orden beklagte, sprach die deutsche Seite von
Assimilierung und friedlicher Integration der Prußen. Es ist wohl
beides zu einem gewissen Teil wahr. Viele Prußen starben wäh-
rend der Eroberungszüge des Ordens oder während der blutigen
Niederschlagung der Prußenaufstände im 13. Jahrhundert. Den-
noch bildeten sie noch lange Zeit die Bevölkerungsmehrheit im
Ordensstaat. Boockmann schätzt, dass um 1400 im Ordensstaat

140 000 Prußen, 103 000 Deutsche und 27 000 Polen lebten.[8] Später wirkte die Integrationskraft des deutsch- oder polnischsprachigen Milieus so stark, dass sich die Prußen im Norden und Westen des späteren Ostpreußen dem deutschen, in Masuren mehrheitlich dem polnischen Kulturkreis assimilierten.

Um 1870 entbrannte ein heftiger Streit über die ethnische Struktur Masurens. Deutsche und polnische Historiker übertrugen ohne wissenschaftliche Bedenken moderne nationalstaatliche Denkmuster auf das Mittelalter. Jeglicher Forschungsansatz stand dadurch unter dem Primat politischer Legitimation. Ausgelöst wurde die Diskussion durch die kühnen Thesen des polnischen Historikers Wojciech Kętrzyński, der dem polnischen Element das größte Gewicht bei der Besiedlung Masurens zuschrieb. Daraufhin sahen sich deutsche Forscher genötigt, einen gegenteiligen Beweis zu erbringen. Der ehemalige Direktor des Königsberger Museums, Fritz Gause, untersuchte beispielsweise den Anteil polnischer Einwanderung in der Komturei Osterode. Grundlage seiner Forschungen war das zwischen 1384 und 1519 angelegte »Gilgenburg-Hohensteiner Landschöffenbuch«, das den Besitzwechsel von Gütern festhält. Mit einer sehr fragwürdigen Analyse der Namen kam er zu dem Schluss, dass vor 1466 das deutsche Element im Westen Masurens eindeutig dominierte. Nach seiner Meinung befanden sich vor 1411 kaum Polen unter den Siedlern. Erst nach 1466 »verdrängten« polnische Siedler aus Masowien und Pommerellen Prußen und Deutsche.

Gauses Argumentation von 1924 liegt das hegemoniale Denken des Nationalstaats und die Überzeugung von einer höheren deutschen Kultur zu Grunde. Demnach konnten, als der Orden »kraftvoll« die Besiedlung Preußens vorantrieb und seine Blüte erlebte, nur wehrhafte Deutsche dieses Land urbar gemacht haben. Nach der Niederlage von Tannenberg 1410 und noch einmal 1466 strömten dann Polen ins Land, nutzten die missliche Situation des Ordens aus und setzten sich billig »ins gemachte Nest«. Gauses Ausführungen münden in dem fragwürdigen Fazit: »Wie so oft im deutschen Osten, so erscheinen auch hier die Polen als Erben deutscher Arbeit und deutscher Kultur ... Der deutsche Ritter, der deutsche Bürger und der deutsche Bauer haben hier Werte geschaffen, deren Nutznießer der polnische Einwanderer wurde – damals wie heute.«[9]

Insgesamt neigte die deutsche Seite dazu, die Kolonisationstätigkeit des Ordens euphorisch zu überhöhen und ihm eine zivilisatorische christlich-westeuropäische Kultursendung zuzuschreiben. Der nichtdeutsche Anteil an der Geschichte Preußens erfuhr dagegen nur eine unzureichende Würdigung. Ein Beispiel dafür ist die Dissertation Arthur Döhrings aus dem Jahr 1910, der die Herkunft der Masuren untersuchte und seine Studie als direkte Antwort auf die polnischen Forschungen Wojciech Kętrzyńskis verstand. Döhring führte aus: »Aus fast allen Gauen Deutschlands eilten sie, die Ritter, Bürger und Bauern, auf den Ruf des siegreichen Deutschordens herbei. Mit starkem Arm und zäher Ausdauer gingen sie daran, den Urwald zu roden und das verwüstete Land für die deutsche Kultur zu gewinnen.«

Das idealisierte Bild des Zivilisation stiftenden Ordens ist allerdings weit entfernt von jeder mittelalterlichen Wirklichkeit, was im Folgenden bei Döhring noch deutlicher wird: »Wo früher in dichtem Gestrüpp wildes Getier gehaust, wo Sumpf und Moor den Schritt gehemmt, wo in kleinen Waldlichtungen armselige Hütten Menschen beherbergt, die durch Jagd, Fischfang und primitiven Ackerbau ein kärglich Dasein fristeten, dort erhoben sich nun im Schutze starker Ordensfesten von Wall und Graben umgürtete Städte, in denen der Bürger friedlich seinen Geschäften nachging, dort grüßten freundlich anmutende Dörfer, deren Bauern fleißig die planvoll angelegten Fluren bestellten ... Verschwunden waren die heiligen Haine und Opferstätten: über Kurcho und die heidnischen Mächte in Wald und Feld hatte der Christengott triumphiert. Ihm zu Ehren erhoben sich nun in Städten und Dörfern zahlreiche Kirchen und Kapellen, dort lauschten die Gläubigen der reinen Lehre. Und wem gebührt der Dank dafür, daß die christliche Kultur mit ihren friedlichen Segnungen in den einst so unwirtlichen Gegenden so schnelle und sieghafte Verbreitung fand? In erster Linie dem Deutschen Ritterorden.«[10]

Auf polnischer Seite vertrat Wojciech Kętrzyński in seiner ersten programmatischen Schrift »O Mazurach«, die allerdings nicht als wissenschaftliche Studie angelegt war, 1872 noch die national überhitzte These, Masuren sei uraltes polnisches Siedlungsgebiet, und die dort lebenden Polen bildeten die Urbevölkerung Masurens. Nach umfangreichen Quellenrecherchen im Königsberger Staatsarchiv folgte zehn Jahr später seine wissenschaftliche Studie zur polnischen Besiedlung Masurens, in der er die frühere Auffassung revidierte und den Höhepunkt der polnischen Einwanderung nach Preußen um das Jahr 1600 festsetzte, wobei er betonte, dass schon der Orden mehrheitlich Polen angesiedelt habe.[11]

Beide Nationalgeschichten hatten eines gemeinsam: Ihnen fehlte die beziehungsgeschichtliche Sichtweise mittelalterlicher Siedlungsprozesse. Noch schwerer wog vielleicht, dass sie eine Kontinuität der ostmitteleuropäischen Geschichte vom Mittelalter bis in die Gegenwart herstellten. Beide Auffassungen übertrugen moderne Nationenstereotype auf den mittelalterlichen Landes-ausbau. Dabei spielten ethnische Kriterien für den Orden noch gar keine Rolle, vielmehr lag ihm daran, die Effizienz seiner Verwaltung zu erhöhen und seine Einkünfte zu steigern.

Die Ostsiedlung war, anders als deutsche Historiker bis in die jüngste Gegenwart betonen, keine einzigartige deutsche Kulturleistung, sondern eine ganz Europa von West nach Ost überziehende Entwicklung.[12] Trotz aller Bemühungen des Ordens blieb das Interesse potenzieller Siedler an Masuren äußerst gering. Der Hauptstrom deutschsprachiger Siedler ergoss sich vielmehr in die Ordenszentren im Kulmer Land, nach Pomesanien und in die nördlichen Gebiete bis Königsberg. Aber auch dort herrschte Mangel an Siedlern aus dem Reich, so dass der Orden schon frühzeitig polnische Siedler aus Masowien benötigte. Neben den einheimischen Sassen, Galindern und Sudauern bildeten die Polen schon bald die tragende Säule der mittelalterlichen Siedlungsgeschichte Masurens.

Die polnischen Siedler, die 1360 in der Urkunde des Ortulf von Trier erwähnt werden, bildeten wohl keine Ausnahme. 1450 huldigten bereits polnische Freie aus dem Bezirk Johannisburg und den Ämtern Seehesten, Ortelsburg sowie dem Gebiet um Malga dem Hochmeister Ludwig von Erlichshausen: »Die polnischen Freien um Johannisburg gesessen, alle groß und klein, huldigten zu Peczschendorf (Peitschendorf) am Tage Assumptionis Mariae (14. August 1450).«[13] Lotar Weber erwähnte sogar Überlieferungen von 1343, wonach bereits einige Polen im Bereich von Malga ansässig waren.[14] 1480 und 1481 werden laut Investitur des Bistums Ermland die Kirchen in Lötzen, Lissewen, Bialla, Milken und Drygallen mit polnischen Pfarrern aus der Diözese Płock besetzt.[15] Für die Besetzung der ersten Ortelsburger Pfarrstelle 1485 verfügte der Bischof von Ermland, dass die Kirche vor der Burg (ecclesia in Ortelßburgk ante castrum) auf Wunsch des Pfle-

Das 1927 eingeweihte Tannenberg-Denkmal symbolisierte den Mythos vom endgültigen Triumph des Germanentums über das Slawentum. Hindenburgs Sieg bei Tannenberg hatte danach die Schmach ausgelöscht, die der polnische König Władysław II. Jagiełło über das Heer der Ordensritter gebracht hatte, als er es 1410 an ebendieser Stelle vernichtend schlug und damit den Niedergang des Deutschen Ordens einläutete. Die Deutschtums- und Heimatorganisationen täuschten nun mit Symbolen wie der Fahne der Ordensritter, dem Kreuz auf weißem Grund, die ungebrochene Kontinuität vom Mittelalter bis zur Neuzeit vor. Seit jenen Zeiten hätten die Deutschen ihre überlegene Zivilisation und Kultur in den Osten getragen. Nach Hindenburgs Tod fiel der Tannenberg-Mythos Hitler wie eine reife Frucht in den Schoß.

gers des Ortelsburger Schlosses, Johannes von Gruene, die Vokation dem Pfarrer Nicolaus aus Rzekwuye, Pfarrer der Diözese Płock (Nicola de Rzekwuye Plocensis diocesis presbytero), zu erteilen habe.[16] Die Schwerpunkte der polnischen Siedlung dürften während der Ordenszeit allerdings in den Gebieten Rhein, Johannisburg und Lyck gelegen haben, weniger in den westlichen Regionen Masurens.

Auf deutscher Seite tat man alles, um den ethnisch polnischen Einfluss herunterzuspielen. So wurden die Masowier und Masowien mit der Hauptstadt Warschau nicht als Polen bezeichnet, sondern als unabhängiges slawisches Volk und Land. Bis in die jüngste Zeit finden sich derartige Behauptungen in der populären Literatur. Reinhold Weber schrieb beispielsweise noch 1983: »Das stärkste Element in Masuren bildeten die Masowier. Die Bewohner des Herzogtum Masowien ... waren zwar mit den Polen (Poljanen) ... durch Herkunft, Sprache und Sitte verwandt und wurden deshalb in Berichten und Urkunden aus der Ordenszeit meist als Polen bezeichnet, sind aber nicht Polen im eigentlichen Sinne, sondern ein selbständiger slawischer Volksstamm ... Daher muß festgehalten werden, daß die Besiedlung des Ordenslandes, der ›Wildnis‹, nicht durch Polen, sondern durch Masowier erfolgt ist.«[17]

In Wahrheit hatten an der Besiedlung Masurens Prußen, Deutsche und Polen gleichermaßen ihren Anteil. Allerdings bleibt – wenn schon ethnische Kriterien bemüht werden – unbestritten, dass sich spätestens seit 1466 die polnischsprachige Dominanz festigte und Masuren bis ins 20. Jahrhundert nachhaltig prägte. Es gilt, was Max Toeppen 1870 schrieb, bevor der Nationalismus den Blick der Historiker trübte, »... daß sich hier neben Deutschen auch Preußen in nicht geringer und Polen in sehr großer Anzahl niederließen.«[18]

Die Große Wildnis als Teil Preußens
(1525–1701)

DAS HERZOGLICHE PREUSSEN

Die Huldigung Albrechts von Brandenburg-Ansbach vor seinem Lehnsherrn, dem polnischen König Zygmunt I. zu Krakau, war keinesfalls ein Akt der Demütigung. Vielmehr muss man es als brillanten Schachzug des Herzogs werten, dass er den nicht mehr zu rettenden Ordensstaat in ein weltliches Herzogtum umgewandelt hat. In Krakau fand 1525 die Festlegung des Lehnsverhältnisses Preußens bis 1656 statt. Die Integration des neuen Herzogtums in den Lehnsverband der Krone Polens bedeutete einen großen Erfolg für Zygmunt I.,[1] und sie war zugleich ein Zeichen religiöser Toleranz. Erstmals seit der Reformation entstand ein festes Lehnsverhältnis zwischen einem protestantischen Fürsten und einem katholischen Lehnsherrn, erstmals überhaupt ein protestantischer Staat. Die polnische Geschichtsschreibung des 19. Jahrhunderts feierte die Lehnsabhängigkeit als nationalen Triumph, doch in Wirklichkeit profitierten beide Seiten sehr nachhaltig von dieser Verbindung.

Nach Einführung der Reformation und der damit verbundenen Säkularisation des Ordensstaates heiratete der ehemalige Hochmeister und nunmehrige erbliche Herzog Albrecht 1526. Seine Biografie verblüfft bis heute: 57 Jahre hielt er die Geschicke Preußens in der Hand, vierzehn Jahre als Hochmeister des Ordens und 43 Jahre als weltlicher Herzog. Diese Kontinuität hat viel zum Gelingen der Transformation des Ordensstaates in ein weltliches Herzogtum beigetragen. Doch die Nachfolgesicherung gestaltete sich äußerst schwierig. Der einzige überlebende männliche Nachkomme Albrechts, sein Sohn Albrecht Friedrich, erwies sich als regierungsunfähig. Zwar leistete Albrecht Friedrich 1569 auf dem Reichstag in Lublin dem polnischen König den Lehnseid, doch zugleich erfolgte zur weiteren Absicherung der Herrschaft die Belehnung seines Vetters Georg Friedrich von Ansbach und des Kurfürsten Joachim II. von Brandenburg. Das schreckte die Vertreter der preußischen Stände nicht, die seit Albrechts Tod im Jahre 1568 versuchten, ihre Machtbasis in Form einer Kuratorenherrschaft auszubauen. Mit Unterstützung des polnischen Königs Stefan Bathory gelang es aber schließlich dem Letzten aus der Linie der Ansbacher Hohenzollern, Markgraf Georg Friedrich, die vormundschaftliche Regierung im Herzogtum zu übernehmen. 1578 erfolgte die offizielle Bestätigung seiner Belehnung mit dem preußischen Herzogstitel. Der polnische König wirkte also direkt bei der Herrschaftssicherung des Hauses Hohenzollern mit und verhinderte damit den Machtzuwachs der preußischen Stände.

Die administrative Anpassung an die neuen Gegebenheiten eines weltlichen Staates war schnell vollzogen. Bereits gegen Ende der Ordensherrschaft glich man die Verfassungsstrukturen denen eines Fürstenstaates an. Lokale Grundherren übten nun auch wirkliche lokale Macht aus. Aus Komtureien, Vogteien oder Pflegen wurden Hauptämter, aus den bisherigen Amtsinhabern herzogliche Amtsleute. Die Kammerämter blieben in ihrer Funktion und ihrem Namen nach vollständig erhalten. Auf dem Gebiet des späteren Masuren vollzog sich Mitte des 16. Jahrhunderts eine einzige administrative Änderung: Es entstand das Hauptamt Stradaunen. Zum neuen Amt zählten der gesamte Kreis Oletzko sowie die Kirchspiele Jucha, Kallinowen und Stradaunen im Norden des Kreises Lyck und der Ostteil des Kreises Lötzen mit den Kirchspielen Widminnen und Orlowen. Diese Gründung wertete den ostmasurischen Raum auf, der bis dahin nur spärlich besiedelt war. Einen weiteren Akzent setzte die Gründung der Stadt Marggrabowa/Oletzko 1560, nach der das Hauptamt Stradaunen schließlich in Oletzko umbenannt wurde.

Die wenigen Ordensritter, die dem Orden 1526 noch verblieben waren, traten fast geschlossen mit dem ehemaligen Hochmeister zum neuen Glauben über. Diese Loyalität dankte ihnen der Herzog mit der Verleihung erblicher Adelsbesitzungen. Unter denen, die dem katholischen Glauben treu blieben und Preußen verließen, war Herzog Erich von Braunschweig. Dafür, dass die Integration der ehemaligen Ordensritter in die neue Sphäre preußischer Nobilität ohne größere Probleme verlief, ist Friedrich Truchseß von Waldburg ein Beispiel. Er stammte aus schwäbischem Adel und trat als einer der wenigen getreuen Gefolgsleute Albrechts schon im elften Lebensjahr 1505 in den Orden ein. Un-

Herzog Albrecht von Preußen, Gemälde von Lucas Cranach d. Ä., 1528.
Herzog Albrecht war der letzte Hochmeister des Deutschen Ordens. Auf Luthers
Ratschlag hin wandelte er den Ordensstaat in ein weltliches Herzogtum um, mit
dem ihn sein Onkel, der polnische König, belehnte. Herzog Albrecht führte die
Reformation ein und lenkte 57 Jahre lang die Geschicke des Landes, das er wie
kein Zweiter prägte. Er widmete sich dem Landesausbau und bescherte Masuren
eine seiner friedlichsten Epochen.

mittelbar vor der Reformation bekleidete er das Amt des Pflegers zu Neidenburg. Herzog Albrecht beließ ihn nach 1525 auf diesem Posten, verlieh ihm aber den Titel eines Amthauptmannes. Hier zeigt sich die »starke Kontinuität der Landesverfassung und -verwaltung über den Umsturz von 1525 hinweg«.[2]

Zur Unterstützung seines Reformationswerkes holte Albrecht auswärtige Helfer ins Land. Auf Luthers Anraten berief er bereits 1523 Johannes Briesmann und Johannes Amandus nach Preußen, 1524 folgten Paul Speratus und Johannes Poliander. Bis auf wenige Ausnahmen verlief die Reformation in Preußen in ruhigen Bahnen. Bilder stürmende Massen, Klosterplünderungen und Tumulte gegen den alten Klerus waren selten.[3] Die beiden preußischen Oberhirten, der samländische Bischof Georg von Polentz und der pomesanische Bischof Erhard von Queis, stellten sich in den Dienst der Reformation. Polentz, ein Vertrauter Albrechts, der sich schon 1523 gegen den alten Glauben erhoben hatte, säkularisierte sein Bistum Samland bereits 1525, Pomesanien folgte 1527. Als Vorsitzender des Regentschaftsrates vertrat der samländische Bischof den Herzog bei Abwesenheit. Bischöfe und Domkapitel verzichteten auf ihre Territorien, behielten aber ihre geistlichen Kompetenzen.

Bereits 1525 plante Albrecht die Ausarbeitung einer neuen Kirchenordnung unter Mithilfe Luthers. Dazu kam es infolge des Bauernkrieges nicht. Luther hat das Land am Pregel nie persönlich in Augenschein nehmen können, dennoch verband ihn einiges mit Preußen: Ein Sohn des Reformators studierte auf herzogliche Kosten an der Königsberger Albertus-Universität, seine Tochter heiratete einen herzoglichen Rat, und einer seiner Schwager bekleidete den Posten eines Burggrafen von Memel.

Mit der Verabschiedung der preußischen Kirchenordnung *Repetitio corporis doctrinae Prutenicae* erfolgte die theologische Ausrichtung Preußens auf eine streng lutherische Lehre. Die Gründung der lutherischen Albertus-Universität in Königsberg 1544 verlieh der neuen Lehre institutionellen Ausdruck und verkörperte zugleich die landesherrlichen und kirchenpolitischen Ansprüche Albrechts.[4] Königsberg war nach Marburg die zweite Universitätsgründung eines evangelischen Landesfürsten. Ihr theologischer Einfluss strahlte weit über die Landesgrenzen in das ostmitteleuropäische Umfeld Polens und Litauens aus.

Georg Friedrich, mit Hilfe des polnischen Königs seit 1578

preußischer Herzog und damit Nachfolger Albrechts, hielt das Land bis zu seinem Tod 1603 in halbwegs stabiler Ordnung. Noch lebte Albrechts schwachsinniger Sohn Albrecht Friedrich, weshalb dem kurfürstlichen Brandenburger 1603 zunächst nur die Vormundschaft für das Herzogtum zufiel. Erst als Albrecht Friedrich 1618 starb, konnte der brandenburgische Kurfürst erster erblicher Herzog in Preußen werden. Seine Belehnung durch den polnischen König erfolgte zwei Jahre später. Die nächsten Brandenburger auf dem preußischen Herzogsstuhl waren Friedrich Wilhelm (1640–1688) und Friedrich III. (1688–1713), der 1701 als Friedrich I., König in Preußen, die Verschmelzung Brandenburgs und Preußens besiegelte.

Friedrich Wilhelm, in die Geschichte eingegangen als der Große Kurfürst, wählte Königsberg zu seiner Residenz, als das kurfürstliche Brandenburg von den kriegerischen Auseinandersetzungen des Dreißigjährigen Krieges heimgesucht wurde. Ihm gelang es, den Einfluss der polnischen Lehnsherrschaft und der preußischen Stände einzudämmen. Konsequent setzte er seinen absolutistischen Machtanspruch durch. Sein Drang nach Souveränität, gepaart mit absolutistischen Herrschaftsambitionen, manövrierte ihn während des Zweiten Schwedisch-Polnischen Krieges in eine riskante Lage.

Als Schwedens König Karl X. Gustav 1655 den Krieg gegen Polen aufnahm, begab sich der brandenburgische Kurfürst an seine Seite in der Hoffnung, im Bund mit dem Schweden die polnische Lehnsherrschaft abschütteln zu können. Dafür musste er zunächst die schwedische Lehnshoheit in Kauf nehmen. Aber schon nach dem schwedisch-preußischen Sieg bei Warschau gelang dem selbstbewussten Friedrich Wilhelm am 20. November 1656 im Vertrag von Labiau die Auflösung der schwedischen Lehnsherrschaft. Kaum war dies erreicht, vollzog der Kurfürst einen Seitenwechsel und stellte sich mit Polen und Russland gegen Schweden. Belohnt wurde dies mit den Verträgen von Wehlau (19. September 1657) und Bromberg (6. November 1657), die ihm schließlich die Anerkennung der preußischen Souveränität bescherten. Allerdings konnte Preußen im Falle einer Erbfolgekrise an Polen zurückfallen, das sich außerdem das Recht auf Überprüfung der rechtsgültigen Thronfolge vorbehielt. Diese formellen Einspruchsmöglichkeiten bezüglich der preußischen Souveränität endeten erst mit der ersten Teilung Polens 1772.

HOLDOWNA KLIO,
Albo
Na hołd, y przyśięgę,
którą
NIEZWTCIE ZONEMV MONARSZE
WLADISLAWOWI IV.
POLSKIEMV Y SZWEDZKIEMV
KRO LO VVI, &c. &c. &c.
wzgłędem kráin Pruſkich uczyniło
NAIASNIETSZE KSIĄŻĘ
FRYDERYK WILHELM,
MARGRABIA BRANDEBURSKI,
KVRFIRST, &c &c.
Y ná ſzczęſliwe ſię Je° K. M° iz Polſki
do Prus zwroxénie.
neł
KRZYSZTOPH KALDENBACH

W KROLEWCV,
U Jáná Reuſnerá Roku 1641.

Dass das Herzogtum Preußen seit 1525 für mehr als ein Jahrhundert zum polnischen Lehnsverband gehörte, wird in deutschen Geschichtsbüchern eher beiläufig erwähnt. Dabei war dies eine der glücklichsten Zeiten des Landes, da alle preußisch-polnischen Bemühungen auf den Aufbau im Innern gerichtet waren. Nach dem Zweiten Schwedisch-Polnischen Krieg löste Preußen sich von Polen. Noch wenige Jahre zuvor, 1641, verfasste der spätere Tübinger Poetikprofessor Christoph Kaldenbach im Auftrag Friedrich Wilhelms, des Großen Kurfürsten, eine polnischsprachige Huldigungsschrift für dessen Lehnsherrn, den polnischen König Władysław IV. Wasa.

Im Frieden von Oliva 1660 fand der schwedisch-polnische Thronstreit ein Ende, und auch das preußisch-polnische Verhältnis wurde für die nächsten hundert Jahre geregelt. In Oliva wurden die brandenburgischen Erwerbungen von 1657 – die hinterpommerschen Herrschaften Lauenburg und Bütow – als polnische Lehen bestätigt. Die Politik Friedrich Wilhelms lässt erkennen, dass er keine klare deutsche Tradition in Preußen verfolgte, denn er bewarb sich 1661/62 um die Krone Polens und war dafür sogar bereit, Brandenburg-Preußen aufzugeben.

Unter dem Großen Kurfürsten nahm Preußen seine spätere Gestalt an. Aber noch wehrten sich die preußischen Stände gegen den neuen Souverän und sympathisierten weiterhin mit der liberalen Verfassung des polnischen Lehnsverbandes, die ihnen größere Freiheiten zusicherte. Diese Teilhabe an der Macht vertrug sich jedoch nicht mit Friedrich Wilhelms absolutistischem Herrschaftsanspruch. Wollte er den preußischen Adel dauerhaft für die Krone gewinnen, musste er ihm in der Monarchie eine Aufgabe anbieten. Dies gelang ihm, indem er den Adel für das gerade geschaffene Heer und den Heeresdienst erwärmte, wo Titel und glanzvolle Karrieren winkten.

Das 1701 entstandene Königreich *in* Preußen konnte formal erst nach der ersten Teilung Polens und der Annexion des späteren »Westpreußen«, des »Preußen Königlich Polnischen Anteils«, zu einem Königreich *von* Preußen werden. König in Preußen hatte Friedrich III. auch nur werden können, weil Preußen außerhalb der Reichsgrenzen lag und die Zustimmung des Kaisers zu dieser Rangerhöhung nicht eingeholt werden musste. Im Grunde war dies ein bescheidener Titel, dem allerdings eine wichtige Aufgabe zukam: Er spornte dazu an, ihn machtpolitisch auszufüllen.

BESIEDLUNG DER GROSSEN WILDNIS

Ruhe an den Grenzen war eine unerlässliche Voraussetzung für die Besiedlung. Diese war nach 1525 gegeben, denn mit dem Lehnseid, den der preußische Herzog dem polnischen König schwor, entspannte sich das preußisch-polnische Verhältnis. Das Land erlebte eine lange Zeit des Friedens, nachdem 1545 auch der noch aus der Ordenszeit herrührende Grenzstreit im Südosten Masurens endgültig beigelegt war. An diesen Akt erinnert ein Gedenkstein an der ehemaligen Grenze zwischen dem Herzogtum Preußen und dem Königreich Polen in der Nähe des Grenzortes Prostken. Er steht hier als Erinnerung an die friedliche Beendigung des Grenzstreits. Seine Inschrift lautet:[5]

> Quando Sigismundus Patriis Augustus in oris
> primus et Albertus Marchio iura dabant
> ille iagellonis veteresque binomnis urbes
> hicque Borussorum pace regebat opes.
> Haec erecta fuit moles qua limite fines
> Signat et amborum separat arva ducum
> Anno M. D. XLV. Mense Augusto.

(Einst, als Zygmunt I. Stary in dem väterlichen Grenzlande und Markgraf Albrecht I. die Rechte ausübten und jener die alten Städte des Jagiello, dieser die Macht der Preußen in Frieden regierte, da ward diese Säule errichtet, welche die Grenzen genau bezeichnet und den Länderbesitz der beiden Herzöge trennt.)

Endlich frei von außenpolitischen Konflikten, galt Albrechts Interesse der lückenlosen Besiedlung seines Landes, die er mit großer Energie in Angriff nahm. Noch lagen umfangreiche Landstriche der Großen Wildnis wüst. Vor allem die östlichen Landschaften Masurens wiesen noch erhebliche Siedlungslücken auf. Wo der Orden sein Kolonisationswerk nicht mehr vollenden konnte, setzte der herzogliche Landesausbau die Siedlungsvorhaben fort. Für die Besiedlung der ostmasurischen Ämter Seehesten, Rhein, Lötzen und Stradaunen/Oletzko konnten Siedler aus Polen, aber auch polnischsprachige Binnenmigranten aus anderen Teilen Preußens gewonnen werden.

In der langen Regierungszeit Herzog Albrechts entstanden allein 24 Dörfer im Kreis Sensburg, darunter Ribben (1526) und Salpia (1546), im Kreis Lyck Szczeczinowen (1544), Gollubien (1553), Maleczewen (1566) und Ogrodtken (1550) und im Kreis Johannisburg Gurra (1540), Suchawolla (1563), Dziubiellen (1563) und Jegodnen (1566). Für die gesamte herzogliche Zeit (1525–1701) konnte eine stattliche Bilanz 400 neue Dörfer in den masurischen Ämtern vorweisen. An der Spitze lag der Kreis Oletzko mit 150 Dörfern, gefolgt von den Kreisen Lötzen (80), Sensburg (60), Ortelsburg (60), Lyck (40), Johannisburg (30) und Neidenburg (30). Die Zahl der Städte wuchs auf zwölf und verdoppelte sich damit. Stadtrecht erhielten später unter anderen Lötzen (1612), Ortelsburg (1616), Johannisburg (1645) und Lyck (1645).

Der Grenzstein in der Nähe von Prostken an der ehemaligen preußisch-polnischen Grenze kündet seit 1545 von der friedlichen Beilegung eines Grenzstreits. Herzog Albrecht und Zygmunt I. Stary beendeten damals einen bereits aus der Ordenszeit herrührenden Streit um die masurische Südostgrenze. Selten sah das Land friedlichere Zeiten als nach 1525.

Die Siedlungsgeschichte Masurens weist als Besonderheit die Oratzendörfer im Kreis Lyck auf. Sie entstanden zum Teil bereits in der späten Ordenszeit. Um 1500 gab es zwölf Oratzendörfer, 1539 waren es 44. Die Oratzen standen auf der untersten sozialen Stufe, verfügten über keinerlei Privilegien und waren weitgehend rechtlos. Die Bezeichnung Oratze stammt vom polnischen Wort *oracz*, was Pflüger bedeutet. Oratzen hatten die staatlichen Vorwerke zu pflügen, wo sie auch andere Hand- und Spanndienste verrichten mussten.

Etwas Besonderes war auch die Gründung Marggrabowas im Jahr 1560, zum einen, weil es sich um eine rein masurische Gründung handelte, zum anderen, weil die Stadt inmitten der spärlich besiedelten Wildnis im masurisch-polnischen Grenzraum entstand. Allein die nahe staatliche Domäne garantierte die wirtschaftliche Lebensfähigkeit der Unternehmung. Gesucht wurde zunächst ein finanzkräftiger Lokator, dessen private finanzielle Interessen sich mit denen des Staates, der ein blühendes Gemeinwesen zu schaffen wünschte, decken mussten. In Marggrabowa übernahm der polnische Gutsbesitzer Adam Woynoffsky (oder Woidoffsky) dieses Amt, der sich als Protestant aus Polen in Preußen niederließ. Die Legende will jedoch wissen – wofür die Handfeste jedoch keinerlei Anhaltspunkt bietet –, dass Herzog Albrecht mit dem polnischen König Zygmunt II. August bei der Jagdbude am Oletzkosee zusammengetroffen und zum Andenken an dieses Treffen Marggrabowa (Markgrafenstadt) und als polnisches Pendant jenseits der Grenze die Stadt Augustów (Auguststadt) entstanden seien.[6]

Albrecht hat das abgelegene Masuren durch viele Besuche ausgezeichnet. Kein anderer Landesherr kam ihm darin gleich. Als im Winter 1527/28 in Königsberg der »englische Schweiß« grassierte, wich der herzogliche Hof für einige Monate nach Ortelsburg aus. Herzog Albrecht weilte unter anderem 1533 in Johannisburg, 1541 in Lyck, 1544 in Lötzen und 1548/49 auf Grund einer Pestepidemie in Königsberg einige Zeit in der Jagdbude Puppen.

Sehr verlockend war das Leben in Masuren damals allerdings nicht. Es war beherrscht von Armut und Not, was nicht ohne Folgen blieb für die masurische Gesellschaftsstruktur. Unwegsame Landstriche und fehlende städtische Kultur begrenzten Masurens Anziehungskraft auf den Adel. Ehemalige Ordensritter sahen sich

Über Jahrhunderte bemühten sich der Deutsche Orden, die preußischen Herzöge,
Könige und Kaiser um eine flächendeckende Besiedlung Masurens, das trotz all
dieser Bemühungen eine weitgehend unberührte Naturlandschaft blieb, deren
Reize den Bewohnern Segen und Fluch zugleich waren. Sie liebten die landschaft-
liche Anmut des Landes, dessen karge Böden sie doch immer nur schlecht ernähr-
ten.

durch die Verleihung erblicher Güter in Masuren ins gesellschaftliche Abseits gestellt. Fernab von den preußischen Zentren waren sie dazu verdammt, auf schlechten Böden auszuharren. Wer konnte, überließ die ertragsarmen Böden Masurens den polnischen Bauern und zog in die fruchtbareren Landstriche des nördlichen und westlichen Preußen. Güter in größerer Anzahl fanden sich nur dort, wo Masuren direkt an deutschsprachige Regionen anschloss.

Adlige Familien deutscher Herkunft waren in Masuren die Ausnahme. Der ehemalige Johannisburger Ordenspfleger Freiherr Friedrich zu Heideck etwa blieb nach der Reformation als Hauptmann des Amtes Johannisburg, später auch zu Lötzen. Heidecks Familie siedelte in den Hauptämtern Rhein und Stradaunen, wo Herzog Albrecht dem Freiherrn Wolf zu Heideck 1564 ein Erbamt verlieh. Bereits zehn Jahre zuvor erfolgte die Verleihung der »Wildniß« Steinort im Kreis Angerburg an die Brüder Caspar, Melchior und Fabian Lehndorff, deren Familie dort bis 1945 ansässig war und viele bedeutende Persönlichkeiten hervorbrachte. Auch die Besitzungen dieser Familien lagen an der fruchtbareren Grenze Masurens. Im eigentlichen masurischen Kerngebiet hingegen blieb die polnischsprachige Bevölkerung unter sich.

Eine Besonderheit stellte das Amt Soldau dar. Das Gut Narzym und alle Besitzungen in Narzym und Bialutten mit Prusken, Dzwiersnia, Sczepka und Zworaden gehörten 1540 der polnischen Adelsfamilie Narzymski. Die auch in Masowien begüterte Familie blieb zusammen mit anderen polnischen Gutsbesitzern des Amtes Soldau und den zugehörigen Patronatskirchen nach der Reformation katholisch.

Nach 1525 spielte der preußische Adel in der Gesellschaft eine immer größere Rolle, und dementsprechend wuchs sein Einfluss. Seine Besitzungen waren ihm vom Orden verliehen worden, entweder als Dienstgüter oder als Schenkungen. Auf diese Weise hatte der Orden nach dem Dreizehnjährigen Krieg aus Mangel an Bargeld seine Söldnerführer entlohnt. Im Privileg des Indigenats sicherte sich der Adel das Monopolrecht bei der Ämtervergabe, wonach er alle vakanten Ämter im Herzogtum ohne äußere Konkurrenz selbst besetzen konnte.

Konzentrierte Macht in den Händen des Adels ging immer einher mit der Verschlechterung der Lebensbedingungen der Bauern, mit denen es in Masuren ohnehin nicht zum Besten

*Auf Masurens kargen Böden ließen sich keine großen Gutsherrschaften auf-
bauen, lediglich auf den fruchtbareren Böden im Norden gab es einige Ritter-
güter, die aber im Vergleich zu manchem ostelbischen Anwesen recht bescheiden
waren. Das Gut Moithienen im Kreis Ortelsburg wurde bereits 1468 der Familie
Küchmeister von Sternberg verliehen, die den Besitz bis zur Mitte des 18. Jahrhunderts bewirtschaftete. Ihr folgten die Familien Rogalla von Bieberstein, von
Goernitz, von Ostrowski, von Morstein und Ansbach und schließlich 1854 die
Familie John, die bis 1945 auf dem Gut saß.*

Romantisch und beschaulich war das Leben der masurischen Bauern nie. Auf kargen Böden, in Fronherrschaft lebend, fristeten sie in abgelegenen Dörfern ein kümmerliches Dasein, denn was sie ernteten, reichte schon in guten Jahren kaum zum Überleben. Aber gute Jahre waren selten. Schlechte Ernten, Epidemien und Krieg brachten immer wieder Hunger und bittere Not über das Land.

stand. Staatliche und adlige Abgaben nahmen ihnen von dem Wenigen, was der Boden hergab. Frondienste zehrten an ihren Kräften, wo sie doch nur mit Mühe ihre eigenen Felder bestellen konnten. Zu der drückenden Abhängigkeit kam nun noch die feudalistische Unterdrückung hinzu, etwa mit der 1577 in der preußischen Landesordnung festgeschriebenen Schollenbindung der Bauern. Für die dramatische Einschränkung der bäuerlichen Freiheiten trug der landsässige Adel die Hauptverantwortung.

Masurens ehemals freie Bauern, die Kleinen Freien und die Scharwerksfreien, verloren immer mehr Rechte. Gerade bei den Freien, die ursprünglich ein soziales Bindeglied zwischen Adel und Bauern bildeten, kann man die Veränderung in der preußischen Gesellschaftsstruktur gut ausmachen. Als Besitzer kleiner Güter nahmen sie in Masuren auch die niedere Gerichtsbarkeit wahr. Allerdings zerfiel ihr Besitz durch Erbteilungen so sehr, dass im Kreis Lyck ehemalige »Freigüter« ihre Bedeutung verloren. Nach Erbteilungen lebten dort zwölf und mehr Wirte nunmehr in regelrechten »Freidörfern«.[7] Je mehr sie an Bedeutung verloren, desto weniger waren sie in der Lage, die Mittlerrolle zwischen Adel und Bauern zu spielen. Das stärkte den Adel, der immer mehr Privilegien in seinen Händen konzentrierte, und machte die Bauern rechtlos.

Aber auch die landesherrliche Seite trug zum Prozess der zunehmenden Verelendung der ländlichen Bevölkerung entscheidend bei. Um der herzoglichen Kasse dringend benötigte Bareinnahmen zu sichern, verpachtete man die Domänenvorwerke an den Adel. Die Vorwerke waren bei den Ordensburgen entstanden und hatten sich nach 1525 zu staatlichen Domänen entwickelt. Allen Vorwerken waren seit der Ordenszeit scharwerkspflichtige Zinsdörfer der Umgebung zugeteilt. Bei einer Verpachtung des Domänenvorwerks erhielt der adlige Pächter das Gut mit allen umliegenden Zinsbauern, die zum lebenden Inventar zählten. Für den adligen Pächter lohnte sich das Geschäft jedoch nur, wenn er über den gezahlten Pachtzins hinaus einen Gewinn erwirtschaften konnte, und dieser Gewinn wurde vor allem aus den Bauern gepresst.

Die Unterdrückung der Scharwerksbauern erreichte ihren Höhepunkt, als Kurfürst Friedrich Wilhelm daranging, eine Armee aufzubauen. Dafür benötigte er beträchtliche Geldmittel, und so erlebte die Vorwerksverpachtung während seiner Regentschaft eine regelrechte Blüte und sicherte dem kurfürstlichen Hof direkte Einnahmen. Welche Geldmengen bei einer solchen Verpachtung im Spiel waren, lässt sich an einem Beispiel aus dem Kreis Sensburg verfolgen. 1642 erfolgte hier die Vergabe des Vorwerks Eichmedien mit den beiden dazugehörigen Zinsdörfern Eichmedien und Budzisken an Johann von Hoverbeck, kurfürstlicher Geheimer Rat am königlichen Hof in Warschau. Der Pachtkontrakt belief sich auf neun Jahre gegen einen jährlichen Zins von 2000 Mark. Eingeschlossen waren »alle Einsaßen, Mannschaft, Dienste, Scharwerke, Krug und Jurisdictionen«. 1657 erfolgte die Umwandlung in eine erbliche Verschreibung zu kölmischem Recht, »frei von allen Abgaben und Diensten« und unter Einschluss des Kirchenpatronats. Derselbe Johann von Hoverbeck erhielt von dem 1640 verstorbenen Kurfürsten Georg Wilhelm für seine geleisteten Dienste als Pfandbesitz das 81 Hufen große Dorf Barranowen im Wert von 20 000 Mark. Hierin waren sämtliche Einnahmen und Rechte eingeschlossen. Gegen Hoverbecks Verzicht auf die 20 000 Mark wurde ihm 1657 Barranowen »erblich und ewiglich frei« verschrieben.[8]

Domänenverpachtungen allein konnten die chronische Geldnot Friedrich Wilhelms jedoch nicht beheben, denn der Aufbau seines stehenden Heeres strapazierte die Staatskasse über alle Maßen. Ständig auf der Suche nach weiteren Einnahmequellen, entwickelte die kurfürstliche Regierung ein ehrgeiziges Siedlungsprojekt: So genannte Schatullsiedlungen in den Staatsforsten der masurischen Wildnis sollten den Fiskus finanziell sanieren. Unter Umgehung einer Bewilligung durch die eigensinnigen preußischen Stände schuf der Landesherr mit den Schatullbauern nur ihm direkt abgabenpflichtige Untertanen und schloss zugleich die letzten Siedlungslücken in den kargen Regionen entlang der masurischen Südgrenze. Schatulldörfer entstanden im südlichen Kreis Ortelsburg an der polnischen Grenze in Friedrichshof (1645), Willamowen (1646), Liebenberg (1654), Farienen (1662), Lipowitz (1666), Piassutten (1678) und Wawrochen (1685), aber auch in den Ämtern Johannisburg, Oletzko und Lötzen.

Die Aufgaben der Lokatoren nahmen bei der Schatullbesiedlung die Oberforstmeister wahr, wie aus einer Instruktion für den preußischen Jägermeister Heinrich Ehrenreich von Halle aus dem Jahre 1651 hervorgeht: »Über unsere von den wildnüssen undt wäldern herrührende Landereyen, die theiß unter Leute zu unserem nutzen außgethan undt besetzet worden, alß auch waß noch kunfftig wirdt können außgetahn undt mit Leuten besetzet werde, wenn imgleichen über alle unsere Wildtnüsswiesen, Landereyen undt huben um gantzen Lande Preußen, sal unser pr. Jägermeister die Jurisdiction haben, die wildtnüsswiesen undt derer Äcker durch unsere geschworenen landtmesser, selbige zu unserem nutzen, aufs höchste, wie sichs immer will thun lassen, austhun, undt diese Intraden von den Holtzschreibern in unsere Scatul berechnen lassen.«[9]

Zunächst zogen Aschbrenner in die kurfürstlichen Wälder und brannten die Rodungsflächen für die Schatullsiedlungen frei. Dann wurden die zukünftigen Siedlungsflächen vermessen und durch den Oberforstmeister meistbietend veräußert. Erst wenn die Parzellen vergeben waren, begann man mit dem Roden und Urbarmachen. Dem Oberforstmeister oblag auch die Verwaltung der Schatullsiedlungen; nach 1714 unterstanden sie direkt den Ämtern. Schatullsiedlern wurden vier bis acht steuerliche Freijahre eingeräumt. Nach Ablauf dieser Frist entrichteten sie einen »Hubenzins« sowie den Kirchenzehnten. »Chatouller« zog man jedoch auch zu Forst- und Straßenarbeiten heran. Für Nichtbauern bestand die Verpflichtung zur Entrichtung von Holzgeldern und Beutnerzins. Teer- und Pottaschebrenner sowie die Betreiber von Eisenhämmern zahlten ebenfalls mit Produkten aus ihrer Herstellung. Für die Viehbeweidung wurden von allen festgesetzte Weidegelder erhoben.

Schatullsiedler in den östlichen Ämtern, vor allem im Amt Oletzko, stammten ausschließlich aus dem Inland. Neben diesen Binnenkolonisten kamen Polen, die vor allem in die Schatulldörfer im südlichen Kreis Ortelsburg zogen. Die Siedler in dem direkt an der polnischen Grenze begründeten Schatulldorf Liebenberg waren ausschließlich Polen, die um 1700 »fast sämmtlich katholisch waren« und sich durch eine »eigenthümliche Tracht« von den Bewohnern der Umgebung unterschieden.[10] Offensichtlich hat es also in den Grenzregionen Siedler aus Polen gegeben, die dem katholischen Glauben treu blieben.

Neben den Abgaben der Bauern, dem Pachtzins und den Geldern aus Landverkäufen brachte auch die Ausbeutung der natürlichen Bodenschätze Masurens Geld in die herzogliche Schatulle. Das größte Rohstoffreservoir Masurens waren die Wälder, weshalb der Holzhandel und die Holz verarbeitende Industrie im

Zentrum der schwach ausgebildeten Wirtschaft standen. Holzasche als Grundprodukt zur Herstellung von Seifen gewann man in »Aschbuden«, wo auch Holzkohle, Teer und Pech produziert wurden.

Der sprichwörtliche Fischreichtum der mehr als tausend masurischen Seen bot vielen Fischern ein erträgliches Auskommen. Was nicht auf den heimischen Tisch kam, fand lebhaften Absatz in Polen, wo an katholischen Fastentagen eine rege Nachfrage nach masurischen Fischen herrschte. Der Vieh- und Getreidehandel hingegen spielte eine untergeordnete Rolle, da Masuren erst auf dem Weg zu einem Agrarland moderner Prägung war. Auch Handel und Gewerbe beschränkten sich noch auf die natürlichen Ressourcen der Region.

Masurens unvergleichlicher Wildreichtum lockte schon in der Ordenszeit die Landesherren. Wünschten sie ihrer Jagdpassion zu frönen, war ihnen kein Weg in die masurische Große Wildnis zu weit. Die Jagdausbeute des Jahres 1616, als Kurfürst Johann Sigismund mit seinem Hofstaat durch die Wälder pirschte, waren 672 gestreckte Hirsche, 614 Hirschkühe, 179 Wildkälber, 138 Rehe, 5 Bären, 8 Wölfe, 810 Säue, 64 Füchse, 217 Hasen, 6 Dachse und ein Marder. Die ehemaligen Ordensburgen Ortelsburg und Johannisburg hatten sich zu dieser Zeit längst in herzogliche Jagdschlösser verwandelt.[11]

Seit 1525 war Preußen ein evangelisches Land. Sollte der reformatorische Geist aber in alle Landesteile vordringen, musste die Verkündigung des Evangeliums in der Muttersprache erfolgen, und so hat Herzog Albrecht, der Spiritus rector der Reformation in Preußen, denn auch großen Wert auf Übersetzungen der wichtigsten Werke Luthers ins Polnische, Litauische und sogar ins Prußische gelegt. 1545 erschien der von Albrecht in Auftrag gegebene prußische Katechismus, eines der wenigen Dokumente in dieser Sprache, die Ende des 17. Jahrhunderts ausstarb.

Auch Masurens Pfarrerschaft hat sich um die reformatorische Literatur in polnischer Sprache verdient gemacht. Bereits 1533 wurde der polnische Kleine Katechismus in Königsberg gedruckt. Der aus Polen stammende Jan Seclutian (Seklucjan) legte 1547 die erste Übersetzung des Großen Katechismus vor, 1559 folgt das erste polnische Gesangbuch. Neben den in Königsberg gedruckten reformatorischen Schriften fanden auch die Übersetzungen

Die Stadtkultur Masurens blieb immer dem Kleinstädtischen verhaftet. Nicht die Bürger, sondern Bauern, Jäger und Fischer prägten das Land. Die ersten Dörfer entstanden an den Seen, denn dort ließ sich die karge Kost zuweilen durch eine Fischmahlzeit bereichern.

Fische aus Masuren waren in Polen zu den katholischen Fasten- und Feiertagen sehr gefragt. Aber auch weiter im Westen fanden geräucherte Maränen aus Nikolaiken Abnehmer.

*Die Winter in Masuren waren ungewöhnlich lang und streng, auf den viel-
besungenen Seen bildete sich dann eine dicke Eisschicht, was die Mühsal der
Fischer vergrößerte.*

des ebenfalls aus Polen geflohenen protestantischen Pfarrers Jan Maletius (Malecki) in Lyck seit 1537 weite Verbreitung. Sein Sohn Hieronymus, der ihm im Lycker Pfarramt folgen sollte, betrieb eine Buchdruckerei. Die Lycker Katechismusübersetzung erschien in Konkurrenz zu Seclutians Werk und erlebte einen weitaus größeren Erfolg, der sich auch auf Polen erstreckte. Das Hauptverdienst von Maletius war aber die Übersetzung von Luthers Hauspostille, die 1574 in Königsberg erschien. Als Mitarbeiter von Hieronymus Maletius besorgte Johann Radomski, Diakon und Pfarrer in Neidenburg, die Übersetzung der Augsburger Konfession, die 1561 in Königsberg erschien. In keine andere Sprache wurden im 16. Jahrhundert, so hat Walther Hubatsch festgestellt, so viele reformatorische Schriften übersetzt wie in die polnische.[12]

Bekannte polnische Pfarrer Masurens neben Seclutian und Maletius waren Andreas Samuel in Gilgenburg, später Passenheim, Stanislaus Ribinski in Wielitzken, Martin Glossa in Johannisburg und Georg Helm, fortan nach seinem Wohnort Pissanitzen Pisanski genannt. Martin Glossa wirkte zuvor als akademischer Lehrer an der Universität Krakau. Er zählte zu den ersten, so Pisanski, der in Polen »nicht nur die Lehre Lutheri annahm, sondern auch im Lande verbreitete«. Herzog Albrecht lernte Glossa 1546 auf einer Reise durch Polen kennen und warb ihn zusammen mit Seclutian und Andreas Samuel für den Pfarrdienst in Preußen. 1550 erhielt Glossa die Johannisburger Pfarrstelle.[13]

Schon bald nach 1525 wurden in Preußen Archidiakone und Erzpriester berufen, die den beiden Bischöfen bei der Visitation der Ämter helfen sollten. 1529 wird beispielsweise der Rastenburger Pfarrer Michael Meurer mit dieser Aufgabe betraut. Erzpriester gab es auch in Lyck, Neidenburg, Hohenstein und Angerburg. Bis zur endgültigen Auflösung der preußischen Bischofsämter 1587 gehörte Masuren zum Bistum Pomesanien.

Aber die Verkündung des Evangeliums bedarf auch des angemessenen Ortes, und so lag dem Herzog Albrecht die Gründung neuer Kirchspiele im großräumigen Masuren kaum weniger am Herzen. Im Kreis Oletzko entstanden Kirchen in Marggrabowa, Czychen, Mierunsken, Schareyken, Schwentainen und Wielitzken, im Kreis Lyck in Ostrokollen, Grabnick und Klaussen, im Kreis Lötzen in Neuhof, Rydzewen, Orlowen und Widminnen, im Kreis Johannisburg in Groß Rosinsko, im Kreis Sensburg in Eichmedien und Schimonken, im Kreis Ortelsburg in Kobulten, Flammberg

Im westlichen Masuren gab es bereits in der späten Ordenszeit viele Pfarrkirchen, so dass nach der Reformation nur wenige neue Gotteshäuser entstanden. Die Kirche von Kandien wird bereits im 15. Jahrhundert erwähnt, ihre heutige Gestalt erhielt sie aber erst drei Jahrhunderte später. 1809 wurde Kandien ein Filialkirchspiel von Neidenburg.

Auch Narzym gehört zu den vorreformatorischen Kirchspielen Masurens. Die Pfarrkirche ist eine der zwölf Kirchen des Neidenburger Kreises, die schon in der Ordenszeit entstanden. Wie in vielen Landkirchspielen Masurens war die Andacht hier bis zum Ersten Weltkrieg polnisch, erst von 1840 an wurde einmal im Monat ein Gottesdienst in deutscher Sprache abgehalten.

und Friedrichshof sowie im Kreis Neidenburg in Bialutten, Groß Gardienen, Groß Koslau, Groß Lensk, Malga, Muschaken, Groß Przellenk und Szczuplienen.

Aber wie sollte man die lutherische Reformation in das polnischsprachige ländliche Masuren tragen, wenn der Pfarrer nicht polnisch sprach? Bereits in den ersten Jahrzehnten nach der Reformation offenbarte sich der Mangel an qualifizierten polnischsprachigen Pfarrern, der sich bis ins 20. Jahrhundert fortsetzen sollte. Zunächst behalf man sich mit Übersetzern, so genannten Tolken (prußisches Wort), die mancherorts gar den Pfarrer ersetzten. Die mühsame und langwierige Übersetzung während der Gottesdienste war dem neuen Glauben aber wenig zuträglich und ließ die zwischen Gemeinde und Pfarrer nötige Vertrautheit gar nicht erst aufkommen. Wo aber die Seelsorge ungenügend war, hatten Schwärmer und Sekten leichtes Spiel. Dieser Gefahr begegnete der Herzog, indem er herzogliche Stipendien für 24 Theologen an der Universität Königsberg stiftete, von denen sieben polnischsprachigen Kandidaten vorbehalten waren.

Wo aber sollten die polnischsprachigen Kandidaten herkommen? Es gab ja kein Bildungswesen, das solche Kandidaten hervorbringen konnte. Im 16. Jahrhundert lassen sich erst ganz zaghafte schulische Anfänge nachweisen. So wirkte Hieronymus Maletius Mitte des 16. Jahrhunderts nicht nur als Pfarrer, sondern auch als Schulrektor in Lyck. Ferner werden in Passenheim (1569), Angerburg (1570) und Lötzen (1574) Schulen genannt. Es ist davon auszugehen, dass es in allen Kirchdörfern Ansätze einer Parochialschule gab, über die allerdings wenig bekannt ist.

Bereits 1587 entstand in Lyck eine Provinzialschule für polnischsprachige Kinder zur »Unterweisung der Knaben in lateinischer und auch in polnischer Sprache«, die auf das Universitätsstudium vorbereitete. 1599 erfolgte die Umwandlung dieser Institution in eine Fürstenschule, die damit neben Saalfeld stand, wo die deutschsprachigen, und Tilsit, wo die litauischsprachigen Hochschulanwärter ausgebildet wurden. Zwischen 1544 und 1700 immatrikulierten sich fast 1200 Studenten aus den acht masurischen Kreisen.

In Preußen entwickelte sich seit der Reformation eine gewisse Form religiöser Toleranz, die bis ins 19. Jahrhundert unterschiedlichen Gruppen Zuflucht gewährte. Freilich beschränkte sich diese Toleranz auf verfolgte Protestanten und einige Freikirchler; Katholiken begegnete man mit größter Skepsis und Ablehnung, während Juden in Masuren überhaupt nicht siedeln durften. Im 16. Jahrhundert fanden polnische und böhmische Protestanten Asyl in Preußen. Böhmische Brüdergemeinden existierten – wenn auch nur kurzzeitig – seit 1548 in Gilgenburg, Soldau, Hohenstein und Neidenburg.

Auch Arianer, die im 17. Jahrhundert ihre größten Erfolge in Polen feierten, fanden in Masuren Zuflucht, nachdem sie 1658 per Edikt aus Polen verwiesen worden waren. Die Arianer lehnten die Trinitätslehre ab, weswegen auch die Bezeichnungen »Antitrinitarier« und »Unitarier« im Umlauf waren. Obwohl sie Jesus Christus als Heiland und Erlöser verehrten, kam Gottvater eine höhere Bedeutung zu. Der Sohn war nach ihrem Verständnis dem Vater nicht ebenbürtig. Schon bevor die polnischen Arianer in Masuren Zuflucht fanden, gab es dort eine kleine Anhängerschaft, zu der auch der Neidenburger Pfarrer Joachim Senftenberg gehörte.

Von der Ausweisung aus Polen waren besonders viele Adelsfamilien betroffen, die treu zum Arianismus hielten und in Masuren eine neue Heimat fanden. Obwohl die lutherische Orthodoxie streng an der Dreieinigkeit festhielt, zeigte sich Preußen den Arianern gegenüber tolerant. So scheute sich der preußische Statthalter Fürst Boguslaus Radziwiłł als Calvinist nicht, den 1661 nach Preußen geflüchteten Arianer Zbigniew Morsztyn (um 1628–1689) zum kurfürstlichen Rat zu ernennen. Ohne Zweifel verlor Polen mit Morsztyn, der sich auf einem Gut in Rudowken, Amt Rhein, niederließ, einen seiner bedeutendsten Barockdichter. Sein »Lied in großer Pein« ist ein Wehklagen über das Schicksal der aus Polen vertriebenen Arianer und ihr unstillbares Heimweh:[14]

> Du hast gesehen, unser Gott, wie schwer wir schieden,
> wie ungern wir das Vaterland, die Scholle mieden,
> uns trennten von den Nachbarn, Freunden und Verwandten;
> wie schwer es war, zu lassen Haus und was wir kannten,
> all das, was grausam uns die Menschen weggenommen,
> arm sind wir, irrend ihnen nur mit Not entkommen.
> …
> Uns bricht das Herz, von ferne ist dies kaum zu leiden,
> sind wir auf Irrfahrt doch, im Elend, kaum bekleidet,
> ein Los, um das kein Mensch uns wahrlich je beneidet.

Der ebenfalls zum kurfürstlichen Rat berufene Arianer Samuel Przypkowski erhielt das Dorf Andreaswalde (Kozinowen, masurisch Andressewa) im Amt Johannisburg. Andreaswalde entwickelte sich zum masurischen Zentrum der Arianer. Die Dorfgemeinschaft bestand aus polnischen Arianern, die sich auch in den benachbarten Ortschaften Pogorzellen, Turowen, Piertrzycken, Rakowken, Krzywinsken, Gutten und Borken sowie in den Ämtern Lyck und Rhein niederließen. 1665 fand im Dorf Kessel, Amt Johannisburg, eine Synode der Arianer statt. Bis zur Mitte des 18. Jahrhunderts lebten noch etwa siebzig Arianer in Andreaswalde und zwanzig in Rudowken, insgesamt jedoch kaum mehr als hundert in ganz Preußen. Noch 1776 beantragten sie den Bau einer Kirche, was Friedrich II. ihnen gewährte. 1803 löste sich die Gemeinde endgültig auf.[15]

Deutsche Darstellungen sahen in der Reformation lange Zeit eine »geistige Mauer gegen Polen, die sich allmählich zu einem unüberwindlichen Bollwerk auswuchs«.[16] Davon kann gar keine Rede sein, es sei denn, man übersieht die Rolle, die Königsberg und Masuren für die Verbreitung reformatorischer Schriften und den polnischen Buchdruck insgesamt spielten. Es gibt auch keine Anhaltspunkte für die bis heute wiederholte Behauptung, nach 1525 habe eine polnische Einwanderung nur noch punktuell stattgefunden.[17] Vielmehr hat sich, was Wojciech Kętrzyński bereits 1882 feststellte, die polnische Sprache in Ostpreußen erst nach 1600 nennenswert ausgebreitet. Zwar gab es bereits eine beträchtliche polnischsprachige Binnenwanderung, doch auch die Einwanderung aus Polen war stattlich. Im 17. Jahrhundert erlebte die polnische Sprachgrenze dann ihre weiteste Ausdehnung nach Norden. Polnisch wurde in den masurischen Kreisen gesprochen und in den ermländischen Kreisen Allenstein und Bischofsburg sowie im Bereich des herzoglichen Preußen in den Kreisen Rastenburg, Darkehmen, Gerdauen und Goldap. Zwischen 1607 und 1646 wurde in Insterburg in Polnisch gepredigt, in Zinten zwischen 1543 und 1630, ebenso in Pillupönen, Bartenstein und Saalfeld. Die Steindammer Kirche in Königsberg bot bis ins 20. Jahrhundert polnische Gottesdienste für masurische Zuwanderer an.

Wie stark die polnische Sprache nach 1600 auf dem Vormarsch war, zeigt das Beispiel des Amtes Angerburg. Während die erste Kirchenrechnung nach der Reformation nur einen Polen verzeichnete, zählte die Gemeinde 1694 insgesamt 426 deutsche und 2567 polnische Gläubige beim Abendmahl. Wenige Jahre später – 1725 – bemerkte der Angerburger Amthauptmann, dass sämtliche Bewohner des Amtes »einzig und allein der polnischen Sprache« mächtig seien.[18] Polen und die polnische Sprache waren aus dem Leben Masurens nicht mehr wegzudenken. In vielen masurischen Städten gab es eine »polnische Straße« (Willenberg), ein »polnisches Tor« (Lyck), eine »polnische Kirche« (Osterode) oder die »polnische Vorstadt« (Ortelsburg).

Wie sehr das Polnische in Masuren vorherrschte, wird in der Kirchenvisitation von 1581 deutlich. Die Pfarrbibliothek in Arys bestand aus vier grundlegenden Büchern. Neben dem in deutscher Sprache verfassten »Opus« von Ottomar Epplin, einem Hofprediger Albrechts, gab es drei polnische Werke: die Bibel, eine Kirchenordnung und das »Corpus Doctrinae«.[19] Dem Herzog Georg Friedrich huldigten 1578 die Ämter Seehesten, Rhein und die Stadt Sensburg in deutscher und polnischer Sprache.[20] Es gibt zahlreiche Beispiele für die noch weitgehend unbekannte Trennung zwischen »Masuren« und »Polen«, etwa die 1587 gegründete Lycker Provinzialschule, wo Polen und Masuren unterrichtet wurden. Nach einer Visitation dieser Schule im Jahr 1638 notierte der Protokollant, »die verderbte masurische Sprache abzustellen und dafür die reine polnische zu introduciren«.[21] Die Obrigkeit bemühte sich also, das literarische Hochpolnisch zu unterrichten und den Verfall in Dialekte zu unterbinden. In der zweiten Hälfte des 17. Jahrhunderts taucht erstmals der Begriff »polnische Ämter« für weite Teile Masurens auf. Es sind dies die Ämter Rhein, Seehesten, Lötzen, Angerburg, Lyck, Oletzko, Johannisburg, Ortelsburg, Hohenstein, Osterode, Neidenburg und Soldau – also das gesamte spätere Masuren.

DIE TATAREN UND DER ZWEITE SCHWEDISCH-POLNISCHE
KRIEG IM HISTORISCHEN GEDÄCHTNIS

Während Mitteleuropa im Dreißigjährigen Krieg versank, blieb das herzogliche Preußen von diesem Inferno des 17. Jahrhunderts weitgehend verschont. Nur der westliche Teil des Kreises Osterode geriet während des Ersten Schwedisch-Polnischen Krieges zeitweilig unter schwedische Besatzung, so dass seine Bewohner unter den Plünderungen der durchziehenden schwedischen, polnischen und brandenburgischen Truppen zu leiden hatten. Während des Zweiten Schwedisch-Polnischen Krieges von 1656 bis 1660 wütete die Kriegsfurie dann umso erbarmungsloser in Masuren und lähmte das Land vollständig.

Das Bündnis Kurfürst Friedrich Wilhelms mit Schweden hatte spätestens nach der Schlacht von Warschau den Zorn des polnischen Königs heraufbeschworen und ihn zu einem Feldzug gegen den aufbegehrenden preußischen Lehnsvasallen veranlasst. Unter dem Befehl des litauischen Unterfeldherrn Wincenty Gosiewski fiel im Herbst 1656 ein vereintes polnisch-litauisches Heer in Preußen ein und fügte dem Kurfürsten wie den Schweden am 8. Oktober 1656 am Lyckfluss bei Prostken eine vernichtende Niederlage zu. Anschließend zogen die Sieger plündernd und brandschatzend durch die südlichen Ämter. Besonders grausam sollen die im polnisch-litauischen Heer kämpfenden Tataren dabei zu Werke gegangen sein, so dass die Verwüstung Masurens schließlich auf den »Tatareneinfall« zurückgeführt wurde. Tatsächlich erlebte die Landschaft Masuren einen Niedergang, wie er sich erst während der beiden Weltkriege wiederholen sollte.

Die Glorie des Sieges, der Triumph des Feldherrn, der Große Kurfürst oder der polnische König, das alles drang kaum zu den Menschen Masurens vor. Über sie brachte der Krieg nur Tod, Elend, Zerstörung und Angst. Kein Krieg konnte so gerecht sein, dass er die Bilanz dieses Schreckens rechtfertigte: Mehr als die Hälfte der Masuren fanden in den Jahren 1656/57 den Tod. 23 000 wurden erschlagen, 3400 in die Sklaverei verschleppt, und 80 000 fielen Pest und Hunger zum Opfer. Dreizehn Städte, 249 Dörfer, Flecken und Höfe sowie 37 Kirchen lagen nach dem Krieg in Schutt und Asche.[22] Fast alle Städte Masurens wurden ein Raub der Flammen: Lyck, Johannisburg, Marggrabowa, Lötzen, Rhein, Sensburg, Ortelsburg, Willenberg, Passenheim und Soldau brannten bis auf die Grundmauern nieder.

In den ersten Oktobertagen des Jahres 1656 brandschatzten die Tataren die Kirchengemeinden des südöstlichen Kreises Lyck. Allein im Kirchspiel Ostrokollen starben über 1400 Menschen (bei dem nahe gelegenen Dorf Gortzitzen gab es später eine Flurgemarkung Tatarenschanze), im Kirchspiel Pissanitzen fanden 54 Einwohner den Tod, 329 gerieten in die Sklaverei. Der Kallinower Pfarrer Baranowski wurde in die Sklaverei verschleppt und endete elendig auf einer Sklavengaleere vor Kreta. Wenn auch die meisten Bürger der Stadt Lyck in der alten Ordensburg auf der Seeinsel Zuflucht fanden, als ihre Stadt niedergebrannt wurde, überlebte nur jeder zweite Bewohner des Kreises Lyck das Inferno. Die Bevölkerungszahl sank von maximal 14000 auf rund 7300. Von Lyck aus zogen die Tataren weiter in das Amt Johannisburg, wo neben Johannisburg die Orte Bialla, Drygallen, Rosinsko und Kumilsko in Flammen aufgingen. Im Kirchspiel Eckersberg brannten alle Dörfer lichterloh, 55 Gemeindeglieder traten den schweren Weg in die Sklaverei an.

Im November 1656 setzten die Tataren zu einem zweiten Sturm auf Masuren an. Diesmal traf es vor allem das Hauptamt Neidenburg. Die Städte dieser Landschaft – Gilgenburg, Soldau, Willenberg und Passenheim – brannten nieder. In Muschaken wurde der Pfarrer Elias Vulpius massakriert. In Passenheim drangen die Tataren über den bis 1945 als Tatarenweg bezeichneten westlichen Zugang bis vor die Mauern der Stadt. Anfänglich schien es, als könnten die Passenheimer die überlegenen Feinde abwehren, doch dann wagten sie einen Ausfall aus der befestigten Stadt, der ihnen zum Verhängnis wurde. Im Handumdrehen nahmen die tatarischen Belagerer die Stadt in Besitz, ermordeten alle, derer sie habhaft werden konnten, und brannten Passenheim am 19. Dezember 1656 bis auf die massive Ordenskirche nieder.

Ein Augenzeuge der Passenheimer Ereignisse war Christoph Hartknoch (1644–1687). Sein Vater Andreas hatte das städtische Predigeramt inne. Dem zwölfjährigen Christoph gelang die Flucht aus einem Schulfenster über den zugefrorenen See in den nahe gelegenen Wald, wo er sich tagelang versteckt hielt. Der in Jablonken geborene Hartknoch wurde später einer der bedeutendsten Historiker der Geschichte Ost- und Westpreußens. Er studierte in Königsberg, verdingte sich einige Jahre als Hauslehrer und erhielt 1677 einen Ruf als Professor an das Thorner Gymnasium. Hartknochs Interesse galt der preußischen Landesgeschichte, das er mit seinem bekanntesten Werk »Alt und Neues Preußen« (Königsberg 1684) krönte. Viele seiner Pläne machte der frühe Tod zunichte.

Eine dritte Heimsuchung durch die Tataren erlebte Masuren im Februar 1657. Zwar konnte sich die Stadt Johannisburg ihrer Gegner erwehren, doch das unbefestigte umliegende Amt wurde grausam verwüstet. Dann traf es die Hauptämter Rhein und Löt-

*Christoph Hartknoch wurde 1644 in Jablonken geboren. In Passenheim, wo
sein Vater Pfarrer war, erlebte er als Zwölfjähriger den Einfall der Tataren, vor
denen er sich mit knapper Not in die Wälder rettete. Hartknoch wurde später
zu einem der Nestoren der altpreußischen Geschichtsschreibung und genießt noch
heute auf polnischer wie auf deutscher Seite hohes Ansehen. Am bekanntesten
wurde sein Werk »Alt und Neues Preußen«, das 1684 in Königsberg erschien.
Schon drei Jahre später verstarb Hartknoch in Thorn.*

zen. In Rhein blieb nur das Schloss verschont, Lötzen brannte am
10. Februar 1657 bis auf Schloss, Kirche und Rathaus nieder. In
Groß Stürlack wurde Georg Friedrich Schenk Freiherr von
Tautenburg, Erbherr auf Steinhof, Deguhn, Faulheyde und Stürlack, auf einem Stein zerhauen. Einen Tag später, am 11. Februar
1657, erschlugen die Tataren in Angerburg mehr als zweihundert
Einwohner.

Kaum waren die Tataren abgezogen, wütete die Pest in Masuren. Im Kirchspiel Kallinowen, das beim Tatareneinfall 1656 insgesamt 800 Tote zu beklagen hatte, fielen ein Jahr später der Pest
noch einmal 635 Menschen zum Opfer. Im Kirchspiel Osterode
raffte die Pest in den Jahren 1656/57 insgesamt 679 Einwohner
dahin. Auf die Pest folgten Hungersnöte, Vieh- und Pferdeseu-
chen. Im großräumigen Kirchspiel Johannisburg gab es 1657 kein
einziges Pferd mehr.[23]

Wer die »Tatareneinfälle«, die Plünderungen und die Pest
überlebte, suchte nun häufig sein Glück in anderen Regionen
Preußens. In weiten Teilen der Lötzener Gegend lagen mehr als
drei Viertel der Bauernhufen »wüst«,[24] in ganz Masuren waren die
dörflichen Strukturen um die Mitte des 17. Jahrhunderts weitgehend zerstört.

Über das Schicksal der vielen tausend Verschleppten ist nur
wenig bekannt. Ein Albrecht Niedzwiecky kam erst nach vierzehnjähriger Gefangenschaft 1671 wieder in seine Heimat im Amt
Lyck. In das Amt Oletzko kehrte Andreas Kowalski ebenfalls 1671
nach vierzehn Jahren in türkischer Gefangenschaft aus Konstan-
tinopel zurück. Dort stand er bei einem reichen Türken in der
Vorstadt Kassim Pascha in Diensten, bis er sich schließlich freikaufen konnte.[25]

Wer die Schrecken überlebte oder gar aus der Sklaverei
zurückkehrte, zählte zu den wenigen Glücklichen in einem ge-
schundenen Land voller Elend und Not, die Anlass hatten, zum
Dank für ihre Rettung der Kirche zu stiften. In Eckersberg spende-
ten die Schulzen (polnisch *woyt*) der Dörfer Dziubiellen, Tuch-
linnen und Chmielewen 1656 und 1659 zwei Altarleuchter aus
Zinn, die eine polnische Inschrift trugen: »Te liche darowane do
kościoła okortowskiego« (Diese Leuchter sind der Eckersberger
Kirche dargebracht).[26]

Im historischen Gedächtnis der masurischen Bevölkerung
spielten die Schreckensjahre des Tatareneinfalls eine große Rolle.

Wüste Bauernhufen im Amt Lötzen nach dem Tatareneinfall von 1657

Ort	Besetzte Hufen	Wüste Hufen
Kleszewen	5	40
Groß Konopken	2	47
Kruglinnen	5	30
Marczinawolla	13	37
Milken	6,5	33,5
Spirgsten	12	33
Stasswinnen	11	34
Sulimmen	8	38
Szczyballen	4	29
Talken	7	29
Upalten	2,5	39,5
Gesamt	76	390

Mitte des 19. Jahrhunderts sammelte der Lehrer Martin Gerss mündlich überlieferte Erzählungen aus der Tatarenzeit, die zeigen, wie tief die Erinnerung an die Jahre 1656/57 in die Herzen der Masuren eingebrannt war. Diese Jahre erfuhren eine Dämonisierung und bildeten schließlich einen festen Bestandteil im antipolnischen Kanon des 19. und 20. Jahrhunderts. »Die« Polen wurden nämlich im Laufe der Zeit mit den Tataren gleichgesetzt und standen damit für die »Gefahr aus dem Osten«. Reinhold Weber schrieb noch 1983: »Gleich blutdürstenden Raubtieren durchzogen Tataren das arme Masuren. Mord, Brand und Verwüstung bezeichneten ihren Weg. Wer nicht fliehen konnte, wurde niedergehauen oder in die Sklaverei verschleppt.«[27]

Bei Gortzitzen im Kreis Lyck hielt sich bis 1945 die Bezeichnung Tatarenschanze, ebenso im Wald zwischen Jedwabno und Hartigswalde im Kreis Neidenburg. Ein Tatarenstein bei Neidenburg und ein Tatarenweg bei Passenheim erinnerten an wahre Begebenheiten oder Sagen aus jener schrecklichen Zeit.[28] Zwischen Lyck und Neuendorf lag ein Tatarensee. Hier hatten sich die Lycker der Sage nach in den Wäldern versteckt. Doch sie wurden verraten, von den Tataren zum Seeufer gedrängt, niedergestochen und in den See geworfen. Dieser soll sich blutrot gefärbt haben und hieß deshalb fortan »blutiger See« oder »Tatarensee«, die Anhöhe am See »Tatarenberg«. Auch Siegfried Lenz erzählt in seinem Roman »Heimatmuseum« die Sage vom Tatarensee.

Um den Tatarenberg bei Lyck rankt sich jedoch noch eine

andere Sage, die der Sammlung Max Toeppens von 1867 entnommen ist: »Als die Tartaren in Preußen einfielen (1656, 1657) und das Land weithin plündernd, mordend und brennend durchzogen, schonten sie doch die kräftigsten Männer, die ihnen in die Hände fielen, um sie mit sich in die Gefangenschaft zu schleppen. Nach der Eroberung von Lick wurde eine Schaar gefangener Männer gebunden fortgeführt nach dem nächsten Walde, wo die Tartaren auf einem Berge Rast zu halten und zu nächtigen gedachten. Zuvor aber veranstalteten sie ein Zechgelage und sprachen dem erbeuteten Getränke eifrig zu, bis sie berauscht und erschöpft zu Boden sanken und in tiefen Schlaf verfielen. Diesen Augenblick benutzten die treuen Frauen der Gefangenen, schlichen durch das Gebüsch heran, zerschnitten ihren Männern die Bande und befreiten sie so aus ihrer preßhaften Lage. Die aber tödteten die berauschten Tartaren mit ihren eigenen Schwertern und kehrten mit ihren Frauen von dem Tartarenberge nach Lick zurück.«[29]

In Wirklichkeit waren die Masuren nur selten die Sieger. Ein altes Kirchenlied, dessen Text nur im masurischen Polnisch verbreitet war, besang in 41 Strophen die entsetzliche Tragödie dieses Krieges. Bis ins 20. Jahrhundert hat es als Volkslied die Erinnerung an diese Zeit wach gehalten. Metaphernreich beschrieb der Komponist Pfarrer Thomas Molitor, was er in seiner Kirchengemeinde Groß Rosinsko, Kreis Johannisburg, erlebte. Molitor amtierte von 1656 bis 1682 in der Gemeinde und hat also auch in der schlimmen Nachkriegszeit in Masuren ausgeharrt:[30]

O wehgemutes Vaterland, du sollst durch Tränen waten
und Preußen, ihr, erinnert euch an euren großen Schaden,
als 1656 ganz wie eine Brücke
die vielgestalt Heere bannten eure Blicke.

Ein fremdes, unbekanntes Volk aus heidnischen Gefilden,
kam, einem Adler gleich, geflogen, alles zu vertilgen:
Ganz unvermutet drang es tief in ahnungslose Gaue,
erstürmte donnernd sie auf raschem Ross mit großem Hauen.

Mal hier, mal dort sie Dörfer, Häuser, Korn und Scheunen sengten,
die Kirchen sie brandschatzten und zu Schutt und Asche sprengten:
Sie raubten und entwanden Kleider, Geld und auch die Pferde.
Und hinterließen nichts als Not auf Preußens Erde.

…

Doch die Tataren, dieses elend' Volk, sie jagten
so toll, daß niemand sich vor ihrem Ingrimm zu schützen wagte:
Durchkämmten sie doch unerbittlich alle Wiesen, Felder,
zu finden die Versteckten, gleich ob dort, ob in den Wäldern.

Die, deren sie dann habhaft wurden, köpften sie mit Degen,
den Müttern rissen sie den Säugling fort, die düstren Schergen:
Gleich, was die Mütter jetzt erblicken, kann nur Tränen lohnen.
Sie bitten flehentlich den Himmel, doch ihr Kind zu schonen.

Doch kennt der Heide kein Erbarmen, keine Gnade,
getrieben nur von seinem schrecklich' Trotz auf seinem Pfade:
Er reitet los, die Mutter ward ans Pferd gebunden,
der arme Säugling liegt verlassen und geschunden.

Die *polnischen Ämter* im Königreich Preußen (1701–1815)

ALTPREUSSEN BIS 1815

Seit dem Ende des 17. Jahrhunderts erfasste ein emsiger Wettlauf das Reich: Jeder deutsche Fürst wollte es dem französischen Sonnenkönig gleichtun. Als Ausdruck absolutistischen Machtstrebens entstanden in Hannover, Dresden und Berlin kleine Versailles. Nichts war zu teuer, wenn es darum ging, den Fürstenhöfen eine royale Note zu verleihen. Dazu gehörte aber auch der Titel eines Königs, denn nur durch ihn erfolgte eine innere Anlehnung an die Ideale des *Roi Soleil*.

Zuerst gelang Hannover und Sachsen die heiß ersehnte Standeserhöhung, und Brandenburg geriet im ewigen Wettlauf der Fürstentümer unter Zugzwang. Solange die Kaiserwürde im Alten Reich völkerrechtlich weiterbestand, kam eine eigenmächtige Standeserhöhung auf reichszugehörigem Gebiet aus diplomatischen Erwägungen nicht in Betracht. Hannovers Ausweg aus dem Dilemma führte über England, Sachsens über Polen, Brandenburg verfiel aus Mangel an anderen Alternativen auf das außerhalb der Reichsgrenzen gelegene Altpreußen. Die Hauptstadt Königsberg erhielt den Status einer preußischen Krönungsstadt und sah 1701 die Selbstkrönung Friedrichs III. zum König Friedrich I. in Preußen. Die Erhöhung bezog sich also nur auf das spätere Ostpreußen.

Der Aufstieg Brandenburg-Preußens zur Großmacht gelang durch drei lange absolutistische Regentschaften, die in ihrer Reihenfolge wie füreinander bestimmt schienen. Seit 1640 legten der Große Kurfürst und Friedrich I. die äußeren Grundlagen für den Machtanspruch auf die Königswürde. Nach der Erhebung zum Königreich sicherte Friedrich Wilhelm I. (1713–1740) durch die innere Festigung des Landes den weiteren Aufstieg. Auch wenn ihn die spätere Geschichtsschreibung vorwiegend nach seiner grotesken Äußerlichkeit wertete, zählte er zu den begabtesten und erfolgreichsten Vertretern eines dynamischen und versachlichten

Absolutismus. Er mied kriegerische Auseinandersetzungen und setzte alle Kraft in den Aufbau eines effizienten Verwaltungssystems, das gemäß seinem absolutistischen Herrschaftsideal ein zentralisiertes System war. Erst sein Sohn Friedrich II. (1740 bis 1786) beendete die friedliche Zeit, indem er die Schwäche Österreichs ausnutzte und in Schlesien einfiel.

Über Ostpreußen brachte Friedrichs unglückliche Verstrickung in den Siebenjährigen Krieg (1756–1763) eine Katastrophe, denn Preußen, das auf Seiten Englands kämpfte, sah sich auf dem Kontinent von feindlichen Mächten umringt (Frankreich, Österreich, Sachsen-Polen und Russland). Seit 1758 stand die gesamte Provinz Ostpreußen unter russischer Hoheit und blieb es bis Kriegsende 1763.

Wieder kehrte der Krieg nach Masuren zurück, wieder wurde die Bevölkerung Opfer der Politik ihres eigenen Königs. Doch dieses Mal war trotz hoher Kontributionszahlungen das Los der Zivilbevölkerung erträglich. Das russische Besatzungsregime verhielt sich human, größeres Blutvergießen konnte verhindert werden. Äußerlich blieb fast alles beim Alten, selbst die preußische Verwaltung verlor ihre Befugnisse nicht. 1772 erfolgte unter Federführung Friedrichs II. mit der ersten Teilung Polens die Annexion Ermlands und des königlichen Preußen, allerdings ohne Danzig und Thorn, die bei Polen verblieben.

Im Vergleich zu seinen starken Vorgängern hinterließ Friedrich Wilhelm II. (1786–1797), eine schwache politische Figur, wenige Spuren in der Geschichte Masurens. Ihm kam nur das zweifelhafte Verdienst zu, mit der Annexion der benachbarten polnischen Gebiete Preußen im Zuge der zweiten und dritten Teilung Polens 1793 und 1795 wie ein Schacherer erweitert zu haben. Neben Danzig und Thorn verleibte sich Friedrich Wilhelm II. auch Großpolen sowie die alten masowischen Territorien südlich der masurischen Grenze ein. Damit befand sich die ursprüngliche Heimat der Masuren als Provinz Neu-Ostpreußen in preußischer Hand.

Der nächste preußische König, Friedrich Wilhelm III. (1797 bis 1840), tauchte eher unfreiwillig in Ostpreußen auf. Nach der verheerenden Niederlage Preußens 1806 bei Jena und Auerstedt gegen Napoleon flüchtete Friedrich Wilhelm mit seinem gesamten Hofstaat von Potsdam nach Ostpreußen, das für kurze Zeit seine Bedeutung als politische Drehscheibe Preußens wiedererlangte. Dort trafen sich am 25. Juni 1807 auf einem Floß mitten auf der Memel Napoleon und Alexander I., um den Frieden von Tilsit auszuhandeln, der Preußen auf eine Mittelmacht reduzierte. Friedrich Wilhelm III. war nur Zaungast bei diesen Verhandlungen, und auch alles Geschick und aller Liebreiz der Königin Luise konnten den Kaiser der Franzosen nicht umstimmen. Die Annexionen aus der zweiten und dritten Teilung Polens fielen an das pronapoleonische Großherzogtum Warschau. Preußen lag militärisch und politisch am Boden.

Friedrich II. war einem aufgeklärten Menschenbild verpflichtet. Mit ihm begann – wenn auch in den Auswirkungen noch kaum spürbar – Preußens Aufbruch aus der Starre der ständischen Gesellschaft. Bereits 1772 wies er den ostpreußischen Oberpräsidenten Johann Friedrich von Domhardt an, alle »Sklaverei und Leibeigenschaft« abzuschaffen.[1] Freilich war diese Bestimmung noch kaum mehr als eine Willensbekundung, die zudem nur für königliche Domänenbauern galt, während die übrigen Bauern von ihren adligen Grundherren weiterhin nach Gutdünken behandelt werden konnten.

Formell wurde die Leibeigenschaft in Altpreußen bereits unter Friedrich Wilhelm I. abgeschafft und den Bauern ein erbliches Besitzrecht auf ihren Höfen eingeräumt, doch sie mussten weiterhin schwere körperliche Arbeit in Form von Hand- und Spanndiensten auf den staatlichen Domänen verrichten, und auch der Weg zum modernen Besitzrecht war noch weit. Für Bauern änderte sich bis zu den durchgreifenden Reformen Anfang des 19. Jahrhunderts nichts, erst die Napoleonischen Kriege brachten den Durchbruch. Unter dem Druck der politischen Ereignisse und geprägt durch ein aufgeklärtes Menschenbild erließ Oberpräsident Theodor von Schön im Oktober 1807 das »Edikt den erleichterten Besitz und den freien Gebrauch des Grund-Eigenthums, sowie die persönlichen Verhältnisse der Land-Bewohner betreffend«.

Bei der Neuordnung der Agrar- und Rechtsverhältnisse nahm Ostpreußen eine Vorreiterrolle ein. Am 11. November 1810 erfolgte die Aufhebung der Gutsuntertänigkeit. Dadurch entfielen Gesindezwangsdienste, die Bindung des Bauern an den Boden und die gutsherrliche Heiratsgenehmigung. Zugleich hob das Edikt alle Unterschiede zwischen adligem, bürgerlichem und bäuerlichem Besitz auf. Allerdings wurde den Gutsbauern die Freiheit nur gewährt, wenn sie dem Gutsherrn einen finanziellen Ausgleich zahlten. Auch für die adligen Grundbesitzer fiel eine Schranke: Ihnen stand nun der Weg in bürgerliche Berufe offen.[2] Was bereits in der Spätzeit Friedrichs II. begonnen hatte, fand in den ersten Dekaden des 19. Jahrhunderts seinen vorläufigen Abschluss: Das Reformwerk schuf binnen wenigen Jahren in Preußen die Grundlagen für den Aufbau einer modernen Zivilgesellschaft.

Preußens administrative Gliederung, wie sie nach 1525 entstand, blieb bis zum 18. Jahrhundert weitgehend erhalten. Per Kabinettsorder verfügte Friedrich II. am 31. Januar 1773 die Verwendung der Begriffe Westpreußen und Ostpreußen für die neuen Verwaltungseinheiten, die nach der ersten Teilung Polens eingerichtet worden waren. Ostpreußens Grobgliederung beruhte auf drei großen Verwaltungskreisen: dem Samländischen, dem Natangischen und dem Oberländischen Kreis. Masuren zählte mit den Hauptämtern Rastenburg, Oletzko, Angerburg, Lyck, Johannisburg, Rhein, Lötzen, Seehesten sowie dem Erbamt Neuhof zum Natangischen Kreis und mit den Hauptämtern Osterode, Hohenstein, Neidenburg, Soldau, Ortelsburg und dem Erbamt Gilgenburg zum Oberländischen Kreis. In diesen beiden Kreisen unterschied man zwischen den »deutschen« und den »polnischen« Ämtern.

Die Bezeichnung »polnische Ämter« setzte sich seit dem 17. Jahrhundert als übergeordneter Begriff für Masuren durch. Natangens »polnische Ämter« blieben Angerburg, Lötzen, Rhein, Seehesten, Oletzko, Neuhof, Lyck und Johannisburg, im Kreis Oberland waren es die Ämter Osterode, Hohenstein, Gilgenburg, Soldau, Neidenburg und Ortelsburg. Im Gegensatz zu den »polnischen Ämtern« Masurens bezeichnete man die Ämter Insterburg, Ragnit, Tilsit und Memel als »litauische Ämter«, später auch einfach als »Litauen« oder »Preußisch Litauen«.[3]

1752 erfolgte die Neuordnung der ostpreußischen Verwaltung. Die noch aus der Ordenszeit stammenden Hauptämter ersetzten fortan zehn ostpreußische Kreise. Im Bereich Masurens unterstanden dem neuen Kreis Neidenburg die Ämter Ortelsburg, Willenberg, Mensguth, Friedrichsfelde und Neidenburg. Angerburg, Lötzen, Seehesten, Rhein sowie das Erbamt Neuhof (mit Dienstsitz in Rhein) zählten zum Kreis Seehesten. Zum Kreis

Oletzko gehörten die Ämter Lyck, Johannisburg und Oletzko. Der westlichste Teil Masurens – die Hauptämter Osterode und Hohenstein – zählte zum neuen Kreis Mohrungen.

SOZIALE MISSSTÄNDE UND DIE GROSSE PEST

In der zweiten Hälfte des 17. Jahrhunderts kam großes Leid über die Bevölkerung Masurens. Die Folgen des Krieges von 1656/57 spürte sie doppelt, da nun eine Phase ärgster Unterdrückung der Bauern einsetzte, die – so Max Toeppen – »wie Zugvieh« vermietet wurden.[4] Zu Beginn des neuen Jahrhunderts traf dann die Pest mit voller Wucht die ohnehin gebeutelte Bevölkerung. Die Ausmaße dieser Katastrophe wiesen in den einzelnen Ämtern große Unterschiede auf. Im Hauptamt Rhein starben 6789 Menschen an der Pest, während das Hauptamt Seehesten 677 Tote zu beklagen hatte. In der Stadt Lyck raffte die Seuche 1300 Bewohner dahin, in Angerburg 1111. Das Kirchspiel Angerburg verlor 3229, Benkheim 2115 und Kutten 1372 Einwohner. Im westlichen Masuren starben in den Ämtern Osterode, Hohenstein und Gilgenburg zwischen 1709 und 1711 insgesamt 1463 Menschen. Wie stark die Pest die einzelnen Dörfer traf, zeigt der Bericht des Pfarrers Chucholowius aus Jucha, dessen Kirchspiel 726 Opfer zu beklagen hatte, unter anderen 125 in Neu-Jucha, 88 in Alt-Jucha, 61 in Gorlowken, 110 in Lisken und 63 in Alt-Krzywen. Von den 919 Lötzenern blieben nur 119 am Leben, 800 wurden Opfer der Pest.

Wie so oft in der europäischen Geschichte machte eine zeitgenössische Quelle die Juden als Hauptverantwortliche für die Seuche aus. »Sie kam aus dem Heere des Schwedenkönigs Karl XII. Schon seit Jahren hatte sie hier gewütet. Über Lemberg und Krakau kam sie an die preußische Grenze. Handelsjuden sollen sie mit alten Kleidern in Thorn eingeschleppt haben … In Lötzen wurden 800 Einwohner von der Pest hingerafft, darunter auch die beiden Geistlichen der Gemeinde. Die Stadt war fast menschenleer. Merkwürdig bleibt es, daß einige Ortschaften der Umgegend von der Seuche ganz und gar verschont blieben, namentlich das Dorf Camiontken, wo deshalb Pfarrer Corsepius aus Drygallen als neuer Seelsorger des Lötzener Kirchspiels in sein Amt eingeführt wurde. Er beginnt im Jahre 1711 das Taufbuch mit folgendem Gebetswunsch: Fülle den Lötzener Gau mit neuem Volke, Allmächtiger,/Weil ihn der Todeshauch giftiger Seuche verheert./ Schreibe Du selbst, o Herr, auf diese Blätter die Namen,/Welche das Heilige Bad deinem Reiche geweiht./Schenk uns das tägliche Brot, gib neue Kraft und Gedeihen,/Sei uns gnädig, o Gott, Du unser Retter und Trost.«[5]

Kirchliche Personenstandsmeldungen dokumentieren die Dimensionen der Pestkatastrophe. Im Hauptamt Rhein stieg die Zahl der Sterbefälle 1709 und 1710 überproportional an.[6]

Über die Ausmaße der Pest berichtet auch der aus Masuren stammende Königsberger Gelehrte Pisanski in seiner »Collectanea zu einer Beschreibung der Stadt Johannisburg in Preußen« von 1748. In Johannisburg soll sie angeblich durch einen Geisteskranken verbreitet worden sein. Zwar konnte ihr zunächst Einhalt geboten werden. »Aber im folgenden 1710ten Jahr brach sie abermals mit Heftigkeit aus und brachte der ueberbliebenen Bevölkerung, darunter beide Prediger, beide Lehrer der Schule und die meisten Mitglieder des Magistrats in das Grab. Die Stadt war von Menschen so entleert worden, dass der Markt ganz mit Gras bewachsen war und überhaupt nur vierzehn Bürger am Leben blieben.«[7]

Aber die Entvölkerung Masurens ist nicht allein auf die Pest zurückzuführen. Die soziale Entrechtung und Unterdrückung der masurischen Bauern forderten ebenfalls einen hohen Preis. In ihrer Verzweiflung suchten viele unfreie Bauern ihrem trostlosen Schicksal durch die Flucht über die »grüne Grenze« nach Polen zu entrinnen. Wie groß müssen Not und Elend gewesen sein, wenn die Flucht aus der Heimat der letzte Ausweg zu sein schien?

Im 18. Jahrhundert gab es eine lebhafte Migrationsbewegung beiderseits der Grenze. Masurische Bauern flohen nach Polen, während im Zuge der Wiederbesetzung wüster preußischer Bauernstellen Polen nach Masuren einwanderten. Hunger und Elend veranlassten die Menschen auf beiden Seiten der Grenze zur Aufgabe der Heimat. Wie selbstverständlich der Grenzwechsel zum preußisch-polnischen Alltag gehörte, zeigen Meldungen aus den masurischen Hauptämtern zu Beginn des 18. Jahrhunderts. So heißt es im Johannisburger Hauptamt laut einer Meldung vom 15. April 1719: »Scepan Susky, ein Kirschner, wohnet in Chaluppe von Kozanka in Bialla, vor 2 Jahren mit Weib und Kind von der

Stadt Zabludow gekommen.« Nach Polen entfloh Christoph Soko-
lowsky, »ein Königl. Bauer, wegen großer Armuth mit Weib und
2 Kindern von Neuendorff nach Pohlen gegangen«, und »Mack
Wisniewski hat am 1. Martii 1719 wegen Misswachs und Viehster-
ben sein Erbe von 1 Hube 15 Morg. in Dlugonietzielen verlassen
und ist nach Polen gegangen«.[8]

Der Traum der preußischen Kurfürsten und Könige vom absolutistischen Staat hatte seinen Preis. Fernab von Königsberg,
Berlin und Potsdam legten die Steuerbehörden den ohnehin arg
gebeutelten masurischen Untertanen die Daumenschrauben an,
pressten aus ihnen das Geld, das der Hof, das Heer oder der Krieg
verschlangen. Rücksichtnahmen auf Missernten oder Schicksals-
schläge kannten die staatlichen Steuereintreiber nicht: Wer nicht
zahlte, verlor seinen Hof durch Pfändung oder landete gar im
Kerker.

Der einflussreiche Stand der Freibauern war diesem Druck
nicht gewachsen. Nach und nach ging er seiner Privilegien verlus-
tig und geriet in die Abhängigkeit der Grundherren, gleichgültig
ob Landesherr oder Adliger. Die Scharwerkspflicht erstreckte sich
bald auf die gesamte Familie. Nicht nur der Bauer, auch alle seine
Angehörigen, selbst die Kinder, wurden zur Fronarbeit herangezogen. Krieg, Pest und Landflucht bluteten die masurischen Ämter schließlich aus. Ganze Dörfer lagen wüst, die Bauernstellen
verlassen. 1722 verzeichnete das Hauptamt Ortelsburg 332 besetzte und 545 wüste Bauernhufen, das Hauptamt Neidenburg
136 besetzte und 304 wüste. Nur im Hauptamt Seehesten mit etwas besserer Bodengüte gab es zwar 455 wüste Hufen, aber die
Mehrheit von 548 Bauernhufen blieb hier besetzt.

Nachdem es ihm mit seinem Seitenwechsel im Nordischen
Krieg gelungen war, die polnische Lehnshoheit abzuschütteln,
widmete sich Friedrich Wilhelm I. mit großem Elan seiner wich-

Bevölkerungsstatistik für das Hauptamt Rhein

Jahr	Trauungen	Taufen	Sterbefälle
1704	101	644	224
1707	99	672	310
1709	128	671	1031
1710	183	329	6789
1711	466	553	119
1712	123	686	135

tigsten innenpolitischen Aufgabe: der Wiederbesiedlung der durch Krieg, Pest und Misswirtschaft entvölkerten Landschaften Ostpreußens.

Friedrich Wilhelm I. erkannte die Gefahr, die die Entvölkerung Ostpreußens für den Gesamtstaat heraufbeschwor, und er fand mit seiner einschneidenden Verwaltungsreform das Mittel, sie zu bekämpfen. Um Amtsmissbrauch und adlige Vetternwirtschaft auszuschließen, schuf der König ein zentrales Generalfinanzdirektorium in Berlin, dem fortan der gesamte Staatsbesitz einschließlich der Domänen und Schatulldörfer unterstand. Mit dieser Zentralbehörde konnte die Effizienz der preußischen Verwaltung erheblich gesteigert werden.

Für sein ehrgeiziges Reformprojekt gewann Friedrich Wilhelm mit Karl Heinrich Truchseß von Waldburg einen führenden ostpreußischen Adligen. 1715 erfolgte dessen Berufung zum Präsidenten der Königsberger Kriegskammer, der obersten Steuerbehörde der Provinz. Waldburgs Hauptanliegen war die Reformierung des Steuersystems, wobei sein Augenmerk der Beseitigung von Ungerechtigkeiten für die kleinen Bauern galt. In der Steuerreform-Kommission plädierte Waldburg für die Einführung der Bodengüte als Bemessungsgrundlage bei der Steuererhebung. Sein Ansinnen rief unverzüglich die adligen Standesgenossen auf den Plan, die ihm schon wegen seiner bauernfreundlichen Haltung misstrauten. Ganz und gar skandalös schien ihnen aber sein Bemühen, das bewährte System der Steuerhinterziehung zu zerschlagen.

Bisher zahlte jeder Grundbesitzer eine pauschale Steuer für eine Hufe. Die adligen Großgrundbesitzer konnten dem Fiskus aber viele Hufen verschweigen, denn die staatlichen Kontrollinstanzen waren mit adligen Standesgenossen besetzt, die aus ständischer Gefälligkeit bei der Steuererhebung willig einige Hufen übersahen. Bei den Kleinbauern hingegen veranlagten dieselben Vertreter des Fiskus mit kompromissloser Rücksichtslosigkeit jede Hufe. Zusätzliche Kopf- und Viehsteuern trieben die Bauern vollends in den Ruin. Das traf auch den Staat, dem die bäuerlichen Abgaben verloren gingen. Also suchten Waldburg und Friedrich Wilhelm I. den Bauern ein Einkommen zu lassen, das dem Gedeihen der Höfe förderlich war, denn letztlich sicherte nur eine gesunde bäuerliche Wirtschaft dem Staat regelmäßige Einnahmen. Der Fiskus musste den Bauern also finanziell entgegenkommen.

Gerade war der Tatareneinfall von 1656/57 überwunden, da brach 1709/11 die Große Pest über Masuren herein. Der Rydzewer Pfarrer Johann Sartorius verlor damals alle seine sieben Kinder, zu deren Andenken er ein Epitaph in der Kirche von Rydzewen stiftete. In deutscher, polnischer und lateinischer Sprache erinnerte die Tafel an die schwere Prüfung:

> »Ihr seid verwelcket meine sieben Kindlein
> In sieben Tagen, als die schönsten Blühmlein!
> Ihr werdet wieder schön grüynn wie die Aehren
> Durch Gottes Allmacht und nicht mehr verwelcken!«

Unter Federführung Waldburgs erfolgte von 1715 an die Einsetzung der staatlichen Hufenschoßkommissionen. Ihre Aufgabe war es, das gesamte Land vollständig neu zu vermessen. Damit konnte der Unterschlagung steuerpflichtiger Hufen durch den Adel ein für alle Male ein Riegel vorgeschoben werden. Für die ostpreußische Gesamtprovinz ergab die Neuvermessung ein erstaunliches Resultat: 35 000 bisher unterschlagene Hufen – das entspricht 5878 Quadratkilometern – konnten nun steuerlich veranlagt werden! Gerade angesichts der sehr unterschiedlichen Bodengüte musste auch die örtliche Qualität bei der Steuerreform berücksichtigt werden. Deshalb stellten von 1722 an Domänenkommissionen die lokalen Bodenklassen fest. Nach Abschluss der Bewertungs- und Vermessungsarbeiten führte Waldburg eine einheitliche Generalhufensteuer – das Generalhufenschoß – ein, die allein die Bodengüte zur Bemessungsgrundlage nahm.

DAS KOLONISATIONSWERK AN DER GRENZE

In den wald- und heidereichen Regionen entlang der polnischen Grenze setzte der Fiskus auf Schatullsiedlungen. Im Willenberger Amt entstanden beispielsweise die Schatulldörfer Kiparren (1701), Borken (1703), Groß Spalienen (1708) und Rekownitza (1710). Auch im nördlichen Masuren schlossen Schatullsiedlungen wie Orlowko (1711) und Wigrinnen (1711) im Kirchspiel Nikolaiken bestehende Siedlungslücken in den Waldgebieten der Johannisburger Heide.

Die Bauern in den forstfiskalischen Schatulldörfern wurden nicht alle nach demselben Recht angesiedelt. Die oberste Klasse bildeten die Schatullkölmer, die ihre Hufen erblich zu kölmischem Recht besaßen. Sie entrichteten einen jährlichen Grundzins und waren von weiteren Steuern und Scharwerkslasten ausgenommen. Dem gewöhnlichen Schatullbauern hingegen wurden seine Hufen zwar erb- und eigentumsrechtlich verliehen, aber er musste zusätzliche Hand- und Spanndienste in den staatlichen Forsten entrichten.

Insgesamt galten die »Chatouller« als privilegiert. Diese rechtliche Sonderstellung büßten sie allerdings bereits 1713 ein, als im Rahmen der unter Friedrich Wilhelm I. vorgenommenen Neuordnung die Zusammenfassung des gesamten staatlichen

Grundbesitzes erfolgte. Für die »Chatouller« war diese Entwicklung ein herber Rückschlag, denn zum einen steckten ihre jungen Siedlungen noch in der Aufbauphase, und zum anderen – und das wog noch schwerer – waren sie auf schlechtem Boden angesiedelt worden. Durch den Fortfall ihrer steuerlichen Privilegien drohte ihnen nun der finanzielle Ruin. Ihre Eingaben und Proteste fruchteten nichts, und so blieb ihnen nur die Hoffnung auf das neue gerechtere Steuersystem, das allen Bauern Entlastungen bringen sollte.

Schon bald zeigte sich, dass Waldburg mit seinen Agrar- und Steuerreformen den richtigen Weg eingeschlagen hatte, denn die Leistungsfähigkeit der landwirtschaftlichen Produktion erhöhte sich deutlich. Auf Kosten des Etatministeriums stieg die 1724 neu geschaffene Kriegs- und Domänenkammer zur entscheidenden Institution der Innenpolitik auf, und Friedrich Wilhelm I. gelang die dringend überfällige Neuordnung des landesherrlichen Grundbesitzes. Um dem Wildwuchs im Pachtwesen Einhalt gebieten zu können, führte er für die staatlichen Domänen eine Generalpacht mit nachvollziehbaren Regularien ein. Üblicherweise schlossen die Pächter, die nun auch vermögende Bürger sein konnten, Sechsjahresverträge ab. Der Fiskus verlangte von den Pächtern als Sicherheit eine hohe Kaution, die vorsätzlichen Missbrauch ausschloss. Die verlässlichen Bedingungen der neuen Ordnung ließen den Pächtern ein hohes Maß an wirtschaftlicher Eigenverantwortung und viel Gestaltungsmöglichkeit. Von diesem effizienteren Pachtwesen gingen wesentliche Impulse für die Modernisierung der Landwirtschaft aus, und es entstand durch Domänenpächter bürgerlicher Herkunft die neue gesellschaftliche Schicht der nichtadligen Gutsherren.

Alles in allem förderte die Reform die Wiederbesiedlung der durch Krieg und Pest wüst liegenden Bauernstellen. Von einer Kolonisation in größerem Ausmaß kann jedoch nicht die Rede sein. Dennoch konnte Friedrich Wilhelm I. mit seiner Politik des »Retablissements« – der Wiederbesetzung der verlassenen Hofstellen – einigen Erfolg verzeichnen. Dazu trug besonders die Ansiedlung von etwa 20 000 lutherischen Bauern aus dem Erzbistum Salzburg bei, denen er in Preußen religiöses Asyl vor einer unnachgiebigen Rekatholisierungspolitik gewährte. Der Salzburger Erzbischof Leopold Anton von Firmian hatte kraft Landesrecht am 31. Oktober 1731 ihre Ausweisung verfügt und sie nach dem

Scheitern der gütlichen Einigung im April 1732 aus ihrer Heimat vertreiben lassen. Friedrich Wilhelm I. seinerseits hatte bereits in einem Einwanderungspatent vom Februar 1732 die Aufnahme von 14000 Flüchtlingen verkündet, deren Gros in den litauischen Ämtern Zuflucht fand. Nach Masuren gelangte nur ein kleiner Teil der Salzburger Protestanten. Salzburger Familiennamen wie Zenthöfer, Meyhöfer, Milthaler und Schattauer waren aber bis 1945 im multiethnisch geprägten ostpreußischen Namenskonglomerat keine Seltenheit. Auch aus Polen und Litauen kamen neue Zuwanderer nach Masuren, ferner reformierte Flüchtlinge aus der Schweiz, deutsche Siedler aus den Herrschaften Magdeburg und Halberstadt sowie 1714/15 aus Hessen-Nassau.

In der Siedlungspolitik blieb Masuren im 18. Jahrhundert die größte Herausforderung. Für die Wiederbesiedlung der wüsten Hufen – in Masuren auch »Repeuplierung« genannt – stellte der Fiskus den Neusiedlern kostenlos Land zur Verfügung. In verbrieften Erbverschreibungen – den Assecurationes – wurden ihnen zahlreiche Privilegien garantiert. Als Assekuranten tauchten die Neusiedler in den staatlichen Steuerlisten auf. Viele von ihnen waren so genannte Hochzinser, denen das Land, das sie bestellten, nicht gehörte, denen aber ein erbliches Nutzungsrecht eingeräumt wurde. Sie hatten auch die Möglichkeit, sich von Scharwerksdiensten gegen ein höheres steuerliches Entgelt (Hochzins) freizukaufen. Unter den Kölmern, Assekuranten und Hochzinsern, der bäuerlichen Oberschicht in den Dörfern, rangierten Kossäten und Eigenkätner. Ihnen wurden jene kleinen Landparzellen zugewiesen, die aus dem Übermaß bei den Neuvermessungen der Dorfgemarkungen entstanden.

Während die Bauern den von Waldburg eingeführten und neu berechneten Generalhufenschoß entrichten mussten, wurde den übrigen Bevölkerungsschichten – Kossäten, Eigenkätnern, Handwerkern, Gärtnern, Instleuten, Schäfern, Hirten und ledigem Gesinde – ein »Kopf-, Horn- und Klauengeschoß« auferlegt. Damit sollte der Steuergerechtigkeit Genüge getan und auch die landlose und kleinbäuerliche Bevölkerung zu Abgaben herangezogen werden.[9]

Nach 1740 begann die letzte Phase in der masurischen Siedlungsgeschichte. Während die Regionen Süd- und Westdeutschlands bereits überbevölkert waren, suchte Masuren bis zum Beginn des 19. Jahrhunderts weiterhin dringend Siedler. In Württemberg, der Pfalz und Hessen-Nassau schnürten die Menschen ihr Bündel, um in Amerika oder in Russland, im Donauraum oder auch in Masuren ihr Glück zu versuchen.

In Masuren galt es, die noch vorhandenen Siedlungslücken entlang der polnischen Grenze zu schließen. Nach dem Siebenjährigen Krieg konzentrierten sich hier die Gründungen auf die südlichen Ortelsburger Grenzgebiete, wo etwa Powalczyn (1782), Lipniak (1779) und Czayken (1781) sowie 1782 die Dörfer Malgaofen, Kannwiesen und Roglas entstanden. Schließlich konnte auch die großräumige Ödfläche zwischen dem Ortelsburger und dem Willenberger Altsiedelgebiet mit Kolonisten besetzt werden, die sich in den neu gegründeten Dörfern Wessolowen (1783), Ittowken (1785) und Schodmak (1786) niederließen. Unter Friedrich Wilhelm II., der die Kolonisationsarbeit seines Onkels fortsetzte, entstanden 1787 allein im südlichen Kreis Ortelsburg die Dörfer Jakobswalde, Kollodzeygrund, Wyseggen, Radostowen, Suchorowitz, Worfengrund, Wujaken, Zawoyken, Kowallik, Jeschonowitz und Nowojowitz.

Seit der Ordenszeit hatte sich in Masuren an der Bestellung der Felder nichts geändert. Noch immer hielt man hartnäckig an der Dreifelderwirtschaft fest. Wintersaat, Sommersaat und Brache wechselten turnusmäßig entsprechend der Einteilung der Flurstücke innerhalb der Gemarkung. Die Unwirtschaftlichkeit der Dreifelderwirtschaft, bei der regelmäßig große Flächen nicht bestellt wurden, blieb der Hufenschoßkommission nicht verborgen. Es gab keinerlei Anreize für eine Ertragssteigerung, denn der Flurzwang verhinderte, dass ein Bauer eigenmächtig die Bodenqualität steigerte oder ohne Genehmigung zusätzliches Vieh anschaffte. Zudem lasteten die Besitzverhältnisse schwer auf den Bauern, denn noch gehörte der ostpreußische Boden dem Landesherrn, dem Adel oder den wenigen Städten. Die Besitzverhältnisse Ostpreußens wiesen für den Kammerbezirk Königsberg 51,3 Prozent landesherrlichen, 42,2 Prozent adligen und 6,5 Prozent städtischen Grund, für das Kammeramt Litauen 75 Prozent landesherrlichen, 22 Prozent adligen und drei Prozent städtischen Besitz aus. Die Landvermessung in den Jahren 1718 bis 1720 offenbarte, dass durchschnittlich neunzig Prozent (!) der Gemarkungen aus Wald, Ödland und Bruch bestanden, also nicht bestellt wurden. Im Hauptamt Oletzko wurden in Kowahlen sieben Prozent, in Pientken 10,5 und in Krzysewen 9,1 Prozent der

Fläche bestellt, während Czybulken mit 13,8 Prozent bestellter Fläche schon einen Spitzenplatz einnahm. In den Hauptämtern Seehesten und Lötzen gab es Dörfer mit Bestellflächen bis fünfzehn Prozent, während Polnisch Sakrau im Soldauer Amt etwa zehn Prozent Aussaatfläche verzeichnete.[10]

Zu den veralteten Anbaumethoden trat die archaische Technik. Obwohl bereits Friedrich Wilhelm I. die Einführung des eisernen »deutschen Pflugs« anordnete, hielten die Masuren bis weit ins 19. Jahrhundert beharrlich am so genannten Zochen fest. Dieser hölzerne Pflug war vor allem im slawischen Siedlungsgebiet verbreitet und eignete sich, weil er leicht war, vorzüglich für die Bestellung der sandigen Böden Masurens. Ebenso konnte auch die Holzegge – Koza genannt – erst sehr spät durch Metalleggen ersetzt werden. Die Erträge blieben dementsprechend gering.

Wenn sich auch in den Anbau- und Bearbeitungsmethoden wenig änderte, sah das 18. Jahrhundert eine agrarische Revolution: die Einführung der Kartoffel. Noch 1775 völlig unbekannt, trat die goldene Erdfrucht bereits ein halbes Dutzend Jahre später ihren Siegeszug in Masuren an. Die Kartoffel bildete eine wichtige Ergänzung der Nahrung. Ein Blick auf die Speisepläne der masurischen Familien offenbart eine spartanisch einfache Küche: Ergänzt durch die Kartoffel, bestand der Wintervorrat aus braunem Kohl (Grünkohl), trockenen Möhren, Wrucken, Feldrüben, Pastinak sowie gesäuertem weißen Kohl (Sauerkraut) und roten Rüben.

Obwohl Ostpreußen in der ersten Hälfte des 20. Jahrhunderts als ausgesprochenes Pferdeland galt, standen im 18. und 19. Jahrhundert noch auf keinem masurischen Hof edle deutsche Züchtungen. Ostpreußens Pferdezucht konzentrierte sich auf das Hauptgestüt Trakehnen mit seiner eigenen Pferderasse, dem Trakehner. Bis zum Ersten Weltkrieg blieb die Pferdezucht auf Groß- und Gutsbetriebe beschränkt, während in Masuren noch das masurische Pferd überwog, das dem polnischen Panjepferd ähnlich war. Da das masurische Pferd anspruchslos und arbeitsam war, kaufte die Reichsregierung 1903/04 große Kontingente für den Hererokrieg auf. Erst Anfang des 20. Jahrhunderts lösten die ostpreußischen Edelrassen das alte masurische Pferd ab.[11]

Das 18. Jahrhundert brachte jedoch noch eine technische Meisterleistung hervor: die Entwässerungsprojekte. Friedrich II. konnte bei seinem masurischen Entwässerungsprojekt auf Vorbil-

Neue Anbaumethoden setzten sich nur langsam durch, mechanische Hilfsmittel oder gar Maschinen gab es kaum. Die treuesten Gefährten und das größte Kapital des Bauern waren jahraus jahrein die Pferde.

Über Generationen änderte sich das Leben auf dem Lande kaum. Seit die Kartoffel in Ostpreußen angebaut wurde, war im Herbst jede Hand bei der Ernte unentbehrlich. Alle Familienmitglieder mussten hinaus aufs Feld, aber auch die übers Land ziehenden Saisonarbeiter waren dann gefragt. Im sonnigen Spätsommer waren das trotz der schweren Arbeit herrliche Tage.

der im Oder- und Netzebruch zurückgreifen. Mit Hilfe eines raffiniert durchdachten Kanalsystems konnte dem nassen Moor- und Bruchboden im südlichen Masuren neues Siedlungsland abgerungen werden. In der tiefsten Einsamkeit und fernab jeglicher Zivilisation setzte der König in den nahezu unpassierbaren Regionen direkt an der polnischen Grenze das erste ehrgeizige Meliorationsprojekt in Gang: die Trockenlegung des 450 Hufen umfassenden Lattanabruchs. Die Urbarmachung im königlichen Forst Corpellen stellte das wichtigste masurische Projekt Friedrichs II. dar, der die Fertigstellung jedoch nicht mehr erlebte.

Zwischen 1770 und 1795 entstanden im ehemaligen Lattanabruch sechs Dörfer – Borken, Lattana, Röblau, Schrötterau, Wagenfeld und Werder –, die von 1794 an mit 67 Wirten und wenigen Eigenkätnern besetzt wurden. Auf dem feuchten Moor- und Bruchboden sollten von nun an Wiesen gedeihen. Um deren dauerhafte Bearbeitung zu gewährleisten, musste man Abzugskanäle durch die Wiesenlandschaft ziehen, wodurch Grund- und Regenwasser in die Flüsse Omulef und Waldpusch geleitet werden konnte. Die Bewohner der Dörfer im Lattanabruch waren – so Toeppen – »polnische aus dieser Gegend geborene Leute«.[12] Sie lebten weniger in geschlossenen Dorfkernen, sondern vielmehr auf einzelnen Landparzellen in der Gemarkung, den so genannten Abbauten, die seit dem 19. Jahrhundert als Folge der Separation überall in Masuren entstanden.

Ein weiteres kühnes Wasserprojekt konnte nur teilweise realisiert werden, denn der Bau des »Masurischen Kanals« stellte lediglich die Verbindung vom Spirding- zum Mauersee über Nikolaiken her. Damit blieb das Projekt hinter den ursprünglichen Plänen zurück, den Kanal weiter nach Norden zu führen. Zwischen 1798 und 1801 wurde der Johannisburger Pissekfluss schiffbar gemacht, so dass Holz aus der Johannisburger Heide nun über Pissek und Narew auf der Weichsel bis Danzig geschifft werden konnte. Dieser wirtschaftliche Erfolg war aber nur von kurzer Dauer, denn schon ein gutes Dutzend Jahre später verlor Preußen infolge der europäischen Neuordnung auf dem Wiener Kongress die annektierten polnischen Gebiete südlich von Masuren an das russisch verwaltete Polen.

Die kleinen Erfolge in der Landwirtschaft – etwa durch die Einführung der Kartoffel oder die Entwässerungsprojekte – wurden in Masuren aber allzubald durch dramatisch ansteigende Abgaben wieder zunichte gemacht. Friedrich II. nötigte den Ämtern nach 1776 hohe Steuern für den Graudenzer Festungsbau ab. Als schließlich noch Missernten hinzukamen, musste aus Polen Getreide nach Masuren importiert werden.

Selbst in Friedenszeiten zerstörte das Militär in dieser armen Gegend zahlreiche Existenzen, denn in den entlegenen masurischen Städten wurden militärische Einheiten stationiert, für deren Verpflegung die umliegende bäuerliche Bevölkerung zu sorgen hatte. Auf die regionalen Besonderheiten nahm der Fiskus keine Rücksicht; zu festgelegten Niedrigpreisen mussten die masurischen Bauern den Garnisonen Hafer, Heu und Stroh liefern. Während der Sommermonate waren die Bauern zudem verpflichtet, Kavalleriepferde in Grasung zu nehmen. Da es den Masuren ohnehin an Wiesen- und Weideland mangelte, konnten sie kaum ihr eigenes Vieh durch den Winter bringen. Infolge der Abgaben an das Militär waren sie daher gezwungen, teures Heu aus Polen einzukaufen.

Einen Ausweg aus diesem Teufelskreis von Not, Hunger und schwerster körperlicher Arbeit gab es nicht, solange Land- und Forstwirtschaft die einzigen Erwerbsquellen blieben und lediglich eine Hand voll Industriebetriebe die natürlichen Ressourcen der masurischen Wälder verarbeitete. Der Abbau eisenerzhaltiger Erde ging bereits auf die Ordenszeit zurück. 1372 hatte der Osteroder Komtur das erste Eisenhüttenwerk Masurens in Commusien im Kammeramt Neidenburg gegründet. Gegen Ende des 18. Jahrhunderts fand aber nur noch in Jaschkowen bei Johannisburg, in Malga und Kutzburg Raseneisenerzabbau statt. Das Jaschkower Eisenwerk versorgte die Umgebung mit Pflugscharen, Hufeisen, Räder-, Wagen- und Schlittenbeschlägen, Brandruten, Rosten und Eisengeräten. Kutzburgs und Malgas Eisenqualität fiel geringer aus, das hier gewonnene Metall war brüchiger. Für beide Betriebe lieferten die Dörfer Saddeck und Reuschwerder sowie die Brüche bei Montwitz, Opalenietz und Trzianken die für die Eisenproduktion notwendige eisenhaltige Erde. Um 1800 entstand noch ein neues Eisenhüttenwerk bei Wondollek, das die Wasserkraft mehrerer Seen nutzte. Im 19. Jahrhundert stellten schließlich alle masurischen Eisenwerke ihre Arbeit ein.

Für die Eisenerzschmelze benötigte man Holzkohle, die in den Teer- und Aschbrennereien der masurischen Wälder gewonnen wurde. Im Laufe der Zeit hinterließen hier Rodungen größere Lichtungen, die die Forstverwaltung den umliegenden Bauern zur Bestellung verpachtete. Auf diesen ehemaligen Aschbrennerlichtungen entstanden Ende des 18. Jahrhunderts Dörfer wie Finsterdamerau (Czemna Dombrowa), Lysak (Lizak) und Kelbassen im Domänenamt Willenberg. Klein Spalienen bei Friedrichshof wird 1768/69 als »Spallingscher Theerofen« erwähnt. Einige spätere Dorfnamen weisen noch in der Namensendung »-ofen« auf ihre Vorgeschichte als Asch- oder Teerbrennerei hin, etwa Sysdroyofen, Ulonskofen, Malgaofen, Schuttschenofen, Omulefofen und Dembenofen.

Im Waldgebiet der Johannisburger Heide befand sich die Glashütte Adamsverdruß bei Puppen im Domänenamt Friedrichsfelde. Die Industrieanlage beschränkte sich allerdings auf die Herstellung von einfachem Glas. Ihren Namen verdankt sie paradoxerweise dem Domänenbeamten Adam, gegen dessen Willen sie entstanden war.

Zu Beginn des 19. Jahrhunderts entdeckte man in den Forsten Puppen und Corpellen bei Friedrichshof und Willamowen ergiebige Bernsteinlager. Zum Leidwesen des preußischen Fiskus entwickelten die benachbarten Dörfer ein ausgeklügeltes System illegaler Bernsteingräberei. Heimlich gruben sie Bernsteine und schmuggelten die heiß begehrten fossilen Harze schließlich über die nahe Grenze nach Polen. Bis zur Mitte des 19. Jahrhunderts beschäftigte dieser Schmuggel die Polizeibehörden.

Masuren blieb ein ausschließlich ländlich geprägter Raum. Städtische Strukturen existierten nur in Ansätzen. Verglichen mit der städtischen Entwicklung im Westen Europas blieben Masurens Städte größere Dörfer. Für Kaufleute bot die Gegend wenig Anreize. Lange Zeit lebten die Städte vom Handel entlang der Routen, die Preußen und Polen verbanden, denn nur über den Grenzhandel kamen Impulse von außen, ließen sich Geschäfte machen. Das Umland der masurischen Städte war zu arm, um langfristig ein florierendes Gewerbe zu garantieren.

Friedrich Wilhelm I. förderte den Grenzhandel und erhob einige Marktflecken – Arys, Bialla, Willenberg und Nikolaiken – zu Städten. Grenzdörfer wie Mierunsken, Ostrokollen und Gehsen stiegen später zu Marktflecken auf. Mit der Teilung und Annexion Polens setzte der lebhafte polnisch-preußische Handel aus. Die Stadt Ortelsburg führte öffentlich Klage über den Untergang

des polnischen Reiches, weil damit auch die polnischen Reichs-
tage – die Sejms – eingestellt wurden. Bislang hatte die Stadt wie
viele andere ostpreußische Grenzorte von den polnischen und litauischen Magnaten profitiert, die aus Kurland, Semgallen und
Litauen nach Warschau zum Sejm gereist waren und »bis dahin in
großer Zahl ihren Weg über Ortelsburg genommen hatten«.[13]
Zwar blühte der Handel mit den annektierten preußischen Provinzen Süd- und Neuostpreußen in Masowien nochmals für kurze
Zeit auf, schlief dann aber ganz ein.

Während die Bauern unter den Lasten der Abgaben an das
Militär litten, erlebten die masurischen Städte nach dem Wegfall
des internationalen Handels durch die Stationierung von festen
Garnisonen neue wirtschaftliche Impulse. Mit den Soldaten kamen erstmals in größerer Zahl Ortsfremde in die Gegend, die
den noch begrenzten masurischen Horizont – im Guten wie im
Bösen – erheblich erweiterten. Die Ansprüche des Militärs steiger-
ten die Nachfrage oder ließen sie überhaupt erst entstehen. Auch
die deutsche Kultur breitete sich im Schlepptau der Stationierun-
gen in Masuren aus.

Bis zur wilhelminischen Zeit dümpelten die Städte jedoch
ohne wirkliche Antriebskräfte dahin. Neben Händlern bestimmten die Handwerker das Bild. Noch sicherte ihnen das hierarchi-
sche Zunftwesen ihre unangefochtene Stellung. Der Zunftzwang
verhinderte bis ins 19. Jahrhundert die natürlichen Migrations-
prozesse und unterband die Aufnahme auswärtiger Handwerker.
Für die Konzession der Dorfschmiede in Wyseggen, Amt Willenberg, wurde noch 1786 folgende Auflage erteilt:»a) der Schmied
muß das Meisterrecht gewonnen haben und es mit dem Schmie-
dewerk der nächsten Stadt halten; b) die Schmiede darf nur für
Dorfeinsaaßen tätig werden.«[14]

Während die Dörfer ausnahmslos polnischsprachig blieben,
könnten im 18. Jahrhundert in den masurischen Städten deutschsprachige Mehrheiten existiert haben. Zu dieser Zeit verzeichnete
Lyck den Zuzug von Handwerkern mit deutschen Namen. Masurisch-polnische Namen wie Pogoda, Kopetsch, Madeyka, Gayko
und Konietzko belegen, dass auch Masuren zunehmend in die
städtische Bürgerschicht aufrückten. Bis etwa 1800 geht Hermann Gollub von einer deutschsprachigen Mehrheit für die Stadt
Ortelsburg aus. Nur ein Jahrzehnt später erklang jedoch die polnische Sprache häufiger in den Ortelsburger Straßen. In der Stadt

Erst im 19. Jahrhundert erhielten Masurens Städte ein urbanes Antlitz, die Straßen wurden gepflastert, steinerne Häuser von zwei bis drei Geschossen errichtet. Wie in Osterode herrschte auf den oft recht großen Plätzen im Zentrum dieser Städte an Markttagen reges Treiben. Masurische Bäuerinnen mit großen Kopftüchern und deutsche Bürgersfrauen mit Hut, jüdische Kaufleute und polnische Handwerker trafen hier aufeinander.

In den Städten des Mittelalters schlossen sich die Gewerbe zu Zünften zusammen, die im 19. Jahrhundert in Innungen umgewandelt wurden. Die Innungen waren ein Gradmesser für die Wirtschaftskraft einer Stadt. Wie die Ortelsburger Bäckerinnung im Jahre 1929, so zeigten sie sich allenthalben bei den städtischen Festumzügen.

lebten insgesamt 954 Einwohner, von denen 180 das Bürgerrecht besaßen und 744 ihre Schutzverwandten waren. Die Stadt gliederte sich in zwei Bezirke: den Markt mit der Passenheimer Straße sowie die Rastenburger und die polnische Vorstadt. 1809 forderten die Bewohner der Vorstadt den Magistrat auf, königliche Verordnungen über die Magistratswahl in polnischer Sprache verlesen zu lassen.[15]

Inwieweit die Bevölkerungsverluste durch Krieg, Landflucht und Pest die ethnische Landkarte Masurens veränderten, bleibt offen. Nach Meinung Toeppens erhielt Masuren nach der Pest ein stärker deutschsprachiges Profil.[16] Aber die deutschsprachigen Siedler der »Repeuplierung« konzentrierten sich fast ausschließlich auf die nordöstlichen litauischen Ämter, während die polnischen Ämter durch eine masurische Binnenmigration und Zuzug aus Polen im polnischsprachigen Milieu verharrten. Für deutsche Siedler blieb Masuren weiterhin unattraktiv, was die sprachliche Polonisierung Masurens im 18. Jahrhundert belegt. Selbst in einem Inventarium der Güter des Herrn von Lehwaldt in Ublick erfolgte die Viehzählung in polnischer Sprache: »Herrn Albrecht 12 Mark die Podeitka, 12 die Pialatka, 10 die Kowalka, 9 Mloda Grzecha, 6 Sobocicha, 12 Bialasky, 7 Homosni Stari, Komosna Mloda, Podeitha Mloda, Schredzycha.«[17] Nach dem masurischen Kulturgeografen Gerhard Czybulka hatten »auf dem platten Lande bis zum Ende des 18. Jahrhunderts masurisches Volkstum und masurische Sprache die Alleinherrschaft« inne.[18]

.

»NUR DIE LEHRER
SIND GRÖSSTENTHEILS TRAURIGE SUBJEKTE«
VON SCHULEN UND KIRCHEN

Masurens Schulwesen im Königreich Preußen befand sich in einem jämmerlichen Zustand. Daran änderten auch die von Friedrich Wilhelm I. erlassenen Schuledikte von 1717 und 1718 nichts, die in der borussischen Geschichtsschreibung als Einführung der allgemeinen Schulpflicht verherrlicht wurden. Ihnen kam höchstens die Bedeutung einer gut gemeinten Empfehlung zu, denn das adlige Patronatsrecht berührten sie ohnehin nicht, und die bloße Existenz von Schulen erhöhte noch keineswegs die Schulbildung.

Während der Herrschaft Friedrich Wilhelms I. entstanden landesweit Dorfschulen. Jedes Kirchspiel verpflichtete sich laut der 1734 erlassenen »Erneuerten und erweiterten Verordnung über das Kirchen- und Schulwesen in Preußen« zur Einrichtung von Schulkassen. Zugleich konstituierte sich eine ständige Kirchenkommission, die die Grundregeln für die preußischen Elementarschulen – die *Principia regulatoria* – verabschiedete. Masurens Dörfer besaßen jedoch für den Schulbau keinerlei Mittel, und so stiftete der König 1736 für die armen Landesteile einen gemeinnützigen Schulfonds mit einem Grundkapital von 50 000 Talern. Aus diesem Fonds erhielten die Dörfer zwar Hilfen, aber der Großteil der Baukosten ging zu ihren Lasten. Das erklärt die notdürftige Ausstattung der Schulgebäude.

Mit dem Bau der Schule war es aber nicht getan. Von gelegentlichen Sonderhilfen abgesehen, lasteten nach deren Fertigstellung die gesamten Kosten des Schulalltags einschließlich des Lehrergehalts auf den bettelarmen Dörfern. Jede Familie hatte, gestaffelt nach dem Einkommen, Schulgeld zu entrichten. Doch die Summen, die zusammenkamen, konnten keinen Lehrer ernähren. Die Behörden setzten daher bei den Dorfschulmeistern – im Wissen um deren kümmerliche Versorgung – stillschweigend eine Nebenbeschäftigung voraus.

Obwohl die Schulgründungen im 18. Jahrhundert sprunghaft zunahmen, kann von einer allgemeinen Schulpflicht nicht gesprochen werden. Das Schulangebot und damit das Bildungsniveau hing entscheidend von den lokalen Verantwortlichen ab. Im Hauptamt Ortelsburg zeichnete sich der Schulbeamte Fischer durch besonderes Engagement aus. Der Saalfelder Erzpriester Pauli, Schulinspektor in dieser Region, nannte ihn »einen rechten Nehemia unserer Zeiten«.[19]

Überhaupt bemühte man sich in den Zentren der Kirchspiele sehr um die Einrichtung anspruchsvoller Schulen und stellte Diakone mit fundierter theologischer Ausbildung als Lehrer an. In den Dörfern der weiträumigen Kirchspiele hingegen bestritten Handwerker – Schneider, Leineweber, Flicker und Radmacher – oder auch Kriegsinvaliden den Unterricht. Eine königliche Order von 1729 räumte den Schulmeistern neben Gehalt und Wohnung einen kleinen Stall, freies Brennholz sowie das Recht ein, einige Kühe und Schweine auf der Dorfweide, der Allmende, weiden zu lassen. Auch durften sie ihre Handwerksberufe weiter ausüben, und sie waren ferner von Steuern und Abgaben befreit.[20]

Der Schulbesuch ließ freilich zu wünschen übrig. Obwohl seit 1772 Säumnisgelder eingezogen wurden, blieben viele Kinder der Schule fern. Bittere Armut machte sie auf den elterlichen Höfen in der Feldarbeit unentbehrlich. Im Kirchspiel Jucha führte ein Bericht 1794 Klage, dass die dortigen Ortschaften Jesziorowsken, Olschöwen und Kaltken »ihre schulpflichtigen Kinder selten oder gar nicht nach Neu-Jucha schicken, diese folglich beynahe ohne allen Unterricht aufwachsen«.[21]

In Masurens Elementarschulen wurde bis zum Beginn des 19. Jahrhunderts ausschließlich in Polnisch unterrichtet. Die überwiegende Mehrheit der Schulmeister, die keine pädagogische Ausbildung hatte, sprach kein Wort Deutsch. Zwar stieg in den nordmasurischen Kreisen der Wunsch nach Zweisprachigkeit, aber die Unterrichtung zweier Sprachen brachte eine zusätzliche Belastung für die Kinder und ließ das ohnehin niedrige Bildungsniveau weiter sinken.

Noch blieb Masuren von den Härten der Germanisierungspolitik verschont. Wie unkompliziert die Sprachenfrage 1796 noch gehandhabt wurde, zeigt ein Streit um die Schulsprache in Arys. Nicht Deutsch oder Polnisch stand im Zentrum der Auseinandersetzung, sondern die Frage, ob der masurische Dialekt oder die polnische Hochsprache unterrichtet werden sollte. Ohne zu zögern, plädierten die preußischen Behörden für die Beibehaltung des Hochpolnischen, da allein die polnische Schriftsprache verbindlich sei und ebenfalls von den Masuren – wenn auch in abgewandelter Dialektform – gesprochen werde. Dazu heißt es weiter: »Die kleinen Gräntz-Städten haben Verkehr mit den Hochpohlen und die Einwohner haben eine möglich reine pollnische Sprache, so daß der Hochpohle sie wohl verstehet; der Unterschied bestehet in der Aussprache, welche bey den hiesigen Pohlen platt, beym Hochpohlen aber fein und zierlicher ist.«[22]

Insgesamt war der Zustand der ländlichen Elementarschulen katastrophal. Im Soldauer Amt gab es im 18. Jahrhundert kaum Schulen, und die wenigen schienen das Bildungsideal der Aufklärung zu verhöhnen. 1805 heißt es zu den Schulen in Soldau: »Die Schulanstalten in den Dörfern sind schlecht. Es ist zwar in jedem Dorf ein Lehrer vorhanden, der seinen Schulmorgen und

*Die preußische Schulpflicht wurde in Masuren nicht durchgesetzt, selbst Säum-
nisgelder konnten die leeren Schulbänke nicht füllen. Dabei hätten die masurischen Eltern ihre Kinder gern mehr lernen lassen, aber sie waren so bitterarm, dass
sie auf ihren Wirtschaften keine helfende Hand entbehren konnten. Im Sommer
zogen die Kinder daher mit dem Vieh auf die Weide und erschienen nicht in der
Schule.*

Porträt des Pastors Johann Christian Surminski aus der zweiten Hälfte des 18. Jahrhunderts. Masurens Pfarrerfamilien bildeten die geistige Elite der Region. Ihre engen verwandtschaftlichen Bande untereinander machten sie zu einer fest gefügten gesellschaftlichen Gruppe. Vielfach stammten die Pfarrer aus dem polnischsprachigen Milieu, repräsentierten aber durch ihr Hochschulstudium an der Königsberger Albertus-Universität wie kein anderer Berufsstand deutsche Sprache und Kultur. Ihrem polnischsprachigen Seelsorgeauftrag in den masurischen Kirchengemeinden kamen sie jedoch unbeirrt ihr Leben lang nach. Aus ihren Reihen stammten die glänzendsten Vertreter eines regionalen Masurentums.

die übrigen festgesetzten Einkünfte erhält. Nur die Lehrer selbst sind größtentheils traurige Subjekte, von denen die meisten außer der polnischen Sprache nichts verstehen. Die Dorfschaft Narzym beschwert sich sehr, daß ihr Schullehrer nur polnisch sprechen und singen, nicht einmal deutsch oder polnisch lesen, viel weniger noch schreiben könnte… «[23] Die Lehrerausbildung konnte erst 1800 mit der Gründung eines Lehrerseminars in Lyck spürbar verbessert werden.

Im Bemühen um die Anhebung des Bildungsniveaus spielten die Kirchen die wichtigste Rolle. Masurens Pfarrer entstammten alteingesessenen protestantischen Lehrer- und Pastorenfamilien, die ursprünglich tief im polnischsprachigen Milieu verwurzelt waren. Aus masurischen Pfarrhäusern gingen nicht nur Komponisten und Übersetzer von Kirchenliedern hervor, sondern auch Gelehrte. Der berühmteste unter ihnen dürfte im 18. Jahrhundert Georg Christoph Pisanski (1725–1790) gewesen sein. Sein Vater war Diakon in Johannisburg, seine Mutter eine Angehörige der Angerburger Pfarrerfamilie Helwing. Pisanski selbst wurde 1773 in Königsberg zum Doktor der Theologie promoviert.

Pfarrerbiografien liefern wertvolle Einblicke in das soziale Leben Masurens im 18. Jahrhundert. Einer der bekanntesten – und posthum karikierten – Pfarrer war zweifellos Michael Pogorzelski (1737–1798). Der Spross einer masurischen Bauernfamilie aus Lepacken, Kreis Lyck, erhielt von unbekannten Gönnern ein Schulstipendium am Königsberger Altstädtischen Gymnasium, dem ein Theologiestudium an der Albertus-Universität folgte. Von 1772 an wirkte er als Schulrektor in Kutten, Kreis Angerburg. Obwohl er sich intensiv um die dort vakant gewordene Pfarrstelle bemühte, erreichte er erst 1780 seine Vokation zum Pfarrer von Kallinowen, wo er 1798 verstarb. Pogorzelskis Vita wirkt auf den ersten Blick nicht spektakulär, dahinter verbirgt sich aber der Ausbruch eines Bauernsohns aus den elenden Verhältnissen des polnischsprachigen Milieus, dem er jedoch zeitlebens verpflichtet blieb. Als Pfarrer bemühte er sich intensiv um die Hebung des Bildungsniveaus der Masuren. In seinem Kirchspiel Kallinowen, dem er auch als Schulinspektor vorstand, förderte er pädagogische Maßnahmen, die vorbildlich waren. Seine polnisch-masurische Herkunft verlieh ihm eine Volkstümlichkeit, die später Anlass zu manch verzerrter Kolportage war.[24] Für einen verstorbenen Amtskollegen soll Pogorzelski folgende Leichenrede gehalten haben:

O, weh! Dir Ortelsburgsch Gemein!
Du hast verloren den Pfarrer Dein,
Geschlossen ist das Auge tott,
Maul zu, was hat gelehret Gott!

Bei dieser Rede handelt es sich jedoch nachweislich um einen Streich der Königsberger Studenten, die mit Hilfe des volkstümlichen Pfarrers die Masuren verballhornten. Pogorzelski hätte nämlich in Polnisch gepredigt, ganz abgesehen davon, dass zu seinen Lebzeiten kein Ortelsburger Pfarrer starb. Die Leichenpredigt wurde erstmals 1848, also fünfzig Jahre nach Pogorzelskis Tod, in den *Neuen Preußischen Provinzialblättern* publiziert.

Seit 1701 war der König in Preußen Summus episcopus. Mit absolutistischer Macht forderte er als weltlicher Herr der Kirche eine strenge Kirchenzucht. Beeinflusst vom Pietismus, der in Preußen im 18. Jahrhundert eine Blüte erlebte, richtete sich das Kirchenregiment auch gegen weltliche Ausschweifungen der Pfarrerschaft. Bis dahin war es nicht ungewöhnlich, dass Pfarrer oder Schulmeister durch berufliche Nebentätigkeiten beansprucht waren. Doch nun setzten die Kirchenbehörden ihre von einem weltfremden Purismus beherrschten moralischen Vorstellungen rigoros auch im armen Masuren durch. So verbot ein Edikt 1702 dem Lycker Erzpriester Joachim Columbus, in seinem eigenen Krug gewerblich Alkohol auszuschenken.[25] Streifendienste kontrollierten die Wirtsstuben während der Gottesdienste und belegten Alkoholsünder mit Geldstrafen, und die Kirche drohte sogar, »demjenigen, der sich am Branntwein zu Tode trinkt, kein ehrliches Begräbnis« zu gewähren. In Friedrichshof belangte die Kirchengemeinde die Bauern Czekalla aus Piassutten und Dopatka aus Kreuzofen wegen Verlobung mit einem neunjährigen Mädchen. Michel Jachimczig aus Liebenberg zahlte wegen Gotteslästerung zwanzig Mark, das Weib des Adam Dopatka für einen »entsetzlichen Fluch« fünf Mark.[26]

Der Hallenser Georg Friedrich Rogall (1701–1733), gebürtiger Königsberger und Philosophieprofessor an der Albertina, war ein radikaler Pietist, der die Einheit von Leben und Glauben vertrat und die Selbstprüfung als Voraussetzung für ein tätiges Christentum ansah. Rogall gründete 1728 das »Polnische Seminar« an der Albertina, um den Polnischunterricht der zukünftigen Seelsorger Masurens zu verbessern. Durch eine fundierte theologische

Das polnische Gesangbuch der Altpreußischen Landeskirche war über Jahrhunderte der wichtigste Begleiter der gläubigen Masuren. Die hier abgebildete Ausgabe des Preußischen Kancjonal (Kancjonał Pruski) stammt aus dem Jahre 1891, gedruckt im Hartungschen Verlag zu Königsberg, und entsprach einer revidierten Ausgabe von 1738. Zweihundert Jahre später, im Herbst 1939, sollten die Nationalsozialisten den Gottesdienst in polnischer Sprache verbieten.

und sprachliche Ausbildung wollte er das kulturelle Niveau Masurens anheben, von sittlichen Entgleisungen befreien und nach den Vorstellungen des preußischen Pietismus gestalten. Auf Initiative Rogalls entstand ferner 1732 ein neues polnisches Gesangbuch für Masuren auf der Grundlage des Königsberger Drucks von 1684. Bereits 1731 erschien eine Übersetzung der Kirchenagende ins Polnische.

Bei der Verbreitung protestantischer Gesangbücher, Predigtbücher und Postillen wirkten in vielfältiger Weise wiederum masurische Pfarrer mit. Johann Arndts »Bücher vom wahren Christentum« übersetzte beispielsweise der Soldauer Erzpriester Samuel Tschepius. Auch deutsche Choräle und Lieder hielten mit dem »Kancjonał Pruski« (Preußisches Gesangbuch) Einzug in den polnischsprachigen Gottesdienst. Als Übersetzer betätigten sich ferner die Pfarrer Georg Hampe in Kandien und Johann Jacob Gräber in Königsberg. 1738 entstand die letzte revidierte Gesangbuch-Sammlung im »Kancjonał Pruski«, die von dem Neidenburger Erzpriester Georg Wasianski vorbereitet wurde. Als offizielles polnisches Gesangbuch der Altpreußischen Landeskirche – gedruckt vom bekannten Königsberger Verlag Hartung – erlebte es vielfache Neuauflagen und blieb bis zum Verbot polnischer Gottesdienste im Herbst 1939 bei den Masuren in Gebrauch.

Die polnischsprachige Liedtradition der Altpreußischen Landeskirche hat nur in einem einzigen Lied überlebt. Der Kallinower Pfarrer Bernhard Rostock (Rostkowski) komponierte 1738 das bekannte masurische Kirchen- und Volkslied »Pola już białe« (Das Feld ist weiß). Als Erntedanklied spielte es in Masuren eine große Rolle. Mit der Übertragung ins Deutsche im 19. Jahrhundert durch Wilhelm Gortzitza fand es als letztes Beispiel masurischer Liedtradition Aufnahme in der revidierten Gesangbuch-Ausgabe der Evangelischen Kirche in Deutschland von 1994.[27]

> Das Feld ist weiß; vor ihrem Schöpfer neigen
> die Ähren sich, ihm Ehre zu bezeigen.
> Sie rufen: Kommet, laßt die Sicheln klingen,
> vergeßt auch nicht, das Lob des Herrn zu singen.
>
> Ein Jahr, Allgüt'ger, ließest du es währen,
> bis uns gereift die Saat, die uns soll nähren.
> Nun du sie gibest, sammeln wir die Gabe;
> Von deiner Huld kommt alle unsre Habe.

Wenn du, Herr, sprichst dein göttliches »Es werde«,
füllt sich mit reichen Gaben bald die Erde.
Wenn du dich abkehrst, müssen wir mit Beben
In Staub uns wandeln, können wir nicht leben.

Wir, dein Gesinde, wollen gern ertragen
im Schweiß des Angesichts der Arbeit Plagen;
nur segne, Vater, unsrer Hände Werke,
schenk uns Gesundheit, neue Kraft und Stärke.

Wir wollen kindlich zu Gott Hoffnung hegen
Und auch den Armen spenden von dem Segen;
gab er uns wenig, uns dabei bescheiden,
gab er uns reichlich, unnütz nichts vergeuden.

Sein sind die Güter, wir nur die Verwalter,
»Tu Rechnung«, spricht der Ewge zum Haushalter.
Wie reife Garben wird nach kurzen Tagen
der Tod uns mähen und zum Grabe tragen.

Zur Ernte reift der Leib. Hilf vom Verderben,
laß täglich, Herr, durch Buße in uns sterben
Lust und Begierde; mehr' in uns den Glauben,
laß nicht den Feind uns Lieb und Hoffnung rauben.

Am End nimm, Jesu, in die Himmelsscheuern
auch unsre Seelen, Ruhtag dort zu feiern.
Die hier mit Tränen streuen edlen Samen,
werden mit Freuden droben ernten. Amen.

Dass die Kirchensprache Masurens fast ausschließlich Polnisch war, belegen auch die Visitationsberichte. Nur in den Städten bildeten die zugezogenen Beamten kleinere deutschsprachige Inseln. Der Johannisburger Erzpriester Johannes Friedrich Boretius schrieb 1728 anlässlich seiner Visitation der Kirche zu Arys: »Bey diesem also bestelleten Gottesdienst finde annoch diesen Mangel, daß an den hohen und anderen Fest- und Bußtagen gantz und gar keine deutsche Predigt gehalten werde und also die deutsche Einwohner keine Gelegenheit haben, dieselbe offentlich zu feyren und in die Kirche zusammenzukommen. Dieses hat zwar vorhero gutt seyn können, da der Orth ein Dorff gewesen und also keine deutsche Leuthe daselbst sich befunden. Da nun aber Ihro Königliche Mayestät den Orth zur Stadt zu declariren allergnädigst geruhet, wohin sich allerhand deutsche Einwohner und Ausländer zusammenziehen, umb welcher willen nunmehro an jedem Sonntage deutsch geprediget und auch eine deutsche Beth-

Stunde in der Woche gehalten wird, so wäre es annoch höchst-nöthig, damit auch an denen hohen und anderen Fest- und Buß-tagen deutsch und polnisch geprediget werde und auf solche Arth so wol die polnische als auch die deutsche Einwohner zur wahren Andacht könten erweket werden.«[28]

Deutschsprachige Bürger waren selten in Masuren geboren und bekleideten fast immer höhere Ämter in Verwaltung, Kirche und Wirtschaft. Wer eine höhere Bildung anstrebte und aufsteigen wollte, musste die deutsche Sprache beherrschen. Diese Tendenz verstärkte sich im 19. Jahrhundert noch. In den Berichten der deutschsprachigen Beamten wurden die Masuren nun als »unsere Polen« bezeichnet. Die polnische Sprache wurde stigmatisiert, wenn dieses Stigma auch noch nicht nationalistisch war. Erhaltene Bänkenregister der Soldauer Stadtkirche von 1765 bis 1799 offenbaren aber eine klare Trennlinie: Gutsbesitzer und Soldauer Bürgerschaft besuchten deutsche, arme Leute, Gesinde und Bauern der Umgebung polnische Gottesdienste. In der Soldauer Stadtkirche wurden die angesehensten Bürger begraben, wer auf dem Stadtkirchhof – auch »deutscher Kirchhof« genannt – um die Kirche herum beigesetzt wurde, galt ebenfalls etwas. Hier wie dort wurden fast ausschließlich Angehörige der städtischen deutschsprachigen Bürgerschaft beigesetzt, während die polnischsprachige Bevölkerung ihre letzte Ruhestätte auf dem außerhalb der Stadt gelegenen Feldkirchhof fand.[29]

Friedhöfe gab es nur in Kirchspieldörfern mit eigenen Gotteshäusern. Alle Einsassen waren verpflichtet, ihre Toten auf diesen Kirchhöfen zu beerdigen. Aber die Masuren waren nicht bereit, so weite Wege in Kauf zu nehmen. Es gab Dörfer, die bis zu vierzig Kilometer vom nächsten Kirchhof entfernt lagen. Das waren unhaltbare Zustände, die dazu führten, dass allenthalben an den masurischen Begräbnisformen festgehalten wurde. Bereits der preußische Kirchenhistoriker Arnoldt erwähnt in seiner Kirchengeschichte von 1769 Mogilen, das waren masurische Grabstätten – von polnisch *mogiły* (Grabhügel oder Gräber) abgeleitet –, wo die Toten nach alter Tradition weiterhin beigesetzt wurden. Die Angehörigen aber sparten sich die langen Wege und die Gebühren, die auf dem Kirchhof erhoben wurden. Diese Mogilen waren den Behörden ein Dorn im Auge, da sie den Pfarrern Friedhofsgebühren entzogen. Daher mussten nach einer Verfügung von 1749 alle Begräbnisse auf den Mogilen beim Ortspfarrer gemeldet und ins Kirchenbuch eingetragen werden, wofür schließlich eine Gebühr zu entrichten war. Man beließ es also »bey den von undenklichen Zeiten her üblichen Privatbegräbnissen«, bestimmte aber 1752, dass keine neuen Mogilen mehr angelegt werden dürften.[30]

Die ethnischen Gruppen pflegten recht unterschiedliche religiöse Traditionen, denn die Christen hatten mit der überall üblichen Taufe keineswegs ihren heidnischen Kult aufgegeben. Die heidnisch-polytheistische Welt hat bis in die Neuzeit in spezifischen Frömmigkeitsstrukturen überlebt.

Katholiken spielten im 18. Jahrhundert in Masuren keine Rolle, lediglich im unmittelbaren Grenzgebiet gab es bereits ein paar kleinere katholische Gruppen. Anfang des 18. Jahrhunderts zählte man in ganz Ostpreußen (ohne das 1772 annektierte Ermland) neun katholische Kirchen. Katholisches Zentrum der Provinz war die Wallfahrtskirche Heiligelinde, die an der Schnittstelle zwischen Ermland, Masuren und Natangen im Kreis Rastenburg lag. Seit 1740 hielten Jesuiten aus Heiligelinde zweimal jährlich katholische Gottesdienste in Angerburg, Goldap, Lötzen und Rhein ab. Die Johannisburger Katholiken empfingen die Kommunion jenseits der Grenze in Polen. Weitere fünf katholische Kirchen lagen in Masuren, und zwar im Amt Soldau, wo polnische Gutsbesitzer mit ihren Patronatskirchen Bialutten, Thurau, Narzym, Groß Lensk und Groß Przellenk nach der Reformation beim katholischen Glauben blieben.[31]

Die konfessionellen Spannungen, die von außen nach Masuren getragen wurden, ließen zunächst einen konfessionellen Wettbewerb entstehen. So begründete man die notwendig gewordene Instandsetzung der Soldauer Kirche damit, dass sie ein sichtbares Zeichen evangelischen Glaubens gegenüber den benachbarten Polen sein müsse, »den angrenzenden Päpstlern zum Spektakel, indem an diesem Grenzorte viele päpstliche Priester und vornehme Polnische von Adel öfters hineintreten und mit der Zeit Gelegenheit nehmen dürften, nach dem äußerlichen Ansehen der Kirche die evangelische Religion zu beurteilen«.[32] Gottesdienstbesuche über die Grenze hinweg waren jedoch ganz selbstverständlich. Zum evangelischen Kirchspiel Narzym im Soldauer Amt gehörten zum Beispiel die Protestanten aus der polnischen Nachbarschaft. Sie stammten aus der Umgebung von Mława und unterhielten in der Narzymer Kirche eigene Bänke.[33]

Nachdem Franz II. 1806 die römisch-deutsche Kaiserkrone niedergelegt hatte, zerbrach das Alte Reich. In Mitteleuropa entstand ein Machtvakuum, das Preußen mit französischer Hilfe zu füllen gedachte. Als aber die Abhängigkeit von Frankreich zur Bedrohung wurde, erklärte Friedrich Wilhelm III. Napoleon überstürzt den Krieg. Nach der vernichtenden preußischen Niederlage bei Jena und Auerstedt am 14. Oktober 1806 besetzte der französische Imperator dann in Windeseile preußische Gebiete. Bald befanden sich Warschau und Thorn in seiner Hand, und er rückte gegen Ostpreußen vor, wo ihm der preußische General L'Estocq entgegentrat. Am 25. Dezember 1806 fiel Soldau, einen Tag später Neidenburg. Am 31. Dezember 1806 zogen die Franzosen in Ortelsburg ein. Der Ortelsburger Stadtrichter Grangot berichtete dem preußischen König über die Besatzungszeit am 26. Januar 1807: »Es mußte daher zum förmlichen gewaltsamen Fouragieren kommen, bey welchem die hiesigen Bürger die Dorfschaft Beutnerdorf und Fiugatten und mehrere benachbarten Dörfer all ihr Getreyde und ihr sämtliches Futter für den ganzen Winter verloren… «[34] Am 26. Januar 1807 zogen die Franzosen mit 60 000 Mann in Passenheim ein, wo Napoleon bei Superintendent Sonnenberg Quartier nahm. Zwangsrequirierungen, eingeschleppte Krankheiten und die massive Teuerung brachten erneut große Not nach Masuren. 1807 waren allein in Soldau 166 Opfer zu beklagen.

Als Napoleon im Frühjahr 1812 gegen Russland zog, war Masuren wiederum Aufmarschgebiet. Eine der Napoleonischen Militärstraßen führte von Warschau nach Wilkowischki über Willenberg, Ortelsburg und Sensburg. Masurens Elend schrie zum Himmel. Missernte folgte auf Missernte, Truppenbewegungen von nicht gekannten Ausmaßen und ständige Requirierungen hinterließen eine schwere Hungersnot. Ende 1812 begann der Rückzug der besiegten Grande Armée. Nach der preußisch-russischen Konvention von Tauroggen vom 30. Dezember 1812 war die preußische Armee zur Neutralität verpflichtet. Damit stand den Russen die Möglichkeit offen, Ostpreußen von französischen Truppen zu befreien.

Der Rückzug der Franzosen erregte selbst das Mitleid der leidgeprüften masurischen Bevölkerung. Die Kirchenchronik von Narzym im Soldauer Land berichtete: »Im Dezember kamen ein-

Im März 1807 huldigten die Bewohner Masurens in Osterode dem siegreichen
Kaiser der Franzosen. Im Monat zuvor hatte Napoleon bei Preußisch Eylau die
Truppen Friedrich Wilhelms III. geschlagen. Preußen stand vor dem Untergang.
Ständige Requirierungen und eingeschleppte Seuchen brachten die Bevölkerung
Ostpreußens in große Not.

zelne Franzosen und Trupps halbnackt, mit erfrorenen Händen und Füßen, angewankt. Sie glichen den elendsten Bettlern. Viele fielen hin und starben an den Folgen des Frostes und des Elendes. Man konnte sie nicht ohne Rührung ansehn. Offiziere waren mit Frauenröcken und Pelzmänteln bedeckt. Manche lachten und spotteten über sie ... «[35]

Den geschlagenen Franzosen folgte Zar Alexander I. Am 19. Januar 1813 zog er in Lyck ein, das er als erste Stadt Preußens befreite. Im Gefolge des von den Masuren gefeierten Zaren befanden sich der Freiherr vom Stein und der Dichter Ernst Moritz Arndt. Auf der den Lyckfluss überspannenden Brücke huldigte der Lycker Erzpriester Thimoteus Gisevius dem russischen Kaiser: »Sire! Empfangen Sie gnädig die Huldigungen eines jubelnd Ihnen entgegenströmenden Volkes! Was in diesem heiligen Augenblick Sie hier umringt, was, Allergnädigster Kaiser und Herr! Sie hier vor sich sehen, das Alles – o das Alles sind Herzen, die voll Bewunderung und Ehrfurcht und Liebe Ihnen entgegenschlagen – und Augen, bei Ihrem Anblick mit Wonnethränen erfüllt, – und gegen Himmel erhobene Hände, Segen herabflehend für Sie und Schutz und Gnade von dem Allmächtigsten ... Großer Kaiser! Der Allmächtige hat das Schicksal der Völker in Ihre Hände gelegt, aber wohin Ihre Triumphe Sie auch führen, da kommen Sie immer segnend und gesegnet im Namen des Herrn. – Darum decke der Ewige Sie mit seinem Schilde und stärke mit seiner Kraft zum hohen Beruf Ihren mächtigen Arm! Er, der Herr, unser Gott, sei Ihnen freundlich und fördere das Werk Ihrer Hände! Ja, das Werk Ihrer Hände wolle er fördern! Amen!«[36]

Am 23. Januar 1813 traf Alexander I. in Johannisburg ein, wo ihm ebenfalls ein großer Empfang bereitet wurde. Auf dem Marktplatz enthüllte die Bürgerschaft einen Obelisk mit folgender Inschrift: »Heil dem Befreier Europens Alexander dem Großen«. An der Spitze der russischen Armee zog der Zar weiter über Friedrichshof nach Willenberg, wo er am 27. Januar 1813 im dortigen Pfarrhaus übernachtete.

Bei der Befreiung Gesamtpreußens wollte nun keiner zurückstehen, auch die »polnischen« Kreise Neidenburg, Oletzko und Seehesten nicht. Ihre Vertreter nahmen an der Königsberger Ständeversammlung am 5. Februar 1813 teil – allerdings konnte der Neidenburger Landrat von Berg nicht persönlich dabei sein, da ihn die Quartierbeschaffung für die russischen Truppen vor

Der russische Zar Alexander I. zieht am 19. Januar 1813 in die Grenzstadt Lyck ein und wird von den Bürgern als Befreier begrüßt. Mit der Konvention von Tauroggen hatte der preußische General Yorck von Wartenburg dem Zaren eigenmächtig die Neutralität der mit Frankreich verbündeten preußischen Truppen zugesagt und damit Ostpreußen der russischen Armee geöffnet.

Auf seinem Siegeszug durch Masuren übernachtete Alexander I. am 27. Januar 1813 im Willenberger Pfarrhaus. Fast genau hundert Jahre später sollten wieder russische Truppen nach Willenberg kommen und die Stadt samt Pfarrhaus niederbrennen.

Ort band. Als Ständevertreter aus Masuren kamen aus dem Kreis Neidenburg Oberschulze William (Georgensguth), aus dem Kreis Oletzko Landschaftsrat von Bieberstein (Krupinnen), Amtmann Bergau (Kopiken), Kalkulator Ziehe aus dem Amt Drygallen (für die Kölmer) und Aktuar Färber aus Lyck (für die Städte). Aus dem Kreis Seehesten folgten Graf Lehndorff (Steinort), von der Goltz (Kamionken) sowie Landrat von Hippel auf Kleinrhein (für die Kölmer) und Justizrat Leitner aus Angerburg (für die Städte). Einhellig fassten die ostpreußischen Stände in Königsberg den Beschluss, alle zur Verfügung stehenden Kräfte gegen Frankreich zu mobilisieren: »Alles muß zu den Waffen greifen, Alt und Jung, Weib und Kind, das will das Vaterland, das will der König in seiner Noth!«[37]

Und es griff tatsächlich alles zu den Waffen. Das Dorf Sorquitten sollte sechs Landwehrmänner stellen, doch es fanden sich zwölf Freiwillige. Da keiner zurücktreten wollte, musste schließlich das Los entscheiden. Lötzen rüstete vierundzwanzig Landwehrmänner aus. Masurische Landwehrkompanien nahmen in den Jahren 1813 bis 1815 an allen Kämpfen der Befreiungskriege teil. Für seine Verdienste während der schweren Notzeit und der Befreiungskriege verlieh der Volksmund dem Neidenburger Landrat von Berg den Ehrentitel »König von Masuren«.[38]

»Masuren« entsteht
(1815–1871)

MASUREN IM MODERNEN PREUSSEN

Preußen ging als Sieger aus den Napoleonischen Kriegen hervor. Ein hoher Prestigegewinn war ihm zweifellos sicher, aber dieser Sieg ließ sich nicht in barer Münze ausdrücken. Denn was halfen glorreiche Siege auf dem Schlachtfeld, wenn das Land am Boden lag, finanziell und wirtschaftlich vollständig erschöpft? Die königlich-preußischen Untertanen – vor allem die Masuren – waren kriegsmüde und hungrig. Überall zeigten sich die Folgen des Krieges: Höfe lagen verlassen, es mangelte an Vieh, Missernten trafen das Land, Epidemien breiteten sich aus, und zu allem Unglück zog nun auch noch eine internationale Agrarkrise herauf. Überall fielen die Preise ins Bodenlose, und das minderte die Einnahmen der Bauern drastisch. Insbesondere Ostpreußens agrarische Monostruktur traf die ganze Wucht des Preisverfalls auf den Getreidemärkten.

Es stand alles auf der Kippe. Sollte Ostpreußen sich von diesen Schlägen erholen, musste die Regulierung der bäuerlich-gutsherrlichen Besitzverhältnisse an der Spitze der innenpolitischen Agenda stehen. Um Ostpreußen und ganz besonders Masuren, dessen Ordnung noch immer in der Feudalgesellschaft verhaftet war, aus seinem jahrhundertealten starren System zu befreien, musste man beherzt in allen Lebensbereichen Reformen wagen. Diesem schwierigen Unterfangen stellte sich der seit 1824 amtierende ostpreußische Oberpräsident Theodor von Schön. Als entschiedener Vertreter des ostpreußischen Liberalismus forcierte er den Sprung von der überkommenen Natural- in die Geldwirtschaft. Beim Wiederaufbau des Landes sollte ein gesunder wirtschaftlicher Konkurrenzkampf gefördert und zugleich auf die Entstehung leistungsfähiger Agrarbetriebe geachtet werden.

Noch mehr als die Gesamtprovinz bedurften Masuren und seine Landwirtschaft der Reformierung. Der spürbare Bevölkerungszuwachs konnte durch den primären Arbeitsmarkt in der Landwirtschaft nicht mehr aufgefangen werden. Masuren besaß wenig Bodenschätze, und seine Industrie fiel kaum ins Gewicht. Daran ließ sich auf Grund der ungünstigen geografischen Lage nichts ändern. Solange jedoch kein nennenswerter sekundärer und tertiärer Arbeitsmarkt aufgebaut war, der Handwerk, verarbeitende Industrie und Dienstleistung einschloss, gab es für viele Menschen in Masuren keine Zukunft, drohte die Abwanderung Richtung Westen das Land auszubluten. Diesem Trend konnte nur eine leistungsfähige Landwirtschaft entgegenwirken, die – da machten sich die ostpreußischen Behörden keine Illusionen – auf unbestimmte Zeit die wichtigste Erwerbsquelle in der Provinz bleiben würde.[1]

Die Regulierung der Bodenverhältnisse und ihre eigentumsrechtliche Neugestaltung war eine revolutionäre Tat für das gebeutelte Masuren. Der allmähliche Entwicklungsprozess entfaltete im 19. Jahrhundert eine derartige Triebkraft, dass er binnen wenigen Jahrzehnten die noch weitgehend mittelalterlich strukturierte Agrarwirtschaft in eine Landwirtschaft überführte, die internationalen Wettbewerbsbedingungen standhielt.

Ihren Anfang nahm die zu Beginn des 19. Jahrhunderts zaghaft initiierte Bauernbefreiung mit der Aufhebung der Scharwerksdienste. Nach 1807 konnten sich Domänenbauern nach festgesetzten Sätzen von derartigen Diensten und Leistungen freikaufen, wobei ihre Grundstücke unangetastet blieben. Es folgte die Regulierung der Besitzverhältnisse, die den Boden endlich den Bauern als Eigentum zusprach, die ihn bestellten. Trotz bester Absichten zog sich dieser Prozess auf den landesherrlichen Besitzungen bis in die dreißiger Jahre, auf adligem Grund gar bis zur Jahrhundertmitte hin.

Die Umsiedlung williger Bauern erfolgte ausschließlich auf Kosten des Gutsbesitzers, der seinen ehemaligen Untertanen neue Höfe kaufte. Durch diesen Umsiedlungsprozess verschwanden die adligen Bauerndörfer zum Teil ganz, was im Kreis Oletzko für die Dörfer Adlig Bialla, Chelchen, Kowahlen, Lehnarten und Sydden gilt.[2] Mehr noch als die Bauern profitierten aber die Gutsbesitzer von der Regulierung, denn sie mussten nach der Umsiedlung ihrer ehemaligen Leibeigenen auf Kleinbauern keine Rücksicht mehr nehmen und konnten ihre Höfe zu agrarischen Großbetrieben ausbauen. Eines der bekanntesten Beispiele hierfür

Masuren war und blieb eine landwirtschaftlich geprägte Region. Es gab kaum Industrie und nur wenig Gewerbe. Daran änderte die preußische Obrigkeit nichts, nicht die des deutschen Kaiserreiches und erst recht nicht die der Republik, die zudem noch mit den Folgen aus dem verlorenen Krieg zu kämpfen hatte. Erst unter Hitler schienen sich die Dinge zum Besseren zu wenden, aber diese Einschätzung sollte sich als grausamer Irrtum erweisen.

dürfte der Besitz der Grafen Lehndorff in Steinort sein. Zählte Steinort 1795 noch 86 Bauern sowie 75 Inst- und Losleute, gab es dort nach der Regulierung der Besitzverhältnisse im Jahre 1830 gerade noch zehn Bauern, zwölf bäuerliche Pächter und 178 Instleute. Der überdurchschnittliche Anstieg der Instleute belegt, dass sich nunmehr viele ehemalige gutsherrliche Bauern bei ihrem Gutsherrn als Lohnarbeiter verdingten. Ob das für sie ein Fortschritt war, bleibt fraglich.

Die Eigentumsverleihungen lösten die Bauern aus einer jahrhundertealten Ordnung heraus, die ihnen schwere Bürden auferlegt, aber auch einen gewissen Schutz geboten hatte. Nach der Befreiung mussten sie eigenverantwortlich handeln, kein Grundherr – ob Staat oder Adel – gab dem Bauern nun Besatzvieh oder Bauholz, gewährte steuerliche Freijahre bei Neubauten, Zinsnachlässe oder Vorschüsse an Saat- und Brotgetreide bei Missernten. In Notzeiten blieb der Bauer fortan auf sich allein gestellt. Wenn das Vieh einer Seuche zum Opfer fiel, bei Hagelschlag oder Brand Gebäudeschäden entstanden, musste er selbst die Verluste tragen. Das blieb nicht ohne Auswirkungen. Die mit der Regulierung einhergehende Agrarkrise machte den Schritt in die Selbstständigkeit nicht leichter, denn die sinkenden Getreidepreise ließen das Geld knapp werden – eine Katastrophe für die gerade frei gewordenen Bauern, die noch keine Rücklagen gebildet hatten. Notwendige Investitionen unterblieben, Folgekosten der Regulierung konnten nicht beglichen werden, die Schuldenfalle wurde vielen binnen kurzer Zeit zum Verhängnis. Vor allem die Kleinbauern sahen in ihrer Not keinen anderen Ausweg, als den ihnen gerade als Eigentum zugesprochenen Hof zu verkaufen.[3]

Als letzter Schritt der preußischen Agrarreformen folgte schließlich die Separation: Jeder Bauer erhielt nun ein zusammenhängendes Flurstück, ferner fielen ihm durch die Aufteilung des Gemeindebesitzes – der Allmende – Flächen zu. Auf diese Weise wurden die überkommenen Gemengelagen in leistungsfähige Einheiten überführt, die den nunmehr selbstständigen Bauern eine stabile Wirtschaftsgrundlage boten. Die Dreifelderwirtschaft wich allmählich der intensiveren Flächennutzung, die einen besseren Fruchtwechsel ermöglichte und vor allem dem Hackfruchtanbau zugute kam. Durch vermehrten Kleeanbau konnte die Stallfütterung verbessert und die Viehhaltung gesteigert werden.

Die Separation versprach den Bauern eine spürbare Entlastung, dennoch hielten viele hartnäckig an den alten Gemengelagen aus der überkommenen Dreifelderwirtschaft fest und verweigerten den Flurreformen ihre Zustimmung. Sie scheuten die hohen Kosten, die durch Vermessungs- und Bonitierungsmaßnahmen bei der Separation entstanden. Im Gegensatz zu den Gutsbesitzern wurde ihnen in der Regel auch kein Kredit eingeräumt. Durch die Skepsis der Bauern verzögerte sich das Separationsverfahren derart, dass 1844 im Kreis Lyck erst zwölf Prozent, im Kreis Oletzko sechs Prozent und im Kreis Johannisburg gar nur fünf Prozent der Agrarflächen separiert waren.[4] Bis 1860 konnten erst drei Viertel der masurischen Fluren als separiert gelten. Erst ungefähr zehn Jahre später war die Reform vollendet.

Die großen zusammenhängenden Flurstücke erleichterten die Feldbestellung. Einzelne Höfe – Abbauten oder masurisch *wynari* genannt – entstanden fernab der Dörfer inmitten der Gemarkungen. Staatliche Prämien winkten demjenigen, der bereit war, auf die Abbauten in die isolierte Abgeschiedenheit der Feldmark zu ziehen. Von hier aus mussten kilometerweite Wege zum Dorf zurückgelegt werden, was insbesondere in den harten Wintermonaten, wenn alles im Schnee versank, beschwerlich war. Andererseits konnten aber nur von diesen Höfen aus die einst ungenutzten Außenschläge bestellt werden, wodurch die Anbaufläche insgesamt wuchs. Im Dorfkern entstand durch den Fortzug auf die Abbauten Platz für jüngere Bauernsöhne, die nichts geerbt hatten. Sie konnten nun freigewordene kleinere Parzellen des elterlichen Hofes als Eigenkätner selbstständig bewirtschaften und damit die Existenz einer eigenen Familie sichern.

Die neuen Höfe auf den Abbauten, die zum Teil repräsentativ auf Anhöhen errichtet wurden, konnten sich durchaus sehen lassen. Mancher Bauer fühlte sich fast wie ein kleiner Gutsbesitzer. Größere Höfe strebten im 19. Jahrhundert nach eigenen Namen, was den Wunsch bäuerlicher Schichten nach einem gutsherrlichen Lebensstil erkennen lässt. Im Kreis Sensburg beispielsweise erhielten solche Güter sogar eine amtliche Genehmigung für Namen wie Karlshof (1815), Dieblitzthal (1822), Julienthal (1822) und Hermannsruh (1859).

Die Maßnahmen der Bauernbefreiung – Regulierung, Allmendeaufteilung und Separation – zeigten bald erfreuliche Ergebnisse. Binnen wenigen Jahrzehnten verdoppelte sich die landwirtschaftliche Nutzfläche. In der Provinz Ostpreußen stieg ihr Anteil von 20,5 Prozent der Gesamtfläche (1815) auf 44,3 Prozent (1849) und schließlich 54 Prozent im Jahr 1913.[5]

Noch mussten die freien Bauern jährlich Zahlungen leisten, die an die Stelle alter Dienstverpflichtungen getreten waren. Das Domänenrentamt hatte nun dafür zu sorgen, dass diese durch eine Kapitalzahlung abgelöst wurden. 1853/54 erfolgte die Ablösung der alten, bereits in den Handfesten der Ordenszeit fixierten Burgdienste in Brodau, Narzym, Niedenau, Sontop und Groß Tauersee. In Sontop hatten die Bauern statt der bisherigen jährlichen Abgabe von sechs Pfennig eine Kapitalablösung von zehn Silbergroschen zu zahlen. 1856 lösten einige Bauern aus Klenzkau bestehende Peitschen- und Postfuhrgelder von ihren Grundstücken ab. In den ehemaligen Domänendörfern war die Ablösung der Reallasten 1858 abgeschlossen, in adligen Gutsdörfern wie Illowo erst 1878. In den Kirchspielen Klein Koslau, Narzym und Soldau-Land zögerte sich die Ablösung der Reallasten bis 1886 hinaus.[6]

Letztlich war auch die Abschaffung der Patrimonialgerichtsbarkeit ein Glied in der langen Kette der Reformen zur Bauernbefreiung. Erst 1851 verlor der Gutsbesitzer oder der von ihm eingesetzte Jurist die Gerichtsbarkeit über den Gutsbezirk, und 1872 ging dann durch eine neue Kreisordnung die Polizeigewalt auf den Staat über. Da die aus der Neuordnung hervorgegangenen Gutsbezirke jedoch automatisch den Gutsherrn als Ortsvorsteher auswiesen, blieb de facto seine niedere Exekutivgewalt bis in die Weimarer Republik – genau bis 1927 – bestehen.[7]

Zweifellos stärkten Regulierung und Separation die Position der masurischen Bauern, doch dieser schwierige Prozess forderte auch Opfer. Der Übergang von der Natural- zur Geldwirtschaft verlangte den Bauern vieles ab. Infolge der Gebühren, die zu entrichten waren, begann das freie Bauerndasein mit einem Schuldenberg, der sich durch Missernten und Seuchen rasch so hoch auftürmen konnte, dass es um die unabhängige Existenz des Bauern geschehen war. Nur wenige waren diesen Schwierigkeiten gewachsen, viele scheiterten. In Scharen zogen diese mittellosen Masuren über die Grenze nach Polen, weil sich in der Heimat keine Zukunft mehr bot. Allein der Ortelsburger Landrat musste 1833 über 39 Auswanderungsgesuche nach Polen entscheiden, die insgesamt 400 Personen betrafen. Dabei handelte es sich aber vorwiegend um Eigenkätner und Instleute, die von der Landzuteilung ohnehin weitestgehend ausgeschlossen waren. Insbesondere Bewohner der grenznahen Dörfer, denen die polnischen Nachbarlandschaften vertraut waren, entschlossen sich zur Auswanderung. Als Gründe führten sie »den Mangel an Erwerb in hiesiger Gegend« an, wodurch sie »in die größte Armuth gerathen und in Pohlen sich einen beßeren Subsistenz« erhofften.[8] Auswanderungen nach Polen, vor allem nach Kurpie, waren bis in die sechziger Jahre keine Seltenheit. Mit den Niederlassungen um Ostrołęka, Łomża, Przasnysz, Chorzele, Ciechanów, Myszieniec, Augustów und Kolno kehrten die Masuren in ihre alten Herkunftsregionen zurück. Noch 1865 zwangen Hunger und Entbehrungen 28 Bauern aus Lipowitz, ihre Heimat aufzugeben. In einem Schreiben an den russischen Zaren baten sie darum, sich im Königreich Polen niederlassen zu dürfen.[9]

Die Emigranten kamen also in kein fremdes Land. Über Jahrhunderte hinweg gab es zwischen Masuren und dem polnischen Bug-Narew-Raum enge wirtschaftliche und verwandtschaftliche Beziehungen, schließlich sprach man auch dieselbe Sprache. Bis zum Aufkommen des deutsch-polnischen Antagonismus gehörten Ehen über die Grenze hinweg zum Alltag. Neben rein evangelisch-binationalen Ehen spielten auch gemischtkonfessionelle Heiraten eine wichtige Rolle. Evangelische Polen besuchten regelmäßig die an der Grenze gelegenen masurischen Kirchspiele. Im Filialkirchspiel Opalenietz nahm man sogar Rücksicht auf Gottesdienstbesucher aus Polen, die den langen Weg zur Kirche auf sich nahmen.

Das bis dahin stiefmütterlich behandelte Land erfreute sich bald zahlreicher Initiativen zur Hebung des Bildungsniveaus, denn allen Landeskindern bis in die entferntesten Winkel Preußens sollte nun der »Segen« preußisch-deutscher Kultur und protestantischer Sittlichkeit in reichem Maße zukommen.

Masurens Kinder aber besuchten die Schule nur im Winter, während sie im Sommer das Vieh hüteten und bei der Feldarbeit halfen. Doch auch während der schneereichen Winter scheuten viele Kinder die langen Wege zur Schule, vor allem wenn sie von den Abbauten kamen. Die preußischen Behörden mussten massive Anstrengungen unternehmen, um die Versäumnisse im Bildungswesen der vergangenen Jahrzehnte wenigstens notdürftig zu beheben. Masurens Schulen zeigten sich in einem katastrophalen Zustand, da die bitterarmen Dörfer keine Schulgebäude unterhalten konnten. Ohne staatliche Hilfe war hier nichts auszurichten. Klein Koslaus 1778 erbaute Schule etwa erwies sich 1844 als derart baufällig, dass sich der Lehrer weigerte, weiterhin im Schulhaus zu wohnen. Der örtliche Schulverband erklärte jedoch, dass ein Einsturz des Gebäudes nur bei großem Sturm zu erwarten sei und die Schulstube »völlig sicher [sei], selbst wenn bei einem ungewöhnlichen Unwetter der übrige Teil einstürzen sollte«.[10]

Solange die Not so groß war, blieb Bildung ein unerschwinglicher Luxus, den die Eltern, so gerne sie auch wollten, ihren Kindern nicht bieten konnten. 1832 wehrte sich das Heidedorf Kreutzofen gegen den Neubau einer Dorfschule, da die Bauern nach Missernten und Seuchen ihre Kinder zum Viehhüten benötigten. Die Schulgemeinde Jägersdorf, Kreis Neidenburg, bat 1869 um eine Verlegung des Unterrichts auf fünf Uhr morgens, um die Kinder später für landwirtschaftliche Arbeiten einsetzen zu können: »In Anbetracht der hinlänglich genug bekannten traurigen und armseligen Gegend hat der im vergangenen Jahre allgemein herrschende Nothstand uns in diesem Jahre auch um so drückender getroffen, weil wir außer vom Brodgetreide auch den größten Theil des Futterbedarfs und zu fast noch nie da gewesenen hohen Preisen kaufen müssen, wodurch unsere Wirtschaftsverhältnisse immer mehr geschwächt werden. Da uns jedoch die weiteren Hilfsmittel erschöpften, sind wir gezwungen, unser Vieh, um es vor dem gänzlichen Hungertode zu schützen, längst schon auf die noch sehr mangelhafte Weide zu treiben. Da das Vieh jedoch nicht ohne Aufsicht verbleiben kann, so müssen wir solches durch bestellte Hirten hüten lassen, wozu wir alljährlich, um in der Bestellung der Landwirtschaft und überhaupt der Erhaltung der Wirtschaft keine Unterbrechung zu erleiden, die dazu qualificirten Hütekinder verwendet haben.«[11]

Konnten die Gemeinden das Geld für den Schulbau schon nicht aufbringen, so belastete sie der Unterhalt des Lehrers erst recht, auch wenn die Lehrergehälter gering waren. Die Folge dieser schlechten Bezahlung war die miserable Qualifikation der Pädagogen. Beschwerden wegen körperlicher Züchtigung gab es zuhauf. Unbeherrschte Lehrer, die ihre Schutzbefohlenen prügelten, waren die Regel. Schließlich weigerten sich viele Eltern, ihre Kinder in die Schule zu schicken. Scheufelsdorfs Dorfschaft wandte sich 1855 an den Passenheimer Pfarrer mit der Bitte, den

Im Rahmen der Germanisierungspolitik nach der Reichsgründung wurde Masuren mit einem Netz von Schulen überzogen. Allenthalben entstanden neue Schulhäuser in Backstein im Stil der wilhelminischen Zweckbauten. Die Aufnahme von 1912 zeigt die Schule in Borken, Kreis Ortelsburg. Vor dem Schulhaus steht das Lehrerehepaar mit seinen drei Kindern.

notorisch prügelnden Lehrer Stern disziplinarisch zu ahnden.[12] Im Kirchspiel Willenberg erfolgte 1852 die Suspendierung des Lehrers Skorczyk aus Glauch, der bei einem Besuch in Willenberg derartig betrunken war, »daß er im Rinnstein gelegen und nach Anzeige des Stadtdieners in die Wache gebracht wurde«, und der Pfarrer von Muschaken sah sich gezwungen, Lehrer Skischally in Saddeck zu entlassen, der hoffnungslos dem Trunke verfallen war. Schlechte Bezahlung, hoffnungslose Überalterung und eigenes Unvermögen, das Amt des Lehrers würdig auszufüllen, führten schließlich zu solch unhaltbaren Zuständen.[13]

Die Pfarrer als zuständige Lokalschulinspektoren zeigten durchaus Bereitschaft, den Missständen rasch beizukommen, doch die Visitationen offenbarten, dass die Wirklichkeit ihre schlimmsten Erwartungen übertraf. Es rächte sich, dass sich die preußische Regierung um die elendsten Winkel Masurens bisher überhaupt nicht gekümmert und das Land sich selbst überlassen hatte. So sah der Willenberger Pfarrer Czygan sich 1853 gezwungen, mehr als die Hälfte aller Lehrer seines Kirchspiels disziplinarisch zu belangen. In seinem Tagebuch hielt er fest, der Schulmeister von Kollodzeygrund sei »ein notorischer Säufer gewesen und hat sogar ungestraft in einer Schenke die unzüchtigsten Handlungen vorgenommen«, die Lehrer von Baranowen, Jeschonowitz, Sendrowen, Groß Piwnitz, Roglas, Kutzburg, Wyseggen, Glauch, Kannwiesen und Groß Przesdzienk entließ er sämtlich wegen Ehebruch, Unzucht, Trunksucht und Diebstahl.[14]

Neue und qualifizierte Lehrer waren aber kaum zu bekommen. Das lag nicht zuletzt an der Sprachenfrage. Bis 1873 war die Unterrichtssprache Polnisch, und das beschränkte den Kreis geeigneter neuer Lehrerkandidaten auf die polnischsprachigen Kreise Masurens. In ihrer Not griffen die Schulbehörden dennoch auf Lehrer aus deutschsprachigen Regionen zurück, die aber, wenn sie in rein polnischsprachige Dörfer in Masuren versetzt wurden, mehr oder weniger auf verlorenem Posten standen. Ein Lehrer aus dem Kreis Rastenburg, der der polnischen Sprache nicht mächtig war, ersuchte die Regierung 1844 um seine Versetzung aus Glauch bei Willenberg, da dort »die polnische Sprache die einzige ist und ich derselben nicht mächtig bin, also auch, selbst mit größter Kraftanstrengung nicht mit Segen in der Schule dieses Dorfes wirken könnte«.

Zweisprachige Lehrer konnten Deutsch immerhin als Fremdsprache unterrichten. Einblick in ein solches Lehrerdasein bietet der handschriftliche Bericht des Dorfschullehrers Mathias Jegelka aus Scheufelsdorf, Kreis Ortelsburg, anlässlich seines fünfzigsten Dienstjubiläums. Dem polnischen Lebenslauf, den er fließend schrieb, fügte er eine Übersetzung ins Deutsche an:[15]

Mein Geburtsorth heist Usdowen und bin gebohren den 22ten Februar 1775 und getauft den 24ten Februar auch daselbst erzogen worden.

Von meinem 6ten Jahre an wurde ich zum Schul Unterict angehalten und zwar von meinem Vater mit Nahmen Andreas Jegelki Organisti in Usdowen, als ich das 11te Jahr erlebte, traf mich das Unglick ein Bein zu brechen und zwar den ersten Tag nach Pfingsten so das ich bis Martini zu Bette fortwährend im grösten Schmerze liegen mußte, um Martini Zeit stand ich endlich auf mußte aber ein ganzes Jahr auf zwei Kricken gehen und so wurde ich bis zum 14ten Jahr im Christenthum von meinem Vater unterichtet. Nach beendigtem 14ten Jahre genos ich den Confirmanden Unterricht von Herrn Pfarrer Pulewka in Usdau und wurde auch von dem selben gleichzeitig Eingesegnet. Nach meiner Einsegnung da mein Verstand vermehrt wurde, war ich dennoch nicht von der Christlichen Lehre abgeneigt, sondern verfolkomnet mich so viel es in meinen Kräften stand auch zugleich im Orgel spielen bei meinem Vater durch 2 Jahr.

Als ich 16 Jahr alt wurde bekahm ich Neigung die Schneider Profession zu erlernen und lernte ich solche in Groß-Schläfken bei Schneider Adam Hurdla der auch zugleich Schullehrer wahr durch 3 Jahre lang.

Als ich nun zum Gesellen von meinem Meister anerkannt wurde kehrte ich zu meinem Vater zurück und befleißigte mich wiederum in der Christlichen Lehre 1 Jahr lang, um wahr ich 20 Jahr alt und wurde dann zum Schul Amte nach Scheufelsdorff berufen, das war am 23ten Februar 1795. Zu diesem Amte wurde ich geprieft vom Herren Erzpriester Corsepius und so wurde mir dieses Amt anvertraut. Als ich dieses Amt ein halbes Jahr verwaltete, nahm ich mir eine Geführte und trat in den heiligen Ehestand in welchem mir mein Schöpfer allen Segen gedeien lies, doch aber im Jahre 1807 wie Gott einen ieden auf die Probe stellt ob er in seinem Glauben gewis sei, muste ich in einer Krankheit zwanzig Wochen fortwährend zu Bette liegen. 1813 als der landsturm organisiert wurde, wurde ich ebenfalls hinzu berufen und habe meinen Dienst als Offizier antreten müßen.

Nach Verlauf 2 Jahren leidete ich wiederum an dem fehlerhaften Fus nemlich ich verängte eine Ader durch ein schneles gehen.

Späterhin als die Cholera in unserer Gegend herrschte wofür uns der Allmächtige bewahren möge, habe ich auch gelitten, allein unser barmherzige Vater der die Seinigen lieb hat, hat mich huldreichts mein Leben auf dieser Erde verlängert. Demnach verzage ich nicht in meinem mir von Gott zugesagten Lebenswandel und bestrebe mich so viel es in meinen Kräften steht mein Amt Gott wolgefällig zu follführen.

Jegelka, Schullehrer.

Zur Förderung der pädagogischen Qualität entstand 1800 ein erstes Lehrerseminar in Lyck, 1829 wurde das Angerburger Seminar für Masuren gegründet, einige Jahre später die Friedrichshofer Präparandenanstalt. Schon zuvor bildeten die Seminare Braunsberg (1810) und Preußisch Eylau (1834, ehemals Klein Dexen) masurische Dorfschullehrer aus. Neben dem Lycker Gymnasium entstand 1845 eine zweite höhere Bildungsanstalt in Hohenstein für das westliche Masuren.

Trotz spürbarer Verbesserungen und aller Bemühungen war die erste Jahrhunderthälfte gekennzeichnet von Entbehrungen. Durch den Verfall der Getreidepreise verarmten die Kleinbauern, und in manchen Jahren vernichteten Naturkatastrophen die gesamte Ernte. Zwischen 1840 und 1850 forderten Hungersnöte zahlreiche Opfer, selbst Bauern starben auf ihren Höfen an Unterernährung. 1845 regnete es während der Monate Juli und August so stark, dass die Ernte förmlich in den Fluten versank. In Lyck stieg das Wasser des Lyckflusses so hoch, dass zwischen der Stadt und dem außerhalb gelegenen Kirchhof ein großer See entstand.

Auf breiter Front waren Seuchen auf dem Vormarsch. Aus purer Verzweiflung strömte die hungernde Landbevölkerung nach Lyck. Nachdem die Fluten zurückgegangen waren, zählte man 340 Hungertote. Doch nun breitete sich eine Typhusepidemie aus, und immer wieder überzog die Cholera das Land. Im großen Cholerajahr 1831 starben in Ortelsburg 57 Menschen, in Passenheim, wo die Krankheit am 7. Oktober 1831 ausbrach, 132 von 400 erkrankten Einwohnern. Von den 1217 Einwohnern raffte die Epidemie damit mehr als zehn Prozent hinweg. Auch Lyck beklagte 1831 mit 300 Opfern den Tod von zehn Prozent seiner Bevölkerung und in weiteren Cholerajahren 80 (1837) und 333 (1852) Tote.[16]

Es zeigte sich nun, dass mit der Regelung der Eigentumsverhältnisse keineswegs alle Missstände behoben waren, vielmehr stellten sich mit der Aufhebung der alten Weidegerechtigkeit neue ein. Nach der Separation entfielen die Privilegien auf freie Weide in den staatlichen Wäldern, so dass die nunmehr freien Bauern für die Beweidung einen Pachtzins entrichten oder andere Weidemöglichkeiten suchen mussten. Da sie dazu gar nicht in der Lage waren, stellte die Landesherrschaft ihren ehemaligen

Domänenbauern statt der alten Weidegerechtigkeiten als Ausgleich neue Wiesenflächen zur Verfügung. Die aber waren oft weit entfernt von den Höfen. Bis 1945 fuhren Bauern weit mehr als zehn Kilometer zu den ihnen zugewiesenen Fluren fernab der dörflichen Gemarkung.

Der Mangel an ausreichendem Weide- und Wiesenland für die Heugewinnung war groß. Zwar gab es genügend Wiesen, aber das waren meistens feuchte Sumpf- und Torfwiesen. Die Torfwiesen (torfaki) lieferten den Masuren das wichtigste Heizmaterial für den Eigenbedarf, die Sumpfwiesen aber sollten nun mit staatlicher Unterstützung entwässert und trockengelegt werden. Ein Meliorationssystem mit Drainagen und Vorflutung gab es bereits in Ansätzen, doch noch stand es mit der Vorflutung nicht zum Besten. Nach der Schneeschmelze blieb das Wasser zu lange auf den Wiesen stehen und übersäuerte so die Grasbestände.

Bevor die intensive Melioration einsetzte, waren Masurens Wiesen schwimmende Bruchlandschaften. Beim Grasmähen trugen die Bauern schneeschuhartige Bretter unter den Füßen, um nicht im morastigen Wiesenboden zu versinken. Nach dem Grasschnitt wurden die Wiesen zwar beweidet, aber das barg ein erhebliches Risiko. Durch die anhaltende Nässe drohte das Vieh nämlich im feuchten Boden zu versinken oder wurde derartig von Insekten malträtiert, dass sich Viehseuchen ausbreiteten. Wenn überhaupt, konnte das Heu erst im Winter eingefahren werden, weil der Frost das Einsinken der Wagen verhinderte. Bis dahin lagerte das Heu in kleinen Schobern auf den Wiesen.

1852 entstand die erste masurische Meliorationsgenossenschaft im Skottautal bei Neidenburg. Kurze Zeit später folgten weitere im Neidenburger Kreisgebiet, und zwar für das Neidetal, den Omulef sowie den Orzycfluss. In einem groß angelegten Meliorationsprojekt gelang seit 1861 die Senkung des Aryssees, wo neun Quadratkilometer Neuland sowie durch Vorflutverbesserung 33 Quadratkilometer entwässertes Ackerland und Wiesen gewonnen wurden.[17] Wenn es dennoch an ertragreichen Heuwiesen und Viehweiden mangelte, mussten die masurischen Bauern Wiesen jenseits der Grenze in Polen pachten. Um 1860 gewannen die Grenzdörfer Groß Piwnitz, Montwitz und Trzianken ihre Heuvorräte ausschließlich auf polnischer Seite. Ostmasurens Bauern pachteten Heuwiesen in den polnischen Flussebenen entlang der Hancza, Netta und Biebrza.[18]

*Bis zum Ersten Weltkrieg war das typische masurische Bauernhaus vorherr-
schend. Der strohgedeckte Holzbau aus vierseitig behauenen Balken, die waage-
recht aufeinander gelegt und an den vier Hausecken mit einer Art Schwalben-
schwanzverzahnung (Gersaß) zusammengefügt wurden, war meistens mit dem
Giebel zur Straße ausgerichtet. Die Giebel wurden mit künstlerisch verzierten Gie-
belstangen (sytowki) geschmückt. Ställe (chlew), Scheune (stodoła) und Schup-
pen (sopa) waren in einem Viereck hinter dem Haus angeordnet.*

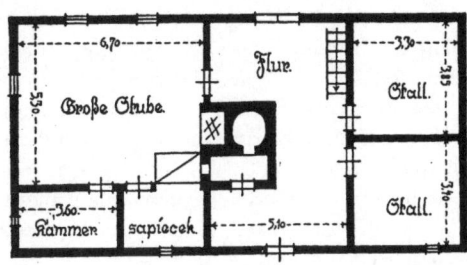

Der wichtigste Teil des Hauses war die große Stube (izba) mit dem wärmenden Ofen (piec). Hinter dem Ofen lag das Ofenstübchen (zapiecek) und daneben eine Abstellkammer (komorka). Die Altsitzerwohnung bestand in der Regel aus einer weiteren Stube, der »izbetka« (verderbt aus polnisch »izdebka«).

Während das südliche Masuren reich an feuchtem Wiesen- und Sumpfland war, zeichneten sich die geschiebereichen Moränengebiete im hügeligen Norden durch Steinreichtum aus. Beim Pflügen quollen die Steine aus dem Boden und ließen die Bauern »steinreich« werden. Charakteristisch für diese Landschaft waren Steinhaufen an den Feldrändern. Als der Chausseebau zunahm, verkauften die Bauern während der arbeitsarmen Wintermonate ihre Steine an die Wegebauer, was ihnen ein bescheidenes Zusatzeinkommen bescherte.

Noch lebte die ländliche Gemeinschaft weitgehend autark, noch fertigte man die Kleidung selber. Nebeneinkünfte boten die Fischerei, die häusliche Spinnerei und Weberei. Auch Fuhrdienste für Getreide, Holz oder Steine sicherten im Winter ein Zubrot. Allenfalls Zimmerleute, Radmacher und Schmiede ließen sich als Handwerker in den Dörfern nieder. In den Moränengebieten gab es einige Kalkbrenner, die Kalk in einfachen Feldöfen brannten.

Auf den armen bis mittelmäßigen Böden Masurens überwog der anspruchslose Roggen, Weizen war selten, Gerste und Hafer wurden in den sandigen Heidegebieten zuweilen durch Buchweizen ersetzt. Im 19. Jahrhundert spielte die Erbse als Grundnahrungsmittel noch eine größere Rolle, doch wurde sie allmählich von der Kartoffel abgelöst. In Hungerjahren gehörten auch Sauerampfer (masurisch Scaz, genannt Scazia) und Melden (gorcyca) zum Speiseplan. Fleisch gab es selbst bei reicheren Bauern selten. Eingemachter Kohl – Kumst genannt oder masurisch Kapusta – bildete die Hauptnahrung. Zwiebeln sowie Rotebeetesuppe (Barszcz), Buchweizengrütze (gryka) und Erbsengerichte waren Wintermahlzeiten, im Sommer kamen viel Milch und frischer Käse (glums) auf den Tisch. Fast immer wurden Kartoffeln gereicht. Süßspeisen waren Kartoffelflinsen und Buchweizenkuchen (gryczani).

Schon bald nach 1815 entdeckten die preußischen Beamten ihr Herz für Masuren. 1818 erfolgte mit der neuen Kreiseinteilung eine administrative Neuordnung Masurens, die bis 1945 Bestand hatte. Zum Regierungsbezirk Königsberg zählten die neu gegründeten Kreise Ortelsburg, Neidenburg und Osterode, während die Kreise Angerburg, Sensburg, Lötzen, Johannisburg, Lyck und Oletzko der Gumbinner Bezirksregierung unterstellt wurden.

Um die Mitte des 19. Jahrhunderts kam auch in Masuren der Chausseebau voran. Das förderte den Handel in diesen abgelegenen Teil Preußens, und auch die armen Bauern, die auf schlechten Böden saßen, profitierten davon, denn hier wurden sie im Winter die Steine los, die sie im Sommer aus ihrem Acker holten.

Während das dörfliche Leben durch die Agrarreformen deutlich spürbare Impulse erhielt, blieb das städtische Leben bis zur Mitte des 19. Jahrhunderts eingeengt durch ein reglementierendes Zunft- und Innungswesen. Die wirtschaftlichen Perspektiven waren gering und die infrastrukturelle Anbindung schlecht. Holzhäuser, teils mit Stroh gedeckt, beherrschten bis etwa 1850 das Bild der Städte.

Als größte Stadt Masurens nahm Lyck eine Vorreiterrolle in der städtischen Entwicklung ein. Neben einer Militärgarnison befand sich hier die einzige Lateinschule Masurens, die 1813 in den Rang eines Gymnasiums erhoben wurde, sowie eine deutsch- und polnischsprachige Elementarschule. Bis zur Jahrhundertmitte verdoppelte sich die Einwohnerzahl von 2304 (1818) auf 4262 im Jahr 1852. Handwerk und Handel lebten von dem weiträumigen ländlichen Einzugsgebiet, dessen Bewohner in großer Zahl an Markttagen und kirchlichen Feiertagen in die Kreisstadt strömten. Dümpelte das kleinstädtische Leben ansonsten ruhig dahin, herrschten an Markttagen drangvolle Enge und ein pulsierendes Treiben. Marktbesucher umlagerten die Gasthöfe, deren große Remisen den Pferdefuhrwerken Unterstand gewährten. Nach einem erfolgreichen Markttag füllten dann die Bauern die Schänken. Allein in Lyck wurden in 25 Gasthöfen und Schänken (1860) Mensch und Pferd versorgt.[19]

Mit dem Zuzug des Militärs entwickelte sich die kleinstädtisch-bürgerliche Kultur, die für das 19. Jahrhundert so charakteristisch war. Die nach deutschen Vorbildern geprägte deutsche Bürgerkultur Masurens konnte ihren provinziellen Charakter allerdings nie abstreifen. Ein Vereinswesen, wie es sonst in Preußen verbreitet war, entwickelte sich in Masuren erst um die Jahrhundertmitte. Es wurde getragen von der deutschsprachigen Honoratiorenschicht und beschränkte sich zunächst auf die bürgerlich-städtischen Kreise. Die Stadt Ortelsburg verfügte schließlich über eine Schützengilde (1846), einen Männerturnverein (1861) und einen Kreditverein (1864), während in Soldau ein Missionshilfsverein (1854), ein Gustav-Adolf-Verein (1859), ein Handwerkerverein (1867) sowie der Vaterländische Frauenverein (1869) entstanden. Masurens polnischsprachige Dörfer erfaßte das deutsche Vereinswesen erst in der späten wilhelminischen Zeit.

Die Verkehrsanbindung der Region an das übrige Preußen wurde besser. Zwischen 1845 und 1856 nahm man den Wasser-

Der Nachwuchs des Segler-Clubs Nikolaiken im Jahre 1935/36. Mit den Deutschen kam das Vereinsleben nach Masuren. Überall entstanden in den Kreisen des deutschen Bürgertums Schützen-, Sänger- und Turnvereine, aber auch Vaterländische Vereine und Gustav-Adolf-Vereine. Sie bestimmten in der wilhelminischen Zeit das städtische Bürgerleben, blieben aber immer auf die deutschsprachige Lokalprominenz beschränkt.

*Ferdinand Gregorovius (1821–1891), Verfasser der achtbändigen »Geschichte
der Stadt Rom im Mittelalter«, wurde 1876 die Ehrenbürgerwürde der Ewigen
Stadt verliehen. Er war damit der erste Deutsche und der erste Protestant, dem
diese Ehre zuteil wurde. Zeit seines Leben fühlte sich Gregorovius, der einer alten
Neidenburger Pfarrer- und Juristenfamilie entstammte, mit seiner masurischen
Heimatstadt verbunden. Ihr vermachte er den Großteil seines Vermögens mit der
Verfügung, es für wohltätige Zwecke einzusetzen. Kaum bekannt ist sein Einsatz
für die Freiheitsbewegung Polens, die er durch seine Schrift »Die Idee des Polentums« 1848 unterstützte. Gregorovius starb 1891 in München. Sein Bruder
Julius (1819–1891) verfasste 1883 eine »Geschichte der Stadt Neidenburg«, für
die er zum Ehrenbürger der Stadt ernannt wurde. Beide Brüder fanden am Denkmal ihres Vaters auf dem Neidenburger Schlossberg ihre letzte Ruhestätte.*

weg zwischen Johannisburg und Angerburg in Betrieb, der den Bereich der Großen Masurischen Seen anschloss. Der Chausseebau rückte Masuren enger an die Ballungsgebiete des Ostseeraums und Polens heran. 1860 konnte Ostpreußen schließlich an das preußische Eisenbahnnetz angeschlossen werden. Von Dirschau führte die Ostbahn nach Königsberg und gelangte bis an die Grenzen Russlands nach Eydtkuhnen. Am 8. Dezember 1868 stieß eine erste Eisenbahnlinie nach Masuren vor, die Königsberg über Rastenburg und Lötzen mit Lyck verband. 1871 führte die Strecke schon bis an die Grenze bei Prostken, wo die preußische Linie auf das russisch-polnische Eisenbahnnetz traf.

Auch der kleine Grenzhandel blühte. Besuche auf den Märkten hüben wie drüben zählten zum Alltag. Nachdem die russischen Behörden aber 1823 für viele Produkte eine Zollsperre verhängt hatten, lohnte sich der geregelte Handel nicht mehr, und so erlebte der Schmuggel eine beispiellose Blüte. Russische Grenzposten und pfiffige Masuren verdienten nicht schlecht am illegalen Warenverkehr. Noch Max Toeppen berichtete, dass sich die masurischen Grenzdörfer Friedrichshof und Borszymmen bei Sonnenuntergang in ein Heerlager von Schmugglern verwandelten, die mit Paketen beladen in Richtung Grenze marschierten. Das Königsberger Konsistorium kam zu dem Schluss, dass der »entsittlichende Einfluß der Schmuggelerei« verantwortlich sei für die rohen Sitten der Masuren, wobei die kirchliche Seite die Gemeinde Ostrokollen als besonders »verrufen« ausmachte.[20]

1863 beteiligten sich viele Grenzdörfer am Aufstand der polnischen Patrioten gegen die russische Fremdherrschaft, indem sie Waffen schmuggelten und geflüchtete polnische Rebellen versteckten. Dabei tat sich besonders das Kirchspiel Friedrichshof hervor, wo schließlich einige Verfahren wegen Aufnahme polnischer Insurgenten anhängig wurden. Schon mit dem polnischen Novemberaufstand von 1830/31 gegen die russische Herrschaft hatte die Sympathie für Polen zugenommen. Gerade die masurischen Pfarrer ließen eine polonophile Tendenz erkennen, ohne dass sie allerdings ihre preußische Grundloyalität in Frage stellten. Es war das rege Interesse am Schicksal der geteilten polnischen Nation und ihrer reichen Literaturtradition der Romantik, das diese Gefühle hervorrief. Masurische Solidarität mit den polnischen Freiheitsbestrebungen – das war das Letzte, was die preußischen Behörden wünschten. Deshalb reagierten sie geradezu hysterisch auf derlei Sympathiebekundungen und drangen auf eine unnachgiebige Bestrafung dieser »Untaten«.

DIE AMTSKIRCHE UND DIE BEWEGUNG DER »GROMADKI«

Die Union des lutherischen und reformierten Bekenntnisses von 1817 stellte den Auftakt eines sehr lebhaften religiösen Jahrhunderts in Preußen dar. Für Masuren bedeutete dies, dass der lutherische Akzent noch deutlicher betont wurde.

Wie im Schulwesen war Masuren auch im kirchlichen Bereich ein Stiefkind der preußischen Seelsorge. Es gab zu wenig Pfarrer, und die wenigen, die es gab, waren sprachlich und theologisch unzureichend ausgebildet. Das schürte die Unzufriedenheit der masurischen Kirchenmitglieder. Ihren Hunger nach dem geistlichen Wort konnte die Amtskirche nicht stillen. Insgesamt war ihr Frömmigkeitsverständnis dem preußisch-protestantischen wesensfremd und rief bei den auswärtigen Visitatoren Erstaunen, ja auch Abneigung und sogar Verachtung hervor. Im günstigsten Fall weckte es altväterliche Fürsorge, wie man sie einem minderbemittelten Familienangehörigen zuteil werden lässt.

Mit dem aufkommenden Visitationseifer im Zuge der pietistischen Erweckung im 19. Jahrhundert richtete sich das Augenmerk der preußischen Inneren Mission auf Masuren. Überzeugt von der Überlegenheit der preußisch-protestantischen Kultur, entwickelte die Innere Mission ein Sendungsbewusstsein, das bis in den letzten Winkel des Königreiches drang.

Die Erweckungsbewegung verstand sich als bewusste Gegenbewegung zur Aufklärung und als Neubesinnung auf die Grundelemente des Protestantismus. In Erwartung des Reiches Gottes herrschte eine Endzeitstimmung, die es spirituell auszufüllen galt. Die neue spirituelle Bewegung entwickelte überall in Europa und in Nordamerika regionale Ausprägungen. Die masurische Variante der geistigen Erweckungsbewegungen waren die »Gromadkarzy« oder auch »Gromadki« (Häuflein, Versammlung). Ihre Ursprünge lagen im preußischen Litauen, von wo die Gromadki über Goldap, der Schnittstelle des litauischen, polnischen und deutschen Sprachraums in Ostpreußen, nach Masuren kamen.

In diesem slawisch geprägten Land lebte die Volksfrömmigkeit von Emotionen, was sich mit dem preußischen Staatsprotestantismus und seinen trockenen Sonntagspredigten nur schwer vereinbaren ließ. Die masurische Religiosität war stark von katholischen Formen geprägt und besaß auch heidnische Elemente, ohne dabei ihr protestantisches Profil zu verlieren. Den Masuren gelang es, aus preußischem Staatsprotestantismus, katholischen Andachtsformen und heidnischen Elementen eine Symbiose zu bilden und daraus individuelle Formen der Volksfrömmigkeit zu entwickeln. Bis 1945, ja selbst darüber hinaus, hinterließ die Gromadki-Bewegung tiefe Spuren im Land, denn sie prägte eine besondere Form regionalen Masurentums.

Die Gromadki-Bewegung war keine einheitliche Organisation, zu der sich einzelne Mitglieder bekannten. Vielmehr bot sie ein heterogenes Spektrum evangelischer Frömmigkeit. Zu den Gromadki rechnete man großzügig auch Freikirchen und Sekten, was zeigt, dass feste Definitionen nicht existierten. Im 19. Jahrhundert beschränkte sich die Laienerweckung allein auf das polnischsprachige Masuren. Neben Bauern zählten Kätner, Handwerker, Fischer und Hirten zu den Anhängern der Bewegung.

Die Entwicklung der Gromadki-Bewegung begann 1848 in Ortelsburg mit der Gründung der Christlichen Gesellschaft (Towarzystwo Chrześciańskie). Erstmals in der Geschichte Masurens erwuchs aus der bäuerlichen Bevölkerung Selbstbewusstsein. Bauern wurden Prediger – oder vielmehr Wanderprediger, auch Stundenhalter genannt –, zogen von Dorf zu Dorf und verkündeten das Evangelium. Einer der führenden Prediger war der Bauer Johann Jenczio aus Markowsken, Kreis Oletzko. Seine moralische Integrität veranlasste viele Bauern, seinem Beispiel zu folgen, dem Alkohol abzuschwören und, gemäß Gottes Willen, auch auf wirtschaftlichem Gebiet Erfolge vorzuweisen. Jenczios Heimatdorf Markowsken galt als gottesfürchtiges und mustergültiges Vorzeigedorf. Jenczio erhielt vom Vorsitzenden der Inneren Mission, Johann Wichern, offiziell den Auftrag, die religiöse Erweckung zu predigen. Dadurch sollten die Versäumnisse der Amtskirche ausgeglichen, die Spiritualität neu begründet und die Abwanderung zu den Freikirchen und Sekten verhindert werden.

Ein sichtbares Zeichen der innerkirchlichen Erneuerung war die Wiederbelebung der Gebetsverhöre (paciorki), die selbst in den abgelegensten Dörfern der weiträumigen Kirchspiele kirchliches Leben entstehen ließen. Zu den Gebetsverhören, die einem

Volksfest glichen, luden die Dörfer den Pfarrer aus dem Kirchort ein. Zusammen mit der Gemeinde pflegte er Gebet, Andacht und Gesang. Im Zentrum der Verhöre stand die Katechese, eine Art theologisches Quizspiel. Der Pfarrer stellte Fragen zur Bibel, zum Katechismus und zu den christlichen Tugenden, auf die die Gemeinde freudig wie in einem Wettstreit antwortete. Im Anschluss an die Gebetsverhöre erkundete der Pfarrer bei einem opulenten Mahl die örtlichen Zustände. Schließlich besuchte er Kranke und feierte mit ihnen das Abendmahl.

Die ausführlichen Visitationsberichte aus der Zeit der Jahrhundertmitte geben einen Eindruck von der masurischen Frömmigkeit: »Die lebendige Betheiligung der polnischen Gemeinden an dem kirchlichen Leben ist bekannt. Ueberall volle Kirchen und in denselben eine Inbrunst, eine Devotion, eine Empfänglichkeit für das Wort wie sie in deutschen Gemeinden nicht gefunden wird. Dabei eine Liebe zum Gesang, die gleich beim Eintritt zum Singen treibt, so daß der Anfang des Gottesdienstes gar nicht abgewartet wird; sodann singt die ganze Gemeinde die Responsa in der Liturgie, spricht das Glaubensbekenntniß laut mit, wirft sich beim Vater Unser auf die Knie und nimmt die Einsetzungsworte und den Schlußsegen den Geistlichen gleichsam singend aus dem Munde auf.«[21]

Doch die kirchlichen Würdenträger äußerten sich auch über die sittliche Lebensweise der Masuren und sprachen dabei vielfach von »moralischen Entgleisungen«. Prediger Friedrich Oldenberg, der 1866 im Auftrag der Inneren Mission durch Masuren reiste, stellte fest, Branntwein sei dort das »gewöhnliche Nahrungsmittel, das tägliche Brot«, ja das Lebensmotto laute: »Mit Schnapps alles, ohne Schnapps nichts.«[22] Den vermeintlichen Hang der Masuren zu Alkoholismus, Ehebruch, Schmutz und Faulheit führten die Pfarrer auf die slawische Herkunft zurück: »Das Naturell des eigentlichen Masuren ist zwar lebhaft und für Eindrücke empfänglich, daher auch die Bezeugung der Anhänglichkeit an kirchliche Einrichtungen und Gebräuche meistens sehr stark in dem Sinne fällt. Aber die religiösen Auffassungen sind im Ganzen sehr unentwickelt und mit abergläubischen Vorstellungen durchzogen, welche über den Katholicismus zurück in die Heidenwelt reichen. Zaubereisünden sind gang und gäbe und die sittliche Einwirkung des Glaubens auf die Bildung der Gemüther und auf entsprechende Lebensgestaltung und Heiligung des Wandels giebt

*Willenbergs klassizistische, nach Plänen von Karl Friedrich Schinkel errichtete
Stadtkirche wurde am 27. September 1827 feierlich eingeweiht. Obwohl während
des 19. Jahrhunderts durch Kirchspielteilungen viele neue Kirchengemeinden
entstanden, betreute Willenberg noch immer mehr als zehntausend Gemeindeglieder, die über einen großen Bezirk verstreut waren. Das machte die Seelsorge
schwierig, beinahe unmöglich.*

sich nur in verhältnismäßig geringem Grade zu erkennen. Trunksucht, Unzucht und Faulheit sollen zwar früher noch stärker als
jetzt vorhanden gewesen sein; aber sie geben sich auch jetzt noch
in erschreckendem Maaße zu erkennen, so daß zu Tage kommende Roheit auch nichts als naturwüchsige Derbheit eines von
Civilisation noch wenig berührten Volksstammes erscheint, sondern als sittliche Verkommenheit eines aus den erwähnten Las-
tern sich so eben erst theilweise wieder emporarbeitenden Ge-
schlechts hervortritt.«[23]

Ignoranz und kulturelle Überheblichkeit bestimmten zu jener Zeit das Bild, das sich die Kirchenführung von den Masuren
machte. Die eigene Unzulänglichkeit, die Unfähigkeit, den masurischen Gläubigen ein Heilsangebot zu unterbreiten, das deren
besondere Bedürfnisse und Sehnsüchte traf, sah sie nicht. Wo die
Amtskirche versagte, erstarkten die Gromadki, nach deren Auffassung man in den Stand der Gnade nur durch ständige Reue, As-
kese und religiöse Versenkung gelangte. Einmalige Bußakte der
Amtskirche empfanden die Gromadki als unzureichend. Vielfach
erwiesen sich deren Laienprediger als theologisch kompetenter
als die studierten Theologen.

Nur zögerlich fand sich die Amtskirche bereit, wenigstens die
schlimmsten äußerlichen Missstände zu beheben. In den deutschsprachigen Kirchspielen Brandenburgs oder Pommerns wäre es
undenkbar gewesen, Gläubigen Wege bis zu vierzig Kilometern
zur Kirche zuzumuten, wie sie in Masuren durchaus üblich waren.
König Friedrich Wilhelm IV. selbst verfügte daher in einem Kabi-
nettsbeschluss, dass kein Pfarrer mehr als fünftausend Seelen be-
treuen solle. Auch dies war in Masuren eine fromme Utopie, aber
immerhin ging das Königsberger Konsistorium nun an die Gründung neuer Kirchspiele. Direkt an der Grenze entstand 1815 die
Gemeinde Fürstenwalde und noch im selben Jahr Borszymmen,
das an Stelle des alten Kirchspiels Lyssewen gegründet wurde. Im
Gebiet der Johannisburger Heide folgten 1846 drei Kirchspiele –
Alt Ukta, Turoscheln und Gehsen –, wenige Jahre später Orlowen
(1853) und Kurken (1855).

Wie erbärmlich die Betreuung der Gläubigen war, offenbart
das Beispiel des Grenzkirchspiels Friedrichshof, das 1825 insgesamt 42 Dörfer mit 6419 Einwohnern umfasste. Nach der Anzahl
der Seelen gehörte es sicherlich nicht zu den größten Kirchspielen, doch die Entfernungen innerhalb des Pfarrbezirks waren so

erheblich, dass die Zustände als unhaltbar bezeichnet werden müssen. Zum Kirchspiel zählten die gesamte südliche Johannisburger Heide sowie ein Großteil der masurischen Dörfer entlang der polnischen Grenze im Kreis Ortelsburg, so dass manche Gemeindeglieder drei Meilen bis zur Kirche laufen mussten. Das änderte sich erst mit der Einrichtung des Kirchspiels Turoscheln auf halbem Weg zwischen Johannisburg und Friedrichshof. Aus dem Friedrichshofer Kirchspiel kamen dreizehn der neuen Gemeinden: Zymma, Zdunowen, Karpa, Dziatken, Kreuzofen, Groß und Klein Kurwien, Heydick, Erdmannen, Klein Spalienen, Rehthal, Hirschthal und Czessinna.

Bis auf die wenigen traditionell katholischen Gemeinden im Soldauer Land blieb Masuren bis Ende des 18. Jahrhunderts ein ausnahmslos evangelisches Land. Eine Konkurrenz zwischen den beiden Konfessionen gab es zunächst nicht. 1834 berichtet die Ortelsburger Stadtchronik, dass es für die Katholiken zunehmend schwieriger werde, zum Gottesdienst über die Grenze nach Polen zu gehen: »In der hiesigen Gegend nämlich leben recht zahlreich katholische Christen, die sonst nach dem benachbarten Polen größtentheils zum Gottesdienst gingen. Seitdem aber die polnische Grenze strenger gesperrt wurde, hat nun zwar die königl. Hohe Regierung diese katholischen Christen zur Kirche nach Bischofsburg gewiesen, die ist aber von hier 5 Meilen entfernt und so mußten viele von ihnen ... oft ganz und gar des geistlichen Trostes entbehren ...«[24]

Die Ortelsburger Stadtkirche bot daraufhin ganz selbstverständlich den Katholiken ihr eigenes Gotteshaus zur Andacht an. Spätestens seit den fünfziger Jahren nahm jedoch – von außen künstlich geschürt – die Angst vor der Ausbreitung des Katholizismus zu. Als preußische Staatskirche sah die evangelische Kirchenleitung – im Einklang mit einem neuen deutschen Nationalbewusstsein – in den Katholiken der Ostprovinzen nationale Feinde, denen als Wegbereiter des »Polentums« grundsätzlich subversive Absichten unterstellt wurden.

Trotz der stiefmütterlichen Betreuung durch die Amtskirche konvertierten nur wenige evangelische Masuren zum Katholizismus. Die ersten Katholiken in Masuren waren Ermländer, katholische Soldaten in den Garnisonsstädten und zugezogene polnische Masowier, die letzte Einwanderergeneration, die nicht mehr zum Protestantismus konvertierte. Diese polnischen Einwanderer ließen sich direkt an der Grenze nieder, wo es dann zur Gründung kleinerer katholischer Gemeinschaften kam. In Groß Leschienen, Kreis Ortelsburg, entstand 1851 die erste neuzeitliche katholische Kirche Masurens; es folgten dann Liebenberg und Opalenietz. In diesen Dörfern lebten auch geflüchtete Teilnehmer der polnischen Aufstände von 1830/31 und 1863. Im Jahr 1864 zählte Masuren einschließlich Osterode und Angerburg 328 505 Einwohner, von denen 15 627 Katholiken waren, was einem Anteil von 4,8 Prozent an der masurischen Gesamtbevölkerung entsprach. Dieser Prozentsatz zeigte starke regionale Abweichungen. Das Zentrum der Katholiken lag in den westmasurischen Kreisen Ortelsburg, Neidenburg und Osterode.

Bis zur Reichsgründung blieb das ländliche Masuren ausnahmslos polnischsprachig. In den nördlichen Kreisen – Angerburg, Oletzko und Sensburg – kann dort von einer gewissen Zweisprachigkeit ausgegangen werden, wo Dörfer an deutschsprachige Regionen außerhalb Masurens grenzten. In den Städten war ebenfalls ein Vordringen der deutschen Sprache auszumachen. In Bezug auf die Sprache gab es ein ausgeprägtes Stadt-Land-Gefälle. Pfarrer Gayck von der Kirchengemeinde Rhein, Kreis Lötzen, meldete dem Lötzener Landrat 1837, dass der Gottesdienst an Sonn- und Feiertagen in deutscher und polnischer Sprache stattfinde. An den Feiertagen Ostern, Pfingsten und Weihnachten gebe es zusätzlich morgens um 7 Uhr eine polnische Frühmette und um 4 Uhr nachmittags eine deutsche Vesper. Konkret schlüsselt der Pfarrer die Sprachverhältnisse der Gemeinde Rhein nach Stadt- und Landbezirk auf. Von 870 Stadtbewohnern in Rhein waren demnach 248 deutsche und 622 polnische Protestanten, von den 3122 Bewohnern des Landbezirks 153 Deutsche und 2969 Polen. Die Zählung ergibt ein Gesamtverhältnis von 401 Deutschen zu 3591 Polen. Ein Neuntel des Kirchspiels war demnach deutschsprachig, und selbst in der Stadt Rhein betrug der deutschsprachige Anteil nur wenig mehr als ein Viertel.[25] Der Widminner Pfarrer berichtete 1840, dass er sich bemühe, sonntags einen deutschen Gottesdienst abzuhalten, »leider aber sind die deutschen Versammlungen sehr klein und werden sie besucht mit Einschluß meiner eigenen Familie von 4 bis 8 Personen«.[26]

Wie die Verhältnisse lagen, zeigt die kircheninterne Sprachstatistik für die Superintendentur Osterode, deren westlicher Teil allerdings nicht mehr zu Masuren zählte und daher viele Deutsch-

Polen und Deutsche in der Superintendentur Osterode 1862

Gemeinde	Seelenzahl	Polen	Deutsche
Geierswalde	2209	1861	348
Gilgenburg	3036	2601	435
Hohenstein	4300	2200	2100
Kraplau	2956	2324	632
Kurken	2016	1618	398
Liebemühl	5478	2190	3288
Locken	4700	3900	800
Manchenguth	1722	1699	23
Marwalde	5022	3612	1410
Mühlen	3235	3096	139
Osterode	7505	4305	3200
Rauschken	1671	1486	185
Schmuckwalde	3556	2371	1185
Seelesen	2280	2023	257
Wittigwalde	2990	2718	272
Gesamt	52676	38004	14672

sprachige umfasste.[27] Im Kreis Ortelsburg ergab die Generalkirchenvisitation 1855, dass sich in den ländlichen Kirchspielen
»kein einziger deutscher Konfirmand fand und der Gottesdienst
ausschließlich in polnischer Sprache« abgehalten wurde. Als Beispiele führt der Bericht das Kirchspiel Groß Schöndamerau an, wo
fünfzig Deutsche und etwa 1900 Polen lebten, während in Fürstenwalde sogar nur sechzehn Deutsche auf 2800 Polen kamen.[28]

»DAMIT FORTAN KEINE NATIONALITÄT ERLÖSCHE!«
DER SPRACHENSTREIT

Masuren war mit Abstand das rückständigste Gebiet Ostpreußens.
Zusammen mit der litauischen Bevölkerung im Nordosten der
Provinz stellten die Masuren ein ethnisches Überbleibsel aus vornationaler Zeit dar. Polnische Sprache, preußischer Königspatriotismus und evangelische Konfession bildeten in Masuren eine
Symbiose, die charakteristisch war für den multiethnischen vornationalen Status Preußens. Das änderte sich im 19. Jahrhundert mit
dem Vormarsch des deutsch orientierten Nationalismus. Noch
aber waren die Masuren in der Amtssprache der Behörden und in

ihrer eigenen Sprache »Polen« und sprachen »Polnisch«. Dass sie sich zudem mit Stolz als *Prusaki* (Preußen) bezeichneten, zeigt, dass sich der Begriff »Pole« allein auf die Sprache bezog, die nationale Identität der Masuren aber preußisch geprägt war. Träger und Förderer dieses preußischen Staatsbewusstseins waren Schule und Kirche. Hier wurde nach den Befreiungskriegen von 1815 der preußische Patriotismus gepflegt, der die Grundlage für die nach 1870 ausgebildete borussisch-deutsche Identität bildete. Von einem deutschen Bewusstsein kann in Masuren vor 1870 noch nicht die Rede sein. Die Masuren blieben vielmehr noch lange der vornationalen preußischen Gemeinschaft verbunden. Neben dieser preußisch-dynastischen Verbundenheit existierte eine eindeutige Identität nur im konfessionellen Bereich: Das evangelische Bewusstsein war tief verankert.

Nach 1815 zerfiel Preußens multiethnische Tradition langsam. Immer mehr setzten sich ein deutsch geprägter Nationalismus und der Wunsch nach dem Nationalstaat durch. Bis zur Jahrhundertmitte betrieben die Behörden keine einseitige Sprachenpolitik, allerdings blieb auch Masuren von den preußisch-polnischen Gegensätzen in den polnischen Teilungsgebieten Großpolen und Pommerellen nicht unberührt. Zunehmend wurde die polnische Sprache und Kultur mit »Polonisierung« und »Katholisierung« gleichgesetzt, fanden die Protagonisten der Germanisierungspolitik Gehör, die Masuren aus seiner »Gefährdung« durch den Katholizismus zu befreien wünschten. Dazu sollte die rasche Verbreitung der deutschen Sprache beitragen. Vor allem in den nördlichen Kreisen, die direkt an deutschsprachige Regionen grenzten, zeigte sich nämlich, dass die Assimilierung stetig voranschritt. Im Kreis Angerburg waren 1825 noch 51,6 Prozent der Bevölkerung Polen, 1861 hingegen nur noch 13,5 Prozent. Was in der wilhelminischen Zeit zur Regel wurde, setzte bereits vor der Reichsgründung ein: die germanozentrische Tendenz in der Statistik. In Wahrheit muss der Prozentsatz der Polen sehr hoch gewesen sein, aber die deutsche Statistik rechnete jeden der Kategorie »deutsche Muttersprache« zu, der nur ein paar Brocken Deutsch konnte.[29]

Auf deutscher Seite bestritt man den politischen Druck auf die polnische Sprache. Von harmonischen Sprachverhältnissen konnte jedoch keine Rede mehr sein. Schon 1834 bevorzugte die Gumbinner Regierung mit einem Schulerlass einseitig die deut-

**Prozentualer Anteil der deutsch- und polnischsprachigen Bevölkerung
in den masurischen Kreisen**[30]

Kreis	1825		1861	
	deutsch	polnisch	deutsch	polnisch
Johannisburg	7,0	93,0	19,3	80,7
Lötzen	13,8	86,2	38,1	61,9
Lyck	11,2	88,8	22,4	77,6
Oletzko	20,1	79,9	42,1	57,9
Sensburg	14,4	85,6	28,8	71,2
Ortelsburg	8,2	91,8	13,1	86,9
Neidenburg	7,3	92,7	21,4	78,6
Osterode	28,6	71,4	35,0	65,0

sche Sprache. Ohne Rücksicht auf die realen Verhältnisse verfügte der Regierungspräsident, dass alle »Schulkinder ohne Ausnahme und ohne Rücksicht darauf, welche Sprache sie zu Hause
hören und sprechen«, in Deutsch unterrichtet werden müssten.
Deutsch sollte also nicht als Fremdsprache gelehrt werden, sondern allein verbindliche Unterrichtssprache sein. Schon bald
zeigte sich, dass diese Verordnung an der praktischen Umsetzung
scheitern musste. Da die masurischen Lehrer nur über unzureichende Deutschkenntnisse verfügten, konnte sie in den rein polnischsprachigen Gebieten überhaupt nicht zur Anwendung gelangen. Zwar bemüht sich die deutsche Seite bis heute, den Gumbinner Schulerlass von 1834 zu bagatellisieren, es lässt sich aber nicht
verhehlen, dass die Sprachenverordnung in eine Zeit fiel, als die
Verbreitung der deutschen Sprache in Masuren noch nicht nach
Prozent, sondern nach Promille berechnet werden musste.[31]

Breite Kreise der masurischen Bevölkerung begehrten gegen
den Gumbinner Regierungserlass auf. An die Spitze der Protestbewegung stellten sich Pfarrer und Lehrer, die gemeinsam mit den
Eltern gegen die Härten der Verordnung Einspruch erhoben. Der
nachträglich in die polnische Geschichtsschreibung eingeführte
Terminus »Sprachenkrieg« trifft die Sache nicht, aber immerhin
ist festzustellen, dass die Masuren hier zum ersten und einzigen
Mal ihrer Unzufriedenheit mit der von oben verordneten Politik
freien Lauf ließen und schließlich eine Modifizierung der Bestimmungen zu ihren Gunsten erreichten. Friedrich Czygan, Superintendent der Diözese Oletzko, erwarb sich in dieser Auseinandersetzung große Verdienste.

Anders als in der polnischen Forschung dargestellt, handelte es sich beim Kampf um den polnischsprachigen Unterricht allerdings nicht um einen »Kampf für das Polentum«, sondern um ein Aufbegehren aus bildungspolitischer Vernunft und Verantwortung. Vielmehr als die polonophilen Motive bestimmte der moralische Aspekt in der Sprachenfrage das Vorgehen von Pfarrern, Lehrern und Eltern. Nur eine ordentliche Erziehung in der Muttersprache konnte eine solide Grundlage für die Vermittlung religiöser Werte schaffen. Die Gegner des Gumbinner Schulerlasses befürchteten, dass sich die Kinder fortan weder in polnischer noch in deutscher Sprache angemessen würden artikulieren können und damit moralischen Entgleisungen Tür und Tor geöffnet sei.

Geistige Mentoren des Sprachenstreits waren die masurischen Pfarrer Christoph Coelestin Mrongovius und Gustav Gisevius. Nachträglich erhob die polnische Masurenpropaganda und -forschung beide zu »Aktivisten im Kampf für das Polentum Masurens«. Ihnen zu Ehren wurde nach 1945 Sensburg in Mrągowo und Lötzen in Giżycko umbenannt. Beide Pastoren waren typische Vertreter ihres Standes, denn sie wiesen deutliche polonophile Neigungen auf, die sich allerdings auf die polnische Sprache und Kultur beschränkten, während sie als preußische Staatsbürger an ihrer Loyalität zum preußischen König keinen Zweifel ließen. Beide gehörten einer masurischen Pastorengruppe an, die sich der Notwendigkeit deutschen Sprachunterrichts nicht dogmatisch verschloss, sondern einzig und allein einen behutsamen Umgang mit der polnischen Schulsprache forderte.

Gustav Gisevius (1810–1849), geboren in Johannisburg, wirkte nach dem Theologiestudium an der »Polnischen Kirche« in Osterode. Neben dem Dienst in der Gemeinde engagierte er sich für die Bewahrung der masurischen Kultur, für die er in vielen Artikeln warb, und nicht zuletzt zählte er zu den Gründern der ersten weltlichen Zeitschrift Masurens, des 1842 in Lötzen erscheinenden *Przyjaciel Ludu Łecki*. Christoph Coelestin Mrongovius (1764–1855) stammte aus Hohenstein. Nach dem Theologie- und Philosophiestudium war er in seiner Danziger Gemeinde als Pfarrer und Lehrer tätig. Seine literatur- und sprachgeschichtlichen Interessen schlugen sich in einer Vielzahl von Wörterbüchern, Lexika und Aufsätzen zur Polonistik nieder.

Der hochbetagte Mrongovius schaltete sich 1842 in den Konflikt um die polnische Schulsprache ein und verfasste eine emotionale Petition an Friedrich Wilhelm IV.: »Seitdem die neueingesetzten Regierungsschulräthe das Germanisiren mit so unangemessenem Eifer zu betreiben angefangen haben, daß sie darauf dringen, die Kinder armer polnischer Landleute sollen durchaus nicht mehr polnisch, sondern blos deutsch lesen lernen ..., und seitdem die Erlernung der zehn Gebote Gottes, des Glaubens und des Vaterunsers in der Muttersprache so gut wie verpönt ist, so entstehen dadurch halbe Heiden ..., wie sollte es denn möglich sein, durch fremde, kaum halb verstandene Sprachtöne die Herzen zum Guten zu wenden?«[32]

Friedrich Wilhelms IV. Hang zu romantischer Schwärmerei und sein reges Interesse für die ethnischen Gruppen seines Königreiches erwies sich in diesem konkreten Fall als wahrer Segen. Nachdrücklich ordnete der König eine Revidierung der hartherzigen Schulerlasse an und beschied Kultusminister Eichhorn, auch seinen Untertanen nichtdeutscher Zunge Gerechtigkeit widerfahren zu lassen und alle, »die seinem Szepter unterworfen sind, sorgfältig zu pflegen, damit fortan keine Nationalität erlösche«.

Noch galten evangelische Konfession, polnische Sprache und preußischer Patriotismus als tragende Säulen des masurischen Selbstverständnisses, die tief in den multiethnischen Traditionen Preußens verankert waren. Wie stark Masuren mit Preußen verbunden war, demonstrierten die Ereignisse der Jahre 1848/49: Während Badener, Berliner oder Breslauer auf die Barrikaden eilten, verharrten die Masuren in konservativ preußischer Erstarrung. Die Debatten in der Frankfurter Paulskirche drangen kaum bis hierher vor. Zwar wurde die Provinz Ostpreußen im April 1848 in den Deutschen Bund aufgenommen, doch nur für kurze Zeit. Nach der Restauration kam es zu einer Reinstallierung der alten Machtstrukturen: Ostpreußen musste auf Druck der Konservativen am 3. Oktober 1851 den Deutschen Bund wieder verlassen. Damit währte das Intermezzo der Zugehörigkeit zu einer deutschen politischen Einheit nur drei Jahre.

In Masuren blieben »Deutschland« und »deutsche Nation« abstrakte Begriffe. Das Vaterland der Masuren war Preußen. Die wenigen »Konstitutionellen Klubs« in den Kreisstädten blieben auf einige deutschsprachige Bürger beschränkt. Die überwältigende polnischsprachige Mehrheit verhielt sich weiterhin apolitisch. Auf Grund der Sprachbarrieren prallten die Forderungen des Vormärz an den Grenzen der masurischen polnischsprachigen Welt ab. Wenn es aber überhaupt Publikationen in polnischer Sprache gab, dann beschränkten sie sich auf religiöse Literatur. Masuren hat den Aufbruch in Preußen und im Deutschen Bund regelrecht verschlafen.

Die Märzrevolution trug dennoch eine revolutionäre Veränderung in die ländliche Abgeschiedenheit: Das Bedürfnis nach Information wuchs beständig. Mit religiöser Literatur wollte sich die Bevölkerung nicht mehr begnügen. Wiederum waren es die masurischen Pfarrer, die die Stimmung aufgriffen und diverse Zeitschriften herausgaben, die dem masurischen Regionalbewusstsein zusätzliche Impulse verliehen. Anton Gąsiorowski, der aus Großpolen 1848 nach Ortelsburg kam, gründete eine Druckerei, um einige regionale Informationsblättchen herausgeben zu können, unter anderen den *Kurek Mazurski* (1849) und die *Prawdziwy Prusak* (1854–1869). Martin Gerss (1808–1895), Lehrer und Förderer masurischer Kultur und Geschichte, zeichnete verantwortlich für die Herausgabe des Jahreskalenders *Kalendarz Królewsko-Pruski Ewangielicki* (1860–1895) sowie für die in Lötzen erscheinende *Gazeta Lecka* (1875–1892). In allen Zeitschriften, die vorwiegend weltlichen Inhalts waren, fanden sich Beiträge zur Regionalgeschichte sowie Sagen, Lieder und Beispiele aus der polnischen Literatur. Die Werke des berühmtesten Vertreters der polnischen Romantik, Adam Mickiewicz (1798–1855), erfreuten sich auch in Masuren großer Beliebtheit und wurden häufig in Auszügen wiedergegeben.

Als direkte Vorgänger der späteren Lokalzeitungen müssen die »Kreisblätter« gewertet werden, die zweisprachig landrätliche Kreisnachrichten im Wochenrhythmus veröffentlichten. Bereits frühzeitig enthielten sie Geschäftsanzeigen, Inserate, Auktionsankündigungen, aber in erster Linie konnte man sich hier über Impftermine, Kriminaldelikte und Militäraushebungen informieren. Das *Oletzkoer Kreisblatt – Tygodnik Obwodu Oleckiego*, das seit 1843 erschien, war das erste seiner Art. Alle diese Periodika strotzten vor preußischem Patriotismus und neuem masurischen Regionalbewusstsein. Erstmals griffen Laien, selbst Bauern, zur Feder und verfassten Gedichte und Lieder. Vielfach entstammten sie der Gromadki-Bewegung, deren Stolz auf die eigene Herkunft dem neu entdeckten Masurentum wichtige Impulse verlieh. Das Inter-

Königstreue Preußen!

Seit dem 1. Oktober d. J. gilt in den Ländern: Schleswig, Holstein, Hannover, Hessen, Frankfurt und Nassau, welche durch den vorjährigen ruhmreichen Krieg preußisch geworden sind, auch unsere preußische Verfassung. Aus diesem Grunde müssen auch sie nun Abgeordnete zu unserm Abgeordnetenhause wählen. Das alte Abgeordnetenhaus ist deshalb aufgelöst und soll die Wahl dazu in allen preußischen Provinzen noch einmal stattfinden. Das letztemal wählten wir für den **Reichstag** mit Stimmzetteln, diesmal also für das **Abgeordnetenhaus** in alter Weise durch Wahlmänner in Anreiden.

Es sind von uns dieselben Abgeordneten aufgestellt:

der Herr Landrath **v. Roebel —**
Ortelsburg

und der frühere

Herr Landrath **v. Salzwedel —**
Sensburg, jetziger Ober-Regierungsrath zu Potsdam.

Wählet nun, königstreue Männer, solche Wahlmänner, welche für diese beiden Abgeordneten stimmen! Urwähler erscheint zahlreich am Wahltage im Wahllokale, und ihr königsgetreuen Wahlmänner seid auch ohne Ausnahme zur Zeit in Anreiden!

Ortelsburg, den 9. Oktober 1867.

Der preußische Volksverein.

Królowi wierni Prusacy!

Od pierwßego Oktobra tego roku w krajach: Szlezwyk, Holßtyn, Hanower, Hesen, Frankfurt i Nassawia, ktore przez chwalebny przeßłoroczny wojnę z Prußiem krajem złączone są, Prußka konstytucya wartuje. Z tey przyczyny i w onych prowyncyach zaßtępce dla naßego domu posłów obrane byc mußą. Dla tego teraznieyßy dom posłów jest rozpußczony, a tak teraz we wßyßtkich prowyncyach Prußkich znowu ma byc obrano. Ostatny raz obraliśmy dla **seymu północnych krajów niemieckich** karteczkami, a na ten raz **dla domu posłów** podług zwyczaju dawnego przez obierce w Nawiadach.

Wyśmy tych samych posłów pomyślili postanowić:

Pana Landrata **v. Roebel**
w Szczytnie

i dotych czasowego

Pana Landrata **v. Saltzwedel**
w Zadzborku,

który teraz za nacelnego Regierungsrata do Potsdamu poßedł.

Nuż obiercie królowi wierni mężowie, takich obierców, ktorzyby tym obu Panom głosy swoie oddali! Przychodzcie licznie do tych domów, gdzie obrać będą! A wy, królowi wierni obierce, bądzcie wßyscy o godzinie naznaczoney w Nawiadach przytomni.

W Szczytnie, 9go Oktobra 1867.

Prußkie towarzyßtwo ludu.

Bekanntmachung.

Zum Rechtsanwalt bei dem Königl. Ostpreußischen Tribunal und zugleich zum Notar im Bezirk desselben ernannt, zeige ich hierdurch ergebenst an, daß ich meine Wohnung Königsstraße № 52, nahe dem Roßgärter Markt, genommen habe.

Kalau v. Hofe, Justizrath.

☞ Furmany, ktorzyby z Barztyna do Szczytna sól przewożyć chcieli, niechay się u mię meldują.

Isidor Flatow we Szczytnie.

Solange die Macht der preußischen Herrscher auf dem Königtum ruhte, gab es die sprichwörtliche preußische Toleranz. Diese beste aller Traditionen Preußens, die sich noch in den zweisprachigen amtlichen Ankündigungen zur Wahl des Preußischen Abgeordnetenhauses im »Kreisblatt des Kreises Ortelsburg« von 1867 zeigte, sollte jedoch nach der Ausrufung des Kaiserreiches durch eine unnachgiebige Germanisierungspolitik abgelöst werden.

esse für die eigene Kultur und Geschichte nahm zu, Erinnerungen an alte Sitten und Bräuche lebten auf und hielten Einzug in volkskundliche Sammlungen. Bereits 1866 erschien Max Toeppens »Aberglauben aus Masuren«.

Das masurische Selbstbewusstsein zeigte sich jedoch nicht nur im polnischen Mehrheitsmilieu, sondern erfasste auch die lokale Elite, die durch Schule und Studium deutsch geprägt war und auf Deutsch miteinander verkehrte. Sichtbarer Ausdruck ihres Heimatstolzes war die studentische Verbindung »Masovia«, die in den vierziger Jahren an der Königsberger Albertina entstand. Mit deren Farben blau-weiß-rot erfolgte später die regionale Identifizierung vieler Masuren mit ihrer Heimat. Ein Mitglied der Königsberger Masovia, der Gymnasiallehrer Friedrich August Dewischeit (1805–1884), komponierte 1855 das Masurenlied »Wild flutet der See«, das sich zur inoffiziellen Hymne Masurens entwickeln sollte.

Wild flutet der See,
Drauf schaukelt der Fischer den schwankenden Kahn!
Schaum wälzt er wie Schnee
Von grausiger Mitte zum Ufer hinan.
Wild fluten die Wellen auf Vaterland's Seen, Wie schön!
O tragt mich auf Spiegeln zu Hügeln, Masovias Seen.
[:O Heimatland, Masovias Strand,:]
[:Masovia, lebe mein Vaterland:]

Wild brauset der Hain;
Dort spähet der Schütze des Wildes Spur;
Kühn dringt er hinein
Durchwandelt die Höhen, die Täler, die Flur,
Ihr schwebenden Wolken, gedenket doch mein am Hain!
O führet mich durch Wälder und Felder zur Heimat ein!
[:Der Jugend Hain, der Seen Strand,:]
[:Masovia, lebe meine Vaterland:]

Tal, Hügel und Hain,
dort wehen die Lüfte so frei und so kühn;
möchte immer dort sein,
wo Söhne dem Vaterland kräftig erblühn.
Dort ziehen die Höh'n durch des Nebels Grau, o schau!
Hold lächelt auf Seen und Höhen des Himmels Blau.
[:O Heimatland, Masovias Strand:]
[:Masovia, lebe mein Vaterland:]

Infolge der Auseinandersetzungen während des Schulsprachen-streits wuchs die Wertschätzung der eigenen Muttersprache. Als Lingua sacra spielte sie vor allem im religiösen Leben Masurens eine große Rolle. Polnisch war die Sprache der Liturgie, des Ge-bets, der Kindererziehung, Polnisch war die Sprache des Herzens. Noch waren die Masuren preußisch im besten Sinne. Ihr preußi-scher Patriotismus war der Garant für den Erhalt ihrer Mutter-sprache in diesem multiethnischen Staat. Niemand hätte während des Sprachenstreits jemals das Wort gegen den König erhoben, denn er war ja der Bewahrer der multiethnischen Vielfalt, die Preußen seit Jahrhunderten auszeichnete. Erst als dieser Konsens nach 1871 ins Wanken geriet, war Masuren in seinen Grundfesten erschüttert.

Vertrauensvoll legte Masuren seine Geschicke in die Hände des Monarchen, und Friedrich Wilhelm IV. enttäuschte seine fer-nen Untertanen nicht. Oft besuchte er das Land, das ihn stets be-geistert empfing. Bereits als Kronprinz kam er nach Sensburg und Willenberg, aber auch nach Ortelsburg und zu den altgläubigen Philipponen in den Kruttinner Forst. Während einer ausgedehn-ten Masurenreise 1845 bemühte er sich in Sensburg, Rhein, Löt-zen, Lyck, Johannisburg und Nikolaiken, die Not der Hunger-jahre zu lindern. 1854 weilte der König in Johannisburg, wo ihn der dortige Superintendent Gottfried Schulz willkommen hieß:[33]

Allerdurchlauchtigster Großmächtigster König!
Allergnädigster König und Herr!
Siehe freudig strömt Dir, dem Gesalbten des Herrn mit tausendfachem Jubel ein dankbares Volk überall entgegen! Wie sollten wir *Dich* nicht mit Thränen des Dankes, mit Opfern der Liebe hier an den äußersten Grenzen Deines Reiches, freudig begrüßen, wie nicht *Deinen* Eingang und Ausgang segnen, wie sollten wir Dir nicht des Himmels reichsten Segen in heißen Gebeten herabflehen? Du, der mächtige Fürste des Landes, bringst uns das hohe Opfer einer mühevollen, anstrengenden Reise, um uns abermals mit dem Blicke der landesväterlichen Huld und Gnade zu beglücken! Wir können Dir nichts bieten als ein Herz voll der treuesten Liebe und Anhänglichkeit. Wir haben keine köstlichen irdischen Gaben, kein Gold und Silber, was wir *Dir* zu Füßen legen können! Aber Alles, was wir haben, unser Gut und Blut, unser Leben, es gehört *Dir!* Siehe! unser Herz, es ist vor *Dir* aufgeschlagen. Du liesest mehr darin, als unsere Lippen zu stammeln wagen. Doch nicht Worte – nein Thaten sollen das volle Maaß unserer Liebe und Treue bezeugen! Die Treue ist es, die Du nicht vergebens unter *Deinen* Masuren suchst; sie ist der edelste, der schönste Juwel, durch den die Söhne der Wildniß den Glanz Deiner Königs-Krone weit hin verherrlichen!

Da die deutschsprachige Presse noch nicht weit verbreitet war, übernahmen landrätliche Kreisblätter wie das »Ortelsburger Kreisblatt« die Aufgabe, die Bevölkerung über wichtige Termine in Kenntnis zu setzen.

Schulz, in seiner Grundüberzeugung konservativ und einem deutschen Preußentum zugetan, plädierte immer wieder eindringlich für einen sensiblen Umgang mit der polnischen Sprache. Unverhohlen sprach er von der »Germanisierungswuth«. Schutz und Erhalt der polnischen Sprache seien wichtig, denn sie sei »kein unechter Bastard, kein Eindringling, kein Jargon, sondern ein ebenbürtiger Sprößling und Abkömmling des Hochpolnischen mit gleichen Rechten und Ansprüchen«.[34]

1860 konnte Masuren noch getrost als polnischer Landesteil bezeichnet werden, was wenige Dekaden später bereits zu einer Klage wegen Volksverhetzung und propolnischer Umtriebe geführt hätte. Noch war ein Masure ein »Pole« und sprach »polnisch«.

MASURISCHE TRADITIONEN, MYTHEN UND LEGENDEN

Fernab der großen Verkehrswege, in den einsamen Wald- und Heidedörfern Masurens, behaupteten sich alte Volkstraditionen hartnäckig gegen Bestrebungen von außen, diese als »undeutsch« oder »abergläubisch« zu diskreditieren. In ethnologischer Hinsicht bilden sie einen wahren Schatz, auch wenn heute fast nichts mehr vom masurischen Volksbrauchtum bekannt ist. Von der Romantik beeinflusst, begannen im 19. Jahrhundert deutsche Reisende – häufig Pfarrer –, die archaisch anmutenden Traditionen Masurens zu ergründen. Auf Ochsenkarren reisend, drangen sie in die letzten Winkel Masurens vor, um Sagen, Märchen, Liedern und dem mystifizierten »Aberglauben« nachzuspüren. Gerade Masuren bot dem deutschen Betrachter ein exotisches Konglomerat fremd wirkender Überlieferungen.

Für den Besucher aus den preußischen Metropolen Berlin oder Königsberg wies Masuren ohne Zweifel die mit Abstand primitivsten Lebensformen einer preußischen Landschaft auf, und so ist es nicht verwunderlich, dass die Beschreibungen aus dem 19. Jahrhundert bereits mit einer gehörigen Portion kolonialen Sendungsbewusstseins durchsetzt sind. Die landes- und volkskundlichen Ausführungen enthielten immer auch mehr oder weniger deutlich die Forderung, der masurischen »Barbarei« die deutsche »Kultur« und »Zivilisation« näher zu bringen. Eine insgesamt erfreuliche Ausnahme – berücksichtigt man das Umfeld – stellen die

Arbeiten des preußischen Lehrers Max Toeppen dar, der unermüdlich masurische Überlieferungen sammelte. Seine Ergebnisse fasste er in dem Band »Aberglauben aus Masuren« zusammen, der 1866 erschien. Anders als der Titel vermuten lässt, ging es in dem Werk aber um die gesamte Bandbreite bäuerlich-ländlicher Traditionen, die teilweise bis ins 20. Jahrhundert überlebten. Toeppen zählte die Masuren zu den »Naturvölkern«: »Die geistige Bildung der Masuren steht auf einer niedrigen Stufe; man kann von ihnen nicht verlangen, daß sie reflectiren wie die Deutschen, ebenso wenig, als man verlangen kann, daß die Deutschen zu der niedern Stufe des Phantasielebens und der Gefühlsschwärmerei zurückkehren sollen.«[35]

Aus der »deutschen«, von kulturstiftender Ideologie und protestantischer Biederkeit durchdrungenen Perspektive war die masurische Volkstradition letztlich gar nicht zu erfassen. Das ist zu bedauern, denn gerade die Grenzlandschaften formen eigene, ganz spezifische Traditionen, die aus vielfältigen Kulturen gespeist werden. In Masuren fügten sich prußische, polnische, baltische und deutsche Elemente zu einer masurischen Kulturtradition, die ebenso prußisch-vorchristliche wie katholische Riten einschloss. Es ist wenig, was wir heute noch davon wissen.

Kirchliche Feiertage teilten in Masuren das Jahr ein. Dabei trafen evangelische und katholische Bräuche ebenso aufeinander wie slawische und deutsche Kultur. In den Volkstraditionen fanden sie alle lebhaften Ausdruck. So war es im kernprotestantischen Masuren im 19. Jahrhundert durchaus üblich, in evangelischen Kirchen Stätten der Marienverehrung zu pflegen. Heiligenbilder, Weihrauch und religiöse Devotionalien waren fester Bestandteil des masurischen Bauernhauses, die andächtige Begehung katholischer Festtage selbstverständlich.

Am 25. Januar (Pauli Bekehrung) feierte der Bauer die Wintermitte. Dieser Tag vermochte ihm einen Hinweis zu geben, wie lange Brot- und Futtervorräte noch ausreichten. Vom 12. März (Gregorius-Tag) an ging der Winter zum Meere (Grzegorza idzie zima do morza). An diesem Tag setzte die Schneeschmelze ein, und das Schlimmste war überstanden. An Matthäi (24. März) legten die Gänse Eier (W Macieja gęsi niosą jają). Am darauf folgenden Tag feierte Masuren das katholische Fest Mariä Verkündigung (Matka boza), an dem der Bauer seine erste Ackerfurche pflügte. Maria symbolisierte das Leben spendende Element

der Ackerbestellung, weshalb man sie als sich »öffnende Mutter«
(Matka otworna) verehrte. Bisweilen verhinderte der masurische
Winter jedoch die Feldbestellung, da der Pflug in den verschnei-
ten und frostigen Boden noch nicht einzudringen vermochte. An
Mariä Verkündigung kehrten die Störche in die Heimat zurück,
und man ließ das Vieh aus den Ställen und segnete es.

Mit dem Ostersingen verkündeten in vielen Gegenden Masurens Jugendliche die kommende Auferstehung Christi. In Plow-
czen, Kreis Lyck, sangen sie: »A w niedziele po obiedzie chodził
Pan Bóg po tym świecie chozdił Pan Bóg po tym świecie. Halleluja«. (Am Sonntag nach dem Mittag ging unser Heiland durch
die Welt, ging unser Heiland durch die Welt. Halleluja.)[36]

In Sordachen, Kreis Lyck, wurde das Osterfest etwa folgen-
dermaßen begangen: »Ostersonntag schöpfte Vater bei Sonnenaufgang aus einem Bach, der nach Osten fließen mußte, das
Osterwasser. Still und heimlich kam er ins Haus und besprengte
uns allen damit die Füße. Anschließend wurde das Vieh mit Osterwasser besprengt, damit es gedieh und gesund blieb. Von Großmutter hatten wir ein Osterlied und ein Bittgedicht in masurischer Sprache gelernt und mit den Burschen und Mädeln des
Nachbarn eingeübt. Am Ostersonntag abends zogen wir uns die
ältesten Kleidungen an, vermummten uns ordentlich und zogen
singend und bittend von Gehöft zu Gehöft, wo wir als Dank Eier
oder Kuchen, aber ab und zu auch einen Schnaps gegen die Kälte
erhielten. Doch auch vor einem Wasser mußten wir uns manchmal vorsehen.«[37]

Ostern, das Fest der Auferstehung und des Lebens, spielt
eine besondere Rolle in der christlichen Überlieferung. Dem vor
Sonnenaufgang geschöpften Wasser sprach man heilende Kraft
zu. Ein morgendliches Bad in einer sprudelnden Quelle am Oster-
morgen heilte Ausschläge und langwierige Krankheiten. Ein Erfolg stellte sich jedoch nur ein, wenn der Badende auf dem Weg
zur Quelle mit niemandem sprach. Das Leben spendende Osterwasser (Swiętewoda) verspritzten Mädchen und Jungen reichlich
an den beiden Osterfeiertagen.

Am Georgstag (23. April) sollte der grünende Roggen der
Lerche bereits ein Versteck bieten können, aber das war infolge
schlechter Witterung selten der Fall. Blieb der Roggen niedrig,
war dies ein schlechtes Omen für die kommende Ernte. Am Sankt-
Adalberts-Tag (24. April) gewährte der masurische Bauer seinen

Die kirchlichen Fest- und Feiertage bestimmten den Reigen des Jahres, die Zeit der Aussaat und die der Ernte. Zu Martini, am 11. November, wurden die fetten Gänse gerupft. Die Martinsgans kam dann als Festschmaus auf den Tisch, die Federn wurden geschlissen und verkauft. Wer es sich leisten konnte, steckte sie ins eigene Plumeau.

Ochsen einen Ruhetag, weshalb man sagte, dieser Tag sei des Ochsen Freude (Wojciecha wołowa pociecha). Johanni (24. Juni), der längste Tag des Jahres, war ein streng geachteter Feiertag, an dem Arbeit als schwere Sünde galt. Am Morgen des Johannistages gesammelte Kräuter sollten eine besondere Heilwirkung haben. Am Abend brachten die Bauern drei Kreuze an ihren Stalltüren an, um ihr Vieh vor Hexerei zu schützen. Schließlich feierte jedes Dorf diesen Tag mit einem Johannisfeuer. In den Dörfern wurden alle Lichter gelöscht, und die Dorfgemeinschaft versammelte sich auf der höchsten Erhebung, wo das Johannisfeuer entzündet wurde. Auf einem in die Erde gerammten Eichenpfahl drehten Knechte ein Wagenrad so lange, bis durch die Reibung Feuer entstand. Von dem lodernden Johannisfeuer nahm jeder Dorfbewohner ein Licht mit in sein Haus.

Am Sonntag vor Jacobi (25. Juli) leitete ein Erntefest die eigentliche Erntezeit ein. Auch am Tag des heiligen Jacobus ruhte alle Arbeit. Am 6. August begingen die Masuren ihren größten Feiertag: Christi Verklärung (Pańskie przemienienie). Von diesem Tag, der im masurischen Polnisch »Verwandlung des Herrn« hieß, versprach man sich auch eine Verwandlung der Not Masurens in Glück, Gesundheit und reiche Ernte. Um die rechte Hilfe und Errettung zu erlangen, brachten die Menschen üppige Opfergaben dar. Den Störchen sagte man am Bartholomäustag (24. August) Lebewohl. Am Michaelistag (29. September) fanden Wohnungswechsel statt, weshalb an Michaelis die Leute »hinausgeworfen« wurden (Michał ludzie wypychał). Am Nikolaustag (6. Dezember) baten die Masuren um Schutz vor Wölfen. In der Adventszeit zogen allsonntäglich konfirmierte Jugendliche mit einem Stern durchs Dorf und stimmten mit Liedern auf Weihnachten ein.

Eine der schönsten Weihnachtstraditionen Masurens war die »Jutrznia« (Morgenstern), eine Feier, die in der Nacht von Heiligabend zum ersten Weihnachtstag in den Kirchen und Schulen begangen wurde. Ihre polnischsprachige Tradition konnte sich vereinzelt bis in die dreißiger Jahre des 20. Jahrhunderts halten, allerdings war nach dem Ersten Weltkrieg auch hier die deutsche Sprache auf dem Vormarsch. Die Jutrznia ließ in Masuren ungeteilte Weihnachtsfreude aufkommen: »Am ersten Weihnachtsfeiertage wird in den Kirchen Masurens und in den Dörfern, welche keine Kirchen haben, in den Schulen während des Frühgottes-

Jutrznia-Feier in der Gemeinde Schuttschen, Kreis Neidenburg, um 1928. Für die Masuren war der Besuch der weihnachtlichen Frühpredigt – im masurischen Polnisch »Jutrznia« genannt – der Höhepunkt der Weihnachtsfeiertage. Die Andacht dauerte mehrere Stunden. Über Jahrhunderte hatte sich der Ablauf zur Feier der Geburt Christi entwickelt, war festgelegt worden, was die Schulkinder unter Anleitung des Lehrers vorzutragen und vorzusingen hatten.

dienstes eine sehr eigenthümliche und sehr beliebte Feier veranstaltet. Die Schulkinder, welche darauf von dem Lehrer vorbereitet sind, spielen dabei, schon äußerlich durch einen weißen Anzug – meistens Vaters Hemde mit einem bunten Bande um die Taille – und durch hohe Kronen aus Papierblumen mit Goldschaum – bei den Mädchen statt dessen Kränze – als Engel kenntlich gemacht, die Hauptrolle. Sie erscheinen, Lichte (früher Wachslichte) oder Tannenbäumchen mit Lichtern in den Händen tragend, in der Kirche, ziehen um den Altar, nehmen dann theils am Altar, theils auf den Chören ihre Plätze ein und führen nun Wechselgesänge auf, tragen einzeln oder im Chor die Festevangelien vor oder sagen einzeln die für diese Feier eigens seit alten Zeiten überlieferten Verschen (d.h. eine oracya) her. Es ist Sache des Schullehrers, diese Verschen einzuüben und alles recht dramatisch darzustellen. An dieser Feier, welche man *jutrznia* (Morgenstern) nennt, nimmt die ganze polnische Bevölkerung, ja auch viele Deutsche, den lebhaftesten Antheil; schon von zwei oder drei an wird alles in den Häusern lebendig, die Feier beginnt etwa um vier, von den Polen fehlen dann in der Kirche nur die Kranken und Schwachen.« Der jahrhundertelang gepflegte Brauch beginnt mit einem Eingangslied. Dann folgt die Begrüßung:[38]

Zitam cie zborze tutejsy,	Ich grüße Dich, hiesige Gemeinde,
w ty godzinie teraźniejsy.	In dieser Stunde.
Zitam was tu wsystkich ludzi,	Ich grüße euch, alle Menschen hier,
bo nas anioł Pański budzi,	weil uns der Engel des Herrn ruft,
O zitajciez moi nili,	O seid gegrüßt, ihr Lieben,
radujmy sie w ty to chwsili,	wir freuen uns in diesem Augenblick,
ześmy w zdroziu docekali,	dass wir gesund zusammenkamen
to jutrznie tu oglądali.	Um hier den Morgenstern zu betrachten.

Den Schluss der mehrstündigen Aufführung bildet ein altes masurisches Weihnachtslied über die Geburt Jesu:[39]

Z całego serca mego dziękuje,	Aus tiefstem Herzen danke ich Dir,
mój Panie,	mein Herr,
tego casu rannego	in dieser frühen Stunde,
i póki mnie stanie.	solange ich im Stande bin.
Boze! w tym tronie,	Gott! Auf Deinem Thron,
niej chwałe przez	gib uns Segen
własnego Syna,	durch Deinen eigenen Sohn,
Pana nasego,	unseren Herrn,
w kazdej świata stronie.	in jedem Teil der Welt.

Eine weitere masurische Tradition sind die Himmelsbriefe (Listy niebieski) und Himmelschlüssel (Klucz niebieski), die im 19. Jahrhundert reißenden Absatz fanden. Ihr Ursprung ist weitgehend unbekannt. Aller Wahrscheinlichkeit nach entstammen sie dem katholischen Aberglauben, der im 19. Jahrhundert in Polen weit verbreitet war. Vergeblich bemühten sich evangelische Pfarrer, ihre masurischen Gemeindeglieder vor dem antiprotestantischen Inhalt dieser Briefe zu warnen. Diese Briefe, die aus Polen oder aus dem benachbarten Ermland stammen könnten, waren genau auf den masurischen Leserkreis abgestimmt und enthielten viele masurische Idiome, wie ein erhaltenes Fragment in polnischer Sprache zeigt. Der Inhalt besteht aus einer Mischung von christlicher Lehre und abergläubischer Endzeitprophezeiung. Zur Herkunft des Schriftstücks heißt es: Der »Himmelsbrief, welchen der Herr Gott selbst vom Himmel herabgelassen hat, war mit goldenen Buchstaben geschrieben; man hat ihn gefunden auf dem Eichberge von Bethanien vor dem Altar des heiligen Erzengels Michael, und kein Mensch wusste vorher etwas von ihm, noch woher er stammte«.

Die Popularität der Himmelsbriefe ist nur aus den mystischen Andeutungen zu erklären, die eine Reihe von Besprechungen enthalten, etwa gegen Blutfluss, Epilepsie, Schlangenbiss, Tollwut, Hagel, Feuer, Zahnschmerzen. Die Briefe nennen 42 Unglückstage im Jahr, von denen einige im masurischen Jahreskalender einen festen Platz einnahmen. Besondere Vorsicht war geboten an drei Tagen: Großes Unglück konnte einem am 1. April widerfahren, da sich der Verräter Jesu, Judas, an diesem Tag erhängte. Auch der 1. August konnte Unglücksbote sein, da Kain an diesem Tag seinen Bruder Abel erschlug. Ebenfalls ein Monatserster, der 1. Dezember, tilgte die Stadt Sodom vom Erdboden. Für das Jahr 2000 erklärte der Himmelsbrief das Jüngste Gericht für gekommen. Dann werden »Sonne, Mond, Sterne und Kometen vom Himmel fallen, unter Blitzen und Donnern öffnet sich die Erde; und so verschwindet die Erde, die seit ihrer Erschaffung 6000 Jahre bestand. Dann herrscht das letzte Gericht, freudig für den Gerechten, aber furchtbar für den Sünder! Allerhöchster Weltenrichter! Erbarme Dich aller Menschen!«[40]

Kaum ein Bericht deutscher Masurenbesucher des 19. Jahrhunderts brachte nicht sein Entsetzen und seine Empörung über die weite Verbreitung und Bedeutung der Himmelsbriefe bei den

polnischsprachigen Masuren zum Ausdruck. Dass die Berichterstatter diese als Unfug abstempelten, änderte nichts an der Tatsache, dass die Masuren an ihnen hingen, und das ließ sich kaum
mit dem deutschen Protestantismus in Einklang bringen.

Auch die katholischen Wallfahrtsorte erfreuten sich bei den
Masuren großer Beliebtheit. Noch im 19. Jahrhundert pilgerten
sie am Fest Peter und Paul (29. Juni) nach Heiligelinde, an Verklärung Christi (6. August) nach Złotowo bei Löbau, aber auch in
die östlichen polnischen Kirchen von Raczki, Suwałki und Grajewo, sowie am Jacobi-Tage (25. Juli) nach Bialutten bei Soldau.
An diesen Feiertagen fanden in den Wallfahrtsorten beliebte Jahr-
märkte statt. Als der Osteroder Superintendent Herlecker am
6. August 1862 das evangelische Kirchspiel Mühlen visitieren
wollte, musste der anberaumte Termin verschoben werden, da
sich die evangelischen Gläubigen auf dem Ablassmarkt in Złotowo
tummelten.

Sehr zum Verdruss der Pfarrer hatten die Masuren auch einiges für überirdische Geister und Dämonen übrig. Glücklich
schätzte sich, wer einen Kobold (kołbuk) auf dem Dachboden
besaß. Bot man ihm tagsüber einen Platz zum Schlafen und etwas
zu essen, trieb er vielleicht nachts zum Ärger von Konkurrenten
oder unliebsamen Nachbarn sein Unwesen. Wenn man ihn rich-
tig pflegte, revanchierte sich der hauseigene Kołbuk, indem er
dem Bauern eine reiche Ernte und viel Geld bescherte. Die Tradition des Kołbuks blieb bis 1945 in den ländlichen Regionen lebendig.

In Masuren nahmen sogar Krankheiten Gestalt an. Bei
Beschwerden wie Magenkrampf oder Kolik war man von einer
»Macica« befallen, die sich die Masuren als Wurm vorstellten, der
mit scharfen Krallen die menschlichen Eingeweide angriff. Land-
läufig bezeichneten sie alle Formen von Magenerkrankungen als
Macica. Beizukommen war den Übeln nur durch die Besänftigung
des Wurms.

Auch die Mara spielte eine wichtige Rolle. Sie war ein weib-
licher Geist, der nachts zu den Schlafenden kam. Mit ihren Pfoten
drückte die Mara den Körper des Menschen, so dass er kaum noch
atmen konnte. Vor allem Alte und Kranke, die dem Sterben nahe
waren, sagten, wenn sie des Nachts akute Atemnot befiel, die Mara
habe sie gewürgt (Mara mnie toczyła). Kam die Mara, konnte der
Tod nahe sein. Wenn sie das Vieh in den Ställen heimsuchte, fand

man am nächsten Morgen die Mähnen der Pferde zu Zöpfen geflochten.

In den zahllosen Seen Masurens lebten an den tiefsten Stellen Wassergeister (Topich). Im Gegensatz zu den Nixen waren sie männlicher Natur. Wenn sie Menschenopfer forderten – und das taten sie regelmäßig –, hörte man sie schreien und klagen: Die Stunde rückt heran, und noch ist kein Mensch – Opfer – zu sehen (Czas idzie i godzina – A człowieka niema). Wer vom Topich als Opfer auserkoren wurde, verschwand in den Tiefen des Sees.

Auch die Sprichwörter der Masuren waren sehr anschaulich und nicht selten drastisch. Wenn der fromme deutsche Hausvater mahnte:»Sich regen bringt Segen«, sagte der Masure:»Wäre nicht der (faule) Hintern, hätte man schon ein goldenes Haus« (Kedy nie była dupa, to była złota chałupa). Gearbeitet wurde hart, aber dabei erklang manch fröhliches Lied. Beim Dreschen in der Scheune etwa sangen die masurischen Burschen:

Gdziedzes ty Jasku pojazdes	Wohin fährst du, Jaschek?
Zelono droszki bjez zijes.	Auf dem grünen Weg durchs Dorf
Zelono droszki üpojade,	Ich fahre auf dem grünen Weg
Do moi namilci narade.	Zu meiner Liebsten zur Freude.

KAUFLEUTE, FISCHEREIPÄCHTER UND KRUGWIRTE
JUDEN IN MASUREN

Erste Berichte über Juden im südlichen Grenzgebiet des Ordensstaates stammen bereits aus dem 15. Jahrhundert. Der Pfleger des Amtes Lyck beschlagnahmte damals Tuche jüdischer Händler aus dem polnischen Grodno. 1451 erteilte Hochmeister Ludwig von Erlichshausen zwei litauischen Juden namens Jaczko und Schanden freies Handelsgeleit im Bereich von Lyck. Immer wieder dürften Juden aus dem benachbarten Polen und Litauen nach Masuren gekommen sein.

Der Ordensstaat ließ eine dauerhafte jüdische Ansiedlung jedoch nicht zu. Auch unter Herzog Albrecht durften Juden nur in Ausnahmefällen im Herzogtum siedeln, und zwar dann, wenn man sie benötigte. Eine Landesordnung von 1567 schrieb die Ausweisung von ausländischen Juden binnen vier Wochen vor. Abgesehen von Königsberg, wo sich bereits im 17. Jahrhundert eine kleine Gemeinde etablieren konnte, blieb Ostpreußen ein

Das Gasthaus in Neu-Keykuth, Kreis Ortelsburg, war vor dem Ersten Weltkrieg im Besitz der Familie Mendel. Gasthäuser und Dorfkrüge in jüdischem Besitz waren typisch für Ostmitteleuropa. In Masuren ließen sich Juden als Kaufleute, Händler, Fischerei- und Krugpächter nieder, nachdem auch in Preußen 1812 ein königliches Edikt allen im Lande lebenden Juden Niederlassungs- und Gewerbefreiheit zugesichert hatte und 1847 mit dem »Gesetz über die Verhältnisse der Juden« die Gründung von Synagogengemeinden geregelt war. Nun entstanden formal legalisierte kleinere jüdische Gemeinschaften in ganz Masuren, deren Mitglieder aus dem russischen Teilungsgebiet Polens, aber auch aus den von Preußen annektierten Provinzen Posen und Westpreußen kamen.

Land ohne Juden. Noch Friedrich Wilhelm I. ging 1738 per Edikt gegen litauische »Betteljuden« vor, und Friedrich II. verfügte 1763 scharfe Maßnahmen »wider das hausiren überhaupt und insbesondere wider das Geld-Verwechseln der Juden auf dem platten Lande«. Beide Edikte weisen auf die Anwesenheit ausländischer Juden hin.

Im 18. Jahrhundert erhielten einige Juden »Schutzbriefe«, womit sie zu »Schutzjuden« wurden und unter staatlicher Protektion standen. Jüdische Gastwirte betrieben in den östlichen Ämtern Lyck und Oletzko bereits um 1720 Schänken in Baitkowen, Kobylinnen, Borken und Ostrokollen. Um 1800 existierten in fast allen Städten Masurens kleinere jüdische Gemeinschaften, denen aber jegliche rechtliche Anerkennung verwehrt blieb. Mit der Aufklärung besserte sich die Lage der Juden in Preußen. Das Reformwerk vom Beginn des 19. Jahrhunderts sah eine Berücksichtigung jüdischer Rechte vor. 1812 konnten Schutzjuden das preußische Bürgerrecht erlangen, womit ihnen eine bedingte Gewerbe- und Niederlassungsfreiheit eingeräumt wurde.

Das arme Masuren hatte jüdischen Gewerbetreibenden kaum etwas zu bieten. Dennoch strömten sie nun aus den benachbarten polnischen und litauischen Stetln – Augustów, Białystok, Suwałki, Łomża, Ostrołęka, Kolno, Mława und Płock –, aber auch aus den vielfach jüdisch dominierten Kleinstädten der Provinzen Posen und Westpreußen ins Land. Im westlichen Masuren kamen die ersten jüdischen Bewohner aus Schlochau, Flatow, Konitz, Märkisch Friedland und Wongrowitz.

In allen masurischen Städten schlossen sich jüdische Synagogengemeinden zusammen. Die staatliche Anerkennung erhielten diese Gemeinden aber erst durch das »Gesetz über die Verhältnisse der Juden« vom 23. Juli 1847. Ein offiziell genehmigtes Statut erhob sie dann zu juristischen Körperschaften. Seit der Mitte des 19. Jahrhunderts erlebte Masuren eine kleine Blüte jüdischen Lebens. Im Kreis Ortelsburg lebten 1848 insgesamt 217, im Kreis Johannisburg 202 Juden (1847), Lyck verzeichnete 1864 insgesamt 54 jüdische Haushaltsvorstände. Die Juden in den Städten und Marktflecken arbeiteten als Händler, Kaufleute und Spediteure. Letztere errangen vor allem im Handel mit Russisch-Polen eine hervorragende Position. Eine Besonderheit Masurens, die es allerdings auch in Ostmitteleuropa gab, waren die Schänken und Landgasthäuser in jüdischer Hand.

Lyck hatte mit Abstand die lebendigste jüdische Gemeinde. Diese gab seit Ende der fünfziger Jahre sogar die hebräische Zeitschrift *Hamagid* heraus. Als verantwortlicher Redakteur wirkte der Lycker Kultusbeamte L. Silbermann, dem der englische Staatsbürger Morris Gordon Jacob bei seiner Arbeit assistierte. Die Zeitschrift muss noch 1868 bestanden haben. Über ihr weiteres Schicksal ist nichts bekannt, obwohl Masurens jüdische Gemeinschaften erst nach 1871 eine Blüte erlebten. Nach der Jahrhundertwende verloren sie viele Mitglieder, die in die westlichen Großstädte abwanderten.

Aus dem Milieu jüdischer Entrepeneure stammte der wohl berühmteste gebürtige Masure des 19. Jahrhunderts, der Eisenbahnkönig Bethel Henry Strousberg. Zu seiner Zeit war er eine der schillerndsten und umstrittensten Persönlichkeiten Europas. Er war ein Unternehmer besonderen Formats, dem letztlich sein Finanzgebaren zum Verhängnis wurde. Zunächst aber schien nichts seine Karriere aufhalten zu können. Zu Spitzenzeiten beschäftigte Strousberg in seinem gigantischen Industrie-Imperium 100 000 Mitarbeiter. Er ging als der »europäische Eisenbahnkönig« und als »der Mann, der alles kaufte«, in die Geschichte ein.

1823 wurde Bartel Heinrich Strausberg (jüdisch Baruch Hirsch Strausberg) in Neidenburg als Sprössling einer seit zwei Generationen in der Stadt ansässigen jüdischen Kaufmannsfamilie geboren. Sein Großvater Baruch Chemiak (1752–1822), der sich seit 1813 Nehemias Baruch nannte, brachte es als Landhändler zu beträchtlichem Wohlstand. Im Kreis Neidenburg war er 1807 der Einzige, der den drückenden Fourageforderungen der Napoleonischen Truppen nachkommen konnte. Als religiöser Mensch sorgte Baruch Chemiak für die Errichtung des ersten jüdischen Bethauses in Neidenburg. Nach seinem Tod erbte Abraham Baruch, Bartels Vater, 1822 den Betrieb. Abraham Baruch führte seit 1813 den Namen Strausberg und war verheiratet mit Caroline Gottheimer, die aus dem westpreußischen Inowrocław stammte. Die Strausbergs bekamen neun Kinder. Die Geschäfte gingen weniger gut, was auch daran gelegen haben mag, dass Abraham ein mehr musisch und sprachlich interessierter Mensch war als sein Vater. Lob und Anerkennung ob seines Engagements in den Befreiungskriegen zollten ihm – dem Schutzjuden – aber selbst preußische Generäle.

Abrahams Sohn Baruch Hirsch Strausberg besuchte die

Bethel Henry Strousberg, Gemälde von Carl Steffeck, um 1870/71. Der europäische Eisenbahnkönig, 1823 als Sohn einer jüdischen Kaufmannsfamilie in Neidenburg geboren, verkörperte wie kein anderer Aufstieg und Niedergang im Frühkapitalismus. In seinem Eisenbahnimperium, das durch geschickte Akkumulation entstand, waren zeitweise mehr als 100 000 Arbeiter mit dem Ausbau der europäischen Schienenwege beschäftigt. Strousberg leistete sich manchen Prunk, aber zugleich zeigte er großen sozialen Einsatz. Doch was er auch tat, er erntete Neid. Um die Anerkennung der alten Eliten buhlte er vergeblich. Missmanagement und Überschuldung führten schließlich zum Zusammenbruch seines Firmenimperiums. Der einstige Eisenbahnkönig starb 1884 als armer und gesellschaftlich geächteter Mann in Berlin.

Schule in Königsberg, die er mit der mittleren Reife abschloss. Nach dem frühen Tod des Vaters ging er 1839 als Sechzehnjähriger nach London zu seinem Onkel Gottheimer mütterlicherseits.

Aus dem masurischen Landstädtchen Neidenburg mit seinen etwa tausend Einwohnern war der junge Baruch über Königsberg in die damals größte Stadt der Welt mit etwa 4,5 Millionen Einwohnern gekommen. Schon bald anglisierte er seinen Namen und nannte sich fortan Bethel Henry Strousberg. Zum Zeichen der Emanzipation trat er der anglikanischen Staatskirche bei und heiratete 1845 die anglikanische Bürgertochter Mary Ann Swan.

Im Selbststudium erwarb der junge Mann ökonomische Kenntnisse, die er bei zahlreichen Building Societies, die den heutigen Bausparkassen vergleichbar sind, vervollkommnete. Nach und nach gelang ihm der Aufstieg in die höheren bürgerlichen Kreise Londons. Nach dem finanziellen Debakel seines Arbeitgebers verließ er die englische Metropole und zog nach Berlin, wo er von neuem an seiner gesellschaftlichen und wirtschaftlichen Reputation arbeitete. Schnell erkannte er das große Wachstumspotenzial im preußischen Eisenbahnbau, der im Vergleich zu England weit zurücklag. Allein in Preußen baute er schließlich 1700 Eisenbahnkilometer. Seine Eisenbahnprojekte brachten ihn auch in die ostpreußische Heimat zurück, wo er mit dem Bau der »Ostpreußischen Südbahn« über Rastenburg, Lötzen und Lyck Masuren an das Eisenbahnnetz anschloss. Von dort erfolgte die Weiterführung der Strecke an die russisch-polnische Grenze bei Prostken, wo eine Verbindung an die Strecken nach Moskau und Sankt Petersburg hergestellt wurde. Für seine Eltern ließ Strousberg die Grabstätte auf dem Neidenburger jüdischen Friedhof herrichten. Für sich selbst erwarb er in seiner Geburtsstadt einige Grundstücke und Häuser.

Strousbergs Aufstieg war schwindelerregend, und er selbst schien sich ständig versichern zu müssen, dass er diese Höhen tatsächlich erreicht hatte. Er kaufte zahlreiche Güter und gelangte so in den Kreis der preußischen Rittergutsbesitzer, dem preußischen Äquivalent zur englischen *landed gentry*. Zu seinen Privatbesitzungen gehörten Palais, Schlösser, Gutshäuser und Fabriken. Allein zwischen 1864 und 1870 erwarb er Landgüter mit einer Fläche von 47 300 Hektar. Seit 1868 war Strousberg gar Besitzer der böhmischen Herrschaft Zbirow sowie eines Stadthauses in Wien. Neben seinem Hauptsitz im Strousbergschen Palais in der Berliner Wilhelmstraße bewohnte er ein Palais am Grosvenor Place im Londoner Stadtteil Westminster.

Natürlich hatte er Neider. So schrieb Friedrich Engels ironisch: »Der größte Mann Deutschlands ist unbedingt Strousberg. Der Kerl wird nächstens deutscher Kaiser. Überall, wohin man kommt, spricht man nur von Strousberg.« Doch dann stellte sich heraus, dass vieles auf wackeligen Fundamenten ruhte. Binnen wenigen Jahren stürzte Strousbergs Imperium wie ein Kartenhaus zusammen. Als bettelarmer Mann, von vielen Seiten geschmäht, wurde er 1884 auf dem Berliner Sankt-Matthäi-Kirchhof in aller Stille beigesetzt. Auch nach seinem Tod blieb Strousberg ein Mythos europäischer Industriegeschichte im 19. Jahrhundert.

EIN BEISPIEL RELIGIÖSER TOLERANZ: DIE PHILIPPONEN

Inmitten der ehemaligen Forsten Kruttinnen und Nikolaiken können Besucher der Johannisburger Heide bis heute Dörfer finden, deren Kirchen und Friedhöfe orthodoxe Kreuze tragen. Es handelt sich um die so genannten Philipponendörfer, die seit 1830 hier entstanden. Die Philipponen bildeten im 19. Jahrhundert das letzte Glied in der langen Kette der Glaubensflüchtlinge – von den französischen Hugenotten über die schottischen Calvinisten, Salzburger Protestanten bis zu den niederländischen Mennoniten –, die nach Preußen kamen.

Die Philipponen waren Orthodoxe, die sich Mitte des 17. Jahrhunderts von der russisch-orthodoxen Kirche trennten. Ihnen gingen die Reformen des Patriarchen Nikon zu weit. Sie hielten am Status quo ante fest und bezeichneten sich selbst als Altgläubige (Starowjerzi oder Starovbriadzi), also als diejenigen, die an den ursprünglichen Lehren festhielten. Von ihren Gegnern wurden sie jedoch »Raskolniki« (Abtrünnige) genannt. Die Philipponen, ursprünglich in den nördlichen Gebieten Russlands verbreitet, duldeten keine ordinierten Priester, sondern wählten aus den eigenen Reihen einen tugendhaften Mann, den »Staryk« (Alten), der von den masurischen Philipponen auch als »Pope« bezeichnet wurde.

Im 18. Jahrhundert waren die Altgläubigen in Russland starken Verfolgungen ausgesetzt, da sie ihre Mutterkirche vehement ablehnten. Viele flüchteten nach Polen und gelangten so nach

Friedrich Wilhelm III. erteilte einigen hundert philipponischen Siedlern per Kabi-
nettsorder vom 5. Dezember 1825 die Erlaubnis, sich in Masuren niederzulassen.
Weil sie den Militärdienst ablehnten, waren sie in Konflikt geraten mit den russi-
schen Behörden, die den Altgläubigen keinen Dispens erteilen wollten. So riefen
diese schließlich den preußischen König an, der ihnen Asyl gewährte. Das war
die letzte Gruppe religiös Verfolgter, die in Preußen Asyl fand. In der Johannisbur-
ger Heide entstand von 1830 an um Eckertsdorf ein tiefreligiöses Gemeinwesen.
Aber nach wenigen Freijahren zogen auch die Preußen die Söhne zum Militär
ein, so dass viele philipponische Familien die Johannisburger Heide wieder ver-
ließen.

Das Nonnenkloster am Dußsee erinnert mit seinen in dieser Gegend ungewöhnlichen Kreuzen noch heute an die Glaubensflüchtlinge aus Russland.

der dritten Teilung Polens in den Herrschaftsbereich Preußens. Mit der Restauration der Verhältnisse wurden ihre Hauptsiedlungsgebiete im Nordosten Polens 1815 wiederum russischer Oberhoheit unterstellt. Um weiteren Konflikten mit dem russischen Regime zu entgehen, die zumeist um den Militärdienst entbrannten, entschloss sich die altgläubige Gemeinde Głębkirów im Bezirk Augustów unter ihrem Staryk Jasim Borissow, Polen zu verlassen.

Friedrich Wilhelm III. lud die Philipponen nach Preußen ein, nachdem Russland die Erlaubnis zur Ausreise gewährt hatte. Man kann davon ausgehen, dass es dem preußischen Monarchen bei der Einladung nicht in erster Linie um den Schutz ihrer Lehrmeinung ging. Vielmehr benötigte er dringend Kolonisten, die bereit waren, die letzten unwirtlichen Waldregionen Masurens urbar zu machen. Gemäß der Kabinettsorder vom 5. Dezember 1825 durften die Philipponen sich nur auf unkultiviertem Land niederlassen, erhielten aber Religionsfreiheit und waren in der ersten Generation vom Militärdienst befreit. In den ersten sechs Jahren mussten sie keine Steuern entrichten.

Die Einwanderung, die sich noch um einige Jahre verzögerte, begann schließlich mit Onufri Jacublew, der sich am 7. Juni 1830 in Masuren niederließ. Nachdem die Verhandlungen mit dem preußischen Fiskus unter Leitung des Forstmeisters Eckert abgeschlossen waren, wurden den Philipponen Wohnplätze in zehn Dörfern zugewiesen: Eckertsdorf – benannt nach dem Forstmeister –, Schlößchen, Nikolaihorst, Galkowen, Kadzidlowen, Schönfeld, Fedorwalde, Peterhain, Piasken, Onufrigowen. Die Urbarmachung der Waldgebiete gelang relativ zügig. Die neuen Siedler waren aber nicht nur tüchtige Bauern, sondern erwiesen sich auch als gute Fischer im Kruttinnafluss und auf dem Beldahnsee. Sie verstanden zudem etwas von Stell- und Radmacherei und verdingten sich ferner als Tischler und Chausseearbeiter. Das evangelische Konsistorium in Königsberg gestattete ihnen den Bau eines massiven Gotteshauses in Eckertsdorf (1834) sowie einer Holzkirche in Schönfeld (1837).

Kaum waren jedoch die sechs Freijahre um, verstärkte die preußische Regierung den Druck auf die Philipponen und verlangte, dass sie sich der Gesetzgebung des Landes fügten. Inzwischen war durch die Aufnahme illegal eingereister Glaubensgenossen aus Polen die Zahl der Philipponen auf 1277 im Jahr 1842

angestiegen. Als aber der erste Philippone zum Militärdienst eingezogen wurde und Proteste nichts bewirkten, setzte die Rückwanderung nach Polen ein. Sieben Jahre später wurden nur noch
866 Philipponen gezählt.

Auf einer Halbinsel des Dußsees entstand 1847 nahe Eckertsdorf das Nonnenkloster der Heiligen Dreifaltigkeit und des Er-
lösers, das bis vor wenigen Jahren noch von zwei Nonnen bewohnt
wurde. In insgesamt elf Dörfern lebten Philipponen, denen es bis
1945 gelang, ihre autarke Lebensform beizubehalten. Nach dem
Zweiten Weltkrieg blieben viele in ihren Dörfern, so dass in der Johannisburger Heide bis heute einige altgläubige Familien anzutreffen sind.

»Mit dem Eisenbahnstrang kommt
die Germanisierung«
(1871–1914)

Sieg über Frankreich! Von euphorischem Jubel begleitet, drang
1870 die Kunde vom deutschen Sieg bei Sedan über Kaiser Napoleon III. in die hintersten Winkel Masurens. Getragen wurde der
neue preußisch-deutsche Patriotismus von den Lokalhonoratioren und dem städtischen Bürgertum. Siegestrunken ließen sie wenig später das neue Deutsche Reich hochleben. Zu dessen Vorgänger, dem Alten Reich, hatte Masuren zwar überhaupt keine
Verbindung gehabt, aber dieser Umstand tat dem Hochgefühl
keinen Abbruch. Überall feierte man Deutschlands Siege, ehrte
die Gefallenen und gab sich einer borussischen Deutschtümelei
hin, die fest auf Chauvinismus, antidemokratischer Vasallentreue
zu König und Vaterland und – wenigstens in äußerst rechten Kreisen – Antisemitismus basierte. Denkmäler schossen wie Pilze aus
dem Boden. Allein in Neidenburg entstanden während der wilhelminischen Zeit ein Kaiserstein, ein Kaiserwald, eine Kaisereiche,
ein Kreiskriegerdenkmal sowie ein Bismarck-Denkmal. Den Kaiserstein versahen Neidenburgs stolze Bürger mit der Inschrift:
»Zum Andenken an die glorreichen Siege im Jahre 1870/71 und
an die Wiedergeburt des deutschen Kaiserreichs von der Bürgerschaft Neidenburg's errichtet am 28. August 1871.«

Der Patriotismus hatte bis zu dieser Zeit schon mehrfach die
Menschen über drückende Missstände hinwegzutrösten vermocht. Nun aber trat der Nationalismus in die Geschichte, und
der erzielte seine erhebende Wirkung, indem er die anderen
Nationen herabsetzte. Selbstgefällig erhob sich die bürgerlich-
biedere deutschsprachige Honoratiorenschaft über die polnischsprachige Mehrheit und sah ihre vornehmste Aufgabe darin, den
Slawen die angeblich überlegene deutsche Kultur zu vermitteln.
Landrat, Kommunalbeamte, städtische Geschäftsleute und Gutsbesitzer – allesamt Vertreter der deutschen Minderheit in Masuren – wahrten sorgsam das deutsche Monopol in allen Bereichen

Die preußischen Könige und deutschen Kaiser konnten sich stets der vollkomme-
nen Loyalität ihrer masurischen Untertanen sicher sein. Generalfeldmarschall
Paul von Hindenburg, den »Retter von Ostpreußen«, verehrten sie, Reichskanz-
ler Otto von Bismarck achteten sie als Einiger des Reiches. Das Bismarck-Denk-
mal vor dem Rathaus von Johannisburg wurde zu Beginn des Ersten Weltkrieges
eine Beute der Russen, die es aber 1928 an die Stadt zurückgaben. Die »Befreiung
aus vierzehnjähriger Gefangenschaft« wurde feierlich begangen.

des öffentlichen Lebens, indem sie der masurischen Bevölkerungsmehrheit jegliche Partizipation daran verweigerten. Masuren waren nur erwünscht als Handlanger, Lohnarbeiter, Dienstboten und Soldaten. Das waren Züge eines ethnisch motivierten Kolonialismus im eigenen Land. Die breite Masse der Masuren blieb deklassiert, denn nur wenige gelangten durch Glück oder Protektion in höhere Positionen. Ein solcher Aufstieg war jedoch immer mit der vollständigen Assimilation an die herrschende Klasse der Deutschen verbunden.

Republikanische Politikansätze hatten in Masuren überhaupt keine Chance, da die deutschsprachige Honoratiorenschaft jede Opposition im Keim zu ersticken verstand, und die polnischsprachigen Masuren mit ihrer monarchistischen Grundhaltung trugen ebenfalls dazu bei, die Region zu einer unbezwingbaren Hochburg der Konservativen zu machen. Masurens Landräte und Abgeordnete entstammten ausschließlich dem preußischen Adel und großbürgerlichen Kreisen. Im Kreis Lyck amtierten unter anderen Robert von der Marwitz und Karl von der Groeben, bei den Reichstagwahlen vertraten die konservativen Rittergutsbesitzer Georg William von Simpson sowie Graf Udo zu Stolberg-Wernigerode den Wahlkreis Oletzko/Lyck/Johannisburg.

Alle Wahlergebnisse Masurens während der Kaiserzeit drückten eine Besonderheit aus: Trotz Deklassierung und bitterer Armut hielten die Masuren an ihrer Religion und an ihrer Liebe zum König fest. Das machte sie zu verlässlichen Wählern der Rechtsparteien. Sie dachten gar nicht daran, an der gottgewollten Ordnung zu rütteln. In dieser Auffassung wurden sie bestärkt von den Repräsentanten kirchlicher und staatlicher Macht, also von Pfarrern und Lehrern. An der Spitze dieser Ordnung stand der König, der von Gottes Gnaden in Berlin residierte, dann kam der Oberpräsident in Königsberg, gefolgt von den Regierungspräsidenten in Gumbinnen und Königsberg (später Allenstein). Auf lokaler Ebene vertraten der Landrat in der Kreisstadt sowie der Gemeindevorsteher, der Gendarm und der Pfarrer diese Ordnung. Wie fest dieses Weltbild aus vornationaler Zeit in den Köpfen verankert war, zeigte sich regelmäßig an den Wahlurnen. Galten bereits die preußischen Nordostprovinzen als Hochburgen des politischen Konservatismus, so schlug Masuren alle Rekorde. Hier lagen die Ergebnisse für die Konservativen immer weit über dem Provinzdurchschnitt. Bei den Reichstagswahlen 1907 kamen

Prostken erfuhr durch die Eisenbahn eine wirtschaftliche Blüte. Von hier erreichte man das ferne Moskau. Speditionen und Großhandlungen ließen sich in der Nähe des Umspur- und Grenzbahnhofs nieder. Viele waren in jüdischem Besitz, etwa die »Spedition-Commission Inkasso, Gänse & Geflügel Import En gros Hermann Berlowitz«, die auch ein Gasthaus unterhielt.

Gruss aus Jllowo Ostpr.
Bahnhof — Preussischer Bahnsteig

Auch Illowo, einst ein verschlafenes Grenzdorf im Soldauer Land, gelangte mit dem Eisenbahnbau zu einiger Bedeutung. Hier hatte man Aufenthalt, bis die Züge der Strecke Danzig–Warschau auf die russische Breitspur umgesetzt waren. Für viele osteuropäische Auswanderer nach Übersee wurde Illowo zum Tor in den »goldenen Westen«, für viele Masuren bot es als Umschlagplatz der Eisenbahn Arbeit außerhalb der traditionellen Bereiche Land- und Forstwirtschaft.

die Konservativen in der Provinz auf insgesamt 56,5 Prozent der Stimmen, in den masurischen Wahlkreisen Osterode/Neidenburg jedoch auf 69,3, in Sensburg/Ortelsburg auf 73,1 sowie in Oletzko/Lyck/Johannisburg gar auf 93,1 Prozent. In diesem ländlich-konservativen Umfeld hatten die Sozialdemokraten keine Chance. Bei den Reichstagswahlen 1912 blieben sie etwa im Regierungsbezirk Allenstein mit 2,3 Prozent der Stimmen weit abgeschlagen.

»Mit dem Eisenbahnstrang kommt die Germanisierung«, das sollte sich bewahrheiten. Wirtschaftlich ging es nun spürbar aufwärts. Bis zur Jahrhundertwende verfügten alle Kreisstädte über einen Anschluss an das Streckennetz. Seit 1868 waren Lötzen und Lyck mit dem ostpreußischen Eisenbahnnetz verbunden. Im Jahr der Reichsgründung war die russisch-polnische Grenze in Prostken erreicht. In atemberaubendem Tempo folgten weitere Strecken: Osterode–Allenstein (1873), Montowo–Soldau (1877), Soldau–Iłłowo–Mława (1877), Allenstein–Ortelsburg (1883), Ortelsburg–Rudczanny–Johannisburg (1884), Johannisburg–Lyck (1885), Allenstein–Hohenstein (1887), Hohenstein–Soldau (1888), Osterode–Hohenstein (1894), Sensburg–Rudczanny (1898), Angerburg–Goldap (1899) und Neidenburg–Ortelsburg (1900). Mit der Nebenstrecke Lyck–Arys fand die Vernetzung in Masuren 1915 ihren Abschluss.

Rudczanny, einst ein Dorf von Fischern, Kleinbauern und Waldarbeitern, entwickelte sich zum Eisenbahnknotenpunkt. Hier wurden mehrere Holz verarbeitende Betriebe gegründet, die die reichen Holzvorkommen der Johannisburger Heide nutzten. Prostken und Iłłowo, einst verschlafene Grenznester, wurden zu wichtigen Umschlagplätzen im Güterverkehr. Auf der 1877 fertig gestellten Strecke Danzig–Warschau passierte die Danziger Bahn, über Marienburg, Deutsch Eylau und Soldau kommend, in Iłłowo die Grenze des Deutschen Reiches nach Polen. Hier mussten die Wagen umgesetzt werden auf die in Russland übliche Breitspur. Um einen geordneten Güter- und Personenverkehr zu garantieren, richtete man in Iłłowo große Umspuranlagen ein. Für den Bahnbetrieb entstanden ein Betriebswerk, ein Wasserwerk, Laderampen für Holz und Getreide. Speditionen und Geschäfte ließen sich nieder, und auch die Zollanlagen und die Einrichtungen der Grenzpolizei wurden ausgebaut und für die nach Iłłowo strömenden Beamten, Angestellten und Arbeiter Bahn-

wohnungen errichtet. Über Illowo führte der Weg für den Großteil der polnischen Auswanderer nach Übersee, insbesondere in
die USA, denn hier bestand eine der wenigen Möglichkeiten, mit
dem Zug nach Deutschland zu gelangen. Wenn man sie an der
Grenze entlaust und ihre Gesundheit geprüft hatte, fuhren sie in
geschlossenen Transporten weiter zu den deutschen Übersee-
häfen, von wo aus sie per Schiff in das Land ihrer Träume reisten.
Masurens Städte, um 1870 noch größere Dörfer, erhielten in
der Kaiserzeit endlich eine urbane Prägung. Das Stadtbild verän-
derte sich radikal, und das äußere Antlitz entsprach zunehmend
dem bürgerlichen Geschmack der wilhelminischen Zeit. Dennoch hätten west- und mitteldeutsche Städter über die Größe dieser Zentren einer ländlichen Welt nur abfällig geschmunzelt. Bis
auf Lyck blieben alle Städte bis zum Ende der Kaiserzeit unter
10 000 Einwohnern. Sensburg zählte zunächst 3611 (1880), dann
4584 (1900) und schließlich 6192 Einwohner (1910). Marggrabowas Bevölkerungsanstieg fiel mit 4500 (1885), 5047 (895) sowie 5466 (1910) recht bescheiden aus, während Lyck wesentlich
eindrucksvollere Einwohnerzahlen vorlegen konnte: nach 5318
(1867), 8624 (1885) und 11722 (1895) stieg die Zahl der Einwohner schließlich auf 13 430 (1910).
Lyck entwickelte sich schnell zur größten Stadt Masurens. Es
war Verwaltungszentrum und Garnisonsstandort und spielte eine
bedeutende Rolle im Grenzhandel. Wilhelminische Staatsbauten
in rotem Backstein, Schulen, Gerichte, Krankenhäuser und Kaser-
nen säumten gepflasterte und beleuchtete Straßen und prägten
den urbanen Charakter: »Es war schon ein bescheidenes Städt-
chen, unser Lyck. Die Abwässerung war geradezu polizeiwidrig.
Der Marktplatz war nur mit Kopfsteinen gepflastert, mit zwei
Rinnsteinen in der Mitte, in die nach den Markttagen der
Schmutz hineingefegt und über die Schloßstraße zum See gespült
wurde … Innerhalb weniger Jahre änderte sich alles grundlegend.
Mit der Kanalisation verbunden war die Neupflasterung der
Hauptstraße. Die Straße bot ein geradezu großstädtisches Bild mit
ihrem glatten Granitpflaster, statt der früheren Rundsteine, mit
der Gasbeleuchtung und ihrem großen Kandelaber vor dem Krie-
gerdenkmal, mit den Hydranten und der vorbildlichen Sauber-
keit.«[1]
Nach der Reichsgründung drang im Zuge nationaler Euphorie auch das deutsche Vereinswesen nach Masuren vor. Binnen

wenigen Jahrzehnten verzeichneten Masurens Städte so viele Ver-
einsgründungen, dass sie in dieser Hinsicht den anderen Städten
Deutschlands in nichts nachstanden. Der 1879 gegründete Soldauer Kriegerverein war 1914 mit 250 Mitgliedern der größte Verein der Stadt. Es folgten die Freiwillige Feuerwehr (1887), der
Männergesangverein Melodia (1885), der Kirchenchor (1893),
ein Damenturnverein (1909), ein Evangelischer Jünglingsverein
(1911) sowie ein Radfahrerverein und ein Tennisklub (1909).
1907 entstand der einflussreiche Verein der Kaufleute und Gewerbetreibenden von Soldau und Umgebung, dem der jüdische
Kaufmann Julius Hirsch vorstand.

Lyck, die inoffizielle Hauptstadt Masurens, verzeichnete
einen Männergesangverein Concordia (1876), einen Männerturnverein (1877), einen Kriegerverein (1881), einen Radfahrer-
klub (1893), einen Masurischen Reiterverein (1900), einen Va-
terländischen Frauenverein (1903), den Männergesangverein
Liederfreunde und schließlich den während des Ersten Weltkriegs begründeten Sportverein Masovia (1917).

Was in anderen Regionen Deutschlands bereits vielerorts vorhanden war, entstand nun auch in Masuren: ein regionaler Ge-
schichtsverein. Durch die Etablierung einer deutschen Elite, die
ein deutsch geprägtes Regionalbewusstsein entwickelte, gelang
1895 die Gründung der Litterarischen Vereinigung Masovia in
Lötzen. Ihre Mitglieder gehörten der lokalen Honoratiorenschaft
an, allen voran Lehrer und Pfarrer, aber es gab auch einige auswärtige Gelehrte. Hier bildete sich das deutsche Masovia-Bewusst-
sein heraus, das die polnisch-slawische Vergangenheit zu verdrän-
gen suchte, denn die Mitglieder der Masovia wollten nicht nur die
Regionalgeschichte erforschen, sondern verschrieben sich zugleich dem hehren patriotischen Ziel, ihren Beitrag »zur Kräfti-
gung des Deutschtums in Masuren« zu leisten. Über diesen Verein
gelang es, den bisher eher abfällig gebrauchten Begriff Masuren
aufzuwerten und, als das gelungen war, Masurens Geschichte als
deutsche Geschichte zu vereinnahmen. Langjähriger Vorsitzender der Masovia war der Geheime Studienrat und Professor am
Lötzener Gymnasium Karl Eduard Schmidt (1859–1926), der
1914 als Zivilist von der russischen Besatzungsmacht nach Sibirien
verschleppt wurde.

Allmählich brachte das städtische Leben auch Lokalzeitungen hervor, die dem aufkeimenden Lokalstolz Ausdruck verlie-

186

» Zur Erinnerung an meine Dienstzeit.
4. Kompanie 1. Masurisches Infanterie-Regiment Nr. 146
1907 Sensburg Allenstein 1909«.

Alle masurischen Kreisstädte beherbergten eine Garnison. Mit dem zunehmenden wilhelminisch-deutschen Patriotismus identifizierten sich die Bürger immer mehr mit »ihren« Soldaten. Platzkonzerte und Paraden erfreuten sich großer Beliebtheit, stolz war man nach dem Ersten Weltkrieg vor allem auf die Traditionsregimenter, die die eigene Heimat verteidigt hatten.

hen. In Soldau erschien von 1883 an wöchentlich eine Zeitung unter dem Namen *Stadtglocke*, von 1885 an gab es *Die Glocke* dann zweimal, seit 1907 sogar dreimal pro Woche. Im Oktober 1907 kam mit der *Soldauer Zeitung* ein Konkurrenzblatt auf den Markt, das sich dauerhaft durchsetzen konnte. Zum Gedeihen der Zeitungen trug nicht unwesentlich bei, dass sich das allgemeine Bildungssystem nachhaltig verbesserte. Zur Hochschulreife führten in der Region die Gymnasien in Osterode, Ortelsburg, Lötzen, Neidenburg, Sensburg, Marggrabowa, Lyck und Hohenstein. Zur Verbesserung der Lehrerausbildung wurde das ganze Land mit Präparandenanstalten für angehende Volksschullehrer versehen.

Aber noch immer gingen in Masuren die Uhren langsamer. Als das erste Automobil in Soldau gesichtet wurde, war dies eine besondere Meldung in der *Glocke* vom 13. Juli 1901 wert: »Wie uns mitgeteilt wurde, war der Besitzer dieses modernsten Verkehrsmittels ein Franzose, der sich mit Weib und Kind auf einer Spazierfahrt durch unser Vaterland befand. Nach kurzem Aufenthalt setzte sich das Automobil wieder in Bewegung zum grossen Verdruss derer, die sich dieses merkwürdige Ding gerne näher angesehen hätten.«[2]

Von besonderer Bedeutung für die städtische Ökonomie waren die Garnisonen. Beinahe jede masurische Stadt beherbergte »ihre Garnison«, was zeigt, dass die Garnisonen durchaus willkommen waren. Militärparaden und Konzerte, die gar nicht selten waren, wurden begeistert aufgenommen. Stolz und Lokalpatriotismus legten die städtischen Bürgerschaften an den Tag, wenn sie ihre Regimenter und Bataillone feierten. Das galt vor allem für Ortelsburg und sein Traditionsbataillon, das 2. Bataillon Graf Yorck von Wartenburg (Ostpr.), das als Jägerbataillon weit über die Grenzen der Stadt hinaus bekannt wurde.

Die Entwicklung Masurens machte schließlich auch eine administrative Anpassung erforderlich. Mit der Schaffung des Regierungsbezirks Allenstein erfolgte 1905 die Zusammenlegung großer Teile Masurens zu einer Verwaltungseinheit. Sieben Kreise – Osterode, Neidenburg, Ortelsburg, Sensburg, Johannisburg, Lötzen und Lyck – zählten nun zur Allensteiner Bezirksregierung, während Oletzko als einziger masurischer Kreis beim Regierungsbezirk Gumbinnen blieb.

Nach der eigentumsrechtlichen Neuordnung in der ersten Jahrhunderthälfte nahm die Bevölkerung stark zu, doch die Landwirtschaft bot den jüngeren Söhnen und Töchtern kein Auskommen, so dass sie in den Westen abwanderten. Infolge dieser Arbeitsmigration blieb die Bevölkerungsdichte trotz der Geburtenzunahme konstant niedrig. Zählte die ostpreußische Provinz 1905 insgesamt 55 Einwohner pro Quadratkilometer, waren es in Masuren noch deutlich weniger, nämlich in den Kreisen Lyck und Oletzko 48, in Lötzen 47, in Sensburg und Ortelsburg 40, in Angerburg 38, in Neidenburg 35 und in Johannisburg 30 Einwohner pro Quadratkilometer. Dabei zeichnete sich eine soziale und ethnische Hierachisierung entsprechend den Bodenverhältnissen ab. Auf den schlechten Böden des südlichen Masuren blieb die polnischsprachige Bevölkerung unter sich, während die besseren Böden im Norden auf Grund der niedrigen Grundstückspreise zunehmend auch das Interesse deutscher Gutsbesitzer fanden. Nicht von ungefähr stellte eine Dissertation Anfang des 20. Jahrhunderts fest: »Oft sind die fruchtbaren Striche im Besitze von deutschen, die weniger ergiebigen in polnischen Händen; trotzdem sind diese besser bewohnt als jene. Denn der Masure ist in seinen Lebensbedürfnissen genügsamer, und auch die Zahl der Familienmitglieder ist hier gewöhnlich eine größere als bei dem deutschen Besitzer. So vermag der bedürfnislose masurische Bauer auch noch dort, wo es dem anspruchsvollen deutschen nicht mehr möglich dünkt, ein wenn auch kümmerliches Dasein zu fristen.«[3]

Nur langsam drangen neue Anbaumethoden und das landwirtschaftliche Genossenschaftswesen vor. Mit genossenschaftlichen Krediten für Investitionen verringerte sich im Laufe der Zeit der Anteil der Brachen ganz erheblich. Im Kreis Ortelsburg, wo Bernhard Knauff (1855–1933), Gutsbesitzer in Kobulten, 1883 den ersten ostpreußischen Raiffeisen-Verein gründete, ging das Brachland von 1878 bis 1927 um 19,6 Prozent zurück. Das landwirtschaftliche Ausbildungswesen wurde reformiert und in Marggrabowa 1881 die dritte von Fachleuten geführte Landwirtschaftsschule der Provinz Ostpreußen eröffnet. Ferner wurden im Kaiserreich die Meliorationsarbeiten fortgesetzt. Im Kreis Lyck entstanden beispielsweise Entwässerungsgenossenschaften in Skomatzko (1889), Trentowsken-Pientken (1890), Monken (1896) sowie eine Genossenschaft zur Regulierung des Glubitzabruchs (1896).

Mit der Zeit wurde Masurens polnischsprachige Landbevölkerung in den gewaltigen Modernisierungsprozess einbezogen.

Prozentualer Anteil der polnischsprachigen Bevölkerung Masurens

Kreis	1890 korrigierte preußische Volkszählung	1905 korrigierte preußische Volkszählung	1911 offizielle Schulkinderzählung	1910 polnische Schätzung (E. Romer)
Johannisburg	78,8	73,0	83,4	77,9
Lötzen	50,8	47,1	70,3	58,9
Lyck	67,7	57,8	79,0	68,9
Oletzko	47,7	36,2	64,2	51,0
Sensburg	63,0	55,4	81,1 (1906)	67,5
Ortelsburg	78,1	75,2	90,7	82,9
Neidenburg	75,6	71,6	89,5 (1906)	80,0
Osterode	54,3	45,8	66,7 (1906)	55,9

Der technische Fortschritt hat im Verbund mit einer radikalen Germanisierungspolitik die Masuren aus ihren jahrhundertealten Traditionen herausgelöst. Unaufhaltsam gingen masurische Kultur und Sprache verloren. Das Erlebnis, das der spätere Angerburger Superintendent Hermann Braun (1854–1932) in seinen Erinnerungen vom ländlichen Masuren der Kaiserzeit beschreibt, war bald nur noch ferne Vergangenheit: »Als ich in meiner Kindheit … mit meinem Vater eine Besuchsreise zu Schlitten nach Masuren machte, irrten wir hinter Groß Strengeln bei einbrechender Dunkelheit von der Schneebahn ab und gelangten über den für Schlittenfahrt höchst gefährlichen Wilkussee nach dem so genannten Hegewald. Die Gegend war uns ganz fremd, nirgends war ein Haus oder ein Mensch anzutreffen. Da begegneten wir im Walde 20 bis 30 Holzschlitten. Wir fragten die Fuhrleute nach dem Wege, aber alles sprach polnisch, wir verstanden nicht ein einziges Wort. Uns war zu Mut, als wären wir in einem amerikanischen Urwald verirrt.«[4]

Noch waren die Deutschsprachigen eine kleine Minderheit, obwohl der Anteil der Zweisprachigen an der Gesamtbevölkerung zunahm. Durch Saisonarbeit in anderen Regionen, Militärdienst und das Stellenangebot in Wirtschaft und Staat unterhielten immer mehr Masuren engere Bindungen zum deutschen Kulturkreis.[5] Dennoch behauptete sich bis 1914 die polnischsprachige Mehrheit trotz umfangreicher Germanisierungsmaßnahmen in Schule, Verwaltung und Kirche. Vor allem in den Grenzkreisen Neidenburg, Ortelsburg, Johannisburg und Lyck blieb die polni-

»Herrn Rittergutsbesitzer Knauff in Kobulten in Dankbarkeit, Generalverband der deutschen Raiffeisen-Genossenschaften e.V., Landwirtschaftliche Zentral-Darlehnskasse für Deutschland« steht auf der Rückseite dieser Auszeichnung. Auch nach Masuren drang die Raiffeisen-Idee schließlich vor. Häufig riefen hier die Pfarrer in den Städten und Kirchdörfern Vertriebszentren in Form von An- und Verkaufsgenossenschaften für die Bauern der umliegenden Dörfer ins Leben.

sche Sprache vorherrschend, ebenso in den südlichen Gegenden der Kreise Sensburg und Lötzen, während im Kreis Oletzko und in den nördlichen Kreisteilen Sensburgs und Lötzens die polnischsprachige Bevölkerung abnahm. Besonders dramatische Veränderungen verzeichnete die Superintendentur Angerburg, wo 1902 von 35 760 Einwohnern nur noch 1030 polnischsprachige Masuren waren. Bis 1914 verwendeten die Kirchen- und Verwaltungsbehörden weiterhin den Begriff »Polen« für die masurische Bevölkerung. Erst mit dem zunehmenden deutsch-polnischen Antagonismus im Zuge der Ostmarkenpolitik setzte sich der künstlich kreierte Terminus »Masuren« durch.

Die Akten der evangelischen Landeskirche weisen die sprachlichen Verhältnisse in Masuren zum Ende des Jahrhunderts noch offen aus. In einem Abschlussbericht der Generalkirchen- und Schulvisitation des Kreises Neidenburg vom August 1898 heißt es: »Der Synodalkreis Neidenburg umfasst 16 Kirchspiele mit ebensoviel Mutterkirchen, 4 Filialen und das neu von Jedwabno abgezweigte Kirchspiel Neuhof, bisher ohne Kirche. – Die Bevölkerung ist überwiegend polnisch, unter 50 192 Evangelischen sind 40 128 Masuren; das Verhältnis ist also 5 : 4. – In Gr. Gardienen gibt es neben 1250 Polen nur 44 rein Deutsche, in Skottau neben 2260 nur 100, in Scharnau neben 1430 nur 30, in Saberau neben 2141 nur 25, in Lahna neben 2053 nur 141, in Kl. Koslau neben 2360 nur 30, in Candien neben 1020 nur 54, in Borchersdorf neben 1670 nur 160, in Malga neben 881 nur 30, dagegen in Heinrichsdorf neben 4458 schon 520, in Jedwabno neben 5100 schon 400, in Muschaken neben 4188 schon 300, in Narzym neben 2600 schon 550, in Usdau neben 2317 schon 560, in Soldau neben 3400 schon 3200, in Neidenburg neben 3010 Polen schon 3800 Deutsche.«[6]

Masurens konfessionelle Struktur wies auch im Kaiserreich ein eindeutig protestantisches Profil auf. Einen nennenswerten Anteil von Katholiken gab es in den westmasurischen Kreisen Osterode (10,4 Prozent) und Neidenburg (14,0 Prozent) sowie in Soldau, wo sich der Anteil der Katholiken 1910 nach einem steten Anstieg auf 22 Prozent der Stadtbevölkerung belief. Der Anteil der Protestanten betrug dagegen 1900 auf Kreisebene 96,2 Prozent in Lyck, 97,1 in Lötzen, 97,9 in Johannisburg, 92,1 in Sensburg, 87,0 in Ortelsburg, 84,5 in Neidenburg, 88,5 in Osterode und 98,1 Prozent in Oletzko.

Neue Kirchspiele entstanden in dieser Zeit in Possessern (1887), Baitkowen (1890), Adlig Kessel (1895), Groß Weissuhnen (1898), Neuhof (1898), Lipowitz (1898), Puppen (1898) und Prawdzisken (1905). Aus einem Kirchenfonds, den das Kaiserpaar anlässlich des zweihundertsten Krönungsjubiläums 1901 stiftete, entstanden weitere Kirchen und so genannte Jubiläumskirchen, etwa in Groß Gardienen, wo es bereits eine – allerdings baufällige – Kirche gab, in Barranowen (1902), in Skarzinnen (1902), in Wischniewen (1904), in Prawdzisken (1905), das erst 1929 ein eigenes Kirchspiel wird, in Kurwien (1905), in Groß Czymochen (1906), in Schwentainen (1908) und in Groß Schiemanen (1909).

Neben den Kirchen sorgten nun auch karitative Einrichtungen, denen sich evangelische Geistliche in christlicher Nächstenliebe verschrieben, für die Armen und Schwachen. Der Oletzkoer Superintendent Ballnus schuf 1871 das »Ballnussche Waisenhaus Marggrabowa« für 83 Waisen- und Fürsorgekinder. 1880 entstanden in Angerburg die Wohltätigkeitsanstalten Bethesda, gegründet als Siechenheim für Arme, Krüppel und Blinde von Anna Gräfin Lehndorff. Den Ausbau und die Leitung dieser Einrichtung übernahm später Superintendent Hermann Braun, der den Beinamen »Krüppelvater von Angerburg« trug. Mit tausend Plätzen in 35 Gebäuden, in denen außerdem eine Klinik, eine Schule, ein Erziehungsheim, eine Behindertenlehranstalt und anderes mehr untergebracht waren, stieg Bethesda zur zweitgrößten Anstalt der Inneren Mission in Ostpreußen nach Carlshof im Nachbarkreis Rastenburg auf.[7] 1910 öffnete das Masurische Diakonissen-Mutterhaus Bethanien in Lötzen seine Pforten, eine Zweiganstalt des Königsberger Mutterhauses, das der Lötzener Superintendent Ernst Trincker (1853–1932) fürsorglich betreute.

Wie kaum ein anderer Berufsstand repräsentierten die evangelischen Pfarrer Masurens eine konservative, preußisch-monarchistische Gesinnung. Exemplarisch mag dafür der Soldauer Pfarrer Ernst Hermann Barczewski (1861–1937) stehen. Der in Sawadden bei Lötzen geborene Masure wirkte nach dem Theologiestudium zunächst von 1888 an als zweiter Pfarrer in Soldau, wo er zehn Jahre später zum Hauptpfarrer aufstieg. 1910 erhielt Barczewski die Berufung zum ersten Superintendenten der neu gebildeten Diözese Soldau, zu der die Kirchen in Bialutten, Borchersdorf, Heinrichsdorf, Groß Koslau, Klein Koslau, Groß Schläfken,

Narzym, Scharnau, Usdau und Szczuplienen gehörten. Nicht anders als seine Kollegen im geistlichen Amt stand er mehreren örtlichen Vereinen vor, so dem Konservativen Kreisverein, dem Deutschen Ostmarkenverein, dem Spar- und Darlehnskassenverein sowie dem Verein für Bienenzucht und Obstbau.

Sehr zum Verdruss der Amtskirche wandten sich die polnischsprachigen Masuren aber zunehmend der Gromadki-Bewegung zu. Nach 1870 erlebten die masurischen Gromadki, die sich weiterhin als Teil der evangelischen Landeskirche verstanden, aber im Gegensatz zur Amtskirche ihrer Berufung zum Laienpriestertum nachkamen, ihre Blüte. 1885 gründete der preußisch-litauische Gromadki-Führer Christoph Kukat den Ostpreußischen Gebetsverein und machte diesen zur größten organisierten Plattform der Gromadki. Ob in Vereinen zusammengefasst oder nicht, die Anhänger der Gromadki trafen sich überall in Masuren zu Gebetsversammlungen. Häufig fanden diese in Privathäusern, Scheunen oder eigens errichteten Gebetssälen statt. Auffällig ist, dass die Blüte der Gromadki exakt mit dem Erlass zusammenfiel, der die polnische Sprache aus allen Schulen und Kirchen verbannte. Die Gromadki sahen in der Verkündigung des Evangeliums in der Muttersprache ein hohes Gut, das es zu bewahren galt. Damit waren sie dem lutherischen Gedankengut der Reformation besonders verpflichtet. Nach ihrer Auffassung konnte nur die Verkündigung des Evangeliums in der Muttersprache aus Kindern gute Christen machen. Der Staat und dessen Herrscher, der Summus episcopus der Amtskirche, verwehrten den Masuren dagegen eine der elementaren Errungenschaften der Reformation.

Unter diesen Umständen war es kein Wunder, dass sich immer mehr Masuren der Gromadki-Bewegung anschlossen. Da diese nur geringe Organisationsstrukturen aufwies, kann die Anhängerschaft nur geschätzt werden. Man geht bis 1914 von einem Viertel der masurischen Gesamtbevölkerung aus. Dass die Laienpriester über profundes theologisches Wissen verfügten und an der Kirche Kritik übten, brachte ihnen viele Schikanen seitens der Amtskirche ein, die den Wechsel der Masuren zur Konkurrenz zu unterbinden suchte. Dorfgendarme wurden angewiesen, Gromadki-Versammlungen aus fadenscheinigen Gründen aufzulösen, ja eigentlich hatten die Amtsvorsteher das Abhalten von Gebetsstunden schon im Vorfeld zu verbieten. Zunehmend wurden die Gromadki als »Separatisten« und »Anarchisten« verleumdet,

*Am 3. Oktober 1910 öffnete in Lötzen als Zweiganstalt des Königsberger Diako-
nissen-Mutterhauses das Masurische Diakonissen-Mutterhaus Bethanien seine
Pforten. Bethanien stieg zur größten karitativen Einrichtung Masurens auf.
Während des »Dritten Reiches« mussten die Diakonissen das Wort »Masurisch«
aus dem Namen der Lötzener Niederlassung streichen, und 1942 erhielten sie den
Befehl, das zum Mutterhaus gehörende Kindergärtnerinnenseminar zu schließen.
Die christliche Prägung der Ausbildung war nicht im Sinne der Machthaber.*

aber auch wenn man sie als »Polenfreunde« oder »Sozialdemokraten« bezeichnete, galt das als Herabsetzung. Das alles zeigt, wie wenig Staat und Kirche bereit waren, ihr eigenes Verhalten zu überdenken. Was der deutsche Nationalismus der Kaiserzeit nicht hoch genug halten konnte, das heilige Recht auf die Muttersprache, wollte man denen nicht zugestehen, deren Muttersprache nicht Deutsch war. Dem stellten sich die Gromadki als Protestbewegung, wenn auch reichlich heterogen, entgegen. Dabei ging es ihnen nicht in erster Linie um den Widerstand gegen die Germanisierungspolitik, sondern um die Verteidigung der polnischen Sprache als Lingua sacra der Verkündigung.

Obwohl die Gromadki sich als Teil der Landeskirche verstanden, sahen das Königsberger Konsistorium und die Ortskirchen die Vormachtstellung der Amtskirche in Masuren ernsthaft gefährdet. Dass die Amtskirche aus dem Konkurrenzkampf schließlich siegreich hervorging, ist allein auf den niedrigen Organisationsgrad der Gromadki zurückzuführen. Auf Grund ihres heterogenen theologischen Spektrums fehlte ihnen die Kraft, auf Dauer gegen die Amtskirche und gegen die Germanisierungspolitik Widerstand zu leisten.

DIE WILHELMINISCHE OSTMARKENPOLITIK

Nach 1870 war nichts mehr wie früher. Die kleindeutsche Reichsgründung ging mit einem chauvinistischen Nationalismus einher, der die multiethnischen Traditionen Preußens aus vornationaler Zeit hinwegfegte. Bis in die letzten Gaue des Reiches sollte nur noch die deutsche Zunge erklingen. Was die preußisch-deutsche Regierung mit ihrer unerbittlichen Polenpolitik in Großpolen und Pommerellen bei den katholischen Polen im preußischen Teilungsgebiet durchzusetzen suchte, wandte sie wenig später auch bei den seit Jahrhunderten in Preußen lebenden evangelischen Masuren an. Lieber heute als morgen sollte die Landschaft Masuren, Kernland des alten Preußen, vom Makel slawisch-polnischer Andersartigkeit befreit werden.

War die Germanisierungspolitik vor der Reichsgründung noch von einem gewissen Pragmatismus bestimmt, so erlaubte der Nationalismus des neuen Reiches keine Kompromisse mehr. Im Gegensatz zur vornationalen Staatsräson Preußens duldete der

Sprach- und Kulturnationalismus des Kaiserreichs nur eine gemeinsame Sprache, Kultur und Herkunft. Die polnischsprachigen Masuren stellten daher einen unzeitgemäßen Antagonismus dar, der keine Überlebenschance hatte.

Kaum war die taumelnde Euphorie anlässlich der Reichsgründung abgeklungen, leitete die ostpreußische Provinzialregierung die Wende zum »Deutschtum« ein. Auf Verfügung des Oberpräsidenten Karl Wilhelm Georg von Horn, der seit 1869 an der Spitze der Provinz stand, erging am 24. Juli 1873 der erste folgenschwere Erlass: Die polnische Sprache hatte aus dem öffentlichen Leben zu verschwinden. Horn ordnete die sofortige Einführung des deutschsprachigen Unterrichts in allen bisher polnischsprachigen Elementarschulen Masurens an: »II. In allen Lehrgegenständen ist die Unterrichtssprache die deutsche. Ausgenommen hiervon ist nur der Unterricht in der Religion, einschließlich des Kirchenliedes, auf der Unterstufe.«[8]

Das war das Todesurteil für die polnische Sprache in Masuren. Von einem Tag auf den anderen sollten die Kinder dem Unterricht in einer Sprache folgen, die sie nicht oder kaum sprachen und die sie im besten Fall bisher als Fremdsprache hatten erlernen können. Da sie in der Regel über höchst unzureichende Deutschkenntnisse verfügten und es zudem an deutschsprachigen Lehrern mangelte, blieb die sofortige Umsetzung der Verordnung ein frommer Wunsch. Noch bis 1888 durfte der Religionsunterricht in Polnisch erfolgen. Dann aber verschwand seit dem Regierungsantritt Wilhelms II. im selben Jahr das Polnische gänzlich aus den Schulstuben Masurens.

Mit der Aussicht auf Beförderung und Sondergratifikationen stellten sich die Lehrer in den Dienst der neuen Politik und suchten mit steigender Ungeduld und Unterstützung durch den Rohrstock ihre Schulen zu mustergültigen deutschen Vorzeigelehranstalten zu formen. Ein Beispiel dafür war der Dorfschullehrer Friedrich Müller. Da er sich »Seiner Majestät, dem Herrscher aller Deutschen, zur unbedingten Treue verpflichtet fühlte, ersann er die folgende Methode, die dem Erwerb und der Reinhaltung der deutschen Sprache dienen sollte. Am Beginn des ersten Schultages übergab er einem Schüler einen kurzen kräftigen Knüppel mit den Worten: ›Du bist jetzt der Pollack!‹ Durch diesen symbolischen Akt wurde das Kind zum Polen erklärt. Von sofort an hieß der Knüppel ›Pollack‹, das Schimpfwort für einen Polen. Und wer ihn hatte, der wurde durch ihn zum Ausländer erklärt. Sobald nun während des Unterrichts das nächste masurische Wort erklang, bekam der Sprecher oder die Sprecherin sofort den ›Pollack‹ überreicht. Nach diesem System wanderte der Sprach-Knüppel durch die Klasse.«[9] Zur selben Zeit wurde aber auch mit einem groß angelegten Schulbauprogramm die Grundlage geschaffen für die flächendeckende Schulstruktur, die bis 1945 Bestand haben sollte. Die baufälligen masurischen Schulgebäude wichen nun leuchtend roten Backsteinbauten, die sich deutlich von den in den Dörfern üblichen Holzhäusern abhoben.

Die Masuren protestierten kaum, denn sie pflegten niemals gegen Bestimmungen »von oben« aufzubegehren. Was hätten sie auch vorbringen sollen? Sie wussten sehr wohl, dass der gesellschaftliche Aufstieg nur noch demjenigen offen stand, der die deutsche Sprache beherrschte, also mussten die Kinder Deutsch lernen. Nach Beendigung der Schule kehrten die meisten Kinder dann aber in das polnischsprachige Milieu von Dorf und Familie zurück. Und nun zeigte sich, dass die erste Generation der Schulkinder in ihrer Muttersprache weder schreiben noch lesen konnte und im Deutschen nur über vage Grundkenntnisse und wenig dauerhaftes Wissen verfügte. Wie schwierig der Übergangsprozess war, zeigen die Visitationen nach 1900, die in vielen Kirchspielen noch Polnischunterricht in Schule und Kirche erwähnen. Da die Masuren aber keinen ernsthaften Widerstand leisteten und die evangelische Kirche sich in der Frage der »Germanisierung« auf die Seite des Staates stellte, stand die polnische Muttersprache in Masuren auf verlorenem Posten.

Mit der Gründung des Deutschen Ostmarkenvereins (DOMV) im Jahre 1894 verschärfte sich der nationale Ton noch. Die Intoleranz wuchs, Untertanen fremder Zunge wollte man nun nicht mehr dulden. Überall in den »Ostmarken« witterten konservative Funktionäre eine »polnische Gefahr«. Der Ostmarkenverein und die Provinzregierung waren schließlich so besessen von dieser Idee, dass sie sich im Abwehrkampf gegen eine polnische Aggression wähnten. Bis heute wird diese Sichtweise – vereinzelt, aber hartnäckig – in der deutschen Geschichtsschreibung vertreten.

Die deutsche Masurenpolitik wurde mit dem Ziel betrieben, die Region dauerhaft vor polnischen Ansprüchen und politischen Einflussnahmen zu schützen. In Masuren zählte bald jede Stadt eine Ortsgruppe des Ostmarkenvereins. Die Mitglieder waren ausschließlich deutsche Honoratioren, häufig sehr engagierte Pfarrer, Landräte, Beamte und Kaufleute. Schließlich traten verschiedene masurische Städte – Osterode, Ortelsburg, Neidenburg und Soldau – dem DOMV auch als körperschaftliche Mitglieder bei.

Als sich dann seit 1890 polnische Gutsbesitzer planmäßig in den westmasurischen Landkreisen Osterode und Neidenburg niederließen, erhob sich auf deutscher Seite großes Geschrei, denn man befürchtete eine allmähliche subversive Unterwanderung Ostpreußens. Dass es sich bei den Polen um Gutsbesitzer aus den Provinzen Posen und Westpreußen handelte, die im Rahmen der Ansiedlungsgesetzgebung enteignet worden waren und nun möglichst nahe ihrer angestammten Heimat eine neue Bleibe suchten, beruhigte die deutschen Behörden nicht. Hysterisch beobachteten sie jede Bewegung der polnischen Neusiedler, akribisch verfolgte man ihre Kontakte und legte ihnen, wo man konnte, bürokratische Hürden in den Weg. Ein Regierungsbericht von 1908 wertete die polnische Ansiedlung als militärische Operation und die Siedlungstätigkeit als »akute Gefahr«. Durch diese »feste Operationsbasis« seien Neidenburg und Osterode als »Haupteinbruchsstelle« ausgemacht, über die die Polen ihre »Anmarschrichtungen« auf Westmasuren konzentrierten.

Dieser »Gefahr« suchte das Königsberger Oberpräsidium zu trotzen, indem es 1901 einen »Dispositionsfonds zur Förderung und Befestigung des Deutschtums« einrichtete, der das polnische Vorgehen überwachen, antipolnische Propaganda betreiben und die Germanisierungsmaßnahmen unter den Masuren verstärken sollte. 1908 verfügte der Fonds über einen Etat von 220 000 Mark, aus dem der Bau von Gemeindehäusern oder auch Molkereien bestritten wurde. Ferner flossen aus dieser Quelle Zuschüsse an das konservativ-patriotische Vereinswesen. Jeder Landrat erhielt aus dem Fonds einen kleinen inoffiziellen Etat zur freien Verfügung. Mit diesen Geldern wurden in der Regel vor Ort Spitzel engagiert. Nicht zuletzt finanzierte der Fonds polnischsprachige Periodika, die im preußisch-deutschen Sinne die Masuren beeinflussen sollten. Solche kostenlos vertriebenen Druckerzeugnisse waren sowohl der Jahreskalender *Kalendarz Królewski-Pruski Ewangielicki* als auch die Zeitung *Pruski Przyjaciel Ludu*. Sie wurden von evangelischen Pfarrern herausgegeben, die in Masuren wirkten und der polnischen Sprache mächtig waren. Man hoffte, die Masuren auf diese Weise »an das Deutschtum« heranführen zu können. Wilhelm II. und der Ostmarkenverein trieben den chauvinistischen Nationalismus schließlich auf die Spitze: Alles »Undeutsche« sollte weichen. Alles, was slawisch klang, galt als undeutsch und musste mit Stumpf und Stil beseitigt werden. Auch wenn sich die kaiserliche Politik im Vergleich zu den Aktionen nach 1918, vor allem aber während des Nationalsozialismus noch moderat ausnahm, war ein nationalistisches Feuer entfacht, das wenige Jahrzehnte später einen Flächenbrand auslösen sollte. Schon zu Beginn des Kaiserreichs wurden uralte, typisch masurische Ortsnamen ins Deutsche übertragen und verschwanden damit aus den amtlichen Quellen. Zwar ist das Gros der Übersetzungen recht gelungen, doch das konnten die polnischsprachigen Masuren, die sich nun mit fremdklingenden, unaussprechlichen deutschen Namen herumplagen mussten, kaum würdigen.

Eine Landschaftsskizze Masurens von 1875 lässt noch einmal all diese Namen erklingen, die Siegfried Lenz nicht hätte erfinden können: »Im Nordosten beginnt die Grenze im Kirchspiel Dubeningken, Kreis Goldap, … in den Dörfern Czarnen, Marlinowen, Summowen, geht südlich nach Garbassen, westlich nach Borkowinnen, Kutzen, Kowahlen, Chelchen, im Kreise Oletzko, … nach Stosznen, Czichen, Diebowen, Maszuhren, der Südgrenze der Rothebuder Forst, Liepowen, westlich vom Jesziorowker See bei Possessern, Haarzsen über den Dargeiner, Dobisch-See, Kreis Angerburg, an der Südgrenze des Rastenburger, Roesseler Kreises gegen die Kreise Loetzen, Sensburg hin, südlich vom Allensteiner Kreise gegen Ortelsburg, in dem Osteroder Kreise, dem polnischen Oberlande, das Gebiet südlich von dem Drewenz-See abschneidend, an Thurau vorüber südlich nach Bergfriede bis zur Grenze gegen Westpreussen.«[10]

Im Jahr 1877 erfolgten die Umbenennungen von Dziurdziau in Thalheim, Krzywonoggen in Krummfuß und Trzianken in Rohrdorf. Nach 1890 fielen mit Napiwodda (Grünfließ, 1890), Zimnawodda (Kaltenborn, 1893), Opalenietz (Flammberg, 1904) und Groß Przesdzienk (Groß Dankheim, 1900) schöne landschaftstypische Ortsnamen der Germanisierung zum Opfer. Zuweilen geschah es auch, dass sich Masuren – in erster Linie solche, die als Arbeitsmigranten nach Westfalen gezogen waren – ihrer polnischen Namen überdrüssig zeigten und deren Germanisierung be-

»Bialla« steht über dem Eingang des Bahnhofsgebäudes und dahinter in kleine-
ren Lettern der Zusatz »Ostpr«. Aber wo sonst sollte Bialla liegen? Bialla, das
ist der Klang Masurens bis 1938. Danach hieß Bialla Gehlenburg, und das
konnte überall sein.

antragten. So verschwanden sowohl Orts- als auch Familien-namen, und es entstand eine skurrile Mischung, die typisch für Masuren war: »Was den Masuren kennzeichnet, ist in der Haupt-sache: seine polnische Abstammung, seine deutsche Schulung, seine slavischen Sitten und Gewohnheiten, seine deutsche Tradi-tion, sein polnischer Familien- und sein deutscher Vorname, seine polnische Sprache und seine deutsche Schrift, das polnische Sprichwort, das deutsche Lied, die slavische Religiosität, die evan-gelische Konfession.«[11]

Die polnische Sprache wurde den Masuren 1890 mit der Ein-führung des Kunsttopos »Masurisch« genommen. Für die Ma-suren selbst blieb dieser Unsinn unverständlich, da es in ihrem polnischen Dialekt keinen Terminus »Masurisch« gab. Es war *po polsku,* also Polnisch, was man sprach. Zwar haben schon damals deutsche Wissenschaftler, die durchaus nicht der Polonophilie verdächtig waren, auf die eklatanten Unstimmigkeiten hingewie-sen und gefordert, davon abzulassen, »die Masuren getrennt von den Polen zu behandeln, da sich aus den Ergebnissen der Volks-zählung keine Schlüsse ziehen« ließen.[12] Doch man hörte nicht auf sie.

Die deutsche Seite hielt beharrlich an dem neuen Topos fest und rief einen Mythos ins Leben, der aus dem Masurischen eine nichtpolnische Sprache machte. Allerorten belegten die Behör-den durch eindrucksvolle Statistiken den Rückzug des Polni-schen, was man als Erfolg der Germanisierungspolitik feierte. Da-bei ging der Anteil der polnischsprachigen Bevölkerung faktisch gar nicht zurück. Vielmehr veränderten sich die Sprachverhält-nisse durch eine verstärkte Arbeitsmigration aus den masurischen Gebieten nach Westen. Eine wirkliche Assimilierung in den länd-lichen Milieus fand nicht statt, denn noch immer kehrten die Schulkinder mit Vollendung des vierzehnten Lebensjahrs in ihre Familien und damit in die polnische Sprache zurück und waren dem deutschen Milieu so fern wie eh und je.

Masuren blieb das ferne, unbekannte Land des Reiches. Es gab keine wirkliche Annäherung, und die konnte es, so wie die Verhältnisse lagen, auch gar nicht geben. Noch immer brachten Masurenreisende oder Beamte, die dorthin versetzt wurden, der deutschen Öffentlichkeit ein Masurenbild nahe, das bei den Ma-suren selbst tiefe Wunden hinterließ. Die von ihrer kolonialen Mission und der eigenen kulturellen Überlegenheit überzeugten

Gruß aus dem fernen, unbekannten Masuren: Russische und preußische Grenz-
soldaten vor dem Ersten Weltkrieg an der deutsch-russischen Grenze in Illowo –
ein Bild aus friedlichen Zeiten.

Berichterstatter machten die slawische Abstammung der Masuren dafür verantwortlich, dass diese angeblich faul seien und einen Hang zum Alkoholismus zeigten. Albert Weiß brachte 1878/79 eine Studie über Masuren und Preußisch Litauen heraus, in der er den »undeutschen« Lebenswandel des Masuren nachdrücklich unterstrich: »Seine Bedürfnisse sind gering; daher strebt er nur wenig nach Erwerb. Stundenlang steht er am See und schaut dem Fischfange zu, dessen Ertrag ihm nur zu Theil wird, so weit sein eigener Bedarf es erfordert. Auch hat er immer Zeit, den zahlreichen Dorfschenken seinen Tribut darzubringen.«[13] Solche Einschätzungen schürten bei den Masuren die Angst, auf ewig Deutsche zweiter Klasse zu bleiben.

Schlendrian und sorgenloses Faulenzertum, das ließ den auf Disziplin, Fleiß und Strebsamkeit ausgerichteten biederen deutschen Beobachter erschaudern. Beim Anblick der Behausungen hatte Weiß seine Abscheu ebenfalls kaum verhehlen können: »Die Wohnungsverhältnisse des Masuren sind durchweg ungünstig. Kahl liegen die Dörfer und schmucklos die niedrigen, strohbedeckten Lehm- und Blockhäuser, deren Schmutz und Unreinlichkeit gleichfalls auf die slavische Abkunft der Bewohner hinweist.«[14] Voll tugendhafter Spießigkeit ergötzte sich der Betrachter am Elend auf dem Lande. Kaum mag man glauben, dass solche Schilderungen aus dem Reichsgebiet stammten und nicht aus Deutsch-Südwestafrika, so sehr offenbaren sie die koloniale Sichtweise eines »Herrenvolkes«: »Mit der Moralität der Bevölkerung kann es bei den geschilderten Charakterzügen derselben selbstverständlich nicht sonderlich bestellt sein. Was insbesondere den Verkehr beider Geschlechter mit einander betrifft, so wird der Geschlechtstrieb fast allgemein als zwingender Naturtrieb angesehen. Daher sind die Weiber – verheiratete sowohl wie unverheiratete – den Gelüsten der Männer nur zu leicht zugänglich und nicht selten der verführende Theil. Die Bauerstochter hält es mit ihres Vaters Knecht, der Vater mit der Magd. Ehebruch kommt daher nur zu häufig vor, gelangt aber nur selten zur Bestrafung, weil die Interessenten auf dieselbe verzichten.«[15]

Masuren selbst blieb für die Deutschen eine unzivilisierte Landschaft. Eine Versetzung dorthin trug das Stigma einer Verbannung in das »unbekannte deutsche Sibirien«. Das Deutsche Reich degradierte die Masuren mit seiner rigiden Politik zu »Objekten der Germanisierung«. Masuren konnte nur prächtig gedeihen, wenn seine Menschen die vermeintliche Größe deutscher Kultur, Sprache und Zivilisation verinnerlichten. Wilhelminische Masurenpolitik war letztlich immer auch ein Teil der Ostmarkenpolitik, die Antipolonismus, Antikatholizismus und die Bekämpfung separatistischer und sozialdemokratischer Bestrebungen einschloss.

Doch trotz Germanisierungspolitik und radikalisierter Ostmarkenpolitik blieb das ländliche Leben Masurens noch weitgehend unangetastet. Polnisch war noch immer der weithin vernehmbare Laut der Mehrheit. Auch der kleine Grenzverkehr gehörte weiterhin zum masurisch-polnischen Alltag. Entlang der Grenze fanden Händler, Bauern und Kaufleute beider Länder zusammen, feilschten, kauften und verkauften. Beliebt waren die Pferde- und Viehmärkte, etwa der im polnischen Grenzflecken Myszyeniec. Noch wurden masurisch-polnische Kontakte gepflegt, weil sich der von außen implantierte Nationalismus noch nicht dauerhaft in den Köpfen der Menschen festgesetzt hatte.

POLEN ENTDECKT MASUREN

Das geteilte Polen richtete trotz der Aufstände des 19. Jahrhunderts sein Augenmerk erst spät auf Masuren. Dabei wurde Polens Interesse an Masuren auf ganz eigentümliche Weise und durch einen einzigen Mann geweckt: Adalbert von Winkler alias Wojciech Kętrzyński. Seine Biografie vermag vieles auszusagen über die Komplexität der Grenzregion Masuren. Adalbert von Winkler wurde 1838 im masurischen Lötzen geboren und entstammte väterlicherseits einer alten kaschubisch-polnischen Adelsfamilie. Seine Mutter war Deutsche. Der kaschubischen Wurzeln wurde sich Adalbert erst in seiner Gymnasialzeit in Rastenburg bewusst, so sehr hatte sich seine Familie bereits dem preußisch-deutschen Kulturkreis assimiliert. Während des Geschichtsstudiums an der Königsberger Albertina vertiefte er sein Wissen über Polen und seine eigene Herkunft. Noch war er der polnischen Sprache kaum mächtig, doch bemühte er sich mit großem Ehrgeiz, sein neu entdecktes Vaterland in sich aufzunehmen. 1861 vollzog Winkler den Namenswechsel und nannte sich fortan in wörtlicher Übersetzung Wojciech Kętrzyński. 1863 suchte er das Schicksal seiner ideellen Heimat zu wenden, indem er als Pole am Januar-Aufstand teil-

Wojciech Kętrzyński, 1838 im masurischen Lötzen als Adalbert von Winkler geboren, entdeckte 1872 in seiner programmatischen Schrift »Über Masuren« den slawischen Volksstamm der Masuren und begründete den polnischen Anspruch auf die Region. Als junger Mann nahm er am polnischen Januar-Aufstand von 1863 teil. Zehn Jahre später wurde er als Direktor der historischen Sammlungen an das Lemberger Ossolineum berufen. Bis heute gilt er als Nestor der polnischen Masurenforschung. Ihm zu Ehren wurde die Stadt Rastenburg 1946 in Kętrzyn umbenannt.

nahm. Als preußischer Staatsbürger musste er diese Beteiligung jedoch mit Festungshaft in Berlin-Moabit und Glatz büßen.

Nach der Entlassung aus der Haft betrieb Kętrzyński intensive Forschungen zur altpreußischen Geschichte, die er 1866 mit der Promotion zum Dr. phil. in Königsberg abschloss. Anschließend arbeitete er als Haus- und Wanderlehrer in Polen und Preußen und lernte dabei die engere Heimat seiner kaschubischen Vorfahren kennen. 1873 wurde er an das Lemberger Ossolineum berufen. Es handelt sich bei dieser Gründung des Grafen Ossoliński um eine der bedeutendsten historischen Sammlungen Polens. Kętrzyński fand hier ideale Forschungsvoraussetzungen. 1876 stieg er zum Direktor dieser prestigeträchtigen Institution auf, die er bis zu seinem Tod 1918 leitete.

In der Lemberger Zeit veröffentlichte Kętrzyński zahlreiche Werke zur Siedlungsgeschichte Altpreußens, vor allem Masurens. Er genoss in Polen höchste wissenschaftliche Anerkennung als Ordens- und Preußenforscher, aber auch im Deutschen Reich schätzte und respektierte man ihn. Zu Ehren Kętrzyńskis wurde die Stadt Rastenburg (polnisch-masurisch Rastembork) 1946 in Kętrzyn umbenannt. Bis heute gilt Kętrzyński als Nestor der polnischen Masurenforschung, doch zugleich wird in ihm der Patriot verehrt, der als erster einen nationalen Anspruch auf Masuren als »urpolnisches« Land erhob.

Anfänglich betrachtete Kętrzyński sich als »Zwangsgermanisierten«. Nationale Postulate folgten erst viel später in der Lemberger Zeit. Zeitlebens stand er trotz nationalistischer Positionen der engstirnigen Politik eines Ius sanguinis fern. Vielmehr forderte er auf Grund seiner polnischen Abstammung einen emotionalen Anspruch auf sein ideelles polnisches Erbe ein. Sein eigener Stammbaum lieferte ihm ja den Beweis für die Absurdität einer biologischen Rassenlehre. Durch seine deutsche Mutter standen ihm die deutsche Sprache und Kultur nahe, und er bediente sich häufig – auch als er bereits in Polen lebte – der deutschen Wissenschaftssprache. Kętrzyńskis erste literarische Überlieferungen beschreiben eindrücklich seinen inneren Kampf um den ideellen, aber nach außen sichtbaren Nationalitätenwechsel. Aus der deutsch verfassten Sammlung »Aus dem Tagebuch eines Germanisierten« stammt das Gedicht »Entschluß (Dieses Gedicht wurde niedergeschrieben, als ich das Bewußtsein meiner Nationalität wiedererlangt hatte.)«:[16]

Fahre hin, Du Glück der Liebe, das im Herzen mir geblüht;
Lebe wohl, du rote Rose, die des Gottes Flammen sprüht;
Lebe wohl, Du schönes Mädchen, das mein Herz in Fesseln band;
Lebe wohl, Du Licht der Augen, deren Strahl ich oft empfand.

Von den eitlen Tändeleien, von den Freuden, von dem Scherz
Wendet sich das gramzerrissene, ahnungsvolle, kranke Herz;
Nein, ich will nicht mehr der schönen Preußenmädchen Sänger sein,
Sing' nicht mehr das Glück der Liebe, heitren Frohsinn, Scherz und Wein.
Jetzt nur ruft mein Lied zum Kampfe, zum Gewühl des Kriegs, zum Streit,
Zur Empörung und zum Aufruhr, da es Haß und Rach' gebeut
Zu dem Sturz der Potentaten, die die Heimat mir geraubt,
Die in's Joch, in's eh'rne, beugen Polens sieggekröntes Haupt.
Ha, es soll euch nicht gelingen! Hütet euch, der Rächer naht!
Wir erkämpfen uns das wieder, was Ihr nahmet durch Verrat;
Raubtet Ihr gleich unsre Freiheit, unser Mut bleibt unbesiegt;
Polens Kraft ist nicht gebrochen, wenn es auch in Fesseln liegt.

Kętrzyński löste mit seiner Schrift »O Mazurach« (Über Masuren)
1872 die deutsch-polnische Kontroverse über die ethnische und
nationale Zugehörigkeit Masurens aus und zählt daher nicht nur
als Gründervater der polnischen Masurenforschung, sondern
auch als Verfasser dieser Schrift zu den von der deutschen Masurenpropaganda am meisten gehassten Vertretern des »Polentums«. In der emotional besonders aufgeheizten Atmosphäre der
Zeit nach 1918 stand sein Name auf deutscher Seite für National-
verrat und für opportunistischen Seitenwechsel.

Kętrzyńskis Ambitionen zielten auf den wissenschaftlichen
Nachweis eines polnischen Stammes der Masuren, wobei seine Argumentation bereits vom deutsch-polnischen Nationalitätenge-
gensatz gekennzeichnet war. Die polnischen Erfahrungen mit der
rigorosen Germanisierungspolitik in Großpolen und Pommerellen sollten den Masuren, den »polnischen Brüdern«, zugute kommen. Über Jahrhunderte habe ihr Leben »in Dunkelheit« gelegen, und sie selbst seien zur passiven Manövriermasse preußisch-
deutscher Beamten geworden.[17] Er beabsichtigte, die Masuren als
polnischen Volksstamm »aus der jahrhundertelangen Lethargie
zu Leben und nationaler Bewegung herauszuführen«. Kętrzyńskis
Ziel war es, den Masuren ihr erbärmliches Schicksal in Preußen
vor Augen zu führen und sie dann mit dem Nachweis ihrer polnischen Abstammung für die polnische Nation zu gewinnen. Da
Masuren historisch nie zu Polen gehört hatte, konnte Kętrzyński

keinen historischen polnischen Anspruch geltend machen, wie das in Großpolen oder Pommerellen möglich war. Vielmehr konnte ein Anspruch – und das war keinesfalls unumstritten – nur auf Grund sprachlicher, kultureller und ethnischer Kriterien erhoben werden.

Nach den Kontroversen um die provozierende Schrift »Über Masuren« setzte bei Kętrzyński eine eindeutige Tendenz zur wissenschaftlichen Arbeit ein. Seine akademische Reputation bei deutschen Kollegen, mit denen er zeitlebens in regem Austausch stand, belegt das. Kętrzyńskis Mitgliedschaft im Regionalgeschichtsverein Masovia in seiner Heimatstadt Lötzen, dem er seit der Gründung 1895 angehörte, lässt erahnen, wie entspannt die deutsch-polnische Kontroverse vor dem Ersten Weltkrieg noch ausgetragen wurde.

Zunächst blieb Kętrzyńskis Appell, den »polnischen Brüdern« in Masuren beizustehen, in der polnischen Öffentlichkeit ohne Resonanz. Viel mehr als das Schicksal der Masuren band Bismarcks Polenpolitik in den Provinzen Posen und Westpreußen die Aufmerksamkeit der Polen, ja forderte sie zu massiven nationalen Protesten heraus. Schließlich fand sich in den neunziger Jahren aber doch ein einflussreicher Mäzenatenkreis um den Warschauer Intellektuellen Antoni Osuchowski, der sich zur Hilfe für Masuren entschloss. Unter Osuchowskis Ägide entstand das geheime Warschauer Zentralkomitee für Schlesien, Kaschubei und Masuren (Komitet Centralny dla Śląska, Kaszub i Mazur), dem zahlreiche Mitglieder der Warschauer Elite angehörten, unter anderen der Generalsuperintendent der evangelisch-lutherischen Kirche in Polen, Julius Bursche.

Bursche entstammte einer deutschen Familie Mittelpolens. Nach seinem Nationalitätenwechsel stand er der Missionsidee nahe, durch die Gewinnung polnischer Protestanten eine starke evangelische Gemeinschaft in Polen zu etablieren. Diesem Ziel diente sowohl die Assimilierung der protestantischen deutschen Minderheit in Polen als auch die Inkorporation polnischer Protestanten in Preußen. Der Anschluss Masurens an ein zukünftiges Polen versprach dem polnischen Protestantismus einen Zuwachs von mehr als 300 000 Seelen. Diese verlockende Aussicht bewog Julius Bursche, Osuchowskis Aktion mit aller Kraft zu unterstützen.

Bei der Stärkung des polnischen Elements in Masuren half das Zentralkomitee sowohl finanziell als auch institutionell. 1896 wurde die *Gazeta Ludowa* (Volkszeitung) in Lyck gegründet, die zum großen Teil von polnischen Banken aus Großpolen massiv unterstützt wurde. Nach einem Jahr hatte die hochsubventionierte Zeitung eine Auflage von 2500 Exemplaren erreicht. Da die Abonnentenzahl gering blieb, wurden die regionalistischen Ideen hauptsächlich über Gratisexemplare verbreitet, bis das Erscheinen der *Gazeta Ludowa* 1902 auf Grund der Einschüchterungen durch deutsche Behörden, Bespitzelungen und Schikanen eingestellt wurde.

1897 erfolgte die Gründung der Masurischen Volkspartei (MVP) in Lyck. Obwohl sie sich als regionalistische Interessenpartei masurischer Bauern gegenüber dem konservativen deutschen Großgrundbesitz darstellte, offenbarte sich die einseitige Einflussnahme zu Gunsten nationaler polnischer Interessen rasch. Nur allzu gern unterstrich daher auch die deutsche Propaganda die Abhängigkeit der Partei von Warschau. Die polnische Seite feierte die MVP nachträglich als Beginn des »Kampfes für das Polentum« in Masuren. Ihre Funktionäre fanden nach 1918 und 1945 eine heldenhafte Verehrung, sogar Straßen wurden nach ihnen benannt.

Der Einfluss der MVP war gering. Durch die preußische Polizei beschlagnahmte Mitgliederlisten belegen, dass sie 1907 selbst in ihrer Hochburg Ortelsburg nur dreißig eingeschriebene Mitglieder verzeichnen konnte, in ganz Masuren hat sie maximal mehrere hundert Mitglieder gezählt. Allerdings beweisen die respektablen Wahlergebnisse, dass trotz deutscher Einschüchterung viele Masuren auf Grund der sozialen Ungerechtigkeiten bereit waren, dieser Partei ihre Stimme zu schenken. Bei den Reichstagswahlen 1898 kandidierten zwei MVP-Mitglieder, die allerdings beide nicht aus Masuren stammten. Der aus Warschau zugezogene Redakteur der *Gazeta Ludowa,* Karol Bahrke, erhielt damals im Wahlkreis Oletzko/Lyck/Johannisburg nur 229 von 17832 abgegebenen Stimmen, während sein konservativer Gegner 13000 Stimmen auf sich vereinigen konnte. Im Kreis Sensburg/Ortelsburg sah es wesentlich günstiger für die MVP aus: Der Posener Eugen Zenon Lewandowski erhielt unter Hinzurechnung der für ihn votierenden Stimmen der Freisinnigen Volkspartei 5874 Stimmen. Bei der Reichstagswahl 1903 vereinte Lewandowski nochmals rund viertausend Stimmen auf sich.

Mit der Einstellung der *Gazeta Ludowa* verlor die MVP 1902

ihr Sprachrohr, kehrte aber nach vierjähriger Pause 1906 noch einmal auf die politische Bühne zurück.

Der neue Anlauf erfolgte von Ortelsburg aus. Die treibende Kraft hinter diesem neuen polnischen Versuch, in Masuren Fuß zu fassen, war der Posener Bankier Marcin Biedermann. Mit Bedacht hatte er Ortelsburg als Hauptsitz gewählt, weil dort der Anteil der polnischsprachigen Bevölkerung am höchsten war. Für 34 000 Mark erwarb die Posener Gruppe um Biedermann in der Stadt ein Haus mit Druckerei. Wiederum war Antoni Osuchowski dabei, der ein neues Masurisches Komitee (Komitet Mazurski) gründete. An Stelle der *Gazeta Ludowa* erschien seit 1906 die Zeitung *Mazur,* die der katholische Pole Stanisław Zieliński redigierte. Ihm folgte Kazimierz Jaroszyk, der bis zum Ersten Weltkrieg die Redaktion leitete. Ebenso wie die deutsche Konkurrenz gab man den *Mazur* kostenlos ab, allerdings mit mäßigem Erfolg: Während das von deutscher Seite herausgegebene polnischsprachige Blatt *Pruski Przyjaciel Ludu* (Preußischer Volksfreund) 1913 über achttausend Exemplare zählte, brachte es der *Mazur* von 1908 (500 Exemplare) bis zum Ersten Weltkrieg nur auf zweitausend Exemplare. Alle übrigen polnischen Unternehmungen waren von Anfang an zum Scheitern verurteilt. Weder die Volksbibliotheken noch zaghafte Versuche, ein polnisches Genossenschaftswesen zu etablieren, stießen auf ausreichende Resonanz.

Für diese Fehlschläge war die Tatsache von Bedeutung, dass es keinen polnischen Staat gab. Von Sorgen und Nöten in den Teilungsgebieten geplagt, ließ es die polnische Öffentlichkeit an Unterstützung fehlen. Hinzu kam der klare Standortvorteil der deutschen Behörden, die Polizei, Post, Agentendienste und Kommunalbehörden gegen jeden Ansatz polnischer »Agitation« in Bewegung setzten. Aber am schwersten wog, dass die polnische Seite keinerlei Sensibilität für die Lage Masurens zeigte. Hätte sie versucht, als regionalistische Kraft die sozialen und wirtschaftlichen Interessen der masurischen Mehrheitsbevölkerung durchzusetzen, wäre ihr vielleicht Erfolg beschieden gewesen. Auch die Berufung polnisch-katholischer Funktionäre an die Spitze der MVP war nicht geeignet, das Vertrauen der frommen evangelischen Masuren, die der Gromadki-Bewegung angehörten, zu gewinnen. Wenn die Masuren überhaupt für etwas kämpfen wollten, dann für die Aufhebung der sozialen Deklassierung und den Erhalt ihrer Muttersprache. Sie wollten Preußen sein mit polnischer Muttersprache, wie sie es seit Jahrhunderten gewesen waren.

Ein Beispiel dafür, wie abwegig die propolnischen nationalen Bestrebungen in Masuren waren, liefert der masurische Volksdichter Michael Kajka (1858–1940) aus Ogrodtken, Kreis Lyck. Nach 1945 verehrte man ihn auf polnischer Seite als »Helden des Polentums« und Wegbereiter einer »Wiedergewinnung Masurens«. Dabei sprach nichts in seiner Biografie dafür. Kajka entstammte einer polnischsprachigen masurischen Kätnerfamilie und arbeitete als Kleinbauer und Handwerker. Bereits in jungen Jahren verfasste er Gedichte, die er in polnischsprachigen Gazetten publizierte. Darin beklagt er den Untergang seiner geliebten Muttersprache, die sich der allgegenwärtigen Germanisierungspolitik nicht erwehren könne. Anders als jede deutsche oder polnische Masurenpropaganda brachte Kajka das zum Ausdruck, was viele Masuren während der Kaiserzeit empfunden haben mögen: Schmerz über das Verbot der polnischen Sprache in Masuren. Der fest im evangelischen Glauben verankerte Masure blieb ein preußischer Patriot, obwohl er sich 1920 zeitweilig für ein propolnisches Abstimmungsergebnis einsetzte. Die Vereinnahmung seines Gedichts »Masurische Klagelieder« als propolnisches nationales Plädoyer wäre vermessen; vielmehr war es der Hilferuf eines Volkes, das dem Untergang geweiht war.[18]

> Unserer lieben Sprache Laute,
> Die wir unserer Brust entlockten,
> Und die Gott zum Danke sangen,
> Die hinaus zum Himmel strömten,
> Die wie das Morgenrot uns leuchteten,
> Vernichten wollen sie in Meeresfluten.
>
> Wo beim Morgenlob das Lied der Kinder
> Die Winde gen Himmel tragen.
> Dort die deutsche Kultur heute
> Hat Theater eingerichtet,
> Statt Gebet für ihre Sünden,
> Tanz, Musik, Gelächter nun erklingen.
>
> Laß unser flehentliches Rufen
> Für unser geliebtes Volk
> Hinaufsteigen zu den Himmeln
> Oder irgendwo über den Ozean,
> Laß es ertönen mit traurigem Klang
> Über der heimatlichen Sprache Tod.

Wir pochen ans Gewissen
Der kultivierten Menschheit,
In deren Herzen ohne Zweifel
Mitleid wird erwachen,
Laß sie jenen Schmerz erkennen
Über den Verlust der Muttersprache.

Auch zu Gott tragen wir hin
Unser leidenschaftlich Lied,
Er kehrt gern dort ein, wo Angst regiert,
Zweifellos er uns erhört.
Er vermindert unsere Leiden,
Der Väter Sprache er uns wiedergibt.

Kajka hatte keine Schwierigkeiten, sowohl im deutsch orientierten *Pruski Przyjaciel Ludu* als auch in der polnischen *Gazeta Ludowa* und im *Mazur* zu publizieren. Nach 1945 feierte Polen ihn als Volksbarden einer masurischen Befreiung. Keine Stadt konnte auf eine Kajka-Straße verzichten.

Von deutscher Seite wurde Kajka dagegen gänzlich ignoriert. Da er aber in der vornationalen Tradition eines multiethnischen Preußen stand, wo Königspatriotismus, evangelischer Glaube und polnische Muttersprache eine natürliche Symbiose bildeten, hatte auch das sozialistische Nachkriegspolen einiges zu verschweigen, beispielsweise sein polnischsprachiges Loblied »Zu Kaisers Geburtstag«:[19]

Wir stehen dann auf
Von unserem Lager
Und grüßen
Den Allerdurchlauchtesten:
An deinem Geburtstag
Hoher Herr,
Wert bist du, entgegenzunehmen
Unseren Dank!

Wir Masuren,
Obgleich verachtet,
Der kaiserlichen Krone
Sind genehm;
Nimm an, o Liebenswürdiger
Trotz polnischer Klänge,
Mit ganzer Kraft
Wir senden dir Dank.

In diesem Gedicht auf den preußisch-deutschen Kaiser beschwört Kajka die alten preußischen Traditionen der Vielsprachigkeit und Toleranz, denen auch er sich verpflichtet fühlte. Dagegen zeigten weder die deutsche Germanisierungspolitik noch die polnische Masurenbewegung ein wirkliches Interesse am Schicksal der Masuren. Egal ob in Warschau oder Berlin: Masuren und seine Menschen wurden von beiden Seiten nationalistischen Ansprüchen untergeordnet.

ABWANDERUNG IN DAS RHEINISCH-WESTFÄLISCHE INDUSTRIEREVIER

»Und aller Überfluß an jungen Söhnen, die kein Erbe empfangen hatten, verschwand in den westlichen Städten des Reiches, versank in den Bergwerken unter der Erde, vergaß die Wälder und Moore und bezahlte Lohn und Gewinn mit der Friedlosigkeit der im Dunklen Lebenden, mit der Zugehörigkeit zur Masse der Hadernden, die ihnen doch fremd blieb bis zur Todesstunde.«[20]

Fernab der masurischen Seen und Wälder suchten immer mehr Masuren ihr Glück, weil die Heimaterde sie nicht mehr ernähren konnte. Hunger und Armut trieb sie in die Fremde. Das Zauberwort, das Arbeit im Übermaß versprach, lautete Westfalen. Aber dafür mussten die masurischen Dienstleute, Kleinbauern und Tagelöhner alles aufgeben, was ihr Leben bisher geprägt hatte: die ländliche Abgeschiedenheit mit ihrer sozialen Sicherheit, die polnische Sprache, die evangelische Kirchengemeinde sowie die Nachbarn und Verwandten.

In Masuren hatten die von den Zechen des Ruhrgebiets bezahlten Agenten leichtes Spiel. Die hungrigen Menschen vertrauten den honigsüßen Versprechungen der Werber nur allzu gern. Sie hatten nicht die geringste Vorstellung, was sie bei Krupp, Thyssen oder Grillo erwartete. Industrialisierung, das blieb für Masuren ein Fremdwort. Spurlos schien die industrielle Blüte des Reiches an diesem entlegenen Landstrich vorüberzugehen. Aber das schien nur so, denn die Industrialisierung löste den größten freiwilligen Exodus in der masurischen Geschichte aus. Zehntausende tauschten die Heimat gegen die dreckigen Schlote der Stahlwerke und Kohlegruben im Ruhrgebiet ein.

Arbeitsmigration besaß in Masuren eine lange Tradition. Wie

Armut und Not, die Natur wusste nichts davon. Wie eh und je spiegelten sich die Wolken in den Seen, tauchte die Abendsonne Felder und Wälder in ein melancholisches Licht.

in anderen polnischsprachigen Regionen war auch hier die »Sachsengängerei« (*na Saksy* – nach Sachsen) üblich, womit die Arbeit im Westen gemeint war. Während der Erntemonate gingen Masuren nach Pommern, Mecklenburg, Brandenburg oder in die Magdeburger Börde und arbeiteten dort auf den großen Gütern als Lohnarbeiter. Aber sie wanderten auch in andere deutsche Regionen; so fanden sie sich in Berlin, beim Bau des Nord-Ostsee-Kanals (1887–1895) sowie als Arbeiter in den Bremer und Hamburger Werften.

Seit 1870 entstand aber so etwas wie eine masurische Gemeinde an Rhein, Ruhr und Emscher. Bis 1914 wanderte schätzungsweise ein Drittel aller Masuren nach Westen ab, jede masurische Familie besaß Verwandte im Ruhrgebiet. Durch diese massive Binnenmigration wurde die Assimilierung und Auflösung der alten masurischen Milieus noch beschleunigt. Geregelte Arbeitszeiten, Wohnung, Kohledeputat und eine weit höhere Bezahlung als zu Hause lockten vor allem junge ledige Masuren für einige Jahre *do Westfalii* (nach Westfalen), wo sie mit der Arbeit in der Zeche den Grundstein legen wollten für ihre Zukunft, und Zukunft bedeutete für sie ein Leben in der Heimat mit einer eigenen Familie.

Die Masuren waren anspruchslos und diszipliniert, was bei den Arbeitgebern Freude, bei den deutschen Kollegen aber Verdruss hervorrief. Viele Masuren arbeiteten weit unter dem Durchschnittstarif, weshalb man ihnen Lohndrückerei vorwarf. Die Arbeitgeber aber sahen in den polnischsprachigen Arbeitern ungewöhnlich viele Eigenschaften vereint, die ihnen gelegen kamen: »Gewöhntsein an strenge Arbeit, Gewöhntsein an das Beherrschtwerden, Bildungsmangel, Religiosität, Bedürfnislosigkeit.«[21]

Diese gottesfürchtigen, anspruchslosen Menschen hätte man auch mit weniger übertriebenen Aufrufen als dem folgenden in den Westen locken können:[22]

Masuren!
In rheinländischer Gegend, umgeben von Feldern, Wiesen und Wäldern, den Vorbedingungen guter Luft, liegt ganz wie ein masurisches Dorf, abseits vom großen Getriebe des westfälischen Industriegebiets, eine reizende, ganz neu erbaute Kolonie der Zeche Viktoria bei Rauxel. Die Kolonie besteht vorläufig aus über 40 Häusern und wird später auf etwa 65 Häuser erweitert werden. In jedem Haus sind vier Wohnungen, zwei oben, zwei unten. Zu jeder Wohnung gehören etwa 3–4 Zimmer. Die Decken sind drei Meter hoch, die Länge bzw. die Breite des Fußbodens beträgt drei Meter. Zu jeder Wohnung gehört ein

guter und trockener Keller. Ferner gehört dazu ein geräumiger Stall, wo jeder sein Schwein, seine Ziege und seine Hühner halten kann. Endlich gehört zu jeder Wohnung auch ein Garten. So kann sich jeder sein Gemüse und seine Kartoffeln selbst ziehen. Die ganze Kolonie ist von schönen, breiten Straßen durchzogen, Wasserleitung und Kanalisation sind vorhanden. Abends werden die Straßen elektrisch beleuchtet. Vor jedem zweiten Haus liegt auch ein Vorgarten, in dem man Blumen oder auch Gemüse ziehen kann ... Die Zeche will keinen aus der Heimat weglocken, sie will nur solchen ordentlichen Menschen, die in der Heimat keine Arbeit oder nur ganz geringen Verdienst haben, helfen, mehr zu verdienen und noch extra zu sparen, damit sie im Alter nicht zu hungern brauchen. Vorgetäuscht wird durch dieses Plakat nichts. Es beruht alles auf der Wahrheit.

Durch Plakate und Mundpropaganda drang die Kunde von den paradiesischen Zuständen eines Lebens in Westfalen in die fernen Landschaften Masurens. Allein in den fünf Jahren von 1895 bis 1900 verloren Masurens Kreise mehr als zehn Prozent ihrer Bevölkerung, und zwar 10,7 Prozent in Sensburg, 11,3 in Johannisburg, 11,1 in Osterode, 11,4 in Lötzen, 13,7 in Neidenburg und 16,9 in Ortelsburg.[23] 1908 schätzte man die Zahl der polnischsprachigen Masuren im Ruhrgebiet auf 120 000 bis 130 000. Ortelsburger zog es besonders nach Gelsenkirchen, Neidenburger und Soldauer konzentrierten sich auf Wattenscheid und Lötzener auf Wanne. Die Gemeinde der Ortelsburger verlieh beispielsweise Gelsenkirchen-Schalke den Beinamen Klein-Ortelsburg. Namen wie Kaczmarski, Sczepan, Makowka, Kruska, Konopatzki, Deptolla, Bruderrek, Koslowski sind bezeichnend für das gesamte Ruhrgebiet.

Für die einheimischen Westfalen waren Masuren wie Polen »Ruhrpolen«. Unterschiede in der Sprache, in der Kultur und in den Lebensgewohnheiten dieser Menschen nahmen sie nicht wahr. Sie waren ihnen gänzlich fremd und blieben es auch lange. Die Masuren ihrerseits sahen sich von einem Tag auf den anderen aus der Geborgenheit der polnischsprachigen Agrargesellschaft in die fremde deutschsprachige Industriegesellschaft versetzt, deren Dynamik ihr soziales Gefüge gefährdete. Sicherheit gaben ihnen nur die kirchlichen Gruppen, etwa der Ostpreußische Gebetsverein oder andere Gruppen der Gromadki, in denen sie sich zusammenschlossen. Die Amtskirche baute erst mit reichlicher Verspätung eine eigenständige polnischsprachige Masurenseelsorge im Ruhrgebiet auf.

Die ersten Ansätze masurischer kirchlicher Tätigkeit lagen allein in der Hand von Laien. Vorläufer des Ostpreußischen Gebetsvereins hielten religiöse Versammlungen unter den masurischen Bergarbeitern ab. Überall entstanden diese Gebetsvereine, zuweilen auch eigene Gebetshäuser. Der aus Masuren stammende Gromadki-Prediger August Chilla bemühte sich seit den achtziger Jahren um die »erste geordnete regelmäßige Versorgung der polnisch sprechenden Masuren mit dem Worte Gottes in ihrer Muttersprache«.[24] Als 1885 der Ostpreußische Gebetsverein von Christoph Kukat in der Heimatprovinz gegründet wurde, bildete das Ruhrgebiet bereits einen Teil seines Wirkungsfeldes.

Die Masurenseelsorge der Amtskirche setzte erst 1897 – zwanzig Jahre nach Beginn der masurischen Migration ins Ruhrgebiet – ein. Lange erkannten das Westfälische Konsistorium und die Kirche im Rheinland die tief greifenden Veränderungen im Ruhrgebiet gar nicht. Die polnischsprachige evangelische Seelsorge war letztlich nur noch eine Reaktion auf die zunehmende Tätigkeit der Gromadki. Zunächst übernahmen Pfarrer aus Ostpreußen die polnischsprachige Seelsorge, da es der Amtskirche erst allmählich gelang, das seelsorgerische Vakuum unter den polnischsprachigen Masuren zu füllen.

Der ostpreußische Konsistorialrat Hermann Pelka, der selbst aus Masuren stammte, besuchte 1898 während einer Visitationsreise durch Westfalen zahlreiche Stätten masurischen Lebens. Er schätzte, dass sich hier etwa 25 600 erwachsene Masuren auf zwölf Kirchengemeinden verteilten. Auffallend war, dass die masurischen Arbeiter ihre konservative preußisch-patriotische Grundhaltung selbst in den Kohlegruben bewahrten, weshalb sie, so Pelka, »den Verlockungen der Sozialdemokratie« widerstehen konnten.

Seit 1900 etablierte sich die amtskirchliche Masurenseelsorge in Gelsenkirchen unter dem Pfarrer Oskar Mückeley, der 1898 als erster zweisprachiger Pfarrer in den Dienst getreten war. Neben der Sorge um die Seelen oblag ihm die propagandistische Beeinflussung der Masuren im Sinne der konservativ-monarchistischen Tradition, wofür ihm die Konsistorien sowie die preußischen Ministerien umfangreiche Mittel zur Verfügung stellten. Die Masuren sollten nicht nur »vor Trunksucht, der Verwahrlosung, der Gottentfremdung« geschützt werden, sondern es galt auch, »Verlockungen des Polentums, der Sozialdemokratie und der Sekten« abzuwehren.[25] Damit stand die evangelische Staatskirche ganz im Dienste des preußischen Staates gegen die Sozialdemokratie. Zeitweise sah die Kirche sogar in der Bewahrung der polnischen Sprache das geeignete Mittel im Kampf gegen das sozialdemokratische Werben um die Masuren.

Tatsächlich hielten die Ruhrgebietsmasuren mit erstaunlicher Zähigkeit an ihren Traditionen fest. Am Karfreitag des Jahres 1912 besuchten rund tausend Masuren in Gelsenkirchen-Schalke die polnischsprachige Abendmahlsfeier. Auch die alte Tradition der Jutrznia-Feier am Weihnachtsmorgen fand in Schalke eine Fortsetzung. Viele Kirchengemeinden stellten masurische Gemeindehelfer (kościelnik) an, die die verstreut lebenden Masuren in polnischen Andachten zusammenführen sollten. Kościelniks hatten die Aufgabe, dort tätig zu werden, wo zweisprachige Pfarrer fehlten. Diese gab es schließlich in den Kirchengemeinden Gelsenkirchen, Gelsenkirchen-Schalke, Gelsenkirchen-Blumke, Gelsenkirchen-Bismarck, Wanne, Bochum, Erle-Middelich sowie in der rheinischen Kirche in Rotthausen (später Essen). In insgesamt vierzehn Gemeinden waren entweder zweisprachige Pfarrer oder Kościelniks tätig, die wiederum in sechzehn weiteren Kirchengemeinden polnische Gottesdienste abhielten.

Natürlich griffen viele Masuren Westfalens, wenn sie Halt suchten, auf die polnischsprachigen Periodika aus der Heimat zurück. Neben dem *Pruski Przyjaciel Ludu* erfüllte vor allem der *Kalendarz Królewski-Pruski Ewangielicki* diesen Zweck. Aber schon bald erschien in Herne eine deutschsprachige *Altpreußische Zeitung* sowie seit 1892 in Bochum der *Przyjaciel Ewangeliczny,* der den Untertitel »Polnische Zeitung für das altpreußische Volk in Westfalen und Masuren« (Gazeta Polska dla Ludu staropruskiego w Westfalii i na Mazurach) trug. 1894 folgte der *Polski Przyjaciel Familii.* Ferner zeigten sich Ansätze kirchlich-konservativer Arbeitervereine. So entstand 1885 der Altpreußische Verein, wenig später auch die Gesellschaft evangelischer polnischer altpreußischer Arbeiter (Towarzystwo Ewangielickich Polskich Robotników Staropruskich).

Um 1914 lebten etwa 180 000 Masuren in Westfalen. Damit befanden sich 36 Prozent aller Masuren außerhalb ihrer Heimat. Obwohl die Masuren der ersten Generation fast alle die Rückkehr in die Heimat planten, wuchs die masurische Gemeinschaft im Ruhrgebiet. Auch wenn die westfälischen Masuren, die man in

Masuren bald *westfalczyki* nannte, lange Zeit ihre Traditionen bewahren konnten, übernahmen sie immer mehr Gewohnheiten ihrer deutschsprachigen Mehrheitsumgebung. Spätestens in der dritten Generation erfolgte eine hundertprozentige Assimilierung an das deutsche Kultur- und Sprachmilieu. Kamen die Westfalczyki auf Besuch zu Eltern, Verwandten und Bekannten in die Heimat, staunte man nicht schlecht über ihre Kleidung, ihre Sprache und ihre neuen Sitten. Diese Besuche in der alten Heimat trugen als Multiplikatoren erheblich zur fortschreitenden Assimilierung der Masuren bei. Das Ruhrgebiet blieb immer das Zentrum masurischer Siedlung außerhalb Masurens, nach 1918 ebenso wie nach 1945. Bis heute konzentrieren sich masurische Namen, kirchliche Gruppen und landsmannschaftliche Verbände im Ruhrgebiet. Aus Gelsenkirchen-Schalke wurde in der Tat Klein-Ortelsburg.

DIE KURZE BLÜTE JÜDISCHEN LEBENS

Nach 1870 begann die erste und einzige Blütezeit der jüdischen Gemeinden Masurens. Nachdem die preußischen Gesetze den Juden endgültig alle bürgerlichen Rechte zuerkannt hatten, entwickelten die jüdischen Bürger der Kleinstädte ein reges Wirtschaftsleben, das der Gesamtregion entscheidende Impulse verlieh, wenn die Gemeinden auch relativ klein blieben.[26] Neue Synagogen entstanden allerorten. Allerdings erlebte Masuren, wie fast alle Regionen des preußischen Ostens, eine enorme Abwanderung der jüdischen Bevölkerung in die Metropolen West- und Mitteldeutschlands. Vor allem Berlin übte eine ungeheure Anziehungskraft auf die masurische jüdische Gemeinschaft aus. Hinzu kam, dass die antipolnisch und antisemitisch motivierten Polen- und Judenausweisungen 1885/86 so manchem jüdischen Kaufmann und seiner Familie im masurischen Grenzgebiet die Existenzgrundlage entzogen.

Einer der vielen, die aus dem südlichen Ostpreußen stammten und fernab der Heimat in Berlin oder weltweit Karriere machten, war der SPD-Politiker Hugo Haase (1863–1919). Zwar kam er selbst aus dem ermländischen Allenstein, doch seine Frau Thea Lichtenstein stammte aus Ortelsburg. Haase war auf Grund seiner politischen Grundüberzeugungen in der ostpreußischen

Programm

für die

am 7. September 1886 stattfindende

Einweihung des jüdischen Gotteshauses

in Ortelsburg.

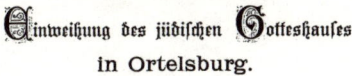

I.

1. **Nachmittags 3 Uhr:** Versammlung in dem interimistischen Betlokale.
2. **3¹/₄ Uhr:** Feierlicher Zug aus dem bisherigen Bethause nach dem neuen Gotteshause.
3. **3¹/₂ Uhr:** Vor der Thür des neuen Gotteshauses feierliche Uebergabe · des Schlüssels in der üblichen Form. Demnächst Einzug in das Gotteshaus.
4. Weihrede des Herrn Rabbiners Dr. **Bamberger.**
5. Gottesdienstliche Handlungen, geleitet durch den Kultus-Beamten Herrn **Romm.**
6. Gebet für Sr. Majestät den Kaiser und das kaiserliche Haus.
7. Schlußgebet des Herrn **Romm.**

II.

8. **5 Uhr:** Diner in dem Hôtel **Ritterband.**
9. **8 Uhr Abends:** Concert und Tanz in Schwenkner's Hôtel.

Nach der Reichsgründung erlebten Masurens jüdische Gemeinschaften ihre kurze Blüte. In ihrem Streben nach allgemeiner Anerkennung zeigten sie einen überschwänglichen borussischen Patriotismus, der zugleich Ausdruck ihres Bürgerstolzes war. 1886 wurde die Ortelsburger Synagoge feierlich eingeweiht – unmittelbar nach Abschluss der Polen- und Judenausweisungen, die auch viele masurische Juden trafen.

Anzahl der Juden Masurens in der Kaiserzeit

Kreis	1871	1905
Ortelsburg	455	336
Neidenburg	517	403
Osterode	682	388
Oletzko	183	148
Lyck	285	367
Lötzen	232	143
Sensburg	230	220
Johannisburg	315	217
Gesamt	2899	2222

politischen Parteienlandschaft ein Fremdkörper. Immer wieder prallte sein Engagement für soziale Gerechtigkeit an den Mauern der allmächtigen konservativen Bastionen der ostpreußischen Provinzelite ab.

Haase stammte aus einer jüdischen Familie. Ihm, dem ältesten von zehn Kindern, ermöglichte ein Stipendium den Besuch des Rastenburger Gymnasiums. An der Königsberger Albertina studierte er Jura, schließlich auch Philosophie und Nationalökonomie und trat anschließend als Gerichtsreferendar der SPD bei. In Königsberg etablierte er sich als Rechtsanwalt mit eigener Kanzlei. 1894 wurde Haase als erster SPD-Vertreter in die Königsberger Abgeordnetenversammlung gewählt. 1905 schaffte er den Sprung in den Reichstag, 1912 gelang ihm die Wiederwahl in seinem Königsberger Wahlkreis. Bereits frühzeitig rückte Haase in den Parteivorstand auf und festigte damit seine Position innerhalb der Partei.

Was Haase – geprägt von einem extrem konservativen politischen Umfeld in Ostpreußen – besonders auszeichnete, war seine unpopuläre Abneigung gegen den Hurra-Patriotismus von 1914. Als erklärter Kriegsgegner argumentierte er immer wieder eindringlich gegen den Wahnsinn des Krieges, was ihn parteiintern isolierte. Während Masuren – obwohl gebeutelt von den Folgen des Krieges im eigenen Land – stramm konservativ votierte, wandte sich Haase in einer Reichstagsrede im April 1916 mutig gegen den Krieg: »Ein Stück Land, welches es auch immer sei, kann unmöglich auch nur die blutigen Opfer eines einzigen Tages aufwiegen. Wenn Sie nicht nur die Zivilbevölkerung, sondern

Hugo Haase inmitten der ostpreußischen SPD-Führung, um 1905. Der Hurra-Patriotismus des Wilhelminismus duldete keine kritischen Stimmen gegen das große Morden. Hugo Haase, gebürtiger Ermländer aus Allenstein, verheiratet mit Thea Lichtenstein aus Ortelsburg, zählte als radikaler Pazifist zu den wenigen, die sich darüber hinwegsetzten. Der Mitbegründer der USPD war ein unerbittlicher Mahner und leidenschaftlicher Kriegsgegner. Das wurde ihm zum Verhängnis. Am 8. Oktober 1919 fiel er dem Anschlag eines rechtsgerichteten Attentäters zum Opfer.

auch die Militärbevölkerung fragen wollten, ob sie auf die Aussicht hin, daß vielleicht im Osten ein Stück Land erobert werden kann, noch weiter kämpfen wollen oder ob sich die Waffen für den friedlichen Wettbewerb der Völker senken sollen, dann weiß ich, daß 90 Prozent und mehr dafür sein werden, Schluß zu machen, Frieden zu schließen.«[27]

1917 machte die erklärte Kriegsgegnerschaft Haase zum Mitbegründer der USPD, als deren Vertreter er 1919 Mitglied der Weimarer Nationalversammlung wurde. Im politisch unruhigen Jahr 1919 fiel Haase am 8. Oktober einem Attentat vor dem Reichstagsgebäude zum Opfer. Die Hintergründe dieser Tat deuten auf rechte Republikgegner hin.

Im Schatten von Tannenberg
(1914–1918)

Tannenberg, dieser Name eines kleinen Dorfes im Kreis Osterode, war seit den Augusttagen des Jahres 1914 jedem Deutschen ein Begriff. Historisch Interessierte mögen bereits vorher von der Schlacht des Mittelalters 1410 gehört haben, nun aber drang der Name in jeden Winkel Deutschlands, vor allem aber bildete er einen festen Bestandteil im Bewusstsein der Masuren. In einem Reiseführer von 1936 wird die Bedeutung Tannenbergs gestelzt, aber mit leidenschaftlichem Pathos beschrieben und hervorgehoben, dass mit Tannenberg »die Weltgeschichte in gigantischem Wirken dem ostpreußischen Süden ein völlig neues Gepräge gegeben hat ... Darf doch der zum Herzen unseres Vaterlandes gerichtete Ruf, Masuren zu besuchen, heute nicht mehr allein mit dessen einzigartiger Schönheit und sonderbarer Eigenart begründet werden, sondern muß doch der Ruf erschallen, weil das deutscheste Land der Wälder und Seen Grabstätte großartigsten deutschen Heldentums, wichtigstes deutsches Wallfahrtsziel werden muß. Wer heute im dunklen Wald an den Grabstätten der Tannenberg-Helden träumt, der wird in wunderbarem Ahnen dessen gewiß, daß in unbewußter Schönheit die Geschichte dieser Weihestätten das deutsche ›Dornröschenheiligtum‹ sorglichst behütet.«[1]

Tannenberg als Wallfahrtsstätte, ein »Dornröschenheiligtum«, das auf die nationale Wiedergeburt Deutschlands wartet: Die Vereinnahmung dieser Schlacht des Ersten Weltkriegs für die nationalsozialistische Propaganda ist nicht zu überhören. Tannenberg als Symbol für die deutsche Überlegenheit und den Kampf gegen das Slawentum zu betrachten, das war nicht neu, die Nationalsozialisten aber stilisierten es zur Verheißung für das kommende Großdeutsche Reich, von dem sie träumten.

Die Schlacht von Tannenberg repräsentierte eine der wenigen militärischen Erfolgsgeschichten Deutschlands im Ersten

Schlacht an den masurischen Seen

	Dt. Ost-armee	Russ. Armee
Erste Phase 7./8. September 1914	••••••••	•••••••••
Zweite Phase 10./11. September 1914	——	——

Ostsee

Kinten○
Nidden○
Rossitten○
Kurisches Haff

○Pogegen
Tilsit
Heinrichswalde○ ○Ragnit

Rauschen○ ○Cranz
○Palmnicken
○Fischhausen
Labiau○ Rautenberg○
○Pillau Königsberg○ *Pregel* Wehlau Insterburg Gumbinnen
  Angerapp
○Janischken ○Sodehnen Walterkehmen○
Heiligenbeil○ Friedland○ Bokellen○ Jodlauken Ballethen Buylien○
  Abelischken○ ○Trempen ○Darkehmen Gr. Rominten
OSTPREUSSEN Gerdauen Gr. Karpowen○ Kleszowen
  ○Nordenburg ○Dombrowken *Goldap* Goldap
Bartenstein○ Barten○ ○Buddern Gr. Jahnen○
  ○Korschen Angerburg
○Wormditt Heilsberg○ Bischofstein○ Rastenburg○ Lötzen ○Kruglanken
Passarge ○Rößel ○Orlowen
  Guttstadt○ Bischofs- Widminnen○ Oletzko○
  Warten- burg○ ○Milken (Marggrabowa)
  burg○ Sensburg○ ○Neuhof
Allenstein○ Gr. Bartelsdorf○ Nikolaiken○ ○Arys Neuendorf○ Lyck○
Osterode○ ○Klaukendorf *Spirdingsee* Neuendorf○
  ○Stabigotten ○Mertinsdf ○Mensguth ○Rudczanny *Roschsee* Drygallen○ Grajewo○
Hohenstein○ ○Przykopp Ortelsburg ○Bialla
Tannenberg ○Kurken Jedwabno ○Schwentainen Johannisburg○
Waplitz○ ○Seelesen Wallen○ Friedrichshof○
Gilgenburg○ ○Orlau Malga○ Gr. Schiemanen○
○Rytno ○Grünfließ Glauch○ Willenberg○ Kolno○
  Neidenburg○
○Rüttkowitz *Neide* Janowo○
  Soldau○ ○Chorzele *Narew* Łomża Wizna
○Illowo○ Łomża
  Ostrołęka○

Schlacht bei Tannenberg

	Dt. Ost-armee	Russ. Armee
Erste Phase 26./28. August 1914	••••••••	——
Zweite Phase 30./31. August 1914	——	——

Krieg in Masuren. Neben dem Raum Insterburg/Gumbinnen war Masuren die einzige Region des Deutschen Reiches, die von den Kriegsereignissen unmittelbar berührt wurde.

Lyck stand 1914 für kurze Zeit unter russischer Besatzung. Für die Zivilbevölkerung änderte das wenig, lediglich die öffentlichen Gebäude trugen nun Schilder mit kyrillischen Buchstaben. Siegfried Lenz schrieb im »Heimatmuseum« über die russische Besetzung Lucknows: »Veränderung? Worin sollten wir sie spüren? Einst hatte ein unerreichbarer Kaiser unsere Welt begrenzt, nun begrenzte sie ein ebenso unerreichbarer Zar: beide waren für uns angsteinflößende, doch strahlende Gerüchte.« Das Foto entstand nach der Rückeroberung der Stadt Lyck im Februar 1915.

*Der Allensteiner Landrat verteilt im August 1914 Lebensmittel an Masuren, die
vor den russischen Truppen in Richtung Norden geflüchtet sind. Masurens Bevölkerung musste sowohl 1914 als auch 1945 die Heimat verlassen, doch nach
dem Zweiten Weltkrieg gab es für die meisten keine Rückkehr mehr.*

Weltkrieg. Lagen für die meisten Deutschen die Schlachtfelder fernab in Belgien, Nordfrankreich und Polen, brachte der Erste Weltkrieg für die Masuren die Erfahrung von Zerstörung, Besatzung, Flucht und Deportation, denn in Masuren fand der Krieg auf deutschem Boden statt. Die Schlacht von Tannenberg stand für alle ostpreußischen Schlachten und erhielt zudem durch die Verbindung zu 1410 besonderes Gewicht. Bis heute behindert diese Propaganda die genaue Wahrnehmung der Ereignisse von 1914.

Während sich das Deutsche Reich im August 1914 seinem Hurra-Patriotismus hingab, herrschte an der Grenze zu Russland große Angst. Von Triumph und Siegesgewissheit war in Masuren wenig zu spüren, wo die Kriegsgefahr sprichwörtlich vor der eigenen Haustür lauerte. Nach der Mobilmachung am 1. August 1914 überschritten kleinere russische Einheiten die ostpreußische Südgrenze. Schon die Gefechte der ersten zwei Wochen ließen das bevorstehende Unheil erahnen. Während sich Deutschland auf die Kriegsereignisse an der Westfront konzentrierte, plante Russland die militärische Einkreisung Ostpreußens von zwei Seiten. Dabei sollte die Njemen-Armee unter General Rennenkampff von Osten, die Narew-Armee Samsonows von Süden aus die Provinz erobern, und dann sollten beide Armeen in Königsberg vereinigt werden. Da Ostpreußen weitgehend ungesichert war, hatten die russischen Truppen anfangs leichtes Spiel bei der Besetzung des Südens und Südostens von Masuren.

Im westlichen Masuren überschritt die Samsonow-Armee am 20. August 1914 in breiter Front die Grenze. In fliegender Hast sammelte die deutsche Seite daraufhin ihre wenigen Kräfte. Der Obersten Heeresleitung gelang es, den bereits pensionierten Paul von Hindenburg erneut in die militärische Pflicht als Oberbefehlshaber zu nehmen. Zu ersten größeren Kämpfen, die schließlich im Raum Hohenstein/Tannenberg ihren Höhepunkt fanden, kam es am 23. August auf dem Gebiet des Kreises Neidenburg zwischen Orlau, Lahna und Frankenau. Zahlreiche masurische Städte fielen in die Hände der Russen, und selbst die Ordensstadt Neidenburg geriet am 22. August unter russisches Kommando.

In dem Bericht »Schreckenstage von Neidenburg« hielt der damalige Neidenburger Bürgermeister Andreas Kuhn die Ereignisse in der besetzten Stadt fest: »Die gleichmäßig brennende

General Samsonow, der Befehlshaber der Narew-Armee, nahm sich nach der Niederlage seiner Truppen bei Tannenberg am 30. August 1914 in einem Waldstück bei Willenberg das Leben. Noch während des Krieges fand seine Überführung nach Russland unter dem Ehrengeleit deutscher Militärs statt. Dort, wo er in den selbstgewählten Tod ging, erinnert noch heute ein Gedenkstein an das Ende des Generals.

Stadt konnte man mit der Hölle auf Erden vergleichen. Die Glut war so groß, daß die schönen Lindenbäume auf dem Bürgersteig verbrannten und die Menschen es auf dem Bürgersteig vor Hitze nicht aushalten konnten. Der Feuerschein ist etwa 30 Kilometer im Kreise, u.a. auch in Hohenstein, von den Neidenburger Flüchtlingen gesehen worden. Die einrückenden russischen Truppen, etwa 20 000 Mann der verschiedensten Waffengattungen und ein unendlich langer Zug von Bagage-, Proviant- und Lazarettwagen, bewegten sich daher nur mitten auf der Straße … Insgesamt sind während der Beschießung von den 370 bebauten Grundstücken der Stadt 193 Wohn- und Hinterhäuser, 8 Scheunen, 3 Getreidespeicher, 4 Werkstätten, 1 Fabrikanlage (Maschinenfabrik) und 1 Kirche durch Feuer zerstört worden.«[2]

Am 26. August begann das, was schließlich zur »Schlacht von Tannenberg« zusammengefasst werden sollte: Hindenburg gelang die Umzingelung der Armee Samsonows. In den folgenden vier Tagen wurde die russische Narew-Armee vernichtend geschlagen und das westliche Masuren von russischer Besatzung befreit. Tannenberg war der blutige Triumph der zahlenmäßig unterlegenen Deutschen: In nur vier Tagen fielen 120 000 russische Soldaten, 90 000 gerieten in deutsche Kriegsgefangenschaft. Auf deutscher Seite waren 13 058 Tote zu beklagen.

Der mörderischen Schlacht und dem Schicksal der Narew-Armee setzte der russische Nobelpreisträger Alexander Solschenizyn ein literarisches Denkmal. In seinem Roman »August Vierzehn« beschreibt er die Ereignisse und Verhältnisse hinter der Front und das tragische Ende General Samsonows. Als sich die vernichtende Niederlage seiner Armee abzeichnete, nahm der General alle Schuld auf sich und wählte – getrieben von Schmach und Schande, Wut und Enttäuschung über die desaströse Organisation der russischen Armee – den Freitod in der Nähe der Försterei Karolinenhof bei Willenberg.

Solschenizyn erzählt von den letzten Stunden Samsonows in den masurischen Wäldern. In einer Nacht um den 16./17. August 1914 löste sich Samsonow von einem versprengten Haufen und geriet in die Nähe der inmitten von Kiefernwäldern gelegenen Försterei Karolinenhof: »Ringsum war es still. Die Stille der Welt, nichts von einer Armeeschlacht. Nur das Wehen des leichten frischen Nachtwindes. Die Gipfel der Bäume rauschten leise. Dieser Wald war nicht feindselig: er war nicht deutsch, nicht russisch, er

»Wieder zu spät!« Eine Anspielung in den »Lustigen Blättern« von 1916 auf die Siege Hindenburgs gegen die Russen auf den masurischen Kriegsschauplätzen.

war Gottes und gewährte jedem Lebewesen Obdach ... Der Himmel bezog sich, ein einziger kleiner Stern war zu sehen. Er verschwand und kam wieder. Samsonow kniete auf den warmen Nadeln und betete – da er nicht wußte, wo Osten war – zu diesem Stern. Erst die gewohnten Gebete. Dann – wortlos: er kniete, schaute in den Himmel, atmete. Dann stöhnte er auf, ungehemmt, wie jegliche sterbende Kreatur des Waldes.«[3]

Kaum hatte sich der Pulverdampf im westlichen Masuren verzogen, richtete Hindenburg sein Augenmerk auf die Befreiung der masurischen Kreise Johannisburg, Lyck und Oletzko, die von der Njemen-Armee Rennenkampffs seit dem 19. August 1914 besetzt waren. Während es auf dem Land zu Plünderungen und Brandstiftungen kam, gelang die Besetzung der Stadt Lyck reibungslos. In der »Schlacht an den Masurischen Seen« vom 8. bis 11. September besiegten die deutschen Truppen die Rennenkampff-Armee und befreiten ganz Masuren von russischer Besatzung.

Kaum war Masuren befreit, beging die Oberste Heeresleitung im Siegestaumel einen verhängnisvollen Fehler: Sie ließ die Provinz abermals ohne ausreichenden Schutz zurück. Schon im Oktober 1914 stand Rennenkampff mit den Resten seiner Njemen-Armee erneut in Masuren.

Ein dritter Einmarsch gelang den Russen, diesmal unter General Sievers, im November 1914. Wiederum drangen die russischen Truppen von Süden und Osten vor, wiederum war Masuren das Hauptoperationsgebiet. Östlich der Feste Boyen bei Lötzen kam es zum ersten Stellungskrieg an der Ostfront. Krieg und Zerstörung überzogen das Land. Während der Masurischen Winterschlacht vom 7. bis 21. Februar 1915 gelang Hindenburg dann erneut die Befreiung Ostpreußens. Wilhelm II., der die Kampfhandlungen in Grabnick, Kreis Lyck, beobachtet hatte, wurde am 16. Februar in der befreiten Stadt Lyck von den Bewohnern begeistert begrüßt.

Ostpreußen war endgültig frei, aber euphorischer Siegestaumel konnte und wollte hier nicht aufkommen. Während man im Reich Preußens und Deutschlands Glorie und große kriegerische Erfolge feierte, kannte die Grenzregion Masuren seit Jahrhunderten nur die Last des Krieges. Wenn das Schlachtgetöse anhob, mussten die Bauern fliehen, um wenigstens das nackte Leben zu retten, und wenn sie dann zurückkehrten, fanden sie ihre Höfe nicht selten vollständig niedergebrannt. Ernst Wiechert beschrieb

Als die Flüchtlinge im Ersten Weltkrieg nach wenigen Monaten in ihre Heimat zurückkehrten, fanden sie alles zerstört. Wieder einmal begannen sie von vorn, boten ihre spärliche Ware dort an, wo an Markttagen einst reges Treiben geherrscht hatte. Bauersfrauen sind nach Ortelsburg gekommen in der traditionellen masurischen Kleidung, dem langen Rock mit Schürze und dem großen Tuch (masurisch »chustka«), das Kopf und Oberkörper bedeckt. Das Tragen eines solchen Tuches werden knapp eine Generation später die Nationalsozialisten als »undeutsch« verbieten.

Russische Kriegsgefangene müssen während des Ersten Weltkrieges das Pflaster der Königsberger Straße in Lötzen ausbessern. Lötzen, inmitten der »kristall'nen Seen« Masurens gelegen, erlebt eine schlechte Saison. Im »allbekannten Touristenheim« Hotel Masovia gibt es keine Nachfrage nach den »gut eingerichteten Fremdenzimmern zu sehr soliden Preisen«.

die Stimmung dieser Tage in seinem Roman »Die Jerominkinder«: »Die Leute in Sowirog haben den Krieg nicht gemacht, und sie fühlen das Ganze nicht als eine Strafe. Sie fühlen es als Gottes schwere Hand, aber sie wissen nicht, weshalb die Hand sich gerade auf die ärmsten Leben legt. Gott hätte wohl Raum genug in der Welt, um seine Hand hinzulegen.«[4]

Eine Welle patriotischer Verheißungen und Loblieder rollte über die Masuren hinweg und ließ sie nur noch deutlicher spüren, dass sie alleine waren im Angesicht von Zerstörung, Hunger und Not. »Niemand hatte sie geliebt. Sie waren nicht viel mehr als Vieh in den Ställen des Reiches gewesen. Im Frieden hatten sie ihre Arbeit und ihre Steuern gegeben, und im Krieg hatten sie ihre Söhne gegeben. Die großen Reden und Aufrufe dachten auch an sie und vergaßen sie nicht, aber das Herz hatte keinen Teil daran. Sie waren Waisenkinder und trugen alle das gleiche graue Kleid.«[5]

Bereits 1914 erfolgte die Einsetzung einer Kriegsschadenskommission, die die Verluste ermitteln sollte. Rasch offenbarte sich eine schockierende Bilanz. Die Kampfhandlungen hatten eine Landschaft in Trümmern hinterlassen. In Teilen Masurens überstieg die materielle Zerstörung diejenige von 1945. Ganze Städte und Dörfer wurden dem Erdboden gleichgemacht – und zwar in vielen Fällen von der deutschen Artillerie. Schätzungsweise 320 000 Menschen befanden sich auf der Flucht in Richtung Königsberg oder wurden in Transporten nach Pommern und Brandenburg evakuiert. Zivilisten wurden von russischen Truppen als Spione ermordet, einige Tausend nach Sibirien deportiert. Allein im Kreis Ortelsburg fielen 130 Einwohner den Russen zum Opfer, 200 wurden verschleppt, die Dörfer niedergebrannt. Der Kreis Lyck zählte 133 ermordete Zivilisten, 21 Verwundete sowie 1204 Verschleppte. Unter anderen gelangte der Johannisburger Superintendent Skierlo mit seiner Frau nach Sibirien. Während seiner Frau im Mai 1918 die Rückkehr gelang, verstarb der Superintendent in der Gefangenschaft. In Lyck gingen Landrat Peters, Bürgermeister Klein, Superintendent Bury und weitere Honoratioren den Weg in die Verbannung. Landrat Peters konnte 1916 gegen einen russischen General ausgetauscht werden, aber die anderen Lycker mussten bis 1917 in Sibirien ausharren. Besonders tragisch war das Schicksal des Dorfschullehrers Johann Sczuka aus Popowen, Kreis Lyck, der zusammen mit

Eine masurische Familie im Ersten Weltkrieg. Nur die Frauen und Kinder stellen sich dem Fotografen, denn die Männer sind gefallen, in Gefangenschaft geraten oder kämpfen an der Front. Die Front aber verlief in Masuren über die eigenen Felder oder gar mitten durch die Häuser.

*Kaiser Wilhelm II. in Begleitung seiner Militärs beim Besuch der zerstörten Stadt
Ortelsburg im Jahr 1917. Die städtische Honoratiorenschaft begrüßt den Kaiser,
die Bevölkerung huldigt ihm trotz aller Opfer, die dieser Krieg von ihr fordert.
Als der Kaiser aber am Ende des Krieges nach Holland flieht, sind seine loyalen
Untertanen in Masuren tief betroffen.*

*Auf Initiative Wilhelms II. entstanden noch während des Krieges so genannte
Kriegspatenschaften deutscher Kommunen mit Städten und Kreisen in Masuren,
die die Solidarität mit dem kriegszerstörten Osten unterstreichen sollten. Kriegshilfsvereine sammelten Gelder und Sachspenden für die Not leidenden Regionen.
Der Patenschaftsteller erinnert an die Patenschaft, die die alte Reichsstadt Frankfurt am Main für den Kreis Lötzen übernahm.*

seinen kleinen Töchtern Hildegard und Elisabeth 1914 deportiert wurde und erst 1920 zurückkehrte.

Die Ernte des Jahres 1914 wurde vernichtet oder von russischen oder deutschen Truppen requiriert. Wer nicht geflüchtet war, fiel den Kosaken in die Hände, was aber nicht unbedingt Misshandlung, Vergewaltigung und Plünderung bedeuten musste. In Lyck beispielsweise gelang die Etablierung einer zivilen russischen Verwaltung, die das deutsche Leben der Stadt weitgehend unberührt ließ. Auf dem Lande wurden Zivilisten weit eher Opfer russischer Gewalttaten. Nach der Besetzung kam es zu einigen kleinen Massakern, weil Daheimgebliebene der Spionage bezichtigt wurden. Die Kriegsschadenskommission hat das später genau dokumentiert. Für die sieben masurischen Kreise im Regierungsbezirk Allenstein ergaben die Ermittlungen der Kommission folgendes Ergebnis: 277 000 Flüchtlinge, 707 ermordete sowie 2713 deportierte Zivilisten. Für die Gesamtprovinz belief sich der materielle Schaden auf 1,5 Milliarden Mark. Der Verlust von 135 000 Pferden, 250 000 Rindern und 200 000 Schweinen gefährdete ernsthaft die Versorgung der Provinz.

Der Kaiser hatte im befreiten Lyck am 17. Februar 1915 geschworen: »Unser schönes Masurenland ist eine Wüste; Unersetzliches ist verloren. Aber ich weiß mich mit jedem Deutschen eins, wenn ich gelobe, daß das, was Menschenkraft vermag, geschehen wird, um neues frisches Leben aus den Ruinen entstehen zu lassen.«[6] Daraufhin übernahmen noch während des Krieges west- und mitteldeutsche Städte und Kreise so genannte Kriegspatenschaften für Landkreise im zerstörten Ostpreußen, was die Solidarität des Reiches mit der Not leidenden ostpreußischen Bevölkerung symbolisieren sollte. Die »Ostpreußenhilfe. Verband Deutscher Kriegshilfsvereine für zerstörte ostpreußische Städte und Ortschaften« brachte Millionenbeträge durch Spendensammlungen auf und stärkte damit die Verbundenheit zwischen Ostpreußen und dem Reich. Kriegspatenschaften kamen dort zum Tragen, wo die staatliche Aufbauhilfe nicht ausreichte, also vor allem im sozialen Bereich. Patenschaften übernahmen der Regierungsbezirk Köln und die Stadt Köln für den Kreis Neidenburg, Frankfurt am Main für Lötzen, Berlin-Charlottenburg für Soldau, Berlin-Wilmersdorf und Wien für Ortelsburg und der Regierungsbezirk Oppeln für Lyck.

Eine Besonderheit stellte die Wiener Patenschaft für Ortelsburg dar, die die Verbundenheit über die Reichsgrenzen hinaus zum Ausdruck bringen sollte. Der Wiener Bürgermeister Weißkirchner versicherte den Ortelsburgern nach Gründung des Wiener Kriegshilfsvereins für Ortelsburg am 14. März 1916: »Das Bewußtsein unserer gemeinsamen hehren Sache und der Drang unseres Herzens, das den Bruder auf deutscher Erde zum Bruder ruft, schlingen ein heiliges Band um unsere beiden Städte. Ortelsburg soll auferstehen zu hellerem Glanze wie vordem und ein Wahrzeichen sein deutscher Kunst und Kraft und des herrlichen, in Not und Tod bewährten Gemeinsinnes und ehernen Bundes unserer Länder von der Ostsee bis zur Adria.«[7]

Zwar blieb Masuren nun fürs Erste vom Krieg verschont, doch die ständigen Einquartierungen deutscher Soldaten belasteten das Land so schwer, dass der Aufbau nur schleppend vorankam. Wie stark der Wunsch nach dem Ende des Krieges wuchs, kann man der Kirchspielchronik von Locken, Kreis Osterode, entnehmen: »Wenn unser Kirchspiel auch für die gnädige Bewahrung vor Überflutung durch Feindesmassen – wir haben ja das Donnern von Tannenberg gehört und einige gefangene Russen gesehen – nicht genug danken kann, die Kriegsnot liegt uns in den Gliedern, und unsere Seele schreit nach Frieden … Daß der Friede doch käme. Wie wollten wir jubeln und jauchzen.«[8]

Das Elend nahm täglich zu, selbst auf dem Land hungerten die Menschen! Für das wenige Vieh fehlte es an Heu und Stroh, vor allem aber herrschte großer Mangel an Getreide. Unbarmherzig requirierten Militärkommissionen den lebenswichtigen Roggen, der in Masuren die Nahrungsgrundlage für Mensch und Vieh bildete. Roggen war lange Zeit das einzige Getreide, das auf den kargen Böden Masurens halbwegs gedieh, und musste – aus Mangel an Alternativen – auch verfüttert werden. Die Requirierungskommissionen scherten sich aber weder um die Bodengüte noch um die klimatischen Bedingungen Masurens. Sie hatten für die Soldaten zu sorgen, und als das Getreide knapp wurde, verboten sie den Bauern kurzerhand die Verfütterung des Roggens. Die darbenden Kleinbauern mussten nun mit ansehen, wie ihre Pferde jämmerlich verhungerten und ihre Existenz ruiniert wurde. Im so genannten Rübenwinter 1916/17 setzte das Militär bei der Beschlagnahmung von Lebensmitteln sogar Waffengewalt ein. Überall durchsuchten die Gendarmen Häuser, Ställe und Scheunen nach versteckten Lebensmitteln. Als die Kämpfe in Masuren tobten, hatte das Land schwer gelitten, aber nun blutete die agrarische Region aus, weil die geringe Bodenqualität und die Witterungsbedingungen die Vorräte hier schneller schrumpfen ließen als in den fruchtbareren Gegenden des Ostens.

Im Schlepptau des Krieges begann der Vormarsch der deutschen Sprache in Masuren. Das geschah auf vielfältige Weise: In den Schützengräben der Ost- und Westfront schlossen masurische Männer mit deutschen Kameradschaft. Weitaus größere Wirkung erzielten aber die Einquartierungen in Masuren und die Evakuierung der Bewohner des Landes in deutschsprachige Regionen. Nachdem Masuren befreit war, schickte man Tausende von Berliner Kindern, die unter Hunger und Not litten, zur Erholung dorthin. All dies trug dazu bei, dass die Assimilation rasche Fortschritte machte. Die Kriegsschadenskommission freilich musste sich bei Befragungen immer noch eines polnischen Dolmetschers bedienen. In allen masurischen Kreisen protokollierte das Etappengericht des XX. Armeekorps Aussagen von Zeugen und Opfern russischer Gewalttaten, und es fällt auf, dass in diesen Protokollen nicht mehr von der »masurischen Sprache« die Rede ist. Angesichts des Elends scheint die Ideologie in den Hintergrund getreten zu sein. Auch die Kriegsamtsstelle Allenstein meldete 1918, in Masuren werde »polnisch gesprochen«.

Das änderte sich bald, denn der Erste Weltkrieg stellte eine Zäsur im Leben der Masuren dar. Unauflöslich sahen sie sich nun in Freud und Leid mit der deutschen Nation und mit dem Schicksal des Reiches verbunden. Die letzten Reste des vornationalen preußischen Bewusstseins fielen nun dem gesamtdeutschen Patriotismus zum Opfer. Der zügige Wiederaufbau – finanziert durch den Staat und private Spenden – trug zur Beschleunigung dieser Entwicklung bei. Je mehr alte masurische Holzhäuser modernen Massivbauten wichen und der technische Fortschritt Einzug hielt, desto mehr empfand sich Masuren in der Schuld Deutschlands, obwohl dieses Deutschland doch den Krieg gebracht hatte. Euphorisch feierte das »Grenzland« in Paul von Hindenburg den Helden von Tannenberg und den Retter Ostpreußens. Masurens Schicksal war zu einem deutschen geworden.

»Grenz- und Volkstumskampf«
(1918–1933)

Kaum war der Pulverdampf des Ersten Weltkrieges verflogen, da begannen an den Grenzen des Deutschen Reiches die Auseinandersetzungen um die nationale und ethnische Zugehörigkeit umstrittener Territorien. Wie in Ostpreußen standen im Saarland, in Eupen-Malmedy, in Oberschlesien und in Nordschleswig Volksabstimmungen bevor.

Im Osten entstand im Zuge der Neuordnung der ostmitteleuropäischen Landkarte ein selbstbewusstes Polen. Die neue polnische Republik, die aus den Trümmern der alten Teilungsmächte erwuchs, hatte mit diesen Mächten um den Verlauf der Grenzen noch hart zu ringen. Als während der Versailler Friedensverhandlungen die deutschen Gebiete zur Diskussion standen, entflammte brennender Protest, denn Deutschland war unter keinen Umständen bereit, die Ende des 18. Jahrhunderts von Preußen annektierten polnischen Provinzen Posen und Westpreußen abzugeben. Roman Dmowski, der polnische Delegationsführer in Versailles, weitete Polens Ansprüche jedoch noch über diese alten historischen hinaus aus und forderte den Anschluss der vermeintlich »ethnisch« polnischen Grenzgebiete des Deutschen Reiches an die Zweite Republik.

Dmowski vertrat eine alte Forderung der polnischen Nationaldemokratie, eines rechtskatholischen Lagers, dessen Stammwählerschaft vor allem in den ehemals preußischen Teilungsgebieten beheimatet war. Das nationaldemokratische Lager erhob außerdem Ansprüche auf Oberschlesien, auf das bei Deutschland verbliebene Westpreußen (Bezirk Marienwerder), auf das südliche Ermland sowie vor allem auf Masuren. Mit diesen Forderungen überspannte die polnische Delegation den Bogen und verprellte die alliierten Bündnispartner. Zwar wurden Posen und der Großteil Westpreußens ohne Wenn und Aber Polen zugesprochen, wodurch die Zweite Republik einen freien Zugang zur Ost-

Ostpreußen nach dem Ersten Weltkrieg. In den Kreisen Osterode, Neidenburg, Ortelsburg, Sensburg, Johannisburg, Lötzen, Lyck und Oletzko stimmten die Bewohner – so sah es der Vertrag von Versailles vor – am 11. Juli 1920 darüber ab, ob sie fortan zu Ostpreußen oder zu Polen gehören wollten. Das Soldauer Land fiel ohne Volksbefragung an Polen.

Niemand wollte polnisch sein, das war der Tenor der Abstimmung, die eine Welle patriotischer Begeisterung auslöste. Wie diese Schulklasse in Kallenzin, Kreis Ortelsburg, bekundeten die Bewohner der betroffenen Gebiete auf Spruchbändern feierlich, dass sie Deutsche sein wollten.

see erhielt, aber für die umstrittenen Grenzgebiete in Ostpreußen sah der Versailler Vertrag vom 28. Juni 1919 eine Volksabstimmung vor. Obwohl die deutsche Seite gegen diese Entscheidung aufbegehrte, ist die Festsetzung der Abstimmung als Niederlage der polnischen Delegation zu werten, deren Ziel, Masuren ohne plebiszitäre Entscheidung mit dem polnischen »Mutterland« zu vereinigen, fehlgeschlagen war.

Natürlich hatten im Vorfeld der Entscheidung beide Seiten versucht, die Delegationen der Versailler Friedenskonferenz in ihrem Sinne zu beeinflussen. Einer der Hauptakteure auf polnischer Seite war der Warschauer Generalsuperintendent der evangelisch-lutherischen Kirche Julius Bursche. Von der Vereinigung Masurens mit Polen versprach er sich einen Zugewinn evangelischer Bevölkerung polnischer Zunge, was seiner polnisch-protestantischen Missionsidee zugute kam. Unter seiner Leitung erfolgte am 6. Juni 1919 die Gründung des Masurischen Abstimmungskomitees (Mazurski Komitet Plebiscytowy). Eindringlich appellierte Bursche an die Masuren, ihre polnischen Wurzeln auch im nationalen Sinne zu entdecken und sich von der preußischen »Zwangsherrschaft« durch ein propolnisches Votum zu befreien. Berühmt wurde sein Aufruf »Masurische Brüder« (Bracia Mazurzy) vom April 1919:[1]

Masurische Brüder!
Jahrhundertelang ward ihr fremder Übermacht unterworfen. Die Macht herrschte bei euch vor dem Recht. Der Preuße hat euch gewissenlos seinen Willen aufgezwungen, seine Sitte, seine Schulen und Ämter, seine deutsche Sprache.
Gottes Mühlen mahlen langsam, aber gerecht.
Den grimmigen Preußen, der eure Gewissen vergewaltigt hat, hat der große Weltkrieg zu Boden geworfen. Das Ende eurer langen Leiden naht. Ihr sollt euch nunmehr mit dem geliebten Polen vereinen, aus dem eure Vorfahren kamen, mit dem euch eine gemeinsame Sprache und gemeinsame Bräuche verbinden.
Es ist uns, liebe Brüder in Christo, nicht verborgen, daß so mancher unter euch heute beunruhigt ist und nicht weiß, für wen er sich entscheiden soll. Ihr fürchtet um das, was jedem Menschen das Teuerste ist: um euren heiligen evangelischen Glauben, um die Freiheit des Gewissens ...
Fürchtet euch nicht, geliebte Brüder. Die Vereinigung mit Polen verbürgt euch nicht nur geringere Steuern, weil ihr nicht die Kosten des Krieges zu zahlen haben werdet, den die noch unlängst so mächtigen Deutschen so schmählich verloren haben. Sie sichert euch nicht nur einen größeren Wohlstand, da

Polen in seiner Erde unerschöpfliche Reichtümer besitzt wie Steinkohle, Eisen, Zink, Petroleum. Der masurische Arbeiter wird nicht nur dort in den Gruben auf eigener Erde seinen Verdienst finden, er wird es auch nicht nötig haben, Fremden zu dienen und die Gaben zu vergeuden, die ihm Gott bei der Schöpfung zugeteilt hat. Er wird in Polen nicht nur eine bessere Ordnung und bessere Einrichtungen finden, da polnische Gerichte jedem nach seinen Verdiensten Gerechtigkeit widerfahren lassen werden. Er wird nicht nur gottesfürchtige polnische Schulen finden, in denen unsere Kinder verständlich unterrichtet und nicht verdummt werden, wie dies bisher in Masuren der Fall war. Darüber hinaus wird der Masure in Polen das finden, was ihm über dem Leben das liebste und teuerste ist: Er wird die Freiheit des Gewissens finden ...

Noch einmal wiederholen wir es euch, geliebte Brüder in Christo: Bangt nicht um eure Zukunft, kein Haar wird euch in Polen vom Kopfe fallen. Überall werdet ihr unsere teuren polnischen Laute, polnische Sitte, polnische Schulen, Ämter haben, zugleich polnische Predigten in der Kirche und die Möglichkeit zu gemeinschaftlicher Beratung in religiösen Fragen. Wenn es daher bei euch zu einer Abstimmung oder Wahl kommt, so stimmt alle für Polen, nicht nur um eures zeitlichen Wohles willen, sondern im Namen der Freiheit des Gewissens.

Warschau im April 1919
Präses des Konsistoriums J. Glass
Vizepräses: Pfarrer Julius Bursche, Generalsuperintendent.

Während Polen sich als Land der Verheißung darstellte, pries man auf deutscher Seite weniger die Vorzüge des eigenen Landes, sondern verwies vielmehr auf das angebliche polnische Elend. Da Deutschland 1920 selbst wenig Materielles anzubieten hatte, hielt die Propaganda ideelle Werte wie Treue, Erdverbundenheit, Vaterland, Grenzlandgeist und Heimat umso höher. In einem *Masurischen Heimatkalender*, der gratis verteilt wurde, wird den Stimmberechtigten folgendes »A-B-C für das Abstimmungsgebiet Masuren und Ermland« eingebleut: »Ist es wahr, daß Polen in der Kultur hinter uns zurücksteht? Das ist wahr. Polen steht hinter allen Ländern Europas in der Kultur weit zurück ... Fast zwei Drittel des Volkes können weder lesen noch schreiben. Die große Masse des Volkes lebt in Elend und Schmutz. Man sehe sich nur die polnischen Dörfer und Städte an. Wasserleitung, Kanalisation, die bei uns auch kleine Städte haben, sind in Polen unbekannte Dinge. Deshalb ist natürlich auch die Gesundheitspflege unmöglich. Tritt eine Seuche auf, so sterben die Menschen zu Tausenden.«[2]

Auch vor blankem Antisemitismus scheute die deutsche Propaganda nicht zurück: »Außerdem droht den Städtern noch eine andere Gefahr, die polnischen Juden ... Jahrhundertelang in der

schlimmsten Weise unterdrückt, sind sie in jeder Beziehung ver-
wahrlost. Ihre Zahl ist groß, jeder siebente Mensch in Polen ist ein
Jude … Käme unsere Heimat zu Polen, so würden wir eine Mas-
seneinwanderung von polnischen Juden erleben … Unser Kaufmann, unser Handwerker würden ihnen ganz machtlos gegen-
überstehen. Der polnische Jude handelt und arbeitet für jeden
Preis, da er ganz und gar bedürfnislos ist. Unser Handel, unser Gewerbe würden in kurzer Zeit durch diese Konkurrenz vollständig
erwürgt werden. Eine Flut von Schmutz würde in unsere so saube-
ren, freundlichen Städte getragen werden, in der alles Leben ersticken würde.«[3]

Diese schamlose Propaganda war keineswegs ein Akt der Verzweiflung, denn die deutsche Seite konnte sich ihres Sieges jederzeit gewiss sein. Sie stand der polnischen in nichts nach, wenn sie
auch weniger plump vorging und den Standortvorteil nutzte,
indem sie breite Massen mobilisierte. So reiste der Johannisburger Superintendent Paul Hensel im März 1919 mit angeblich
144 447 Unterschriften im Gepäck nach Paris, um gegen jegliche
Form einer Abtretung Masurens zu protestieren.

Am 30. März 1919 formierte sich der Ostdeutsche Heimatdienst (OHD) als Dachverband der deutschen Abstimmungspropaganda. Der OHD verfügte über ein Netz von Vertrauensleuten,
das ihm eine flächendeckende Omnipräsenz in Masuren garantierte. Zusammen mit der eigens gegründeten Massenbewegung
Masuren- und Ermländerbund zählten die deutschen Verbände
im Abstimmungsgebiet Allenstein etwa 220 000 Mitglieder. Geschürt durch die einhellige Empörung der nationalen Medien begehrte schließlich auch die masurische Mehrheit gegen die polnischen Ansprüche auf. Keiner wollte öffentlich als propolnischer
Sympathisant gelten.

Erst beim Abschluss der Versailler Friedenskonferenz bestand endgültige Klarheit über die genauen Grenzen des Abstim-
mungsgebietes. Zum Allensteiner Abstimmungsbezirk zählten neben sämtlichen masurischen Kreisen auch die beiden südermlän-
dischen Landkreise Allenstein (Stadt und Land) und Rößel mit
einer Gesamtfläche von 12 395 Quadratkilometern und 558 000
Einwohnern. Artikel 28 des Vertrages bestimmte allerdings, dass
der südliche Kreis Neidenburg – das Soldauer Land – am 10. Januar 1920 ohne Plebiszit an Polen abgetreten werden müsse. Mit
der ordnungsgemäßen Durchführung der Abstimmung betraute

die Konferenz eine Interalliierte Kommission, die den Gesamtbezirk politisch neutralisieren sollte.

Anfang 1920 trafen britische, französische, italienische und japanische Truppen in Masuren ein, um das zivile und militärische Oberkommando zu übernehmen. Schon die bloße Präsenz ausländischer Vertreter erinnerte die deutsche Seite an das Trauma des verlorenen Krieges. Wilhelm von Gayl vertrat als Reichskommissar die Interessen Deutschlands im Abstimmungsbezirk, wo offiziell während der Abstimmungsvorbereitungen kein direkter Einfluss auf die Stimmberechtigten genommen werden durfte.

Stimmberechtigt war, wer am 10. Januar 1920 das zwanzigste Lebensjahr vollendet hatte und im Bezirk geboren war oder dort seit dem 1. Januar 1905 seinen Wohnsitz hatte. Das schloss alle außerhalb Masurens lebenden Landeskinder – vor allem die im Ruhrgebiet – ein. Obwohl die polnische Seite gegen diesen Passus Sturm lief, da sie die im Reich lebenden Masuren für weitgehend »germanisiert« hielt, konnte sie die Registrierung von knapp 100 000 Abstimmungsberechtigten außerhalb Masurens nicht verhindern. Entscheiden musste man sich zwischen »Ostpreußen« und »Polen«. Dass nicht »Deutschland« zur Wahl stand, war ein diplomatisches Zugeständnis der Alliierten an die polnische Seite.

Trotz aller Bemühungen gelang es der Interalliierten Kommission nicht, Ruhe und Ordnung zu bewahren. Sie hatte nicht einmal genügend Personal, um überhaupt die Kontrolle über den Abstimmungsbezirk zu gewinnen. Das Machtvakuum suchten Deutsche wie Polen für ihre Interessen zu nutzen: Als Bürgerwehren getarnte Schlägertrupps zogen marodierend durch Masuren und störten die Versammlungen des Gegners. Während auf deutscher Seite der »Grenzschutz« operierte, schickten die Polen seit November 1919 die »Masurische Sicherheitswehr« (Mazurska Straż Bezpieczeństwa) ins Feld.

Im Grunde hatte die polnische Seite jedoch nie wirklich eine Chance, denn es fehlte ihr an masurischen Vertrauensleuten. Die wenigen Propaganda-Mitarbeiter stammten aus Polen, einheimische Sympathisanten mussten teuer für den gefährlichen propolnischen Dienst bezahlt werden. Polnische Versammlungen wurden regelmäßig gestört, und nicht selten kam es dabei zum Ausbruch des organisierten Volkszorns und zu Schlägereien. Durch ein ausgeklügeltes Informantensystem war der OHD über alle polnischen Aktivitäten immer bestens informiert. Großes Misstrauen brachte man generell den masurischen Katholiken entgegen, die man aus konfessionellen Gründen für verkappte Polenfreunde hielt.

Als schärfste Waffe des Ostdeutschen Heimatdienstes erwies sich psychologischer Druck. Schwankende wurden leicht überzeugt, wenn in Zusammenarbeit mit der Lokalpresse ohne Überprüfung der Tatsachen Listen vermeintlicher »Polenfreunde« veröffentlicht wurden. Diese öffentliche Brandmarkung kam einer gesellschaftlichen Isolierung gleich. Die als »Polenfreunde« Beschuldigten waren dann gezwungen, sich in Privatanzeigen zu rehabilitieren und ihre deutsche Gesinnung zu versichern.

Die deutsche Seite scheint sich aber trotz der eindeutigen Stimmungslage ihres Sieges nicht sicher gewesen zu sein. Die Masuren blieben den Deutschen ein Rätsel. Offensichtlich fürchteten sie, dass sich die Masuren doch für die polnische Forderung nach Schutz der Muttersprache erwärmen könnten. Ostpreußens Oberpräsident von Batocki schien dagegen ein probates Mittel zu haben: Alkohol. Aus der Provinzialregierungskasse finanzierte er mehrere hunderttausend Liter Schnaps für Propagandazwecke. Diese eindeutige Einflussnahme aus Königsberg wurde verschleiert, indem man den Alkohol über Mittelsmänner an loyale deutschgesinnte Gastwirte lieferte.

Ostpreußen oder Polen – gefragt war eine eindeutige Entscheidung auf nationaler Ebene. Das führte zu mancher Groteske in dieser gemischtsprachigen Grenzregion. So sah sich der Ostdeutsche Heimatdienst gezwungen, in polnischer Sprache für die deutsche Sache zu werben, da viele Masuren die deutsche Sprache nur unzureichend beherrschten. Auf Polnisch priesen seine Flugblätter die Vorzüge eines Verbleibs bei Deutschland. Auch auf Wahlveranstaltungen bediente man sich des masurischen Polnisch. In Lehlesken, Kreis Ortelsburg, wetterte Altbauer Johann Gwiazda mit einem selbstverfassten polnischen Gedicht »Protest gegen die Polen« (Protest naprzeciw Polakom) gegen polnische Ansprüche. Im letzten Vers rief er der Wahlversammlung in polnischer Sprache zu: »700 Jahre waren wir Preußen, und erst jetzt wollen sie aus uns Polen machen, von denen wir uns losgesagt haben, weil wir nach unseren Vorfahren preußische Namen tragen!«

Auch der seit der Vorkriegszeit erscheinende polnischsprachige *Pruski Przyjaciel Ludu* warb mit einer Auflage von 50 000 Exemplaren für die deutsche Seite. Umgekehrt bediente sich die polnische Propaganda deutschsprachiger Medien wie der *Masurischen Volkszeitung*, da gerade die jüngeren Masuren nicht mehr Polnisch lesen konnten.

Je näher der Abstimmungstag rückte, desto mehr stieg die Spannung. Masuren glich einem Pulverfass. Die kleinste Provokation konnte in einen gewaltsamen Konflikt münden. Beide Seiten kämpften mit Hysterie und Nervosität. Die polnische Seite gab sich dann eine Blöße, als Grenztruppen den Transit von Masuren aus dem »Reich« durch den Korridor verweigerten. Daraufhin entschloss sich Deutschland, einen Seedienst einzurichten und unter Umgehung des polnischen Landwegs jede deutsche Stimme in die Abstimmungsbezirke zu bringen. Am Tag vor dem Plebiszit riefen alle Lokalzeitungen zur patriotischen Pflichterfüllung auf. Die *Johannisburger Zeitung* drohte sogar allen für Polen votierenden Masuren »Fluch und Schande« an.

Siegfried Lenz hat die Stimmung wiedergeben, in der Heimat, Grenzland und Antipolonismus zu einem heiligen Kanon der Deutschtumsverbände wurden. Im »Heimatmuseum« lässt er mit Conny Karrasch einen der wenigen Masuren auftreten, der die wirkliche Lage durchschaute: »Er verachtete also die kalbsäugige Andacht der Mitglieder des Lucknower Heimatvereins, die schon aus ihren Blicken sprach, wenn sie nur eine masurische Birke betrachteten; weil sie aus dem Heimatgedanken eine Religion machten, fürchtete er, daß sie eines Tages die Fremden wie Ungläubige behandeln könnten. Doch am meisten stank ihm, wie er sagte, die waltende Grenzlandgesinnung: wo zu kurz gekommene völkische Bäcker dem eigenen Brauchtum nationale Hefe beigaben, haben Minderheiten nie etwas zu lachen.«[4]

Am Abstimmungstag versank Masuren in einem Fahnenmeer. Festliche Ehrenpforten zierten alle Dörfer und Städte und grüßten die aus dem Reich heimgekehrten Masuren mit Spruchbändern wie »Die Heimat grüßt euch, deutsche Masuren!« oder »Masuren bleibt deutsch!«. An diesem Tag sollten endgültig alle Zweifel an der deutschen Gesinnung der Masuren ausgeräumt werden. Aufgepeitscht durch die deutsche Propaganda und verunsichert durch polnische Ansprüche wollten sie am 11. Juli 1920 die innere Zugehörigkeit Masurens zu Deutschland ein für alle Male festschreiben. Das Ergebnis ließ schließlich nichts zu wünschen übrig. Es wurde ein überwältigender Sieg für Ostpreußen.

Lies!
es ist hochwichtig!

Dein Stimmzettel enthält die Worte:

Ostpreußen
(Prusy wschodnie)

Streiche nicht das Wort „Prusy wschodnie" weg. Wenn Du es tust, ist Deine Stimme ungültig.

II. Giebt man Dir einen Stimmzettel, auf dem nur das Wort „Ostpreußen" oder „Deutschland" steht, so vernichte ihn. Dieser Stimmzettel ist ungültig!

III. Bei der Stimmabgabe achte auf folgendes:
1. Streiche nichts auf dem Stimmzettel und setze nichts dazu.
2. Kniffe den Zettel nicht, kennzeichne ihn auch sonst in keiner Weise.
3. Sieh nach, ob der Umschlag, der Dir im Wahllokal ausgehändigt wird, leer ist.
4. Steck den richtigen Stimmzettel in den Umschlag.
5. Steck nicht mehrere Stimmzettel in den Umschlag, sonst sind alle Zettel ungültig.

Bewahre dies bis zum Tage der Abstimmung
bis zum 11. Juli,

lies es am 11. Juli morgens noch einmal!!!
Faß alle Gedanten bei der Stimmabgabe zusammen!

Es gilt Deine Heimat!

Um sicherzugehen, dass alle Wahlberechtigten tatsächlich an der Abstimmung teilnahmen und für »Ostpreußen« stimmten, erteilten die Deutschtums- und Heimatverbände in Anzeigen und auf Flugblättern genaue Instruktionen, was am 11. Juli zu tun sei.

Die Städte Masurens schmückten sich aus Anlass der Abstimmung mit Ehrenpforten, Girlanden, Fahnen und Spruchbändern, auf denen etwa zu lesen war:
»Ans Vaterland ans teure, schließ dich an, das halte fest mit deinem ganzen
Herzen« oder »Deutsche Arbeit, deutscher Fleiß, finden stets der Mühe Preis!
Masuren ist und bleibt deutsch!!!« Zum 11. Juli strömten dann abstimmungs-
berechtigte Masuren aus dem ganzen Reich und sogar aus Übersee herbei, um für
den Verbleib ihrer Heimat bei Ostpreußen zu stimmen.

Ergebnis der Volksabstimmung in Masuren

Landkreis	Prozentualer Anteil der Stimmen	
	für »Ostpreußen«	für »Polen«
Oletzko	99,993	0,007
Lötzen	99,97	0,03
Sensburg	99,93	0,07
Lyck	99,88	0,12
Johannisburg	99,96	0,04
Ortelsburg	98,51	1,49
Neidenburg	98,54	1,46
Osterode	97,81	2,19
Gesamt	99,32	0,68

Vor aller Welt hatten die Masuren bekannt, dass sie Deutsche sein wollten.[5]

Schon an Hand einzelner Wahlergebnisse zeigt sich die Hoffnungslosigkeit der polnischen Ausgangslage. Im östlichen Masuren konnte die polnische Propaganda überhaupt keine Anhänger gewinnen: Im Kreis Oletzko zählte man nur zwei Stimmen für Polen, in Lötzen neun, in Sensburg 25, in Lyck 44 und in Johannisburg vierzehn. Etwas anders sah es in Westmasuren aus, wo vor allem Katholiken propolnische Sympathien hegten, so dass beispielsweise im Kreis Osterode 1043 Bewohner für Polen votierten. Insgesamt stimmten 1694 Gemeinden für Ostpreußen, neun für Polen. Fünf Gemeinden mit einer polnischen Mehrheit lagen in Masuren, vier im Kreis Osterode, ein Dorf – Thurau – im Kreis Neidenburg. Drei der vier im Kreis Osterode liegenden Dörfer – Klein Lobenstein, Klein Nappern und Groschken – lagen direkt an der Grenze und wurden an Polen abgetreten.[6]

Wie aber erlebten die »normalen« Masuren das Ereignis? August Tadday, Chronist der Gemeinde Ulleschen, Kreis Neidenburg, berichtet über die damalige Stimmung im Dorf: »Angesichts der akut gewordenen Polengefahr wurde bereits im Juni des Jahres 1919 ein deutscher Heimatverein im Dorfe begründet, der die ganze Einwohnerschaft umfaßte. Dessen Vorsitz führte der 1. Lehrer Eugen Wieczorek, der mit fanatischer Passion und liberalem Geist besinnliche Abende hielt und symbolisch aufgezogene Heimatfeste veranstaltete. Damit hatte er nicht nur die heimatliche Gesellschaftspflege gefördert, sondern hinsichtlich der polni-

Die Honoratioren der Stadt Neidenburg schlossen sich wie die Lokalprominenz anderer masurischer Städte zu einer Ortsgruppe des Ostdeutschen Heimatdienstes zusammen und organisierten die Propaganda im Vorfeld der Abstimmung. Über die Zustimmung von 98 Prozent für den Verbleib bei Deutschland konnten sie sich höchst zufrieden zeigen.

schen Gefahr auch das preußisch-deutsche Nationalbewußtsein der ganzen Dorfbevölkerung geweckt und so der kritischen Situation jener Tage am sichersten entgegengewirkt ... Als der Leiter des Abstimmungsausschusses das 100prozentige Stimmergebnis bekanntgab, brach unter der in die Schule drängenden Menschenmenge ein spontaner Jubel aus. Alles wogte vor rauschender Freude und Begeisterung, die in wiederkehrenden Wellen aufflammte und nicht enden wollte. Währendes standen zwei alte Mütterchen im Eingang des Stimmlokals tränengerührt und dankten Gott für die Gnade der so glücklich ausgefallenen Abstimmung.«[7]

Das Ergebnis glich einem Fanal. Nach der Abstimmung blieb nichts mehr wie es war. Polen – ohnehin der ungeliebte östliche Nachbar des Reiches – stieg nun zum meistgehassten Objekt auf. Die Abneigung gegen alles Polnische verhalf der deutschen Sprache endgültig zum Durchbruch. Wofür ohne Volksabstimmung eine Generation nötig gewesen wäre, das geschah nun binnen wenigen Jahren. Deutsche Sprache und Kultur etablierten sich endgültig. In den folgenden Jahren erfuhr das Plebiszit eine mystische Verklärung, eine Heiligsprechung, die die nationalistischen Kräfte darin bestärkte, ihr chauvinistisches Gift weiterhin zu verspritzen.

Was Deutschland dem polnischen Nachbarn ständig vorwarf, nämlich die Unterdrückung der deutschen Minderheit in Polen sowie die »Vertreibung« von Optanten, ließ es sich selbst in ebensolchem Maß zuschulden kommen. Wer 1920 für Polen stimmte, wurde durch die aufgebrachte Masse gezwungen, binnen wenigen Stunden nach Polen überzusiedeln. So plakatierte man in Willenberg: »Verräter raus! Alle bezahlten Vaterlandsverräter von Willenberg und Umgebung und diejenigen, die sich nach ihrem vielgerühmten Polakenreich gesehnt haben, werden aufgefordert, innerhalb drei Tagen mit Sack und Pack und dem Judas-Geld nach dem Lande, wo Milch und Honig fließt, zu verschwinden.«[8] Die deutsche Seite, vor allem die Funktionäre des OHD, kannten kein Erbarmen. Hass, unversöhnliche Härte und Diskriminierung schlugen allem entgegen, was polnisch war, polnisch aussah oder Sympathien für Polen hegte.

Von nun an erklangen auf alljährlichen Abstimmungsgedenkfeiern feierliche Schwüre des »ewigen Deutschtums«. Jede Stadt ließ das Votum für Deutschland auf einem Denkmal in Stein

Dass sich das »Grenzland« Masuren 1920 eindeutig zu Deutschland bekannte,
dessen wurde fortan alljährlich am 11. Juli feierlich gedacht, wobei sich in die
Gedenkreden von Jahr zu Jahr schärfere Töne gegen Polen einschlichen. Zum
zentralen Gedenkort wurde das 1928 errichtete Allensteiner Treudank-Denkmal.

hauen. Lieder aus der Abstimmungszeit fanden ihre Erhöhung zu Volksliedern. In der *Lycker Zeitung* erinnerte man 1926 an den Tag der Abstimmung mit folgendem Lied:[9]

> Was die Deutschen sich erwarben,
> Brüder schwört's bei Euern Narben –
> Deutsch für alle Zeit es bleibt!
> Noch gibt's wack're Ostlandkämpen –
> Spannt die Flinten! Zieht die Plempen!
> Und die Polenbrut vertreibt!
>
> Laßt die heil'gen Feuer glühen
> Wie sich auch die Feinde mühen,
> Keine Macht der Welt uns zwingt!
> Sorgt, daß so, wie vor sechs Jahren,
> Prachtvoll, so wie wir's erfahren
> Deutschland stets den Sieg erringt.

Die Zustimmung für Deutschland war 1920 überwältigend. Aber wäre das Ergebnis so eindeutig ausgefallen, wenn der allgegenwärtige OHD die psychologische Moralkeule nicht geschwungen hätte, wenn er auf psychischen und physischen Druck verzichtet und die Kontrolle der Interalliierten Kommission besser funktioniert hätte? Auch bleibt zu fragen, warum die Wahlbeteiligung nur bei 88 Prozent lag und was zwölf Prozent der Wahlberechtigten bewogen hat, nicht zur Wahl zu gehen. War ihnen das Vaterland nicht so wichtig, oder trauten sie sich unter dem öffentlichen Druck nicht, für Polen zu votieren? Von polnischer Seite wurden unmittelbar nach der Abstimmung Wahlfälschung, Einschüchterung und Terror beklagt. Unbestritten sind heute Wahlfälschungen in geringem Umfang, die allerdings das Gesamtergebnis nur wenig beeinflusst hätten. In der historischen Rückschau erweist sich als viel schlimmer, dass damals ein unversöhnlicher Antipolonismus gepflegt und seit 1920 mittels Propaganda immer wieder geschürt wurde.

Immerhin spiegelten die Referenden der Jahre 1920/21 erstmals den erklärten Willen der Völkergemeinschaft nach demokratischer Selbstbestimmung wider, wenn auch angesichts des masurischen Plebiszits deutlich wird, dass auf der Versailler Friedenskonferenz lediglich erste Versuche unternommen wurden, eine Grenzregion mittels eines demokratischen Votums zu befrieden. Noch hatte die Interalliierte Kommission im Abstimmungsgebiet längst nicht die Einfluss- und Kontrollmöglichkeiten, wie sie heute durch internationale Gremien in ethnisch umstrittenen Regionen ausgeübt werden.

Da der eigentliche Wahlvorgang aber weitgehend ungestört blieb, kann das Ergebnis trotz aller späteren Anfechtungen als repräsentativ gewertet werden. Für Polen war das eine Katastrophe. Nicht nur der verschwindend geringe polnische Stimmenanteil entmutigte die polnische Masurenbewegung, auch das offenkundige Desinteresse der polnischen Bevölkerungsmehrheit an den Ereignissen in Masuren war niederschmetternd. Von vornherein überwogen auf polnischer Seite Halbherzigkeit und Dilettantismus bei der Vorbereitung und Durchführung der Aktionen. Polens Augenmerk war allein auf Piłsudskis Pläne im Osten gerichtet, nicht aber nach Norden, nach Masuren.

Bis zum 11. Juli 1920 zweifelte die Völkergemeinschaft an der deutschen Identität der Masuren. Diese ergriffen nun die Chance, ihrer prodeutschen Gesinnung eindeutig Ausdruck zu verleihen. Mit ihrem Votum wandelten sie sich vom »Objekte der Germanisierung« zu einem Subjekt, das aktiv seine historischen Koordinaten auf einen unverbrüchlichen deutschen Kurs festlegte.

GERMANIAS ÄRMSTES STIEFKIND

»Land wollen wir haben … Jede Regierung verspricht es uns, dann kommt eine neue, verspricht auch, aber wenn die Herren erst auf ihren Ministerstühlen sitzen, haben sie alles vergessen.«[10] Viele Masuren hegten den Wunsch nach einem eigenen Hof, einem eigenen Stück Land. Da Realerbteilungen in Masuren unbekannt waren, konnten die nachgeborenen Kinder nur in andere Höfe einheiraten oder auswandern. Viele von ihnen setzten daher zunächst große Hoffnungen in die demokratischen Parteien, die ihnen die Parzellierung von Gütern und staatlichen Domänen versprachen.

Ein zeitgenössischer Autor, der masurische Schriftsteller Richard Skowronnek, griff in seinem Roman »Heimat, Heimat!« die Misere der Landlosen und Nachgeborenen auf. Stellvertretend für diese lässt er den Bauernsohn Karl Bogdan feststellen: »Mein Vater hat bei der letzten Erbteilung noch zweihundert Morgen gekriegt, aber zwischen mir und dem Hof stehen noch drei

Brüder und zwei Schwestern, die wenigstens ein paar Taler mit-kriegen müssen, wenn sie nicht unter ihrem Stand heiraten sol-len. Da frag' ich, wo bleib ich? Ich wander' aus und sag': Gott behüt' dich, liebes, altes Vaterland, wenn du mich verhungern läßt, muß ich mir ein neues suchen!«[11]

Masuren war kriegsmüde. Hunger und Not bestimmten die Nachkriegszeit, Resignation und tiefe Sorge um die Zukunft brei-teten sich aus. Besserung der Verhältnisse erwarteten die Masuren nun erstmals von der politischen Linken. In ihrer großen Mehr-heit befreiten sie sich aus ihrer konservativen Starre und orientier-ten sich politisch neu. Kurzzeitig entglitt das bis dahin stramm konservative Masuren der Knute der alten Elite. Unmittelbar nach Abdankung des Kaisers war die monarchistische Oberschicht so sehr mit sich selbst, mit der Wahrung ihrer Besitzstände und ihrer Machtpositionen beschäftigt, dass sie sich um das gemeine Volk kaum kümmern konnte. So kam es, dass die SPD bei den Wahlen zur Weimarer Nationalversammlung in ganz Masuren einen über-ragenden Sieg errang: die absolute Mehrheit!

Das neue Wahlrecht erreichte die dynamische Mobilisierung breiter, bisher unpolitischer Gruppen: Waldarbeiter, Instleute, Fischer und Kleinbauern verliehen erstmals mit ihrer Wähler-stimme ihren berechtigten Forderungen Ausdruck, und auch Frauen traten erstmals an die Wahlurnen. Masuren begehrte ge-gen die bisherige Monopolstellung der deutschen Gutsbesitzer- und Beamtenelite auf. Arbeiter- und Soldatenräte übernahmen die politische Macht. Doch schon bald gelang es den alten Ka-dern, sich zu reorganisieren. Eine Allianz aus örtlichen Militär-kommandanten und konservativer Beamtenschaft machte jede konstruktive Arbeit der Räte zunichte.

Verzweifelt wandte sich der Lycker Arbeiterrat im Mai 1919 an Reichskommissar Winnig: »Das Schlimmste hier im Kreise Lyck ist, daß hier ein Kreis von erzkonservativen Besitzern vorhanden ist, die auf dem Lande die Agitation auf eine Art betreiben, die den kleinen Besitzer und Arbeiter zum Feinde der Regierung und der sozialdemokratischen Partei macht. Der geheime Inspirator dieser Agitation ist der Landrat des Kreises Lyck. Wir können gar nicht scharf genug betonen, daß wir immer wieder das Empfinden haben, daß der Landrat in Lyck einer von den Beamten ist, die sich zu allen Maßnahmen der deutschen Volksregierung so passiv verhalten und so die Geschäfte zu erledigen suchen, daß in dem

Ortelsburg, das zu Beginn des Ersten Weltkrieges stark zerstört wurde, entstand nach 1916 schöner und größer als zuvor, aber die schmucken Fassaden konnten nicht über die angespannte wirtschaftliche Lage hinwegtäuschen. Wolfgang Koeppen hat diesen Wiederaufbau erlebt: »Ich bin nach Ortelsburg gekommen mit meinem Onkel, bei dem ich als Kind lebte. Dieser Onkel war Baumeister im Staatsdienst und wurde nach Ortelsburg versetzt. Er leitete das Königliche Hochbauamt und baute in Masuren Kirchen, Schulen, Rathäuser und träumte von den Bauwundern des Palladio in Venedig und Vicenza. So kam ich nach Ortelsburg und es fing die Schule an. Meiner Mutter waren Stadt und Land fremd. Sie zitierte einen blöden Spruch: ›Wo sich aufhört das Kultur, da sich anfängt der Masur‹« (aus: Wolfgang Koeppen, Es begann in Masuren).

Durch den Wiederaufbau Masurens nach dem Ersten Weltkrieg erhielten viele Dörfer ein kleinstädtisches Antlitz. Im Marktflecken Schwentainen, Kreis Ortelsburg, entstand ein vollständig neuer Ortskern mit einem zweistöckigen Schulgebäude und breiten, gepflasterten Staßen mit Bürgersteigen und Alleebäumen.

Volke der Eindruck erweckt wird, daß die Regierung nicht fähig ist, zu regieren. Die einzige Hilfe wäre hier, sobald wie möglich das Landratsamt mit einem Beamten zu besetzen, der auch wirklich sein ganzes Wissen und Können für das Volk im Sinne der Regierung einsetzt. In keinem Kreise, so weit wir hier in Lyck die Verhältnisse in den Nachbarkreisen kennen, sind die Organisationen der konservativen Partei so zur Blüte gelangt, wie im Kreise Lyck; von hier aus breiten sich die Strahlen konservativster Gesinnung über ganz Masuren aus.«[12]

Bereits Anfang 1920 waren die Arbeiter- und Soldatenräte wieder entmachtet. Der konservative Ortelsburger Landrat von Poser bediente sich sogar der militärischen Hilfe des Gerthschen Freikorps, um die Ratsherrschaft zu brechen. Damit war auf politischer Ebene wieder alles beim Alten: Die konservativ-monarchistische Elite war in ihre einflussreichen, alles bestimmenden Positionen in der Kommunalverwaltung zurückgekehrt. Ehemals kaiserliche Landräte blieben im Amt, regierten wie eh und je die Geschicke der Landkreise nach eigenem Gutdünken. Der Johannisburger Landrat Georg Gottheiner musste erst 1929 wegen republikfeindlicher Propaganda seinen Posten räumen, während sein Amtskollege, der Neidenburger Landrat Werner von Mirbach, unbehelligt an monarchistischen Feiern teilnahm und die Bilder des Kaisers im Neidenburger Landratsamt beließ.

Da Masurens Führungselite mit der Deutschnationalen Volkspartei (DNVP) deckungsgleich war, vertraten deren Mitglieder die Region auch in den auswärtigen politischen Gremien: im Provinziallandtag, im Preußischen Landtag und im Reichstag. Feindselig stand Ostpreußens Führungsriege den demokratischen Zielen der Weimarer Verfassung gegenüber und tat alles, um den Status quo ante wiederherzustellen. Viele traten sogar unverhohlen als Sympathisanten des Kapp-Putsches auf. Neben Masurens Landräten bildete ein undurchsichtiges Geflecht antirepublikanischer Kräfte aus Gutsbesitzern und Offizieren eine breite Unterstützungsfront der Kapp-Putschisten. Bis 1933 blieb Masuren fest im Griff dieser traditionellen Herrschaftselite, während die Masuren als Deutsche zweiter Klasse weiterhin von allen Aufstiegsmöglichkeiten ausgeschlossen waren.

Die Bestimmungen des Versailler Friedensvertrages brachten eine Reihe grundlegender Veränderungen für die Provinz Ostpreußen. Am gravierendsten wirkte sich aus, dass Ostpreußen die territoriale Verbindung zum übrigen Deutschland verlor und damit sein wirtschaftliches Hauptabsatzgebiet. Das Land benötigte dringend neue wirtschaftliche Impulse. Doch die waren nicht zu erwarten, da die Infrastruktur in dieser ländlichen, weiträumigen Region erbärmlich war. Mit einer durchschnittlichen Bevölkerungsdichte von nur 43,7 Einwohnern pro Quadratkilometer im Jahr 1925 blieb Masuren weit hinter dem Reichs- und Provinzdurchschnitt zurück, der bei 134 beziehungsweise 61 lag. Der Kreis Johannisburg mit seinen großen Wald- und Heidegebieten der Johannisburger Heide wies sogar nur 32,8 Einwohner pro Quadratkilometer auf. Das Fortbestehen einer traditionellen Agrargesellschaft stand in einem unmittelbaren Zusammenhang mit der überproportional hohen Abwanderung, die vor allem darauf zurückzuführen war, dass Ostpreußen keine Realteilung kannte. Trotz des hohen Geburtenüberschusses der masurischen Familien konnte der Wanderungsverlust nicht ausgeglichen werden.

Diese Situation hatte nachhaltige Konsequenzen für die Berufsstruktur. Obwohl erhebliche Anstrengungen unternommen wurden, gelang es nicht, die Region aus der einseitig agrarischen Ausrichtung zu lösen. Masuren blieb von der Landwirtschaft dominiert. Bei der Volkszählung 1925 führte der Kreis Oletzko mit 65,0 Prozent Beschäftigten in der Land- und Forstwirtschaft, gefolgt von Neidenburg (64,9 Prozent), Johannisburg (61,9 Prozent) und Ortelsburg (60,5 Prozent). Industrie und Handwerk boten in allen masurischen Kreisen nicht einmal zwanzig Prozent der Berufstätigen Beschäftigung.[13] Die Gewerbebetriebe beschränkten sich auf die Verarbeitung der lokalen Landwirtschafts- und Forstprodukte, waren also überwiegend Molkereien, Sägewerke, Brauereien, Ziegeleien und Mühlen. Einen immerhin ausbaufähigen Erwerbszweig bildete der Fremdenverkehr. Masurens landschaftliche Reize fanden zunehmend Freunde in den Großstädten des Reiches. Insbesondere die an den Großen Masurischen Seen gelegenen Orte Lötzen, Nikolaiken und Rudczanny warben erfolgreich um die Gunst der Touristen.

Da Masurens Wohl und Wehe untrennbar mit der Landwirtschaft verbunden war, setzte man auf die qualifizierte Weiterentwicklung der landwirtschaftlichen Produktion. Das betraf die Modernisierung der Betriebsmethoden ebenso wie die Fortsetzung der bereits im 19. Jahrhundert begonnenen Melioration. Noch harrten große Teile des südlichen Masuren der Regulierung. Erst die umfassende Abflusskanalisierung konnte die sumpfige Wiesenlandschaft dauerhaft für die Landwirtschaft nutzbar machen. Die Fortsetzung der Meliorationsarbeiten war dringend geboten, da die Landwirtschaft infolge der allgemeinen politischen und wirtschaftlichen Probleme der zwanziger Jahre mehr denn je auf eine qualitative Verbesserung der Böden angewiesen war.

Die masurischen Bauern griffen also zum Spaten, um Entwässerungskanäle zu graben. Da aber beispielsweise auf drei Vierteln des Ortelsburger Kreisgebietes die Wasserläufe in südliche Richtung nach Polen zum Narew abflossen, musste Masurens Beamtenschaft, wollte sie die Vorflutung regeln, eng mit den polnischen Kommunalbehörden kooperieren. Das war nicht leicht nach den Ereignissen im Zuge der Abstimmung von 1920. Nichtsdestotrotz gelang es dem Ortelsburger Landrat von Poser, 1925 mit den Starosten der polnischen Kreise Ostrołęka und Przasnysz in direkte Verhandlung zu treten. In der Folge kam es zu gegenseitigen Besuchen, die schließlich eine Vorflutregulierung besiegelten. Allerdings erfolgte erst in der NS-Zeit der endgültige Durchbruch im Meliorationswesen, da die neuen Machthaber in der »Masurischen Arbeitsschlacht« auf auswärtige Arbeitskräfte zurückgreifen konnten.

Masuren blieb während der gesamten Weimarer Zeit ein wirtschaftliches Krisengebiet. Alle Reformprogramme blieben in diesem strukturschwachen Land ohne Hoffnung auf Alternativen stecken, Subventionen flossen andernorts. Was jedoch reichlich floss, war Geld für Propaganda, Mittel für die Stützung des »Grenzlandgeistes«. Die Masuren sollten in einem unumkehrbaren Assimilierungsprozess zu Deutschen gemacht werden, die sich von ihren polnischen Nachbarn abgrenzten.

Folgt man den offiziellen deutschen Statistiken, änderten sich die Sprachenverhältnisse Masurens nach dem Ersten Weltkrieg grundlegend. Die Erfahrungen des Weltkrieges und die Volksabstimmung von 1920 schürten ganz ohne Zweifel das Verlangen, der Sprache und Kultur nach deutsch zu sein. Deutschtumsverbände, Lehrer, Pfarrer und Parteien stellten sich nun an die Spitze einer neuen Germanisierungspolitik, die sicher nicht erfolglos war. Die Volks- und Sprachenzählung von 1925 kann darüber jedoch keine Auskunft geben, da sie Ungereimtheiten offenbart und für eine objektive Bewertung der Sprachenver-

10,4		Pillkallen. (130 m.) Neu-Trempen. Trempen. (100 m.) Jurgaitschen. Kruschinnen. (78 m.) Scheppetschen. Gandrinnen.	14,5				Jänischken. (90 m.) Rechts ab! Harpenthal. Didlacken. (95 m.) Siegmuntinnen. (53 m.)
			12,2	137,0	0,0	**Insterburg.** (24 m.)	

289. Johannisburg-Rastenburg-Gerdauen (113,2 km)
über **Guttenwalde-Sensburg.**
Führt durch Ostpreußen.
Wellige Straße, viel durch Wald führend.

Continental -Straßenkarte
grün: Blatt 17 und 9,
Continental - Sonderkarte
blau: Blatt 14.

0,0	0,0	113,2	**Johannisburg.** (120 m.)	16,6			Wilkendorf. (122 m.) Muhlack.
			Snopken. (121 m.) Bhf. Breitenheide. (136 m.) Rudschanny. (137 m.) Schönfeld.	9,5	77,5	35,7	**Rastenburg.** (105 m.) Geradeaus! Abzw.: Lötzen (31,8 km); Rössel (20,9 km); Bartenstein (44,8 km). Alt-Rosenthal.
23,7			Alt-Utka. (145 m.)				Wehlack.
13,0			Guttenwalde. (140 m.) Peitschendorf. (150 m.) Sternfelde. (155 m.)				Wenden. Rodehlen.
			Wegteilung: Geradeaus! Rechts nach Nikolaiken.	18,2	95,7	17,5	Barten. (68 m.) Althagel Krausen.
14,7	51,4	61,8	Sensburg. (102 m.) Geradeaus! Abzweige: Lötzen (41,7 km); Bischofsburg (26,7 km).				Aftinten. Langmichels.
			Wegteilung: Rechts ab! Links nach Rössel.	17,5	113,2	0,0	**Gerdauen.**
			Seehesten. (127 m.) Rudwangen. (120 m.)				

290. Braunsberg-Treuburg (216,9 km)
üb. **Bartenstein-Rastenburg-Lötzen.**
Führt durch Ostpreußen.
Leicht hügelige Straße.

Fernverkehrstraße 135
von Bartenstein b. Lötzen.
Continental - Straßenkarte
grün: Blatt 8 und 9,
Continental - Sonderkarte
blau: Blatt 14 und 15.

0,0	0,0	216,9	**Braunsberg.** (12 m.) Böhmenhöfen. (23 m.)	7,7			Packhausen. (90 m.) Links ab! Rechts nach Wormditt (17,5 km).
			Schalmey. (50 m.) Knobl.	7,6	31,1	185,8	Mehlsack. (93 m.) Abzweige: Zinten (28,2 km); Wormditt (15,7 km); Heilsberg (36,6 km).
15,8			Plaßwich. (94 m.) Straubendorf. (96 m.)				Lotterfeld.

Auszug aus dem Continental-Tourenbuch

*Während Touristen aus dem ganzen Reich den Niedersee in der Johannisburger
Heide und andere Naturschönheiten Masurens auf sich wirken ließen, suchten
die Masuren ihr Glück in der Fremde, vor allem in den Bergwerksregionen des
Ruhrgebiets. Das Land, das den bäuerlichen Nachwuchs schon lange nicht mehr
ernähren konnte, bescherte nun den Hoteliers und Pensionswirten einträgliche
Geschäfte.*

hältnisse daher nicht geeignet ist. Vielfach ist hier einfach der Wunsch nach einem rein deutschsprachigen Masuren in die lokalen Ergebnisse eingeflossen. Dennoch zitieren Teile der deutschen Masurenforschung die Sprachenzählung von 1925 noch immer gänzlich unkritisch und suchen auf solch zweifelhafte Art und Weise den Niedergang der polnischen Sprache in Masuren zu belegen.

Verdächtig ist schon, dass die Zählung mit den widersprüchlichen Termini »Masurisch« und »Polnisch« operiert. Wer aber wollte nach der Volksabstimmung, vom Dorflehrer befragt, noch angeben, Polnisch oder Masurisch zu sprechen? Vielfach führte wohl auch der Gruppenzwang dazu, dass die Ergebnisse der Sprachenzählung unbrauchbar wurden. Nach dieser Statistik haben in ganz Masuren nur 9,3 Prozent der Bevölkerung »Masurisch« als Muttersprache angegeben, 0,5 Prozent »Polnisch« sowie 6,6 Prozent »Deutsch und Masurisch« oder »Deutsch und Polnisch«. Dem hätte eine muttersprachlich deutsche Bevölkerung von 83,4 Prozent gegenübergestanden, und im Vergleich zu den letzten Erhebungen von 1910 – also binnen fünfzehn Jahren – wäre der Anteil der Deutschsprachigen um achtzig Prozent gestiegen. Laut offizieller Statistik wies der Kreis Ortelsburg mit 30,9 Prozent polnischsprachiger Bevölkerung den höchsten Anteil auf, während der Grenzkreis Johannisburg nur noch 21,1, Lyck gar nur noch 12,2 und Oletzko 8,7 Prozent zählte.

Im Gegensatz zu den deutschen Interpretationen neigten polnische Schätzungen zu Übertreibungen, wenn es um die Verbreitung der polnischen Sprache in Masuren ging. Allerdings vermitteln die Schätzungen des polnischen Kulturgeografen Władysław Pohorecki, der die Sprachenfrage Masurens während der zwanziger Jahre eingehend untersuchte, bessere und objektivere Annäherungswerte. Er ging für 1925 von insgesamt 240 000 polnischsprachigen Bewohnern aus, was einem Bevölkerungsanteil von 43,6 Prozent entsprach. Nach Pohorecki verfügten die Grenzkreise Neidenburg, Ortelsburg und Johannisburg noch über polnischsprachige Mehrheiten, was er auch für die beiden ostmasurischen Kreise Lyck und Oletzko vermutete. In Bezug auf Oletzko sind jedoch gewisse Vorbehalte anzumelden. Oletzkos langjährige Zugehörigkeit zum Regierungsbezirk Gumbinnen setzte die dortige Bevölkerung seit Beginn des 19. Jahrhunderts einer weitaus radikaleren Germanisierungspolitik aus als die übrigen Kreise Masurens. Daher muss dort für 1925 von einer deutschsprachigen Mehrheit ausgegangen werden. Für die direkt an deutschsprachige Kreise angrenzenden Landkreise Sensburg und Lötzen sah Pohorecki weitgehende Assimilierungserfolge.[14]

Ein Blick auf die Landkarte Masurens genügt: Wie konnten abgeschiedene Wald- und Heidedörfer, teilweise direkt an der Grenze gelegen, auf einmal ausnahmslos deutschsprachige Muttersprachler verzeichnen, wo doch regionale Dialekte noch in allen ländlichen Regionen des Reiches die Oberhand hatten? Vielmehr ist davon auszugehen, dass Masurens ländliche Gemeinschaft weitgehend polnischsprachig blieb, wenn auch der Gebrauch der deutschen Sprache überall spürbar zunahm. Kaum jemand wird die deutsche Sprache nicht wenigstens verstanden haben. Aber es darf kein Zweifel darüber herrschen, dass trotz massiver Unterdrückung von Seiten der deutschen Behörden und Deutschtumsvereine die polnische Sprache lebendig blieb. Noch immer kehrten die Kinder mit Vollendung des vierzehnten Lebensjahrs und dem Abschluss der Volksschule in das polnischsprachige Milieu ihrer Familie und Dorfgemeinschaft zurück. Allerdings wurde Polnisch nunmehr ausschließlich mündlich überliefert.

Die Dorfschullehrer erwiesen sich als die eifrigsten Protagonisten der deutschen Sprache. Als Zähler bei den Spracherhebungen haben sie nicht unerheblich zur Manipulation im deutschen Sinn beigetragen. Das ist nicht nur auf ihren missionarischen Einsatz als örtliche Vorsitzende der Heimatvereine zurückzuführen, sondern auch auf die Tatsache, dass ein hoher Prozentsatz polnischsprachiger Dorfbewohner ihre pädagogischen Fähigkeiten höheren Orts in Frage gestellt hätte. Mit welcher Verbissenheit der masurische Volksschullehrer seine kleine dörfliche Welt zu »germanisieren« suchte, zeigt das Beispiel aus der Dorf- und Schulchronik von Alt Usczanny (Grünheide). Unter dem Jahr 1926 schrieb der damalige Lehrer in schonungsloser Offenheit über die deutschen Sprachkenntnisse seiner Schüler: »... der mündliche Ausdruck ist und bleibt schwach. Der Grund ist eben in der ›Muttersprache‹ zu suchen. In den meisten Fällen wird sie als deutsch angegeben, ist aber in Wahrheit masurisch. Das wird sich auch sobald nicht ändern; es sei denn, daß auf den Gebrauch dieser erbärmlichen Mischmaschsprache die Todesstrafe gesetzt wird ... Ich habe diese Sprache ›gefressen‹ – sit venia verbo. – Ich bin sogar beim Herrn Schulrat verklagt worden, auf die Masuren

Katholische Masurinnen treffen sich 1930 zu einer Rosenkranz-Betstunde auf einem Bauernhof bei Bottowen, unmittelbar an der Grenze zum katholischen Ermland. In der ländlichen Abgeschiedenheit konnten Traditionen noch lange bewahrt werden. Man sprach weiterhin Polnisch und lebte gottgefällig. Das Getöse der Tagespolitik drang kaum bis in die entlegensten Winkel Ostpreußens vor. Das sollte sich mit dem Vormarsch der Nationalsozialisten ändern.

geschimpft zu haben.«[15] Bei einem solchen Pädagogen hatte ein polnischsprachiger Schüler keinen leichten Stand.

Die kirchlichen Statistiken zeichnen ein ganz anderes Bild von der Sprachsituation. Danach blieb in Masuren die polnischsprachige Seelsorge überall erforderlich. Trotz überragender Bekundungen ihrer deutschen Gesinnung blieben die Masuren konservative Landleute, die zäh an ihren Traditionen festhielten, vor allem an ihrer Sprache. Und wenn die Fischverkäufer den Reichtum der masurischen Seen feilboten, schallte trotz aller Germanisierungsbemühungen noch immer der Ruf »Doryb, doryb« (Fische, Fische) durchs Dorf.

DEUTSCHER »GRENZLANDGEIST« UND POLNISCHES MASURENPROJEKT

Als die Stadt Lyck im Juni 1932 einen Grenzlandtag abhielt, dankte der Geschäftsführer des Ostdeutschen Heimatdienstes Allenstein, Max Worgitzki, den Lyckern für ihren »echten Grenzlandgeist«. Seit 1919, spätestens aber nach der Volksabstimmung, war Masuren auf deutscher Seite offiziell ein »Grenzland«. Hinter diesem Terminus verbarg sich eine Ideologie, die vor allem in der klaren Abgrenzung gegen die polnischen Nachbarn deutlich wurde. Überall beschwor man den »Grenzlandgeist« zur Abwehr polnischer Ansprüche. Vor einer tausendköpfigen Menge verkündete der Lycker Bürgermeister Lackner denn auch ein politisches Credo, das als Common Sense des preußischen Ostens zur Weimarer Zeit bezeichnet werden kann:[16]

> Der Friese ist kein Dänenknecht,
> Kein Polack der Masur,
> Sie kämpfen um ein heilig Recht,
> Denn deutsch ist ihre Flur. –
> O Mutterland, wir halten unsre Treue,
> Es gibt für uns nur noch ein Gebot,
> Wir schwören dir's in unsrer Not aufs neue,
> Der Osten bleibt dir treu bis in den Tod.

Nach dem verlorenen Krieg und der Abdankung der Hohenzollern unterstützte die Mehrheit der ostpreußischen Führungsschicht republikfeindliche Parteien und Verbände, die mit der Weimarer Verfassung nichts im Sinn hatten. Die im Vorfeld der

Volksabstimmung in Masuren 1920 entstandenen Heimatverbände wirkten nach dem Plebiszit in ihrer großen Mehrheit zu Gunsten der DNVP. Sie polemisierten gegen Polen und nutzten ihre Vormachtstellung in der Region zur innenpolitischen Agitation gegen die Weimarer Parteien. Grenz- und Heimatwehren, Freikorps und nationalistische Verbände wussten die Angst der Bevölkerung vor einer bolschewistischen oder polnischen Invasion zu ihrem Vorteil zu nutzen. Zwar versuchten republikanische Kräfte – allen voran die SPD –, die Stimmung zu Gunsten der Weimarer Verfassung zu wenden, doch es gelang ihnen trotz einiger lokaler Erfolge – vor allem in Königsberg – nicht, gegen die mehrheitlich deutschnationalen Lokalbehörden zu bestehen. Die Agrarierlobby der alten ostpreußischen Gutsherrenelite saß weiter fest im Sattel und gab in der Provinz den Ton an.

Wirkten bis zur Abstimmung noch alle gesellschaftlichen Gruppen einhellig an der prodeutschen Propaganda mit, so wandelte sich der Ostdeutsche Heimatdienst nach dem 11. Juli 1920 zur konservativ-antirepublikanischen Plattform. Durch die flächendeckende Organisationsstruktur standen damit insbesondere den Deutschnationalen Einflussmöglichkeiten bis in die hintersten Winkel Masurens offen. Der OHD verstand es, auch nach 1920 staatliche Fördermittel zu erhalten, indem er beständig auf die »polnische Gefahr« hinwies. Mit diesen Subventionen baute er eine politische Gruppierung auf, die der Republik völlig fern stand. Insgeheim führte der OHD sogar Akten über die »Sozialdemokratie«. Da aber offiziell Grenzlandkulturarbeit und Abwehr polnischer Propaganda auf den Fahnen des OHD stand, wagte kein Politiker der preußischen oder deutschen Regierung, ihm den Geldhahn zuzudrehen. Ohne Zweifel trug die Arbeit der Deutschtums- und Heimatverbände nach 1920 entscheidend zur innenpolitischen Brunnenvergiftung bei. Diesen Verbänden kam ganz wesentlich auch die Verantwortung für die geistige Brandstiftung im deutsch-polnischen Konflikt um Masuren zu.

Als konkretes Beispiel mag die Instrumentalisierung der Schlacht von Tannenberg dienen, die in der Abstimmungspropaganda als Symbol des deutschen Sieges im Osten diente. Der Sieg von 1914 sollte dazu herhalten, polnische Ansprüche auf Ostpreußen abzuwehren. Auf dem Platz, auf dem später das Tannenberg-Denkmal errichtet wurde, fand bereits 1919 eine Tannenberg-Feier statt, die von den Heimatvereinen im Vorfeld der Abstimmung als antipolnische Aktion initiiert wurde. Noch im selben Jahr kam es zur Gründung des Tannenberg-Nationaldenkmalvereins. Nach dem Abstimmungssieg in Masuren und Ermland stilisierte die nationale Rechte Tannenberg und die Volksabstimmung vom 11. Juli 1920 zu den entscheidenden Siegen hoch, mit denen die polnischen Ansprüche abgewehrt werden konnten. Masuren galt fortan als Paradebeispiel für den Durchhaltewillen Deutschlands: »In unserer Seele wird die Erinnerung lebendig an jene heißen Augusttage 1914, an denen eine Siegesnachricht nach der anderen aus Masuren an unser Ohr drang, nie gehörte Namen von Kampfstätten zum Inhalt so großen Geschehens und für viele so großen Leides wurden. Und wieder steht Masuren im Mittelpunkt der Gedanken und Sorgen aller Deutschen; das war damals an jenem denkwürdigen 11. Juli 1920, dem Abstimmungstag. Ein einziges, großes Treuebekenntnis zum Deutschtum findet begeisterten Widerhall in allen Landen des Reiches und befestigt das Band gemeinsamen Erlebens, das sich hin- und herüberschlingt.«[17]

1914 und 1920 verknüpfte die Propaganda zu Höhepunkten der slawischen Bedrohung Ostpreußens, und zugleich wurde die schicksalsträchtige Bedeutung beider »Schlachten« für Gesamtdeutschland unterstrichen. In der Terminologie glichen sich die »Schlacht von Tannenberg« und die »Abstimmungsschlacht«, da sie einen polnisch-slawischen Feind abzuwehren hatten: »Denn kümmerte man sich einst nicht viel um diese Provinz, da sie doch so weit, fast hinter Polen, lag, so wurde sie, seitdem der weiße Adler sie vom Mutterlande trennt und die Slavenflut rings um die Grenzen dieses deutschen Bollwerks im Osten brandet, lieb und teuer. Wir sahen hier, wie oft im Leben, daß erst, wenn ein Besitz in Gefahr gerät, sein voller Wert erkannt zu werden pflegt ... «[18]

Im Zusammenhang mit der Überhöhung Tannenbergs entstand ein Hindenburg-Mythos, der in keiner anderen Provinz des Reiches so viele Anhänger fand wie in Ostpreußen. Nach der Abdankung Wilhelms II. wurde ihm von der nationalistischen Rechten die Rolle eines Ersatzmonarchen und Landesfürsten zugewiesen, die auf der Herausstellung seiner militärischen Leistung als »Retter Ostpreußens« basierte. Dieser Kult trug nicht unwesentlich dazu bei, die Abneigung gegen die Weimarer Republik innenpolitisch dauerhaft zu verfestigen. Hindenburgs Popularität wurde bewusst eingesetzt, als es galt, im Vorfeld der Volksabstim-

Reichspräsident von Hindenburg inspiziert eine Ehrenformation der Reichswehr in Lyck. Der »Retter Ostpreußens« genoss in Masuren eine Verehrung, die der eines Monarchen gleichkam. Kaum ein Wohnzimmer, in dem nicht ein Bild des alten Preußen zu finden war.

mung die Stimmung zu Gunsten Deutschlands zu stärken. Überall wurde seine Grußadresse an die masurischen Abstimmungsbe-rechtigten publiziert, mit der sie in die patriotische Pflicht genom-men werden sollten: »Ostpreußen, ich habe euch einst befreit und ich weiß, Ihr werdet das Vaterland und damit mich jetzt nicht im Stich lassen. Das wäre nicht Preußenart!«[19]

Hindenburg war in der Öffentlichkeit als Sieger von Tannen-berg allgegenwärtig. Und tatsächlich brachte ihm die masurische Bevölkerung Anerkennung und Respekt, vielfach tiefe patriarcha-lische Verehrung entgegen. Hindenburg-Porträts schmückten viele Wohnzimmer. Erschien er jedoch leibhaftig, gelang mit ihm die Mobilisierung der Massen. An der Feier zur Grundsteinlegung des Tannenberg-Denkmals am 31. August 1924, exakt zehn Jahre nach der Schlacht, dürften dank seiner Anwesenheit zwischen 50 000 und 60 000 Menschen teilgenommen haben, unter ihnen zahlreiche Tannenberg-Veteranen sowie Mackensen, Ludendorff und der ostpreußische Oberpräsident Siehr.

Tannenberg eignete sich hervorragend zur Propagierung re-visionistischer Ziele. Zwar sahen auch die Weimarer Parteien in den Bestimmungen des Versailler Vertrages Revisionsbedarf – je nach politischer Gesinnung in unterschiedlicher Entschieden-heit –, doch die der Grundsteinlegung beiwohnenden Vertreter der SPD-geführten preußischen Landesregierung dürften pein-lich berührt gewesen sein von der Ansprache des Königsberger Dompfarrers Willigmann, der den Wunsch nach Aufhebung der demokratischen Strukturen offen formulierte und eine direkte Verbindung herstellte zwischen dem Sieg und der gegenwärtigen politischen Lage: »Er [Gott, A.K.] will, daß unser Volk erstarkt durch Geist und Schmerz und dann groß und herrlich wird. Der Mann wird uns erstehen, der die Sklavenketten zerbricht und uns die Freiheit wiedergibt.«[20]

Als das Tannenberg-Denkmal am 18. September 1927 einge-weiht wurde, war Hindenburg bereits Reichspräsident. In seiner Ansprache wechselte er aber wieder in die Rolle des »Retters Ost-preußens«, um sie für eine klare Aussage zur Kriegsschuldfrage zu nutzen: »Nicht Neid, Haß und Eroberungslust gaben uns die Waf-fen in die Hand. Der Krieg war uns vielmehr das äußerste, mit den schwersten Opfern des ganzen Volkes verbundene Mittel der Selbstbehauptung einer Welt von Feinden gegenüber. Reinen Herzens sind wir zur Verteidigung des Vaterlandes ausgezogen und mit reinen Händen hat das deutsche Volk das Schwert geführt.«[21]

Wenn die antirepublikanischen Kräfte Hindenburgs Popularität nutzten, wussten sie die Bevölkerungsmehrheit hinter sich. Im Schutze des Hindenburg-Kults konnten sie die staatlichen Proteste gegen die nationalistischen Attacken relativieren, da sich auch die SPD aus taktischen Gründen nicht gegen Hindenburg stellen konnte. Ungestraft konnten die DNVP sowie die Grenz- und Heimatverbände die Regierung provozieren, indem sie gewaltige Aufmärsche veranstalteten, die gegen die bestehende Ordnung gerichtet waren und die innenpolitische Lage weiter destabilisierten.

Doch auch die preußische und die deutsche Regierung waren maßgeblich an der Fortsetzung der Germanisierungspolitik beteiligt, die sich nach der Abstimmung von 1920 in ihrer Konzeption grundlegend von der der Wilhelminischen Ära unterschied. Durch die Schaffung einer breiten Massenbewegung sollten die Masuren nun aktiv in den Assimilierungsprozess einbezogen werden. Im Zentrum des neuen Ansatzes stand die von Verbänden und Regierungen gleichermaßen getragene Kultur- und Heimatpflege. Sie war darauf eingerichtet, »die bodenständige Grenzlandbevölkerung fähig zu machen, den Kampf mit dem nationalen Gegner aus eigener Kraft, aus eigenem Willen und Fleiß durchzuführen bis zur letzten Entscheidung. Diese aber wird auf der kulturellen Ebene fallen.«[22]

Wollte man die Entscheidung auf »kultureller Ebene« gewinnen, musste man die entsprechende Infrastruktur aufbauen. Ein großer Schritt auf diesem Weg war die Gründung der Masurischen Volkshochschule 1927 in Jablonken, einem Zentrum der masurischen Landvolkbildung. Als öffentlich-rechtliche Institution verschrieb sie sich, ebenso wie die übrigen kulturellen Institutionen in Masuren, dem »Volkstums- und Grenzlandgedanken« der Weimarer Republik, der die »kraftvolle Selbstbesinnung im Volke« nach dem verlorenen Krieg und die »tieferen Kräfte der Selbstbehauptung«, insbesondere »Heimat« und »Volkstum«, fördern sollte.[23] Bereits im Gründungsjahr Jablonkens sah die in Allenstein erscheinende Zeitung der polnischen Minderheit, die *Gazeta Olsztyńska*, gefährliche Ansätze politischer Instrumentalisierung in der neuen Masurischen Volkshochschule und bezeichnete sie daher als »Schmiede des Deutschtums«.

Bis in das letzte Dorf Masurens sollte das flächendeckende Angebot die deutsche Kultur und Sprache tragen. Nimmermüde betonten ihre Protagonisten den Wert von Heimat, Brauchtum und Tradition, doch ihre Kultur- und Traditionspflege schloss die alten masurischen Bräuche oder gar die Erhaltung der polnischen Sprache kategorisch aus. Was Kultur und Tradition war, bestimmten die Heimat- und Deutschtumsverbände, und deren Blickwinkel war national und eingeschränkt. Heimatfeste, Gesang- und Laientheatergruppen, Kindergärten, Filmwanderbühnen und Volksbibliotheken waren die Säulen des kulturellen und pädagogischen Angebots der deutschen Heimatpflege. Unter Beteiligung zahlreicher masurischer Städte und Gemeinden entstand schließlich die Landesbühne Südostpreußen, deren Ensemble einmal in zwei Wochen in jeder masurischen Stadt gastierte und 1926 mit dem Theater »Treudank« ein festes Haus in Allenstein erhielt. Dem pädagogischen Anschauungsunterricht in den Kreisstädten dienten neue Kreisheimatmuseen, die bewusst den »Grenzlandgeist« und die Heimatliebe stärken sollten.

Alles Polnische war nach 1920 mit einem Stigma belegt. Wer in der Öffentlichkeit Polnisch sprach, war Anfeindungen ausgesetzt. Zwar wurde in Masurens Kirchen immer noch in Polnisch gepredigt, aber die junge und mittlere Generation der Masuren war zunehmend in der deutschen Andacht anzutreffen.

Der allen Bewohnern Masurens unablässig eingetrichterte »Grenzlandgeist« machte auch vor den Ortsnamen nicht Halt. Zwar war die Zahl der Umbenennungen nicht groß, und es wurde auch – im Gegensatz zur nationalsozialistischen Zeit – kein staatlicher Druck ausgeübt, aber es war ein Anfang gemacht. Wenn sich einzelne Kommunen ihrer nichtdeutschen Namen entledigten, spielten immer ideologische Gründe eine Rolle. Offiziell galt, es könne niemandem zugemutet werden, in einem Ort zu leben, dessen Name von der deutschen Bevölkerung falsch geschrieben werde. Während der Weimarer Jahre stellte die Umbenennung der Kreisstadt Marggrabowa den Höhepunkt der Ortsnamenänderungen dar. Auf Grund ihres hundertprozentigen Votums für Deutschland am 11. Juli 1920 nannte sich Marggrabowa seit 1928 stolz Treuburg. Im Nachbarkreis Lyck erfolgte die Umbenennung von neunzehn Dörfern, unter anderen Krolawolla in Königswald (1926), Pissanitzen in Ebenfelde (1926) sowie Panistrugga in Herrnbach (1927), im Kreis Neidenburg wurde Rekownitza zu

Großwalde (1921), im Kreis Ortelsburg Gawrzyalken zu Wilhelmsthal (1928) und Prussowborrek zu Preußenwalde (1932).

Jeder Versuch, sich den Heimatverbänden und ihrer diktatorischen Kulturarbeit entgegenzustellen, scheiterte an deren heftigem Widerstand. Dabei konnte sich der Ostdeutsche Heimatdienst blindlings auf die Regionalbehörden verlassen, da diese dieselben Ziele verfolgten wie er. Als 1923 eine Gruppe Masuren in Lyck einen »Masurenbund« gründete und dem allmächtigen Heimatdienst die Stirn bot, griffen die regionalen Honoratioren sofort gründlich durch. Ein regionalistisch ausgerichteter Verband, das war ein noch weit größeres Ärgernis als die polnische Minderheit, da Vertreter regionaler Interessen viel weniger in ein klares Freund-Feind-Schema passten. Binnen kürzester Zeit überhäufte man die Mitglieder des »Masurenbundes« mit Verleumdungsklagen, versetzte diejenigen, die Beamte waren, in andere Regionen des Reiches und betrieb eine systematische Hatz gegen die letzten verbliebenen Anhänger, bis auch diese entmutigt aufgaben.

Auch die polnische Minderheitenarbeit im deutschen Masuren stand unter keinem guten Stern. Nach der Abstimmung schlug allen polnischen Bemühungen offener Hass entgegen. Immer wieder scheiterten die Ansätze der polnischen Regierung und des Westmarkenverbandes, Vereine, Zeitungen und Schulen dauerhaft zu etablieren. In Zusammenarbeit mit den Deutschtumsverbänden gelang den deutschen Behörden der Aufbau eines ausgeklügelten Spitzelsystems, so dass sie über alle wichtigen Aktionen der polnischen Masurenarbeit bereits im Vorfeld informiert waren. Dennoch blieb die Parole der polnischen Minderheitsarbeit: »Die masurische und polnische Sprache sind eins, Masuren und Polen ein Volk« (Gadka mazurska i polska to jest jedno, tak jest, Mazury i Polaki jeden lud jest).[24]

Die polnische Seite erkor Ortelsburg zum Zentrum ihrer masurischen Pläne. Im März 1923 entstand hier die Partei Masurische Vereinigung, die allerdings ebenso wie die spätere Polnische Volkspartei stets auf dem Niveau einer Splitterpartei blieb. Auch die beiden Zeitungen, der *Mazurski Przyjaciel Ludu* (seit 1924) und der aus der Vorkriegszeit wiedererstandene *Mazur* (seit 1928), prallten mit ihren propolnischen Forderungen an der masurischen Mehrheit ab. Mehrere Schulgründungsversuche in Piassutten, Kreis Ortelsburg, sowie in Groß Dembowitz und Jedwabno,

278

Marggrabowa stimmte am 11. Juli 1920 hundertprozentig für Ostpreußen. Diese Treue zu Deutschland nahm man 1928 zum Anlass, die Stadt in Treuburg umzubenennen. Marggrabowa, im äußersten Osten des Reiches gelegen, war über die Grenzen der Region hinaus bekannt, weil sein Marktplatz mit einer Fläche von sechs Hektar der größte in Preußen war.

Kreis Neidenburg, im Jahr 1931 blieben Episoden, die aber ein heftiges verbales Nachspiel in der deutsch-polnischen Propaganda hatten.

Wer sich in Masuren offen zu seinen propolnischen Sympathien bekannte, wurde geächtet. Politische Scharfmacher mobilisierten den »Volkszorn« gegen anders Denkende und setzten so die polnisch orientierten Masuren mit psychischer und physischer Gewalt, ja selbst mit Sippenhaft unter Druck. Das waren rigide Methoden, wenn man bedenkt, dass die überwältigende Mehrheit der Masuren ohnehin den Wunsch hegte, deutsch zu sein. Der polnische Staat dagegen musste, wenn er Anhänger in Masuren rekrutieren wollte, tief in den Geldsack greifen und den wenigen Sympathisanten ihren »Mut« fürstlich entlohnen. In der Tat hing die polnische Masurenarbeit am Warschauer Finanztropf, ohne dessen Hilfe das Unternehmen noch schneller gescheitert wäre. Sämtliche Funktionäre standen auf den Gehaltslisten der Warschauer Ministerien. Obwohl das auf deutscher Seite kaum anders war, ließ die deutsche Propaganda keine Gelegenheit aus, darauf hinzuweisen, dass die propolnischen Masuren sich ihre polnische Gesinnung bezahlen ließen.

Trotz aller guten Absichten blieb das Interesse der polnischen Verwaltung, des Staates und der Mehrheitsbevölkerung an den Geschicken Masurens äußerst bescheiden. Propaganda und Praxis, Theorie und Wirklichkeit klafften weit auseinander. Für die polnische Mehrheit blieben die Masuren Preußen, Protestanten und damit Deutsche. Viele polnisch orientierte Masuren resignierten, da sie in dem nationalistisch-katholischen Klima keine Chance für einen regionalen Sonderweg im polnischen Staat sahen.

Gegen Ende der Weimarer Republik war die Stimmung gefährlich aufgeheizt durch die ständige Propaganda der Deutschtumsverbände, durch die Angst vor dem polnischen Nachbarn und die allgemeine Wirtschaftsnot. Der Boden war bereitet für Hans Nitrams nationalistischen Roman »Achtung! Ostmarkenfunk! Polnische Truppen haben heute Nacht die ostpreußische Grenze überschritten«, der die konkrete Angst der Grenzbewohner vor einem polnischen Angriff schürte und die aggressive antipolnische Stimmung noch steigerte.[25] Die Geschichte handelt von Meuchelmorde begehenden polnischen Truppen, die nachts in Masuren einmarschieren, die Bevölkerung hinterrücks ermorden und schließlich einen Giftgasangriff auf Königsberg unternehmen. Nitrams Buch fand bei den republikfeindlichen Kräften Ost-preußens reichlich Zuspruch und erlebte viele Auflagen.

In dieser Zeit vollzog sich der politische Wandel von der mon-archistisch-konservativen DNVP zur NSDAP. Die Abwendung der Ostpreußen am Ende der Weimarer Republik von ihrem Landes-vater Hindenburg offenbart die Ausmaße der sozialen und wirt-schaftlichen Krise. Hindenburgs integrative Kraft vermochte die konservativen Masuren seit der Paraphierung des Young-Plans nicht mehr zu binden. In der Agrarkrise wurde Hindenburg ent-weder politische Machtlosigkeit oder Verrat an der ostpreußi-schen Landwirtschaft vorgeworfen. Die Verehrung für den Retter der Heimat hinderte die Mehrheit der Masuren nun nicht mehr, von der konservativen Partei der Obrigkeit zu den Massen des auf-strebenden »Führers« zu wechseln, der ihnen alles versprach, wo-nach sie sich sehnten.

Masuren wandte sich der NSDAP zu. Tannenberg spielte da-bei eine nicht unbedeutende Rolle, denn es gehörte zum Kanon der nationalen und chauvinistischen Rhetorik, der immer dann zur Anwendung kam, wenn es um die Bedienung antipolnischer und antidemokratischer Argumente ging. Die NSDAP bemäch-tigte sich dieses antidemokratischen Tannenberg-Bildes und prä-sentierte Hitler als neuen »Retter« Masurens.

UNTER DEM WEISSEN ADLER – DAS SOLDAUER LAND

Im nationalistischen Geschrei stand die polnische Seite der deut-schen indes in nichts nach. »Wir geben kein Land her, von dem unser Volk abstammt« (Nie damy ziemi skąd nasz ród), so lauteten die Verse der polnischen Rota, dem von Maria Konopnicka verfass-ten Lied, das vor 1918 zum Kampf gegen die ausländische Zwangs-herrschaft in den Teilungsgebieten aufrüttelte. Zum urpolnischen Land zählte danach auch Masuren, das sich nach der piastischen Idee »noch in den Fängen des ewigen Feindes« befand.[26]

Bis zur Wiederherstellung des polnischen Staates 1918 war die politische Vision einer Vereinigung der »ethnisch« polnischen Grenzgebiete des Deutschen Reiches mit Polen nichts als ein fer-ner Wunschtraum. Nach dem Ersten Weltkrieg jedoch wollte vor allem die politische Rechte – allen voran die Nationaldemokratie unter Roman Dmowski – ihre piastische Konzeption einer Anglie-

Polens Nationalismus stand hinter dem deutschen nicht zurück. Die Propaganda-
schrift der polnischen Masurenfunktionäre Hugon Barke und Kazimierz Jaroszyk
mit dem Titel »Kampf um das preußische Masowien« sollte die Stärke Polens
bezeugen. Der weiße polnische Adler verdrängt den schwarzen preußischen, der
seine Krone bereits verloren hat, aus Masuren. Das waren nach der Abstimmung
von 1920 verwegene Wunschträume.

derung aller beanspruchten Gebiete in das neue Polen erreichen. Im Gegensatz zur piastischen Fraktion, die sich vor allem auf die ethnisch polnischen Westgebiete konzentrierte, verfolgte der Vertreter der polnischen Sozialisten, Józef Piłsudski, die jagellonische Idee, die an den alten polnischen Reichsgedanken der Rzeczpospolita anknüpfte. Dabei ging es ihm um die Wiederherstellung der alten multiethnischen Konföderation im Osten.

Zwischen beiden Ansichten klafften Welten. Während die sozialistische Linke unter Piłsudski ihr Augenmerk gen Osten und den neuen Nachbarn Sowjetunion richtete, bestellte die Nationaldemokratie Dmowskis das nationale Feld im Westen. In den ersten Jahren gelang es dem amtierenden Staatschef Piłsudski noch, Dmowski als Verhandlungsführer in Versailles einzubinden und so die polnischen Interessen im Westen durch die Nationaldemokratie abzusichern, während er sich den strittigen Fragen in Bezug auf Litauen und die Sowjetunion widmete. Bis 1939 blieb das Interesse der polnischen Sozialisten an Masuren, wenn überhaupt vorhanden, nur halbherzig.

Die Tatsache, dass 1920 neben den Provinzen Posen und Westpreußen, die zum preußischen Teilungsgebiet gehörten, auch ein kleiner Teil der Provinz Ostpreußen ohne Volksabstimmung an Polen fiel, ist heute kaum noch bekannt. Der südlichste Zipfel des Kreises Neidenburg – das so genannte Soldauer Land – wurde 1920 an Polen abgetreten, obwohl es niemals zu Polen gehört hatte. Diese Abtretung erfolgte aus rein geostrategischen Gründen, da durch Soldau die Bahnlinie von Warschau nach Danzig führte, die damit ausschließlich im polnischen Herrschaftsgebiet verlief und vollkommen unter polnische Kontrolle geriet.

Mit der Übergabe des Soldauer Landes besaß Polen seit dem 17. Januar 1920 ein Stück Masuren. Hier setzte die polnische Verwaltung – unter reger Beteiligung der nationalistischen Westmarkenverbände und der evangelisch-augsburgischen Kirche – das in die Praxis um, was bisher nur Theorie gewesen war: eine eigenständige polnische Masurenpolitik. Das Deutsche Reich schenkte dieser polnischen Politik im Soldauer Land besondere Aufmerksamkeit, weil hier verwirklicht wurde, was für Gesamtmasuren geplant war, sollte es zu einer Vereinigung mit Polen kommen.

Als in Soldau bekannt wurde, dass das Gebiet ohne Abstimmung an Polen fallen sollte, entluden sich Wut, Trauer und Bestürzung. Hilflos sah sich die Soldauer Bevölkerung ohne jede

Mitsprache der Entscheidung der Sieger ausgesetzt. Alle Proteste blieben vergeblich. Kommunale Körperschaften verwahrten sich einhellig gegen die Abtretung, führende deutsche Politiker – allen voran Reichspräsident Friedrich Ebert – versuchten noch bis zur letzten Minute, die alliierte Entscheidung rückgängig zu machen. Aber auch das half nichts.

Nach der Übergabe an Polen verließen als erste die deutschen Behörden die Region. Neben der Lokalelite wanderte vor allem die Stadtbevölkerung in das deutsch verbliebene Ostpreußen ab, während sich die überwiegend masurische Landbevölkerung mehrheitlich entschloss, in der Heimat zu bleiben. Trotz dieser Abwanderung wies das Soldauer Land 1920 noch immer eine masurischdeutsche Mehrheit auf. Auch die polnischen Statistiken jener Zeit eignen sich ebenso wenig wie die deutschen zur Ermittlung der Nationalitätenverhältnisse. Allerdings vermittelt der Blick auf das Ergebnis der ersten Sejmwahlen vom 2. Mai 1920 ein aussagekräftiges Bild: 74,6 Prozent der Soldauer Stimmen gingen an den Kandidaten der deutschen Soldauer Bewegung, Superintendent Ernst Barczewski. Als sich jedoch abzeichnete, dass Soldau bei Polen bleiben würde, verließen Deutsche wie Masuren in immer neuen Wellen das Land. Mehr als sechstausend Soldauer kehrten ihrer Heimat den Rücken und zogen als so genannte Optanten nach Deutschland. Auffällig ist, dass die Masuren, die ja zum größten Teil in der Landwirtschaft arbeiteten, viel weniger bereit waren, ihre Heimat zu verlassen, als die Deutschen. Immer mehr Polen kamen von auswärts ins Soldauer Land, wodurch die einheimische Bevölkerung schließlich zur Minderheit wurde. Dennoch gelang Superintendent Barczewski 1928 mit 34,6 Prozent der Stimmen der Einzug in den Warschauer Senat. Trotz seiner dezidiert deutschen Haltung erfreute er sich offensichtlich auch außerhalb des deutsch-masurischen Milieus größerer Beliebtheit.

Barczewski vertrat die Interessen der deutschen Minderheit im polnischen Masuren. Seit 1910 hatte er das Amt des Superintendenten der Soldauer Diözese inne. 1920 spielte auch er mit dem Gedanken der Abwanderung, aber der Oberkirchenrat in Berlin lehnte sein Versetzungsgesuch nach Ostpreußen ab, da man ihn aus kirchlichen und nationalen Interessen als Führungspersönlichkeit der deutschen Minderheit vor Ort benötigte. Seine Tätigkeit beschränkte sich nicht auf den kirchlichen und politischen Bereich, vielmehr stand Barczewski auch im deutschen Vereinswesen sowie im karitativen Bereich immer in der ersten Reihe. Zwar setzte er sich für die Rechte der Deutschen ein, doch tat er dies weniger aggressiv und agitatorisch als andere Vertreter der deutschen Minderheit in Polen vor 1939, so dass ihm durchaus auch von polnischer Seite Respekt gezollt wurde.

Trotz bester Absichten stand das polnische Masurenprojekt in Soldau unter keinem guten Stern. Von einem Modell für das übrige Masuren konnte bereits nach wenigen Jahren keine Rede mehr sein. Den neuen polnischen Amtsträgern mangelte es ebenso wie ihren deutschen Kollegen an der nötigen Sensibilität für die Masuren und deren ganz spezielle Belange. Die Beamten, die aus anderen Teilen Polens hierher versetzt wurden, betrachteten Soldau trotz anders lautender propagandistischer Beteuerungen als preußische Stadt; und die Masuren galten sowohl den Behörden als auch der Mehrheit der Polen nicht als »erlöste polnische Brüder«, sondern als evangelische Deutsche, als *Szwaby* (Schwaben), wie das Schimpfwort für »die« Deutschen lautete. Auf masurischer Seite reagierte man auf die alltäglichen Benachteiligungen und vor allem auf die erzwungene Polonisierung in Schule und Verwaltung mit innerer Abwehr.

Federführend in der Soldauer polnischen Masurenbewegung war eine kleine Gruppe polnischer Protestanten, die aus dem Umfeld des Warschauer Generalsuperintendenten Julius Bursche stammte, dessen Hoffnung auf eine größere evangelisch-lutherische Kirche in Polen sich mit dem Anschluss Soldaus wenigstens zum Teil zu erfüllen schien. Voller Ideale gingen die polnischen Protestanten an die Missionierung des Soldauer Landes und bemühten sich, das Vertrauen der Masuren zu gewinnen.

Besonderen Anteil an diesem Engagement hatte die aus einer Lodzer Industriellenfamilie stammende Emilia Sukertowa-Biedrawina, die sich von 1920 bis zu ihrem Tod 1970 für ein polnisches Masuren einsetzte. 1921 gründete sie die Gesellschaft der Freunde Masurens (Towarzystwo Przyjaciół Mazur). Ihr gehörten polnisch-evangelische Intellektuelle an, die sich der »Repolonisierung« der Masuren verschrieben hatten. Emilia Sukertowa-Biedrawina gründete ferner ein masurisches Lehrerseminar, ein Vereinszentrum sowie ein Masurisches Museum. Ihrem evangelisch-polnischen Zirkel, der selbst Minderheit im eigenen Land war, sind die wenigen Initiativen zu verdanken, in Soldau ein regionales polnisch orientiertes Masurentum zu etablieren.

*Trost und Stütze der deutschen Minderheit im Soldauer Land wurde der Super-
intendent Ernst Barczewski (1867–1937). Seit 1888 war der Masure Pfarrer in
Soldau. Nach der Abtretung Soldaus an Polen im Januar 1920 stellte er sich in
den Dienst des deutschen Minderheitenschutzes. Dank seiner Persönlichkeit und
seines Pragmatismus genoss er aber auch das Vertrauen der Polen in Soldau.
Mehrere Male vertrat er die Region als Abgeordneter im Sejm und im Senat.*

*Generalsuperintendent Julius Bursche (rechts), 1862 im mittelpolnischen Zgierz
als Sohn deutscher Einwanderer geboren, wechselte während seines Theologiestu-
diums in Dorpat die Nationalität und verschrieb sich leidenschaftlich dem polnischen Bestreben, Masuren mit Polen zu vereinen. Die Masuren, so hoffte der Leiter der evangelisch-augsburgischen Kirche in Polen, könnten dann als polnischsprachige Protestanten die katholischen Polen missionieren. Für diesen Traum
bezahlte er mit dem Leben. Als evangelische deutsche Pfarrer ihn 1939 als »Renegaten« denunzierten, geriet der fast Achtzigjährige in Gestapo-Haft. 1942 wurde
er im Zuchthaus Berlin-Moabit ermordet.*

Die kirchliche Vereinnahmung der Masuren durch die polnischen Protestanten um Generalsuperintendent Bursche misslang. Die große Mehrheit der Soldauer blieb der unierten Kirche treu. Nach der Abtrennung Soldaus von der Altpreußischen Landeskirche gehörte die Region zum Konsistorialbezirk der unierten Kirche in Posen, deren Generalsuperintendent Paul Blau auch nach 1920 direkt dem evangelischen Oberkirchenrat in Berlin unterstand. Die unierte Kirche der ehemaligen preußischen Provinzen Posen und Westpreußen, einschließlich des Soldauer Landes, blieb eine ausschließlich deutsche Kirche. Wie die Gemeindezahlen belegen, gelang es ihrem Vertreter in Soldau, dem Superintendenten Ernst Barczewski, die polnischsprachigen Masuren auf dem Land bei der unierten Kirche zu halten. Während die so genannte Bursche-Gemeinde acht Jahre nach ihrer Gründung im Jahre 1923 nur 522 Mitglieder zählte, blieben mehr als sechstausend Protestanten der alten preußischen Kirche treu.

Politisch standen die polnischen Protestanten der linken Mitte, der Nationalen Arbeiterpartei (NPR), nahe und damit einer überwältigenden rechtskatholischen Nationaldemokratie (ND) gegenüber, die in der Region politisch den Ton angab. Für die Nationaldemokratie durfte es keine regionalen Ansätze geben; vielmehr propagierte sie offen und ohne jegliches Gespür für die reale Lage, dass »Polonisierung« gleichzeitig »Katholisierung« bedeuten müsse. Für sie galt: Nur ein Katholik kann ein guter Pole sein. Die wenigen Masuren, die überhaupt bereit waren, sich im polnischen Staat zu engagieren, wurden damit gnadenlos ins Abseits gestellt. Dazu gehörte auch eine Gruppe von Idealisten um Karol Małłek und Adolf Szymański, einheimische Masuren, die sich zum Kreis der polnischen Protestanten gesellten.

Karol Małłek (1898–1969), Dorfschullehrer von Kyschienen bei Soldau, war mit Leib und Seele Masure. Seit Anfang der dreißiger Jahre sammelte er altes masurisches Volksgut und rekonstruierte daraus die weihnachtliche Jutrznia-Feier. Die Jutrznia passte nach 1918 nicht mehr zum politischen Geist eines deutschen »Grenzlandes«. Da der preußische Staat überhaupt von der Förderung alter slawischer Bräuche in Masuren absah und die Nationalsozialisten die Jutrznia sogar verboten, ist einer der schönsten masurischen Bräuche in Deutschland heute unbekannt. Im Soldauer Land aber, das 1920 an Polen fiel, bemühten sich die propolnischen Masuren um den Erhalt der Jutrznia-Tradition.

Małłek gelang es, diese Tradition bis 1939 in den Volksschulen des Soldauer Landes wiederzubeleben. Ihm ist die einzige und authentisch im masurischen Dialekt festgehaltene Überlieferung einer Jutrznia-Feier zu verdanken.

Małłek und sein Kreis begrüßten den Anschluss Soldaus an Polen, konnten aber nur wenige Masuren für ihre Ideen erwärmen und gaben schließlich auf. In den dreißiger Jahren war die Radikalisierung der polnischen politischen Landschaft derart fortgeschritten, dass das polnische Masurenmodell zum Scheitern verurteilt war.

Die Geschehnisse in Soldau wurden von reichsdeutscher Seite aufmerksam verfolgt, da die polnische Masurenbewegung von hier aus auch auf das deutsche Masuren ausgriff. Ihre Propaganda verbreiteten seit 1922 die *Gazeta Mazurska* sowie der *Kalendarz dla Mazurów*, der 1933 eine Auflage von 4500 Exemplaren erreichte. Über Stiftungen und Deutschtumsorganisationen erhielten die deutschen Vereine in Polen daher erhebliche Mittel – offiziell, aber auch heimlich, so dass sie ihrerseits lauthals Propaganda betreiben und eine Revision der Versailler Bestimmungen fordern konnten. Diesen Forderungen war am ehesten Nachdruck zu verleihen, wenn das Deutsche Reich auf eine unterdrückte, permanent in ihren Rechten beschränkte deutsche Minderheit in Polen verweisen konnte. Auch für die Rückkehr Soldaus zum Reich waren die Deutschen und Masuren in diesem Gebiet ein wichtiger »Vorposten«, wie Max Worgitzki, der Geschäftsführer des Allensteiner Heimatdienstes, bemerkte: »Was an Deutschen und Masuren heute noch dort auf dem angestammten Boden sitzt, ist durch die Jahre der Verfolgung und der Leiden so gestählt und so fest zusammengeschweißt, daß kein Gewaltmittel des rücksichtslosen und fanatischen Gegners imstande sein wird, diesen kleinen und doch wichtigen Vorposten des Deutschtums zu zerstören.«[27]

PILGERSTROM ZU DEN GOLDBERGEN

Nach dem Ersten Weltkrieg tauchte in Masuren die alte Sage von den Goldbergen wieder auf, denn die Menschen in den einsamen Dörfern griffen in ihrer Hoffnungslosigkeit nach jedem Anker. Um zu den Goldbergen zu gelangen, muss man in die entlegene

288

Waldregion an der alten Grenze Masurens zu Polen fahren. Zwischen Neidenburg und Willenberg, nördlich des Kirchdorfes Muschaken, liegen die Goldberge – masurisch Złote Góry – in einem der größten ostpreußischen Waldgebiete. Immer schon galten die kleinen Wald- und Heidedörfer dort als »Ende der Welt«. In dieser märchenhaften, vom touristischen Verkehr bis heute kaum erschlossenen Landschaft überlebten die Geschichten aus alten Zeiten, die eng mit der Natur verbunden waren. Bereits der preußische Historiker Max Toeppen sammelte 1866 Sagen, die sich um diese Bergkette rankten. Die Goldberge stellen mit bis zu 228 Metern die höchste Erhebung des Kreises Neidenburg dar. Von hier aus hat man einen herrlichen Ausblick über die umliegenden Ortschaften bis weit in das alte Polen hinein.

Eine der von Toeppen in Wallendorf gesammelten Sagen war folgende: »In den Goldbergen ist nicht bloß ein Schloß, sondern eine ganze Stadt versunken. In alter Zeit kamen öfter zwei Fräulein aus denselben hervor. Eins derselben bat einen Bauer aus Zimnawoda, sie zu erlösen, gab ihm auch Mittel und Wege dazu an und bestellte ihn zu diesem Behufe auf einen bestimmten Tag an den Berg. Als er dahin kam, drang ein Heer von Reitern aus dem Berge auf ihn ein und drohte, ihn in Stücke zu hauen. Der Bauer erschrak so, daß er davonlief und jeden Versuch der Befreiung aufgab. Seitdem zeigte sich nur noch ein Fräulein, doch ist auch dieses jetzt verschwunden.«[28]

Mit der Stadt soll, so geht die Sage, ein gewaltiger Goldschatz versunken sein. Generationen von Masuren haben diese Geschichte überliefert. Im März 1921 erweckte dann ein siebzigjähriger Waldarbeiter namens Brattka aus dem Dorf Jablonken am Omulefsee den Mythos zu neuem Leben. Monatelang erzählte er den Menschen seiner Umgebung immer wieder einen Traum: Ein Engel habe ihn nachts wiederholt in die Tiefen der Goldberge zu den dort verborgenen Schätzen geführt. Die Sache sprach sich herum, so dass schließlich allsonntäglich viele Menschen zu den Goldbergen pilgerten, um durch inbrünstiges Singen und Beten der Erde den Schatz zu entreißen. Der Sage nach wurde dieser nämlich in der Tiefe von einem Dämonen bewacht, der nur durch ständige Gebete und fromme Weisen besänftigt und zur Herausgabe des Schatzes zu bewegen sei. Brattka verhieß sogar, dass mit dem Schatz der Goldberge Deutschlands Schulden des Ersten Weltkrieges beglichen werden könnten.

Den deutschen Behörden war dieser »Massen-Wahn« peinlich. Kirchen und Behörden zeigten sich besorgt, vor allem, weil das ganze Spektakel, das Beten und Singen, ausschließlich in polnischer Sprache erfolgte. Hier hatte etwas die Einflüsse der deutschen Kultur überdauert, etwas, zu dem die Deutschen keinen Zugang hatten. Selbst in der überregionalen Presse fand der Pilgerzug zu den Goldbergen Erwähnung. Große Berliner Tageszeitungen entsandten eigene Berichterstatter. Die Artikel spiegeln Unverständnis, Arroganz, ja sogar Verachtung für die Menschen Masurens, ihre Sprache und ihre Traditionen wider. Die *Vossische Zeitung* berichtete am 19. Mai 1921:[29]

Moderne Teufels-Beschwörer. Ein masurischer Massen-Wahn.

Muschaken, ein kleines Dorf an der Eisenbahn Neidenburg – Ortelsburg, liegt dicht an der polnischen Grenze ... Dieser Flecken ist gegenwärtig die Kultstätte eines merkwürdigen Massen-Aberglaubens geworden, der Pilgerschaft zu den ›Goldenen Bergen‹, ... Eines schönen Apriltages von 1921 war in Muschaken ein 70jähriger Holzfäller aus Jablonken erschienen und berichtete, daß er seit Oktober 1920 allnächtlich den Besuch von zwei herrlich schönen, jungen, guten Geistern erhalte, die ihm andauernd befehlen, die Masuren zur erneuten Erlösung der im Goldenen Berge verzauberten Stadt aufzurufen ... im April, also vor einem Monat, wanderte der fast Blinde aus seinem Dorf auf die zwölf Kilometer entfernt liegenden Goldenen Berge ... Bei einigen Bewohnern des Dorfes Muschaken fand der früher als Trunkenbold berüchtigte Holzfäller Anhänger, die seinen wirren Erzählungen aufs Wort glaubten. Der Geisterbeschwörer trat vor sie hin und erstattete ihnen genauen Bericht. Die Geister hätten ihn dazu ausgewählt, die Teufelsbeschwörungen zu leiten und für eine ständige Fühlungnahme mit den Wohltatsengeln zu sorgen ... So standen nun die Masuren auf dem Hügel, oft auch nachts, trotz Regen und Wind, beschworen die Teufelsgeister durch andauernde, in masurischer Sprache gesprochene und gesungene Gebete und Formeln.

Ostpreußen hatte seit Inkrafttreten des Versailler Vertrages mit einem besonderen Standortnachteil zu kämpfen: Der teure Transport durch den polnischen Korridor ließ die ostpreußischen Verkaufspreise trotz Transportsubventionen über die der Anbieter in den west- und mitteldeutschen Absatzgebieten steigen, und auch der Import landwirtschaftlicher Industrieerzeugnisse aus dem Reich verteuerte sich erheblich. Viele Landwirte verschuldeten sich. Da die Reinerträge nach 1918 stark sanken, waren die finanziellen Verbindlichkeiten bald nicht mehr aus den Erträgen zu decken.

Kniza, Albert, Eisenb.-Assistent, Bismarck-
straße
— Ewald, Kaufmann, Bismarckstraße
Knobbe, Anton, Seiler, Apotheker-Fried-
richstraße
Knorr, Walter, Friseur, Polnische Straße
Kobus, Hermann, Ziegeleiverwalter, Teut-
sche Straße
Koeping, Max, Friseurmeister, Markt
Kohn, Artur, Versorgungsanwärter, Müh-
lenstraße
— Hugo, Bürogehilfe, Polnische Straße
Kotoska, Emil, Maurer, Töpferberg 1
— Hermann, Zimmerer, Töpferberg 3
— Karl, Maurer, Töpferberg 3
Kollatowski, Gottlieb, Schmiedemstr., Pol-
nische Straße
Kollodziejski, Emil, Kaufmann, Markt 39
Kolzewski, Willi, Tischlermeister, Poln. Str.
Kommeralch, Franz, Oberweichenwärter,
Bahnhof
Kompa, Bruno, Dolmetscher-Oberinspektor,
Tannenbergplatz
— Max, Fleischermeister, Polnische Straße
69
v. Kondratowig, Witwe, Deutsche Straße
Kondratki, August, Deputant, Abbau
— Johann, Hofgänger, Abbau
Konrad, August, Maurer, Deutsche Straße
Abbau
— Karl, Zimmermann, Kardinalstraße
Kopatki, Emil, Oberinspektor, Abbau
Kopetsch, Ernst, Kreissparkassen-Direktor,
Deutsche Straße
Kopez, Karl, Rentier, Burgstraße
Korbus, Karl, Oberpostschaffner, Teutsche
Straße
Kosriath, Gustav, Landwirt, Deutsche Str.
— Johann, Arbeiter, Apotheker-Friedrich-
straße
Kort, Gustav, Arbeiter, Littsinken
Korth, Eduard, Eisenb.-Assistent, Bahnhof

— 9 —

Koslowski, Friedrich, Arbeiter, Burgstraße
— Gustav, Schuhmachermeister, Apotheker-
Friedrichstraße
— Heinrich, Kraftfahrer, Töpferberg 3
— Johann, Bergmann, Teutsche Straße
Abbau
— Julius, Lehrer i. R., Bismarckstraße
— Karl, Kaufmann, Deutsche Straße
— Kurt, Kaufmann, Gerberstraße
— Wilhelm, Bürogehilfe, Apoth.-Friedrich-
straße
— Helene, Buchhalterin, Burgstraße
— Marta, Witwe, Kurzestraße
Kohmann, Albert, Lehrer i. R., Töpferberg
— Gustav, Installateur, Kurzestr., 167
— Willi, Maurer, Burgstraße
Kottermanski, Gustav, Postassistent, Bis-
marckstraße
Kotnik, Frig, Arbeiter, Soldauer Chaussee
Kowalewski, Rudolf, Gegenbuchführer, Bis-
marckstraße
— Gustav, Kutscher, Deutsche Straße
— Anna, Schneiderin, Gerberstraße
Krasik, Andreas, Arbeiter, Markt
Krajewski, Gertrud, Kontoristin, Bismarck-
straße
Krampiz, Gustav, Glaser, Bismarckstraße
Krachewski, Adolf, Stellmacher, Markt 29
Krasta, Albert, Lehrer i. R., Kurzestraße
— Friedrich, Arbeiter, Soldauer Chaussee
— Otto, Lehrer i. R., Kurzestraße
— Wilhelm, Landwirt, Deutsche Straße
Kratter, Abraham, Privatier, Markt
— Arnold, Kaufmann, Markt
— Max, Kaufmann, Bismarckstraße
Krause, Gustav, Rottenführer, Bahnhof
— Richard, Arbeiter, Soldauer Chaussee
Kremolski, Walter, Kaufmann, Burgstraße
Kristoleit, Otto, Justizwachtmeister, Gar-
tenstraße
Krotowski, Gustav, Eisenbahn-Arbeiter,
Gregorovinstraße
— Gottlieb, Zimmermann, Töpferberg 3
Kromrei, Friedrich, Maurer, Sattlerstraße

Krueger, Ewald, Amtsgerichtsrat, Deutsche
Straße
— Erwin, Landwirt, Littsinken
— Friedrich, Tischler, Hohenstein. Chaussee
Krupta, Julius, Händler, Apoth.-Friedrich-
straße
— Otto, Gegenbuchführer, Burgstraße
Kubin, Emil, Schutzpolizeiwachtm., Ger-
berstraße
Kuehl, Emma, Buchhalterin, Burgstraße
Kuehn, Hermann, Studienrat, Deutsche Str.
— Horst, Oberingenieur, Deutsche Straße
— Max, Kom. Eis.-Betr.-Ass., Hohensteiner
Chaussee
Kuehnast, Karl, Kaufmann, Deutsche Str.,
15 und 108
— Otto, Rektor, Schulstraße
Kuhn, Albert, Steuerassistent, Markt
— Alfred, Kaufmann, Apoth.-Friedrichstr.,
79
— Andreas, Hausbesitzer, Töpferberg 3
Kujath, Friedrich, Straßenmeister, Hohen-
steiner Chaussee
Kulikowski, Friedrich, Händler, Deutsche
Straße Abbau
Kulta, Egon, Kaufmann, Sold. Chaussee
— Richard, Hegemeister i. R., Soldauer
Chaussee
Kunigk, Siegfried, Dr. jur., Amtsgerichts-
rat, Mühlenstraße
Kunikowski, Bernhard, Militäranwärter,
Deutsche Straße
Kunkel, Hermann, Schmied, Deutsche Straße
Kupzik, Eduard, Arbeiter, Töpferberg 3
— Valentin, Arbeiter, Töpferberg 3
Kupgisch, Emil, Glasermstr., Deutsche Str.,
22
Kurella, Ernst, Inspektor, Bismarckstraße
— Otto, Lehrer i. R., Bismarckstraße
Kurrek, Johann, Rentier, Kirchenstraße
— Karl, Geschäftsführer, Brückenstraße
Kurzinna, Ernst, Kürschnermeister, Bis-
marckstraße
Kuß, Adolf, Maurer, Burgstraße
— Emma, Lehrerwitwe, Schulstraße
Kutowski, Adolf, Steinsetzer, Gartenstraße
Kuzborski, Eduard, Arbeiter, Sattlerstraße
— Johann, Heizer, Bismarckstraße
— Wilhelm, Arbeiter, Polnische Straße
Kuzynski, Emil, Kaufmann, Töpferberg 3
Kutrieb, Otto, Schneidermeister, Gartenstr.
— Wilhelm, Schneidermeister, Burgstraße
Kwiatowski, Wilhelm, Arbeiter, Abbau
Deutsche Straße

L

Labuschinski, Franz, Tischler, Gartenstraße
Lachner, Leopold, Kaufmann, Markt
Langante, Anton, Arbeiter, Bahnhof
Lange, Emil, Photograph, Apotheker-Fried-
richstraße
— Gerhard, Landwirt, Polnische Straße
— Otto, Malermstr., Kölner Str., 158
Langtau, Franz, Justizinspektor, Markt
Lantau, Georg, Kaufmann, Bismarckstraße
Lappui, Gustav Müller, Kirchenstraße
Last, Otto, Justizsekretär, Deutsche Straße
Laslowski, Karl, Arbeiter, Töpferberg 1
Lasset, Gustav, Kaufmann, Polnische Str.
Lascheit, Paul, Kapellmeister, Markt
Laubien, Hermann, Buchdrucker, Poln. Str.
Lauterbach, Ludwig, Reg.-Bau-Obersekre-
tär, Gartenstraße
Lawrens, Adolf, Maurer, Polnische Straße
— Leopold, Fleischermeister, Kurze Straße,
116
Lazarus, Isaak, Kaufmann, Markt, 37
Lehmann, Johann, Res.-Lokomotiv-Führer,
Polnische Straße
Leise, Werner, Dentist, Deutsche Straße
Lembeck, Fritz, Oberbahnhofsvorst., Bahnhof
Lemke, Artur, Maurer- und Zimmermeister,
Apotheker-Friedrichstraße
Leppert, Karl, Schlossermeister, Kirchenstraße
Leschinowski, Wilhelm, Arbeiter, Soldauer
Chaussee
Leszinski, Adam, Arbeiter, Zeugaitenstraße

— 10 —

Eine Seite aus dem Neidenburger Adressbuch von 1926: Polnisch-masurische und
deutsche Familiennamen stehen einträchtig nebeneinander, auch Juden sind als
Deutsche noch nicht Bürger zweiter Klasse.

*Masurens überwiegend schlechte und mittelmäßige Böden verschlimmerten die
ohnehin schwierige Wirtschaftslage in den letzten Jahren der Weimarer Republik.
Infolge der niedrigen Erträge erhöhte sich die Verschuldung. Da es aber keinerlei
staatliche Unterstützung gab, destabilisierte sich die Lage immer mehr. Die
Masuren versuchten, so gut es ging, in gemeinsamer Anstrengung das Schlimmste
abzuwehren. In Wichrowitz rückten sie 1932 einem Baum mit notdürftigem
Gerät zu Leibe, um Platz für ein neues Haus zu schaffen.*

In der zweiten Hälfte der zwanziger Jahre wurde die Situation unhaltbar. Zwar wies Masuren im Vergleich zur Gesamtprovinz die niedrigste Verschuldung pro Hektar auf, aber dennoch war hier die Not am größten, da der Hektar-Einheitswert, der den geschätzten Wert des Vermögens pro Hektar (Bodenklasse, Ertrag) festlegt, auf Grund des schlechten Bodens besonders niedrig veranschlagt war. Auch die durchschnittliche Betriebsgröße war in den masurischen Kreisen deutlich niedriger als in der übrigen Provinz. Der prozentuale Anteil der Betriebe über hundert Hektar an der landwirtschaftlichen Nutzfläche betrug in Ortelsburg 18,4 Prozent, in Johannisburg 21 und in Lyck 19,3 Prozent.[30]

Die Gründung einer Notgemeinschaft Südostpreußen, die eng mit dem von der DNVP dominierten Landwirtschaftsverband Ostpreußen (LVO) kooperierte, war der erste Versuch von offizieller Seite, den Bauern in ihrer bedrängten Lage zu helfen. Doch erst mit der staatlichen »Ostpreußenhilfe« gelangte seit 1928 konkrete Hilfe in die gebeutelte Krisenregion. Neben Steuersenkungen und Subventionen für die Wirtschaft stellte Berlin Kredite bereit und bot Umschuldungsaktionen für die Landwirtschaft. Masurens Bauern profitierten davon allerdings kaum, da die einflussreichen konservativen Gutsbesitzer ihre eigene Klientel bevorzugten. In der Provinz Ostpreußen kamen insgesamt zwölf Prozent der Bauern in den Genuss staatlicher Darlehen. Von den 100 243 Kleinbetrieben der Provinz erhielten dagegen nur elf Prozent einen Kredit, während 38,6 Prozent der 3440 Großbetriebe von dem Geld profitierten. Während die Großagrarier ihre Gutsbetriebe sanierten, ging die große Mehrheit der masurischen Bauern leer aus.

Die Fehlplanungen der »Osthilfe« schürten den Groll gegen die Obrigkeit und untergruben zunehmend die Autorität der demokratischen Regierung. Das traditionelle masurische Weltbild einer festen Ordnung von Obrigkeit und Schutzpatron geriet ins Wanken. Als die letzten verzweifelten Rettungsversuche der Regierung Brüning in den Sog der allgemeinen Staats- und Wirtschaftskrise gerieten, kehrten Masurens Bauern den demokratischen und konservativen Parteien und deren leeren Versprechungen den Rücken und erkoren den Mann aus Braunau am Inn zu ihrem Retter.

Bei der Lektüre masurischer Lokalzeitungen Ende der zwanziger Jahre sticht ein Wort im Anzeigenteil immer wieder deutlich hervor: »Zwangsversteigerung!« In einigen Regionen stand zu dieser Zeit ein Drittel aller Höfe vor der zwangsweisen Veräußerung. Zwar betraf die wirtschaftliche Krise ganz Deutschland, aber in Masuren, einer der ärmsten Regionen des Reiches, nahm sie die Dimension eines wirtschaftlichen Desasters an. Politischen Demagogen bot sich hier ein weites Betätigungsfeld. Unter den von Abstieg und Armut betroffenen Menschen ging die extremistische Saat leicht auf. Hitler nutzte diese Chance. Er gewann gerade in den polnischsprachigen Masuren seine treuesten Anhänger. 1932 sah er während seines Triumphzugs durch Masuren überall Spruchbänder mit der Aufschrift: »Das deutsche Masuren grüßt den Führer des kommenden Deutschlands.«

Allein mit wirtschaftlichen Problemen ist diese Radikalisierung jedoch nicht zu erklären. Masurens Gesellschaft galt vor 1918 als unerschütterlich in ihrer Treue zum Hohenzollern-Haus. Die Monarchie, insbesondere der preußische König, garantierte im Verständnis der Masuren Stabilität und Schutz in einer vertrauten Staats- und Herrschaftsform. Trotz großer sozialer Probleme votierte die masurische Bevölkerung – im Kaiserreich noch vorwiegend polnischsprachige Kleinbauern – mit überwältigender Mehrheit für das konservativ-monarchistische Lager. Als Wilhelm II. dann nach dem verlorenen Krieg abdankte, erschütterte das die »als persönliches Treueverhältnis verstandene Staatsloyalität« (Hans-Ulrich Wehler) der Masuren umso tiefer. Zwar setzte sich die konservative Parteipräferenz fort, aber es fehlte eine Identifikationsfigur.

Neben der Landwirtschaftskrise sorgte auch die Rückwanderung vieler Masuren aus den westlichen Großstädten für einen Überschuss an Arbeitskräften, und da die Krise die lokalen Gewerbebetriebe nicht verschonte, stieg die Arbeitslosigkeit in Masurens Städten dramatisch. Die düsteren Aussichten ließen viele junge Masuren bereitwillig den vollmundigen Verlockungen der NSDAP folgen. Die lokalen SA-Trupps erfreuten sich wachsender Beliebtheit bei jungen Männern. Ende der zwanziger Jahre erzielte die NSDAP erste Achtungserfolge, obwohl sie noch nicht über eine flächendeckende Parteistruktur verfügte. Neidenburg,

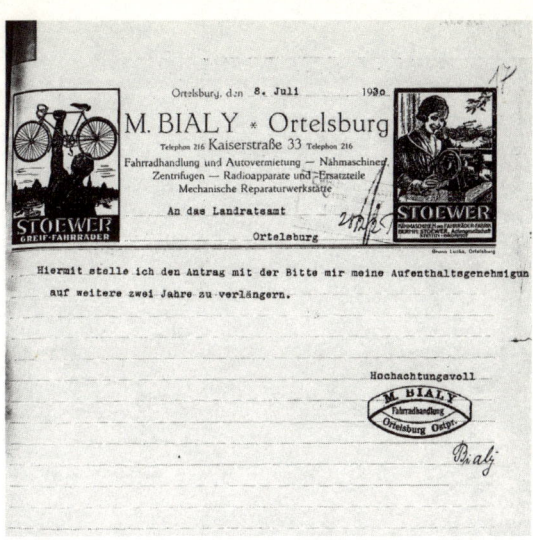

1930 konnte der jüdische Händler Meyer Bialy noch auf eine Verlängerung seiner Aufenthaltsgenehmigung hoffen, aber der politische Wind wurde zunehmend rauer.

*Der letzte erhaltene Grabstein auf dem Johannisburger jüdischen Friedhof
stammt aus dem Jahr 1926. Ein Dutzend Jahre später sollte das jüdische Leben
in Masuren erlöschen. Nur das Tal der Gemeinden in Yad Vashem in Jerusalem
erinnert noch an die einstige Vielfalt dieses Lebens.*

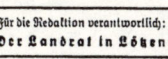

Lötzener Kreisblatt

Für die Redaktion verantwortlich:
Der Landrat in Lötzen

Erscheint wöchentlich drei Mal
Dienstag, Donnerstag, Sonnabend

Stück 94 — Ausgegeben, Lötzen, Montag, den 8. August — 1932

An die Bürgerschaft Lötzens!

Feiger Mörderhand ist in der Nacht zum heutigen Sonntag der Monteur K o t z a h n - hierselbst zum Opfer gefallen.

Mit der besonnenen Bürgerschaft Lötzens sind wir eins in schärfster Verurteilung der verabscheuungswürdigen Tat.

Trotz begreiflicher Entrüstung muß irregeleitetem politischem Frevelmut Ruhe und Besonnenheit des einzelnen Mitbürgers entgegengesetzt werden. Die Parteiführer haben zugesagt, die dahin gehenden Bestrebungen mit aller Kraft zu unterstützen.

Die Verfolgung des Verbrechens geht ihren Gang Die erforderlichen Maßnahmen zur Aufrechterhaltung von Ruhe und Ordnung sind getroffen. Zahlreichere Polizeistreifen sind im Stadtgebiet eingesetzt. Der uniformierte Beamte wird gemeinsam mit Hilfspolizeikräften patrouillieren, die durch weiße Armbinde und Ausweis kenntlich sind. Die Kommandantur hat im militärischen Interesse entsprechende Maßnahmen getroffen.

Den Anweisungen des Polizeistreifendienstes ist Folge zu leisten, die Straße von Ansammlungen frei zu halten. Unbefugtes Führen von Waffen wird geahndet. Wir verweisen auf die Anmeldefrist von Waffen aller Art.

Der Bevölkerung wird Zurückhaltung im Verkehr mit Andersdenkenden und geeignete Unterstützung der polizeilichen Maßnahmen zur Pflicht gemacht.

Lötzen, den 7. August 1932.

Der Landrat.
gez. von Herrmann.

Der Bürgermeister.
gez. Dr. Gille.

Im August 1932 wurde Kurt Kotzahn, der Vorsitzende des Lötzener Reichsbanners, von SA-Männern ermordet. Auch auf Masurens Straßen herrschte zunehmend der nationalsozialistische Mob.

das noch gar keine NSDAP-Ortsgruppe hatte, verzeichnete bei den Septemberwahlen 1930 bereits ein zweistelliges Wahlergebnis.

Erst allmählich gelang durch intensive Basisarbeit der Aufbau eines kleinen, aber straff organisierten Ortsgruppennetzes. Außerdem machte die NSDAP durch Grenzlandkundgebungen, die so genannten Deutschen Tage, auf sich aufmerksam. Straßenschlachten zwischen SA-Trupps und Anhängern der KPD, die ihre Klientel ebenfalls in den Reihen der sozial Benachteiligten fand, bestimmten auch in Masuren den Alltag der späten Weimarer Republik. Bei den Lokalbehörden stießen die antidemokratischen und antisemitischen Aktionen der Nationalsozialisten auf stillschweigende Duldung, häufig auch auf offene Sympathie. Aufrechte Demokraten hatten in Masuren einen besonders schweren Stand.

Aufmerksam geworden durch die steigenden Wahlergebnisse, reiste Hitler im April und Juni 1932 selbst nach Masuren. Während seiner Visite im April 1932 suchte er das symbolträchtige Tannenberg-Denkmal bei Hohenstein auf. Geschickt machte er sich das personalisierte Obrigkeitsdenken der Masuren zunutze. Mit dem Besuch des Tannenberg-Denkmals, mit der Anknüpfung an den August 1914 signalisierte er, dass er als neuer Hindenburg in Krisenzeiten über Masuren wachen werde. Damit schlüpfte er in die Rolle des Ersatzmonarchen.[31]

Hitlers Reisen glichen einem Triumphzug; Zehntausende säumten die Straßen. In Lyck rief er den Menschen zu: »Ich glaube nicht, daß es in Deutschland ein Land gibt mit der Treue des Masurenlandes«, was die nationalsozialistischen Medien zu einer »Masurischen Offenbarung« hochstilisierten. Hysterie und messianische Heilserwartung schlugen ihm entgegen. Hitler schien vom überwältigenden Empfang persönlich sehr berührt. Masuren lag ihm zu Füßen; die wenigen Mahner blieben ungehört. Transparente begrüßten ihn mit: »Heil dem Retter unserer Heimat«.[32]

In der nationalsozialistischen »Volksgemeinschaft« fanden die Masuren nun die lang ersehnte Gleichwertigkeit als »Volksgenossen«. Ihre Stigmatisierung als »Deutsche zweiter Klasse« schien damit beseitigt. Das tief sitzende psychologische Moment einer verinnerlichten Minderwertigkeit, auf der die Kultur- und Bildungspolitik bis dahin aufbaute, ist schwer zu messen. Hitlers Bewegung schien das »Deutschtum« der Masuren nicht anzuzweifeln. Die NS-Führung interpretierte die masurische Frage daher im Rahmen der Parteipropaganda grundsätzlich neu. Hier liegt das entscheidende Moment für den ungeheuren Erfolg der NSDAP: »Es kamen Zweifler aus der Fremde, denen dieses gewaltigste Bekenntnis nicht genügte; sie behaupteten, die Masuren seien in ihrem Herzen doch nicht deutsch. Da fuhr durch Masuren der Führer … In einem unbegreiflich großen Strom von Liebe und Treue öffneten sich ihm die Herzen in unserem Land und empfingen durch ihn die Weihe, für alle Ewigkeit deutsch zu sein und deutsch zu bleiben … Diese unvergeßliche Fahrt durch Masuren … war zugleich eine unerhörte Stärkung der seelischen Kraft und des Widerstandsgeistes dieser Grenzlandbevölkerung. Hier, in diesem bedrohten, armen Lande, das den Führer niemals gesehen hatte, hatte die nationalsozialistische Idee am tiefsten Wurzeln geschlagen.«[33]

Wie stark das Vertrauen in die Weimarer Republik erschüttert war, zeigte die Reichspräsidentenwahl 1932. Hindenburg, als »Retter Ostpreußens« von den Masuren zutiefst verehrt, erzielte in Neidenburg, Ortelsburg und Johannisburg weniger als vierzig, in Lyck sogar weniger als dreißig Prozent der Stimmen. In Scharen folgten die Masuren nun den Versprechungen der NSDAP. Die Ergebnisse dieser Partei in Masuren sprengten 1932 jeglichen Rahmen, stellten alle anderen Resultate auf Provinz- und Reichsebene in den Schatten. Weit abgeschlagen versanken die anderen Parteien in der Bedeutungslosigkeit. Bei der Reichstagswahl am 31. Juli 1932 erzielte die NSDAP im Kreis Lyck mit 70,6 Prozent ihr bestes Resultat, es folgten Neidenburg (69,0 Prozent) und Johannisburg (68,1 Prozent), in den übrigen Kreisen erreichte sie ebenfalls überall die absolute Mehrheit. Bei den Novemberwahlen, bei denen die NSDAP im Reichsdurchschnitt erhebliche Verluste hinnehmen musste, hielt Masuren der Partei Hitlers die Treue, wobei wiederum der Kreis Lyck mit 66,3 Prozent den Nationalsozialisten das beste Ergebnis bescherte. Obwohl im März 1933 bereits der politische Terror die Straße regierte und die Stimmabgabe massiv behindert wurde, setzte eine überwältigende Mehrheit der Masuren ihre Hoffnung in eine Zukunft mit der NSDAP. In Neidenburg erreichte die Partei 81 Prozent, es folgten Lyck (80,38 Prozent), Johannisburg (76,6 Prozent), Ortelsburg (74,22 Prozent), Lötzen (72,52 Prozent), Sensburg (69,02 Prozent) und Osterode (62,73 Prozent).[34]

Je ärmer der Landkreis, desto höher der NSDAP-Anteil. Das ließe sich mit der wirtschaftlichen Misere erklären, wenn nicht ein erstaunlicher Umstand hinzukäme: Die ärmsten Kreise Masurens waren zugleich diejenigen mit der höchsten Prozentzahl masurischer Bevölkerung, also polnischsprachiger Menschen! Kaum vorstellbar, dass die Wegbereiter und Vollstrecker rassischen Größenwahns ihre ersten triumphalen Wahlsiege ausgerechnet in der alten polnischsprachigen Welt des ländlichen Masuren feierten.

Für die polnische Masurenforschung war es nach der politischen Wende 1989 ein schweres Unterfangen, den Erfolg der NSDAP bei den Masuren historisch einzuordnen. Da sie den polnischen Charakter der Region stets reklamiert hatte, musste sie nun auch dieses unangenehme Erbe entsprechend historisch werten.

Der nationalsozialistische Erfolg hatte viele Ursachen: Da waren die wirtschaftliche Notlage und die reservierte Haltung der Masuren gegenüber der neuen Republik. Hinzu kam die Agitation der Heimatorganisationen, die alle Schuld für die verfehlte Strukturpolitik der demokratischen Regierung zuschoben. Die Empfänglichkeit für nationalistische Propaganda mag auch auf das Bedürfnis nach militärischer Sicherheit zurückgehen. Schließlich führten die Medien den Masuren immer wieder das Schreckgespenst einer polnischen Invasion vor Augen. Und nicht zuletzt schienen die Nationalsozialisten den Masuren, die bisher als deutsche Bürger zweiter Klasse galten, einen vollwertigen Platz in der neuen »Volksgemeinschaft« einzuräumen. Erstmals wurde den Menschen an der Grenze des Reiches das Gefühl vermittelt, dass die Regierung Interesse an ihnen habe. Die Hoffnung auf Chancengleichheit, wirtschaftliches Wachstum, soziale Dynamik und eine stabile staatliche Autorität richtete sich daher nicht von ungefähr auf den »Führer«, der sich in die Tradition der großen Preußenkönige und Hindenburgs stellte. Indem die Masuren ihm ihre Stimme gaben, verhalfen sie dem Totengräber masurischer Kultur zur Macht.

Totengräber Masurens
(1933–1945)

»Die schönste Zeit erlebte das Dorf nach dem Jahre 1933« – solche Aussagen mögen heute befremden. Aber für viele Masuren waren die Jahre der nationalsozialistischen Herrschaft bis zum Kriegsausbruch die glücklichsten ihres Lebens, erfüllt von Hoffnungen und Träumen auf eine bessere Zukunft.

Seit Beginn der dreißiger Jahre hatten die nationalsozialistischen Organisationen, allen voran die SA, Masurens Jugend im Sturm erobert. Nach dem 30. Januar 1933 zogen dann diese frühen Kampfgenossen Hitlers in die lokalen Ämter ein, besetzten die Posten der Bürgermeister und Landräte. Damit verband sich für Masuren eine soziale Revolution: Erstmals wurde an den Grundfesten der alten Elite gerüttelt. Selbst den Masuren aus unteren Schichten eröffnete die Parteizugehörigkeit den Weg nach oben. Das Monopol der deutschnationalen konservativen preußischen Beamtenelite war gebrochen, auch wenn »deutsche« Funktionäre weiterhin die entscheidenden Positionen besetzt hielten. Doch nun tauchten erstmals masurische Familiennamen in den lokalen Führungszirkeln auf. Dieses Novum in der Geschichte Masurens hatte eine soziale Dynamik zur Folge, wie das Land sie noch nie erlebt hatte.

Der wirtschaftliche Aufschwung und das Gefühl, endlich in die große »Volksgemeinschaft« aufgenommen zu sein, haben bei nicht wenigen Masuren Empfindungen der Erleichterung und des Glücks aufkommen lassen, die ihnen bis heute den schonungslosen Blick auf die Zeit nach 1933 verwehren: »Die Not der Arbeiter und Bauern verschwand. Der Arbeiter und der Bauer hatten Geld, und somit hatte es auch die ganze Welt. Unverschuldete Unglücksfälle in der Landwirtschaft wurden durch Beihilfen gemildert. Umschuldung, Entschuldung, Ostpreußenhilfe, Wetterschäden, Dürreschäden usw. gab es für die Bauern. Unter den Arbeitern gab es keine Arbeitslosen ... Unter der Parole ›Keiner darf

Vier Generationen einer masurischen Familie im Jahre 1933 – ein Bild der Beständigkeit. Die älteste Frau mag sich noch an den Jubel über den Sieg bei Sedan und an die Gründung des Deutschen Reiches erinnern, aber sie spricht nur polnisch. Der jungen Frau wird sich der Trubel um die Abstimmung vom 11. Juli 1920 eingeprägt haben; sie spricht Deutsch zu dem Kind und Polnisch mit der Großmutter. Aber was hat sich eigentlich in all der Zeit im alltäglichen Leben der Masuren geändert?

hungern, keiner darf frieren‹ fühlten sich die Menschen geborgen und sicher. Lebenslust und Lebensfreude erfüllten sie. Zank, Haß und Feindschaft verschwanden im Dorfe, und die Einwohner lebten wie eine große Familie, die alle 14 Tage ein Dorfgemeinschaftsabend oder eine Filmvorführung der Gaufilmstelle zusammenführte. Dieses Leben währte bis zum Jahre 1939.«[1]

Masuren erlebte nach der Machtübernahme Hitlers einen beispiellosen wirtschaftlichen Aufschwung, der die Bevölkerung in eine nie gekannte Aufbruchstimmung versetzte. Masurens Bauern profitierten von der Absatzgarantie mit festen Abnahmepreisen, die ihnen einen größeren Kalkulationsspielraum gewährte. Günstige Kredite und Entschuldungsprogramme verbesserten ihre finanzielle Liquidität und gestatteten ihnen, in den Neubau und die Modernisierung landwirtschaftlicher Betriebsgebäude zu investieren und neue Techniken einzuführen. Noch heute spiegelt sich dieser Aufschwung in der Architektur wider. Wer von Süden kommend im Kreis Ortelsburg oder Johannisburg die ehemalige ostpreußische Grenze passiert, stösst auf Höfe mit massiven Wohn- und landwirtschaftlichen Nutzgebäuden wie Scheunen, Ställe, die mit ihren roten Ziegeldächern von jenen Jahren künden, in denen die »goldene Zeit« Masurens anzubrechen schien.

Vor allem der besonders arme Süden erlebte eine Blüte, denn hier setzten die Nationalsozialisten mit der als »Masurische Arbeitsschlacht« deklarierten Melioration neue Maßstäbe. Was in der Kaiserzeit und den Weimarer Jahren begonnen hatte, fand nun in einem gewaltigen Kraftakt seine Vollendung: Masurens feuchten, stetig überschwemmten Böden wurde im wahrsten Sinne des Wortes das Wasser abgegraben. Im Mai 1933 beschlossen die Landräte des Regierungsbezirks Allenstein, mit den masurischen Erwerbslosen und weiteren viertausend Arbeitslosen aus Königsberg in der »Masurischen Arbeitsschlacht« die Wasserläufe entlang der polnischen Grenze zu begradigen und zu regulieren. Der zum Narew führende Omuleffluss wurde binnen wenigen Jahren im Kreis Ortelsburg von 22 auf zwölf Kilometer verkürzt und begradigt. Dadurch gewannen die Bauern zwischen 1934 und 1936, also in nur zwei Jahren, mehr als zehntausend Hektar neuer Wiesenflächen.

Bei diesem gewaltigen Unternehmen profitierten die Behörden von der Arbeitsdienstpflicht, ein wirksames Instrument des totalitären Regimes, über das die Weimarer Regierung freilich nicht verfügt hatte. Nun aber entstanden überall dort, wo Meliorations-arbeiten, aber auch Arbeiten in der Land- und Forstwirtschaft im großen Umfang notwendig waren, Lager des Reichsarbeitsdiens-tes (RAD). Die masurische Bevölkerung dieser grenznahen Land-striche konnte die Erfolge dieser Politik förmlich am eigenen Leibe spüren. Zwischen 1932 und 1938 nahm die landwirtschaft-liche Nutzfläche allein im Kreis Ortelsburg um 31 Prozent zu. Da-durch erhöhte sich auch der Viehbestand. Beim Milch- und Rind-vieh war ein Anstieg um 31 Prozent, bei den Pferden um 29 und bei den Schweinen gar um 45 Prozent zu verzeichnen, und die Milchproduktion des Kreises Ortelsburg wurde in fünf Jahren von acht (1934) auf 28 Millionen Liter (1939) erhöht.[2]

Der Aufschwung erfasste schließlich auch das mittelständi-sche Gewerbe der Städte und Marktflecken, das eng mit der länd-lichen Kundschaft verbunden war. Das wiederum bescherte den Kommunalbehörden ein erhöhtes Steueraufkommen, was der Verbesserung der Infrastruktur zugute kam. Mit Hilfe des Reichs-arbeitsdienstes fanden selbst entlegene Dörfer über neue Straßen und Chausseen Anschluss an die lokalen Wirtschaftszentren. Bald wirkten sich die ökonomischen und sozialen Impulse auf breite Schichten der Bevölkerung aus, die erstmals ein offenkundiges In-teresse des Staates am Schicksal der Bürger verspürten. Was hun-dert Jahre Germanisierungspolitik nicht vermocht hatten, gelang durch die wirtschaftliche Blüte in kürzester Zeit: Als Synonym für deutsche Werte, die bei den Masuren schon immer viel gegolten hatten, breiteten sich die deutsche Sprache und Kultur nun mit einer Schnelligkeit aus, die man bis dahin nicht für möglich gehal-ten hätte.

Die Behörden und Verbände bemühten sich nach Kräften, diesen Prozess zu unterstützen. Der umfangreiche Austausch zwi-schen deutscher und masurischer Lebenswelt sollte die autarke Struktur des polnisch-masurischen Sprachmilieus aufbrechen und der deutschen Sprache endgültig zum Durchbruch verhelfen. Trotz aller euphorischen Akzeptanz des nationalsozialistischen Staates bediente sich die Landbevölkerung aber auch nach 1933 ihrer polnischen Muttersprache, was aber weniger auf eine Ab-wehrhaltung gegen den Nationalsozialismus als vielmehr auf die altüberlieferten Gewohnheiten der ländlichen Gemeinschaft zu-rückzuführen ist. Es lässt sich sogar feststellen, dass dort, wo die polnische Sprache in Masuren noch am lebendigsten war, der An-

In der »Masurischen Arbeitsschlacht« fanden seit 1933 tausende Masuren Arbeit. Während die Nationalsozialisten anderswo die Arbeitslosen beim Autobahnbau unterbrachten, setzten sie in Masuren alle Kräfte, derer sie habhaft werden konnten, bei der Melioration ein. Die »Masurische Arbeitsschlacht« wurde ein großer Erfolg.

teil der NS-Stimmen deutlich höher lag, denn dies waren die besonders armen Regionen mit schwach ausgebauter Infrastruktur, die in ganz besonderem Maße auf Hitler vertrauten. Die NSDAP fand also ihre treuesten Anhänger in den polnischsprachigen Masuren!

Nationalsozialismus und polnisch-masurische Kultur, das war ein Gegensatz, der den örtlichen Funktionären ein Dorn im Auge sein musste. Mit allen Mitteln versuchten sie daher, die polnische Sprache in Masuren einzudämmen. Unfassbar war für sie, dass die Masuren nichts Unrechtes darin sahen, wenn sie auf Parteiveranstaltungen Polnisch sprachen. Das sollte nun rigoros unterbunden werden. Obwohl der Rückgang des Polnischen ohnehin unaufhaltsam war, ließen die Nationalsozialisten nichts unversucht, diese Entwicklung zu beschleunigen und jede Renaissance zu verhindern. In den Familien und im Dorf lebte die Sprache aber dennoch weiter, denn mit den Großeltern mussten auch die bereits mehrheitlich deutschsprachigen Enkelkinder Polnisch sprechen. Und was die Parteiveranstaltungen in polnischer Sprache betrifft, so stellte der Sensburger Kreisleiter der zentralen NS-Deutschtumsorganisation Bund Deutscher Osten (BDO) nach mehreren Verboten resigniert fest: »Wenn aber mal paar Schnäpse getrunken sind, sind Befehle leicht vergessen, und der innerlich treudeutsch gesinnte Masure gebraucht dann ebenso den heimischen Dialekt, wie es bei ähnlichen Gelegenheiten der Berliner oder Kölner auch macht. Dieser masurische Dialekt ist aber noch lange nicht ausgestorben, wie man im Reiche vielfach wähnt. Er lebt im Familienkreise, im Kruge und auf den Märkten.«[3]

Viele Heimkehrer aus Masuren bestätigten den Bericht des Sensburger Kreisleiters. Eine RAD-Helferin, die aus Württemberg stammte und zum Ernteeinsatz nach Roggen, Kreis Neidenburg, geschickt wurde, gab an, Masuren getroffen zu haben, die »nie ein deutsches Wort« sprachen.[4] Der Bericht eines Westfalen, der im Rahmen einer Kinderverschickung der Nationalsozialistischen Volkswohlfahrt (NSV) im Sommer 1935 nach Masuren kam, bestätigt den Eindruck: »In Milucken«, stellte er fest, »war aber alles so anders. Die Menschen, die sicher sehr nett zu mir waren, sprachen masurisch, das ich nicht verstand.«[5] In Schuttschen, Kreis Neidenburg, wurden noch 1936 örtliche Bauernversammlungen in polnischer Sprache abgehalten. Im selben Dorf bestätigte eine auswärtige Lehrerin des Bundes deutscher Mädel (BdM), ihre

Schülerinnen sprächen »noch schrecklich viel polnisch«.[6] Obwohl die NSDAP es zum »undeutschen« Verhalten erklärte, wenn jemand Polnisch sprach, war diese »Unsitte« noch stark verbreitet. Dies zeigt ein Kreisbefehl der NSDAP Sensburg, in dem alle Parteiorganisationen aufgefordert wurden, darauf zu achten, dass »bei allen Dienstversammlungen die deutsche Sprache gesprochen wird und nicht der masurische Dialekt«.[7]

In den Kampf gegen die polnische Sprache bezogen die Nationalsozialisten 1937 auch die evangelischen Pfarrer ein. In einer geheimen Aktion des BDO sollte mit deren Hilfe die faktische Zahl der polnischsprachigen Gottesdienste und Gläubigen ermittelt werden. Eine zweite Zählung im April 1938 verzeichnete dann einen Rückgang polnischer Gottesdienste in Masuren von 2540 im Jahr 1933 auf 1480 nur drei Jahre später.[8] Diese bereits unter eindeutigen ideologischen Vorgaben erfolgte Erhebung war der Auftakt zur endgültigen Verdrängung des Polnischen aus dem Gottesdienst. Ohne Zweifel war die Verdrängungspolitik nicht erfolglos, denn die Zahl der polnischen Gottesdienste sank allerorten. Allerdings wurde nicht berücksichtigt, ob der Pfarrer überhaupt Polnisch konnte. Da in den dreißiger Jahren aber bereits eine junge Pfarrergeneration die Masurenseelsorge versah, die der polnischen Sprache nicht mächtig war, konnten dort die größten Erfolge verzeichnet werden, wo der Pfarrer nur Deutsch sprach, was gleichbedeutend war mit dem Erlöschen polnischer Gottesdienste. Es konnten schließlich keine Andachten eingestellt werden, die gar nicht mehr angeboten wurden.

Gerade die selbst von den Behörden immer wieder als Hauptschwerpunkte der polnischen Sprache bezeichneten Grenzkirchspiele im Süden boten teilweise überhaupt keine polnischen Gottesdienste mehr an. Das bedeutete jedoch nicht zwangsläufig, dass dort die polnische Sprache erloschen war. Vielmehr werden viele evangelische Pfarrer, die wie die Lehrer von ihrer Mission als Multiplikatoren deutscher Sprache und Kultur überzeugt waren, dem Wunsch gefolgt sein, ihre Gemeinden im rein deutschen Licht zu präsentieren. Dass dennoch viele Gläubige den polnischen Gottesdienst bevorzugten, zeigt der Zulauf zu den Gromadki, die sich wie eh und je der muttersprachlichen Seelsorge verpflichtet fühlten.

Es gab aber auch Pastoren, die sich gegen die Abschaffung der polnischen Gottesdienste verwahrten, weil sie entweder eine Abwanderung zu den Sekten fürchteten oder ihren seelsorgerischen Auftrag, den Menschen in ihrer Muttersprache das Wort Gottes zu verkünden, ernst nahmen. Diese Pfarrer standen in der Regel der Bekennenden Kirche (BK) nahe, erfuhren aber von dieser Seite und erst recht nicht von Seiten der Amtskirche und der Behörden Unterstützung etwa in Form eines offiziellen Memorandums gegen die Germanisierungspolitik. Das Risiko der Seelsorger, unter besondere Beobachtung des BDO oder gar der Gestapo zu geraten, war nicht gering. So meldete der BDO-Kreisverband Lötzen, in Rydzewen habe der neue Ortspfarrer Hans Biella seit seiner Amtseinführung 1938 die Zahl der polnischen Gottesdienste nicht nur erhöht, sondern bediene »sich überdies in nationalpolitisch undisziplinierter Weise des Masurischen« im Umgang mit seinen Gemeindegliedern.[9]

Überall saßen die Vertrauensmänner des BDO, die als Lehrer, Pfarrer oder Bürgermeister eifrig und gehorsam der Obrigkeit über alles Bericht erstatteten, was als »undeutsch« galt. Der nationalsozialistische Eifer ging so weit, dass Schulkinder von den Lehrern angehalten wurden, in ihren Elternhäusern pädagogisch im Sinne des deutschen Sprachgebrauchs zu wirken. Enkelkinder denunzierten ihre Großeltern beim Lehrer. In Hohenstein verteilten Jugendliche – indoktriniert durch Hitlerjugend und BdM – an Markttagen Flugblätter an die vom Lande kommenden polnischsprachigen Masuren, in denen diese aufgefordert wurden, Deutsch zu sprechen. Ein Lehrer und BDO-Aktivist wies das Jungvolk ausdrücklich an, allen Polnisch sprechenden Passanten »entweder mit einem Gruß vom Bund Deutscher Osten ein Handblatt« auszuhändigen oder sie aufzufordern, »in Deutschland Deutsch zu sprechen«. Diese Aktion veranlasste das »Sägewerk Orgassa & Rogatty und 2 Gutsbesitzer ihrer Gefolgschaft unter Androhung von Geldbußen im Betrage von 50 Pfg. bis 1.– RM« zu verbieten, »in ihren Betrieben Masurisch zu sprechen«. Die Aktion wurde von der Parteileitung »mit Freude begrüßt«, da sie zu einer »Besinnung zu bewußtem Deutschtum« führe.[10]

Im Juni 1938 fand eine BDO-Konferenz unter Teilnahme der masurischen Landräte, Superintendenten und BDO-Vorsitzenden statt. Dort wurde die Abschaffung der polnischsprachigen theologischen Ausbildung an der Universität Königsberg beschlossen, womit die jahrhundertealte Tradition preußischer Toleranz endete. Ferner sollten die Ankündigungen polnischer Andachten in der Lokalpresse und das Anbringen polnischer Aufschriften im

Kirchenbereich unterbleiben. Die Masurenzulage für Pfarrer, die sich der Mühe unterzogen, ihrem seelsorgerischen Auftrag in einem zweisprachigen Grenzgebiet nachzukommen, entfiel. Durch minutiöse Beobachtung und Belehrung sollten die Besucher polnischsprachiger Gottesdienste psychologisch so lange eingeschüchtert werden, bis niemand mehr nach polnischer Seelsorge verlangte.

Am 24. November 1939, knapp drei Monate nach Kriegsausbruch, ging man noch einen Schritt weiter: Die Allensteiner Staatspolizei verbot den Gebrauch der polnischen Sprache im Gottesdienst. Nach vierhundert Jahren endete damit eine der besten Traditionen der preußischen Reformation. Seit 1525 war dieses Land evangelisch und damit – nach dem Willen Herzog Albrechts – dem Anliegen Luthers verpflichtet, das Evangelium in der Muttersprache zu verkünden. Chauvinistische Überheblichkeit und nationalistischer Größenwahn setzten damit auch der sechshundertjährigen Tradition ein Ende, in Ostpreußen Polnisch zu sprechen. Von 1939 an war Polnisch aus der Öffentlichkeit Ostpreußens verbannt. Von masurischer Seite gab es dagegen kaum Proteste, zu schwer wogen die ökonomischen und sozialen Verbesserungen, die Hitler dem Land und dem überwiegenden Teil seiner Bewohner beschert hatte. Nur allzu bereitwillig folgten sie ihm nun.

Hitler war es nicht zuletzt durch den klugen Schulterschluss mit dem alten preußischen Konservatismus gelungen, die Seelen der Masuren zu fangen. Als Hindenburg am 2. August 1934 starb, trauerte ganz Ostpreußen. Die *Ortelsburger Zeitung* im schwarzen Trauerrand verabschiedete den »Vater des Vaterlandes«, das »Denkmal der Treue, des Glaubens und der Allmacht«, den »Fels in der Brandung«. Noch einmal entfaltete sich der Kult um den »Retter Ostpreußens«. Zur Überführung des Reichspräsidenten vom Gut Neudeck nach Tannenberg strömten die Masuren in Massen, um Abschied zu nehmen von ihrem großen Hindenburg: »Es beginnt die Fahrt durch den flammenden Weg, an dem das Volk Ostpreußens Abschied nimmt von seinem Generalfeldmarschall … Die Straße ist mit Tannengrün bestreut, mit weißem Sand und mit Blumen … An der Straße ein einzigartiges und unendliches Spalier der Menschen … In Dt. Eylau grüßen von allen Häusern schwarz verhängte Fahnen, Trauergirlanden sind über die Straßen gezogen.«[11]

Am 2. Oktober 1935 fand die Trauerfeier für den verstorbenen Reichspräsidenten Paul von Hindenburg am »Reichsehrenmal« in Tannenberg statt. Zur Linken Hitlers stehen in der ersten Reihe Familienangehörige des Verstorbenen, zu seiner rechten der alte Generalfeldmarschall von Mackensen, Reichskriegsminister von Blomberg und der Oberbefehlshaber des Heeres Freiherr von Fritsch. Es ist der »Tag von Potsdam« im Osten. Die Verehrung für den toten »Retter Ostpreußens« weiß Hitler auf sich, den neuen Retter, zu lenken.

In den dreißiger Jahren schwoll der Touristenstrom nach Masuren an. Neben den landschaftlichen Reizen lockte die Pilgerfahrt zum »Reichsehrenmal« in Tannenberg, wo die Besucher in einer Jugendherberge oder im neu errichteten Gasthaus »Tannenbergkrug« übernachten konnten.

Entgegen Hindenburgs Wunsch nach einem stillen Begräbnis in Hannover stimmte der Sohn Oskar als Anhänger der Nationalsozialisten dem von der Regierung als gigantische Propagandaschau inszenierten Begräbnis am 7. August 1934 in Tannenberg zu. Hier bemächtigte sich Hitler der patriarchalischen Verehrung für Hindenburg, indem er sich den Masuren als neuer »Retter der Heimat« präsentierte, der das Land aus der wirtschaftlichen und sozialen Katastrophe führe. Geschickt gelang es der NS-Propaganda, die Bedeutung Tannenbergs für ihre Zwecke zu nutzen. In Masuren feierte die NSDAP Hitler als den Führer, durch den »Ostpreußen erneut zum deutschen Heiligtum geworden« sei.[12] Am 2. Oktober 1935, dem Geburtstag Hindenburgs, fand der Verstorbene seine letzte Ruhestätte im Gruftturm des Tannenberg-Denkmals.

Schon unmittelbar nach Fertigstellung des Denkmals im Jahre 1927 hatte der Tannenberg-Tourismus eingesetzt, aber nachdem Hitler das Monument bei der Beisetzung Hindenburgs zum »Reichsehrenmal« erhoben hatte, schwoll der Besucherstrom regelrecht an. Die Ostpreußen kamen ohnehin, aber bald bildete die Reise nach Tannenberg einen festen Bestandteil in der »nationalpolitischen« NS-Schulung. Ausflüge von Schulen, BdM, Hitlerjugend, NS-Frauenschaft und Kriegervereinen führten nun nach Tannenberg. Der Zustrom war so stark, dass sich die Stadt Hohenstein und der Provinzialverband Ostpreußen entschlossen, eine Verkehrsgesellschaft Tannenberg m.b.H. zu gründen, die das Gasthaus »Tannenbergkrug« sowie eine Jugendherberge mit 226 Betten unterhielt.

Die masurischen Gemeinden trachteten die vielen Besucher auch zu anderen Erinnerungsstätten des Krieges zu locken. Werbewirksam setzte beispielsweise Lötzen die Feste Boyen und die Vaterländische Gedenkhalle ins Bild.[13] Die Deutsche Reichsbahn bot Vergünstigungen bei Rundreisen an, die Tannenberg einschlossen. Und nicht zuletzt suchten die lokalen NSDAP-Gruppen vom Tannenberg-Mythos zu profitieren, indem sich beispielsweise das Mitgliedsblatt der Osteroder Parteiorganisation *NS Tannenberg-Warte* nannte.

Die meisten Masuren erlebten die nationalsozialistische Zeit bis 1939 als einen permanenten Aufschwung. Das Land, ihre Heimat, gedieh, und sie selbst schienen in dem Staat, in dem sie lebten, keine missachteten Außenseiter mehr zu sein. Die NSDAP erzielte verblüffende Wahlergebnisse in Masuren, denn sie errang ihre Erfolge mit den Stimmen von Menschen, die ganz und gar nicht dem nationalsozialistischen Volkstums- und Rassebegriff entsprachen. Diese Menschen erlagen einem Trugbild, denn von 1933 an verliefen in Masuren zwei Entwicklungen scheinbar unbehelligt nebeneinander, die sich ganz und gar nicht vertrugen: Da waren auf der einen Seite die dynamische, von der breiten Masse der masurischen Bevölkerung getragene Entwicklung des Landes und der daraus resultierende wirtschaftliche Aufschwung. Für diese Entwicklung dankten die Masuren den Nationalsozialisten mit ihrer Stimme. Dass aber diese Nationalsozialisten alles Slawische für minderwertig hielten, dass sie den Masuren die polnischen Wurzeln, also ihre Sprache und Kultur, nehmen wollten, wurde ihnen dagegen nicht zur Last gelegt. Es gab die breite Zustimmung für die nationalsozialistische Politik, die zum Aufschwung geführt hatte, und keinen Protest, als dieselben Nationalsozialisten den Masuren ihre Kultur und ihre Tradition nahmen.

Die Suche nach den tieferen Ursachen erweist sich hier als schwierig, weil psychologische Einflüsse zum Tragen kommen, die allein durch überlieferte Dokumente und Literatur schwer zu fassen sind. Vor 1918 suchte die Germanisierungspolitik der masurische Kultur und Sprache einen geringeren Wert beizumessen als der deutschen. Nach dem Ersten Weltkrieg setzte dann die eigendynamische Assimilierung der Masuren an den deutschen Kulturkreis ein. Sie machten die Erfahrung, dass der soziale Aufstieg, das berufliche Fortkommen nur möglich waren, wenn sie die Suprematie der deutschen Sprache und Kultur akzeptierten. Sie fügten sich nun in diese Verhältnisse und suchten sie in der Weimarer Republik zum eigenen Vorteil zu nutzen. Der Nationalsozialismus aber bot den Masuren nach den wirtschaftlich schwierigen Zeiten der Weimarer Republik nicht nur stabile Verhältnisse im finanziellen und wirtschaftlichen Bereich, sondern auch eine neue feste Staatsordnung, die sie besonders schätzten.

Die Weimarer Republik wurde zu keiner Zeit von der Mehrheit der masurischen Wähler angenommen, denn sie wurden weiterhin von der tonangebenden deutschen Bevölkerung diskriminiert und bei der staatlichen Wirtschafts- und Kreditvergabepolitik benachteiligt. Diesen Unmut über die verfehlte Strukturpolitik der großagrarischen Funktionäre Ostpreußens verstand die NSDAP in Masuren bereits früh zu nutzen. Die neue Bewegung

Die Nationalsozialisten hatten Ostpreußen schon früh fest im Griff. Erich Koch, seit 1928 Gauleiter in Ostpreußen und seit 1933 Oberpräsident der Provinz, sollte im Krieg als Reichskommissar für die Ukraine in die NS-Verbrechen im Osten verwickelt sein. Auch für die große Tragödie von Flucht und Vertreibung war er verantwortlich, denn die rechtzeitige und weniger verlustreiche Evakuierung der Zivilbevölkerung Ostpreußens wäre möglich gewesen. Da er dies untersagte, fanden Abertausende den Tod, während er mit seiner fetten Kriegsbeute nach Schleswig-Holstein gelangte, wo er unter falschem Namen untertauchte. 1959 verurteilte ihn ein polnisches Gericht zum Tode. Das Urteil wurde nicht vollstreckt, sondern in lebenslange Haft umgewandelt. Koch starb 1986 in der Haft im ermländischen Wartenburg.

proklamierte die Auflösung alter Klassen- und Kulturgegensätze zu Gunsten der deutschen »Volksgemeinschaft« und schien damit spätestens seit der Masurenreise Hitlers 1932 den Masuren die Chance zu bieten, aus ihrer Isolation als Deutsche zweiter Klasse herauszukommen. Insbesondere dieser Aspekt ist für das Verständnis der damaligen Stimmungslage in Masuren wichtig. Zweifellos spielte auch in anderen Regionen Deutschlands die Möglichkeit des sozialen Aufstiegs eine wichtige Rolle, aber in Masuren implizierte dieser Aufstieg zugleich nationale und soziokulturelle Dimensionen. Nach Jahren der Lethargie in der gefährdeten Randlage als propagandistisch umstrittenes Gebiet zwischen Deutschland und Polen fiel das neue »Wir«-Gefühl in Masuren auf besonders fruchtbaren Boden.

TOTALE »GERMANISIERUNG«

Unübersehbar brach mit den Nationalsozialisten die neue Zeit herein. Gleichmacherisch walzten sie alles nieder, was sich mit ihrer Ideologie nicht vertrug. Alles, was slawisch schien, sollte nun einen rein deutschen Klang erhalten. Was im Kaiserreich und in der Weimarer Republik begonnen hatte, trieben sie, seit sie an der Macht waren, auf die Spitze: die Germanisierung Masurens. Die Nationalsozialisten wurden die eigentlichen Totengräber der masurischen Kultur.

Im Gegensatz zum Kaiserreich und zur Weimarer Republik schloss der NS-Staat die Lösung des masurischen »Problems« im prodeutschen Sinn auf kultureller Ebene aus; sein eindeutiges programmatisches Ziel war die Eliminierung aller noch existierenden slawischen Wurzeln. Das erinnerte »an die Versuche der arroganten Ostlandreiter, die Zeit als ihre Zeit kenntlich zu machen, und das heißt, Geschichte zu berichtigen durch die Zuerkennung neuer Namen; auf einmal kam das bei uns in Mode; wer glaubte, zu viele Konsonanten im Namen zu führen – einerlei, ob Familie, Ortschaft oder Fluß –, der konnte sich umbenennen lassen, ja, sogar die Dinge durften umgetauft werden, neue Namen sollten eine ungewisse oder unliebsame Herkunft verdecken, vertraute Zungenbrecher, an die man seit alter Zeit gewöhnt war, wurden aus dem amtlichen Verkehr gezogen und durch wohllautende deutsche Eigennamen ersetzt. Tatsächlich, Namen sollten

Faustpfand sein, Bollwerk und Garantie und wie es sonst noch hieß.«[14]

Die neuen Herren scheuten weder vor der systematischen Verfolgung anders Denkender noch vor der bewussten Manipulation der Geschichte Masurens zurück. In besonderer Weise tat sich der am 26. Mai 1933 als Nachfolger der Deutschtums- und Heimatorganisationen entstandene Bund Deutscher Osten als zentraler NS-Wächter über die Grenzregionen in der Germanisierungspolitik hervor. Er steuerte die Maßnahmen gegen die polnische Sprache in Ostpreußen, aber auch die Bespitzelung und Weitermeldung polnisch orientierter Masuren an die Gestapo. Der ostpreußische Gauvorsitzende des BDO war der spätere bundesdeutsche Minister Theodor Oberländer, der zusammen mit dem Untergruppenvorsitzenden Ostpreußen-Süd, dem Ortelsburger Lehrer Hans Tiska, die Organisation zu einem willfährigen Instrument der NS-Politik ausbaute, um Masurens slawischen Charakter zu tilgen.

Sollte das ehrgeizige Werk gelingen, musste man vor allem die Jugend erreichen. Ein wichtiges Glied in der Kette der vielen Institutionen des BDO war daher die Masurische Volkshochschule Jablonken, die er 1933 übernahm. Als Grenzlandschule sollte sie unter der masurischen Jugend einen elitären Kader heranbilden und dadurch den »zähen Grenzergeist« stärken. Zugleich bemühte sich der BDO, auf allen Ebenen den sprachlichen und kulturellen Austausch zwischen Masuren und Deutschen zu intensivieren. In Zusammenarbeit mit den NS-Jugendorganisationen und Wohlfahrtsverbänden organisierte er Ferienlager und Kinderlandverschickungen, um in die polnischen Sprachmilieus im ländlichen Masuren einzudringen. Auch die Errichtung der Lager des Reichsarbeitsdienstes im Zuge der »Masurischen Arbeitsschlacht« diente diesem Ziel, denn man entsandte gerade in die Gegenden, in denen die polnische Sprache noch weit verbreitet war, Arbeitslose, Studenten und junge Frauen aus dem Reich, die in der Land- und Forstwirtschaft sowie bei Meliorations- und Straßenbauarbeiten eingesetzt wurden.

Auch Ostpreußens berüchtigter Gauleiter Erich Koch, der aus dem rheinischen Elberfeld stammende langjährige Weggefährte Hitlers, setzte auf eine rigorose Germanisierungspolitik und machte sich mit System daran, alle slawischen Spuren zu verwischen und alle überlieferten masurischen Bezeichnungen und Namen zu tilgen. Für diese große Umbenennungsaktion berief er

Altschülertagung in der Masurischen Volkshochschule Jablonken. Die 1927 gegründete Einrichtung wurde nach 1933 zur Grenzlandschule erklärt. Die Ausbildung zielte darauf, die masurischen Absolventen im deutschen Sinne zu prägen.

1938 eine Kommission aus Mitgliedern der Königsberger Albertus-Universität. Dem Kreis gehörten unter anderen der Slawist Professor Meyer, Professor Ziesemer als Leiter des Instituts für Heimatforschung, Lektor Falkenhahn für litauische und altpreußische Bezeichnungen sowie Staatsarchivdirektor Hein als Kenner der Geschichte des Deutschen Ordens an. Die Leitung übernahm Ministerialrat Harmjanz aus dem Bildungsministerium.

Tatsächlich ließ sich die überwältigende Mehrheit der masurischen Ortsnamen auf polnische Ursprünge zurückführen, die allerdings im Laufe der Jahrhunderte eine deutsche amtssprachliche Angleichung erfuhren, so dass häufig nur noch ein polnischer Wortstamm erkennbar war. Nichtsdestotrotz besaßen Masurens Ortsnamen durch ihre polnisch-masurische Herkunft einen eigenen landschaftstypischen Klang. Der Name des Dorfes Przepiorken etwa lässt sich auf *przepiórka* (Wachtel) zurückführen, Niedzwetzken auf *niedźwiedź* (Bär), Sokollen auf *sokół* (Falke), Kokosken auf *kokosz* (Huhn), Schikorren auf *sikora* (Meise), Orzechowen auf *orzech* (Nuss, Nussbaum), Krzywen auf *krzywy* (krumm, schief), Ogrodtken auf *ogrodek* (Gärtchen), Chrzanowen auf *chrzan* (Meerrettich) und Oratzen auf *oracz* (Pflüger).[15]

Schon zwischen 1933 und 1937 hatte es Umbenennungen gegeben, aber diese waren individuell vorgenommen worden. Bei allen Änderungsanträgen durften die betroffenen Dörfer über mehrere Varianten abstimmen, allerdings stand der alte Name nicht mehr zur Wahl. Als aber am 16. Juli 1938 auf Anweisung des Gauleiters und Oberpräsidenten die generalstabsmäßig vorbereitete ethnische Flurbereinigung Masurens begann, fielen Tausende von Ortsnamen und Flurbezeichnungen dem Germanisierungswahn zum Opfer. Siegfried Lenz hat die Aktion im »Heimatmuseum« beschrieben: »Wer glaubt, für den Anbruch einer neuen Zeit sorgen zu müssen, der kann es nicht bei den alten Namen belassen, der muß umtaufen, umschildern, neue Flaggen setzen und nicht nur dies: wer so Anspruch auf die Zukunft erhebt, wie die Ostlandreiter es taten, der muß darauf achten, daß alle überlieferten Zeugnisse für ihn sprechen, und deshalb kommt er nicht darum herum, die Zeugen und Zeugnisse zu sortieren, er muß aussondern, durchforsten, reinigen, ja, es bleibt ihm wohl nichts anderes übrig, als ein Erbsenlesen zu veranstalten unter den Belegen der Geschichte.«[16]

Siegfried Lenz, 1926 in Lyck geboren, hat mit seinen Geschichten aus Masuren und mit dem Roman »Heimatmuseum« seiner Heimat in der deutschen Literatur ein bleibendes Andenken geschaffen. Der Roman ist ein leidenschaftliches Plädoyer gegen die politische Instrumentalisierung der masurischen Geschichte.

Einigen Dörfern billigte man eine direkte Übersetzung der polnischen Bedeutung zu. So wurde aus Wessolygrund Freudengrund, aus Kollodzeygrund Radegrund, die meisten Dörfer aber wurden Opfer des germanischen »Erbsenlesens«. Die neuen Ortsnamen sollten ein altdeutsches Siedlungsgebiet vortäuschen, und dementsprechend deutschtümelnd war die Auswahl. Wawrochen wurde zu Deutschheide, Suchorowitz zu Deutschwalde, Sendrowen hieß fortan Treudorf, Romanowen Heldenfelde und Achodden, ein kleines Dorf im Kreis Ortelsburg, erhielt den NS-Namen Neuvölklingen. Viele Orte erinnerten nun an ihre einstigen Gründer, die Ritter des Deutschen Ordens. Seelonken hieß nach Hochmeister Ulrich von Jungingen Ulrichssee, Salusken Kniprode nach Winrich von Kniprode, Kaminsken erhielt nach Ludwig von Erlichshausen den Namen Erlichshausen, während im herzoglichen Siedlungsgebiet im Kreis Oletzko Dörfer nach ihrem Gründer Herzog Albrecht von Preußen benannt wurden, wie etwa Gonsken, das zu Herzogskirchen, und Kukowen, das zu Herzogshöhe wurde.

Mit einer Hemmungslosigkeit, die sich nur totalitäre Regime leisten können, erfolgte 1938 in Masuren ein ethnischer Kahlschlag, der nichts als eine dumpfe germanozentrische Wüste hinterließ. Es verschwanden all die Namen, die die einmalige Grenzkultur zwischen deutschem und polnischem Sprachraum repräsentierten: Im Kreis Neidenburg fielen 1938 unter anderen folgende masurische Ortsnamen – in Klammern der neue, germanisierte Name – der »Taufkrankheit«, wie Siegfried Lenz schrieb, zum Opfer: Sierokopass (Breitenfelde), Klein Grabowen (Kleineppingen), Sabloczyn (Sablau), Lissaken (Talhöfen), Jablonken (Seehag), Klein Nattasch (Klein Seedorf), Sablotschen (Winrichsrode), Napierken (Wetzhausen), Ittowken (Ittau), Sawadden (Herzogsau), Wichrowitz (Hardichhausen) und Saddeck (Gartenau). Nicht anders sah es im Kreis Johannisburg aus. Dort traf es Jegodnen (Balkfelde), Nowaken (Brüderfelde), Wonglick (Balzershausen), Bogumillen (Brödau), Sabielnen (Freudlingen), Krzywinsken (Heldenhöh), Turoscheln (Mittenheide) sowie Wollisko (Reihershorst).

Im Gegensatz zu den anderen Kreisen Masurens brachte es Lötzen bereits in der Weimarer Zeit auf die hohe Umbenennungsquote von 47 Prozent, während nach 1933 »nur« noch 36 Prozent der Namen geändert wurden. Mit der Umbenennung von 83 Prozent aller Ortschaften führte der Kreis Lötzen eindeutig die Riege der von der Germanisierungsaktion betroffenen Kreise an. Czybulken (Richtenfeld), Czarnowken (Grundensee) sowie Masuchowken (Rodental) verschwanden hier von der Landkarte. Von 157 Dörfern des Kreises Ortelsburg waren 62 von der Umbenennung betroffen, also vierzig Prozent. Allein 45 Dörfer erhielten am 16. Juli 1938 neue Namen. Im großen Umfang wurde die ethnische Flurbereinigung auch im Kreis Lyck durchgeführt: Von 157 Gemeinden versah man 102, also zwei Drittel, mit einem germanisierten Namen. Der spezifisch masurische Klang wich Bezeichnungen, die eher an süd- und mitteldeutsche Regionen erinnern, Rostken etwa wurde zu Waiblingen, Dobrowolla zu Willenheim, Ogrodtken zu Klagendorf, Prawdzisken zu Reiffenrode, Skomatzko zu Dippelsee und Gortzitzen zu Deumenrode. Im »Heimatmuseum« versteht der masurische Ofensetzer Eugen Lawrenz die Welt nicht mehr, als er 1938 auf den altvertrauten Wegen wandert und überall auf den Ungeist der neuen Zeit stößt:[17]

Jedenfalls, der Ofensetzer Eugen Lawrenz will mit nuscht als Freindlichkeit im Kopf den langen Birkenweg nach Panistrugga gegangen sein – einen Weg, den seine Beine sozusagen auswendig kannten –, als er feststellen mußte, daß die alten Hinweisschilder nach Marczinowen und Maleczewen ersetzt worden waren; statt zu den ihm bekannten Ortschaften führten die Abzweigungen jetzt nach Martinshöhe und Maleten. Er hielt das für einen Irrtum oder für eine Dreidammligkeit, er ging weiter in Richtung Panistrugga, einfach, weil er von dort aus nach Skrzypken und Krzysewen wandern wollte, wie jedes Mal zuvor ... Als er sich der Ortschaft Panistrugga näherte, flogen wie immer Scharen von Kibitzen auf, die sich in schlenkerndem Flug sammelten und ihn dann angriffen von beiden Seiten des Wegs, so lange, bis er Thurows Wirtschaft erreichte. Hier stand das Ortsschild; es war übermalt; es sagte ihm, daß er sich in Herrenbach befand. Eugen Lawrenz will sich da derart genarrt gefühlt haben, daß er nichts nötiger zu haben glaubte als ein Gläschen Nikolaschka; so betrat er die Wirtschaft, in der an einem Ecktisch starräugig Iwaschkowski saß, der Gendarm. Sie tranken sich zu und danach fragte der Ofensetzer, ob im Bezirk womöglich eine neue Krankheit ausgebrochen sei, die Taufkrankheit, worauf der Gendarm dem Fragesteller empfahl, ihn künftig nicht mehr mit Iwaschkowski anzureden, sondern mit Hausbruch, Waldemar Hausbruch.
	Bedripst brach er nach Krzysewen auf, passierte Krolawolla, das sich jetzt Königswald nannte und fand mit geschlossenen Augen durch Kallenzynnen, das nun Lenzendorf hieß, schleppte sich durch das windstille Skrzypken, das sich in Geigenau verwandelt hatte ... Nu is jeschafft, sagte er, nu haben se einen Irrjarten jemacht aus Masuren.

Im *Amtlichen Kreisblatt des Kreises Ortelsburg* vom 31. August 1938 verfügte der Landrat auf Anordnung des Königsberger Oberpräsidiums schließlich die Änderung derjenigen Landschaftsbezeichnungen, die man bei der Großaktion am 16. Juli vergessen hatte, und das betraf nun die Fluren, Seen und Wälder, die seit Jahrhunderten masurische Namen trugen. »Mit sofortiger Wirkung« ordnete Oberpräsident Koch im Einvernehmen mit dem Allensteiner Regierungspräsidenten die Umbenennung der masurischen Seen an.[18] Der Krzyweksee hieß fortan lapidar Bogensee, der Trozianeksee Bauernsee, der Piawnicksee Egelsee, die Bubrowkawiesen Bohnenwiesen, der Gomolkabruch neuerdings Hügelwalder Bruch sowie der Kopaziskabruch Friedrichsfelder Bruch, die Klasce Gori erhielten den Namen Kreisberg und die Johannisburger Gemarkung Pissawoda war fortan als Galindewiesen in den topografischen Karten verzeichnet. Im Kreis Johannisburg entfielen einige Flurnamen gänzlich; bei einigen rein polnisch-masurischen Flurnamen wie Borrek, Dziekarka, Klini, Kruppowa, Malilass oder Przykupiczisna muss man sich wundern, dass sie sich überhaupt bis in die nationalsozialistische Zeit halten konnten.

Ob die Masuren die Umbenennung bereitwillig mitgetragen haben, lässt sich aus den überlieferten Dokumenten nicht beantworten. Ein Sturm der Entrüstung wäre zu erwarten gewesen angesichts dieses vernichtenden Angriffs auf die masurische Kultur und Tradition, aber es geschah nichts dergleichen, ganz im Gegenteil: Die masurische Mehrheit folgte bereitwillig den nationalsozialistischen Anweisungen, die sich mit ihrem sehnlichen Wunsch nach einem festen Platz in der deutschen »Volksgemeinschaft« zu verbinden schienen. Mit den Umbenennungen war diesem Wunsch auch äußerlich Rechnung getragen.

In der Alltagssprache der Masuren setzten sich die neuen amtlichen Bezeichnungen allerdings nicht durch. Was in Jahrhunderten gewachsen war, konnte das Regime in den wenigen Jahren bis zu seinem Untergang nicht restlos tilgen. Und wenn es um den Familiennamen ging, waren auch nur wenige Masuren bereit, diesen den Vorstellungen der Nationalsozialisten anzupassen. Wären sie von den Germanisierungsaktionen tatsächlich überzeugt gewesen, hätten sie sicher die Gelegenheit ergriffen, ihren polnisch-masurischen Namen durch einen deutschen zu ersetzen. Aber das tat nur ein kleiner Kreis besonders eifriger Parteifunktionäre. Ein Blick in die NSDAP-Parteiakten Masurens offen-

bart, dass lokale Funktionäre mit den masurischen Namen Czygan, Dzwonek, Turowski, Trzaska, Olschewski, Kulessa, Przytulla,
Grzybowski, Wyludda, Szelinski, Lissek, Fidorra, Opalka, Chittka,
Gemballa, Ollech oder Posdziech eindeutig in der Mehrheit waren.

Die Umbenennung der Ortschaften feierte dann noch einen
späten Sieg: Nach 1945 schrieb die Landsmannschaft Ostpreußen
ihren untergeordneten Kreisgemeinschaften und Verbänden vor,
alleinverbindlich die bei Kriegsende gültigen Ortsnamen zu ver-
wenden. Diese Regelung übernahm dann die 1949 gegründete
Bundesrepublik Deutschland, deren Lastenausgleichsämter, Aus-
siedler- und Flüchtlingslager, Rentenbehörden und Meldeämter
weiterhin die germanisierte NS-Form gebrauchten. Bis heute ziehen sich die Vertriebenenverbände hinter die Schutzbehauptung
zurück, dass aus rechtlichen Gründen von dieser katastrophalen
Regelung nicht abgewichen werden dürfe. In der Vertriebenen-
literatur – den Heimatbriefen, dem *Ostpreußenblatt* und den Erinnerungen – findet man durchweg nur die germanisierte Form der
Ortsnamen, die in der angestammten Heimat der Masuren nur
für wenige Jahre offiziell in Gebrauch war, während auf die jahrhundertealten Namen mit regionaler Tradition kaum hingewie-
sen wird. Noch einmal haben sich diejenigen Kreise durchgesetzt,
die über Generationen die Germanisierungsbestrebungen gefördert haben und das slawische Erbe Masurens auszulöschen trachteten, um so polnische Ansprüche abzuwehren.

Während die Ämter Ostpreußens und des Reiches mit der
Umbenennungsaktion beschäftigt waren, mühte sich die NS-For-
schung, die polnisch-masurische Welt mittels eines frühgeschicht-
lichen germanisch-deutschen Anspruchs der deutschen Geschichte und Nation einzuverleiben. Vor der bewussten Fälschung
historischer Tatsachen scheute man dabei nicht zurück. Schließlich ersetzte man das verräterische »Masuren« durch den Terminus »Südostpreußen«. Der BDO setzte sich mit seinem Jahreskalender – dem *Masurischen Volkskalender* – an die Spitze dieser
neuen »masurgermanischen« Forschungstendenz. Offensichtlich
polnisch-masurische Familiennamen wurden nun als eindeutig
deutschen Ursprungs gedeutet und als »lebendiges Zeugnis der
starken Deutschblütigkeit des masurischen Stammes« gefeiert.[19]
Frühgeschichtliche Siedlungsfunde galten als Beweis einer älteren
germanischen Kultur in Masuren, der wieder zum Durchbruch

verholfen werden müsse; die lästigen slawisch-polnische Spuren dagegen ließen die Gralshüter der »masurgermanischen« Geschichte kurzerhand verschwinden.

Das »Grenzland« Masuren sah sich nun gefeiert als germanische Festung im »uralten Abwehrkampf gegen das Slawentum«. Das war absurd, ja grotesk, wurde von den nationalsozialistischen Ideologen aber mit System dem Nachwuchs eingetrichtert. Die NS-Kulturpolitik setzte die ahistorische Legende auf die Lehrpläne der Schulen, errichtete überall in Masuren Grenzland- und Heimatmuseen, die die neue Lehre im Bewusstsein der Besucher verankern sollten. Gedenkstätten und Ausstellungen erinnerten an das heroische Ringen der Urgermanen auf masurischem Boden gegen die Slawen. Die Zeugnisse der masurischen Volkskultur hingegen wanderten in die Magazine oder verschwanden für immer. Neben dem Tannenberg-Denkmal legten die Vaterländische Gedenkhalle in Lötzen sowie die Exponate des Ortelsburger Heimatmuseums Zeugnis ab vom deutschen Kampf und Sieg. Bei Neidenburgs Grenzlandmuseum, ebenfalls Künder des ewigen Deutschtums, brachten die Nationalsozialisten auf besonders perfide Weise ihren Triumph zum Ausdruck, indem sie es auf den Trümmern der 1938 zerstörten Synagoge errichteten.

Die Ur- und Frühgeschichte erhielt nun einen hohen Stellenwert. Alles, was aus der Zeit vor der Einwanderung der Masowier sichtbar wurde, erfuhr eine sakrosankte Erhöhung: Masuren überbot sich in der Entdeckung germanischer Grabhügel, Steine und Burgen. Von der dominierenden Prägung Masurens durch polnischsprachige Bewohner während der letzten Jahrhunderte vernahm man dagegen kein Wort mehr. Im »Heimatmuseum« feiert die Stadt Lucknow ihr Grenzlandmuseum, doch Conny Karrasch erkennt bald, »daß die Fundstücke zu einem Beweis dafür herangezogen werden, daß sich der Masure seit je als Vorposten des Deutschtums im Osten empfand«.[20] Für ihn ist das kein Museum, sondern ein »Gesinnungstempel«, eine »heroische Schaubude«: »Es gibt Dinge, denen wir keine Unschuld zugute halten können und dazu gehört ein Heimatmuseum: ungewollt weckt es völkische Arroganz. Und erst ein Grenzland-Museum: das ist nun schon mehr als verklärende Narrheit, mehr als ein Dilemma, denn der Chauvinismus richtet es ein und möbliert es, und nationale Überheblichkeit schreibt die Kunde nach Bedarf um ... Eine Kapelle der Vorurteile, eine Kriegserklärung durch Fundstücke;

Heimatkunde wurde zum wichtigen Bestandteil in der Erziehung und Ausbildung der Jugend. Ob der Schulausflug einer Klasse aus Kannwiesen zum Ortelsburger Heimatmuseum im Jahre 1938 oder die Masurenfahrt der Königsberger Studenten nach Paprodtken (Goldensee) im selben Jahr: Der jungen Generation sollte ein »masurgermanisches Erbe« vermittelt werden, eine Geschichte Masurens, in der alle polnischen Spuren getilgt waren.

eine Einstimmung in Brauchtumswahn, der sich noch nie mit dem zufriedengegeben hat, was er bereits besitzt und immer auf alte Rechte klagt.«[21]

Bis tief in den Westen des Reiches beteiligte man sich an der Geschichtsfälschung im Osten. So sah sich der Gelsenkirchener Fußballverein Schalke 04 schon 1934 genötigt, die »deutschblütige« Abstammung seiner Spieler in der groß angelegten Pressekampagne »Schluß mit polnischen Gerüchten« kundzutun. Dabei lag auf der Hand, dass in Gelsenkirchen, dem Zentrum der masurischen Arbeitsmigration im Ruhrgebiet, eine beträchtliche Anzahl der Spieler aus masurischen Familien stammte. Von dreizehn Spielern waren es sechs, nämlich die berühmten Fußballmeister Fritz Sczepan (Neidenburg), Emil Rothhardt (früher Czerwinski, Lyck), Ernst Kuzorra (Osterode), Ernst Kalwitzki (Neidenburg/ Osterode), Rudolf Gellesch (Lötzen) und Walter Badorrek (Ortelsburg).[22]

Die polnisch-masurische Bewegung, die schon in der Weimarer Republik einen schweren Stand in Masuren gehabt hatte, war von 1933 an zunehmend der Verfolgung ausgesetzt. Alle ihre Aktivitäten wurden von der Gestapo, von den BDO-Aktivisten oder den Behörden überwacht, selbst Briefträger standen im antipolnischen Dienst. Mit Hausdurchsuchungen, willkürlichen Verhaftungen und Beschlagnahmungen hatten sie jederzeit zu rechnen, so dass sich einige polnische Masurenfunktionäre schon frühzeitig nach Polen absetzten. Auch nach Abschluss des deutsch-polnischen Nichtangriffsabkommens von 1934 trat keine Entspannung ein, vielmehr nahmen die Aktionen gegen die propolnischen Masuren, ja generell gegen alles Masurische beständig zu.

Ein Brief des Oberpräsidenten Erich Koch an das Preußische Innenministerium vom 15. Juni 1937 unterstrich, dass, obwohl »die Doppelsprachigkeit und die nichtdeutsche Muttersprache ... nicht als Kennzeichen fremden Volkstums anzusehen« seien, die Gefahren, die von der masurischen Zweisprachigkeit ausgingen, nicht unterschätzt werden dürften: »Eine unbedingt nationalpolitische Zuverlässigkeit der zweisprachigen Bevölkerung in Masuren ist jedoch nicht anzunehmen, wie es das Beispiel des Kreises Soldau beweist ... Mithin sind sämtliche masurische Kreise als nationalpolitisch gefährdet anzusehen.«[23]

Während die Nationalsozialisten also unter großem propagandistischen Aufwand die »masurgermanischen« Wurzeln des

»Grenzlandes« freilegten, blieben sie intern doch bei der Auffassung, dass die Masuren slawischer Abstammung und daher politisch und »völkisch« unzuverlässig seien.

DAS SCHICKSAL DER MASURISCHEN JUDEN

Obwohl Masurens jüdische Gemeinschaften verschwindend klein waren, gelang auch nach 1933 die Aufrechterhaltung des Gemeindelebens. Jede Kreisstadt verfügte über eine Synagogengemeinde, jüdische Vereine und eigene Friedhöfe. Mit dem Antisemitismus wusste man im Grenzgebiet zu leben, denn er tauchte hier nicht erst auf, nachdem er mit der Machtübernahme der Nationalsozialisten zur Staatsräson erhoben worden war, sondern gründete auf alten christlichen Vorurteilen und antipolnischen Stereotypen, die im polnischen Nachbarn den vielgeschmähten »Ostjuden« verkörpert sahen.

Die polnischen Städte jenseits der Grenze galten den Deutschen als üble »Judennester«. In Lyck wurden bereits vor den Wahlen von 1921 Tausende von Flugblättern des Deutschvölkischen Schutz- und Trutzbundes, einer Vorgängerpartei der NSDAP, gefunden, die mit Hakenkreuzen versehen waren und die Aufschrift »Haut die Juden!« zeigten. 1924 stieg diese antisemitische Partei zur zweitstärksten Partei im Kreis Lyck auf, und schon damals erlebten Masuren antisemitische Aussschreitungen, Bombenanschläge, Flugblattaktionen und Boykottaufrufe gegen jüdische Geschäfte. Indem sie Polen und Juden ausgrenzten, schufen die Masuren, die als Deutsche zweiter Klasse galten, eine Minderheit, über die sie sich ihrerseits erheben konnten. Dieses psychologische Moment sollte man gerade in der Grenzregion Masuren nicht außer Acht lassen.

Anders als die Juden in den Großstädten des Reiches konnten die masurischen Juden keine Zuflucht in der Anonymität suchen, denn dazu waren die Städte mit maximal 15 000 Einwohnern zu klein. Die Juden hatten hier keine Möglichkeit, dem alltäglichen Antisemitismus zu entrinnen, aber zugleich erlaubte die überschaubare Größe der masurischen Zentren ihren christlichen Nachbarn nicht, einfach wegzuschauen. Niemandem konnte verborgen bleiben, was mit den Juden geschah. Nachträgliche apologetische Rechtfertigungen in der Literatur der Vertriebenenver-

Hochzeit auf dem Lande, 1936. Die Masuren sahen sich aufgenommen in die deutsche »Volksgemeinschaft«, sie wähnten, in »goldenen Zeiten« zu leben. Niemals zuvor hatten sie in ihrer Heimat mit so viel Zuversicht eine Familie gegründet. Doch wer die Augen nicht verschloss, der sah das Unheil längst kommen.

Das Erntedankfest war im landwirtschaftlich geprägten Masuren stets ein
großes Ereignis gewesen, mit Dankgottesdienst und Umzug. Doch kaum waren
die Nationalsozialisten an der Macht, geriet der Erntedank vom 1. Oktober
1933 in Osterode unter Führung der SA und reger Anteilnahme der Bevölke-
rung zu einer antisemitischen Kundgebung vor dem Geschäftshaus der jüdi-
schen Firma Lewinsohn & Co.

bände und Versicherungen, »nichts gesehen und nichts gehört«
zu haben, sind daher wenig glaubwürdig.

Bereits im Frühjahr 1933 terrorisierten SA-Trupps jüdische
Geschäftsleute, indem sie sich vor den Läden platzierten und zum
totalen Boykott aufriefen. In Neidenburg verbreitete die SS folgendes Flugblatt:[24]

> **Masuren! Deutschbewußte Bürger und Bauern!**
> Durch eure Entschlossenheit und euer mannhaftes Eintreten für Adolf Hitler und
> die nationale Regierung habt Ihr die roten Bonzen, Schieber und Wucherer von
> Ministersesseln, aus Verwaltung und sonstigen Futterkrippen vertrieben! Nun
> müßt Ihr aber auch den heimlichen Drahtziehern, Förderern und Zuhältern von
> Reichsjammer, Rotfront und sonstigen kommunistischen Räubergarden die
> Rechnung vorhalten. Durch Aussagen und Aktenmaterial ist einwandfrei erwie-
> sen, daß in der Grenz- und Kreisstadt Neidenburg den roten Garden erst ihre
> Organisierung und Ausrüstung durch große Geldspenden der Juden Neiden-
> burgs ermöglicht ist. Also tragen die Juden in Neidenburg die Hauptschuld an
> dem verbrecherischen Treiben, an den Überfällen der kommunistischen Meute
> auf Deutschdenkende … Wir fordern euch auf, daher nie mehr bei Juden und
> Juden-Filialen zu kaufen, euch nie mehr von jüdischen Ärzten behandeln und
> nie mehr von jüdischen Rechtsanwälten beraten zu lassen … Befreiung vom Ju-
> denjoch!

In Lyck stellte der NSDAP-Ortsgruppenleiter bereits 1933 befrie-
digt fest, dass der Umsatzrückgang der jüdischen Geschäfte durch
den Boykott »ein Zeichen der Gesundung des deutschen Volkes«
sei.[25] Am 25. März 1934 rief die Johannisburger NSDAP-Ortsgruppe zum Boykott jüdischer Geschäfte auf und liess auf der
Hauptstraße ein Transparent mit der Aufschrift »Kampf dem
Schacher! Kauft in deutschen Geschäften!« anbringen. Nach dem
Johannisburger Polizeibericht wurde in der Nacht vom 8. zum
9. Oktober 1934 das Schaufenster des Kaufmanns Benno Toller
»in Ekel erregender Weise mit Menschenkot beschmiert«.[26]

Schikanen, Boykott und Psychoterror waren an der Tagesord-
nung. Besonders beliebt war bei den SA-Männern das Fotografie-
ren vor jüdischen Geschäften. Die Ablichtungen der Kunden wurden dann in »Stürmerkästen« ausgehängt. Wessen Konterfei dort
auftauchte, der sah sich als »Judenknecht« an den Pranger gestellt. Die jüdischen Bürger Ortelsburgs schüchterte die NSDAP
ein, indem sie anlässlich ihres Kreisparteitags am 17. und 18. August 1935 einen Großaufmarsch veranstaltete, den Gauleiter
Erich Koch als Ehrengast anführte. In Sichtweite jüdischer Ge-

schäfte ließ man bei dieser Gelegenheit Transparente mit der Aufschrift »Ohne Lösung der Judenfrage keine Erlösung des deutschen Volkes« und »Ohne Brechung der Judenherrschaft keine Erlösung der Menschheit« anbringen.[27]

Zermürbt durch den alltäglichen Terror, gaben immer mehr jüdische Bürger ihre Geschäfte und Büros auf, und es fanden sich genügend Deutsche bereit, im Zuge der »Arisierung« diese zu Schleuderpreisen zu übernehmen. Der Johannisburger Bürgermeister zeigte sich 1935 in einem Brief an den Landrat ganz betrübt darüber, dass die Juden Bischburg und Toller »leider noch nicht verkauft« hatten.[28] Einigen masurischen Juden gelang noch in den dreißiger Jahren die Emigration nach England, nach Palästina oder nach Übersee, die überwiegende Mehrheit aber zog in die deutschen Großstädte, vor allem nach Berlin, wo sie bei Verwandten in der Anonymität Zuflucht suchten. Dort ereilte sie dann von 1940 an das Schicksal der Deportation.

Trotz massiver Beschränkungen, trotz Terror und Verfolgung hielten sich jüdische Gemeinden in Masuren, deren Mitglieder im festen Glauben, dass auch dieser Kelch vorübergehen werde, in der Heimat ausharrten. Die Pogromnacht vom 9. auf den 10. November 1938 aber sollte sie lehren, dass sehr viele Menschen in Deutschland mit den Juden kein Erbarmen hatten. Masurens Synagogen brannten lichterloh. In Ortelsburg ging das repräsentative Gebäude an der Kaiserstraße vollkommen in Flammen auf. Den Anweisungen aus Berlin folgend, stellte der Ortelsburger Bürgermeister die Kosten für den Abbruch der Ruine in Höhe von 1055 Mark der jüdischen Gemeinde in Rechnung.[29] Noch in letzter Minute hatte Samuel Gorfinkel, letzter Synagogenvorsteher der Ortelsburger jüdischen Gemeinde, versucht, die heilige Thorarolle aus dem brennenden Tempel zu retten. Doch es gelang ihm nicht, und so blieb nichts erhalten, was an das jüdische Gotteshaus in Ortelsburg erinnert. Nur hinter der Bahnstrecke zwischen Ortelsburg und Johannisburg, wo einst der jüdische Friedhof war, findet man noch »ringsum die Steine einer unermeßlichen Tragödie, die auch die übrige Gemeinschaft der Juden in Ostpreußen verschlungen hat«.[30]

Am schlimmsten tobte der NS-Mob in Neidenburg. In der »Kristallnacht« wurden zwei jüdische Neidenburger ermordet, drei weitere verletzt. Die beiden Opfer – Julius Naftali und Minna Zack – starben durch Messerstiche, die ihnen betrunkene SA-Männer zufügten. Den Ehemann der ermordeten Frau, Händler Aron Zack, traf ein starker Stich in den Bauch, während die Söhne Helmut und Kurt mit leichteren Armverletzungen davonkamen. Die SA-Leute stammten allesamt aus Neidenburg und Umgebung, was die Behauptung widerlegt, die Gewalttaten der Pogromnacht seien ausschließlich von auswärtigen SA-Leuten verübt worden. Ein NSDAP-Parteigericht sprach die SA-Leute im Februar 1939 frei, doch 1962 gelangte der Neidenburger Mord vor dem Paderborner Landgericht zu einer rechtsstaatlich geführten Anklage. Mehrere der beteiligten SA-Männer hatten sich für ihre Untaten in einem Prozess zu verantworten, in dem auch die eigens aus Bolivien und Argentinien angereisten Familienangehörigen der Ermordeten gehört wurden. Deren Aussagen führten schließlich zur Verurteilung zweier Hauptbeteiligter zu mehrjährigen Haftstrafen. 1992 wurde der Fall noch einmal aufgerollt und einer der Täter, der bis dahin in der DDR gelebt hatte und dort nicht vor Gericht gestellt worden war, wegen des Mordes an Minna Zack zur Verantwortung gezogen. Der inzwischen 83 Jahre alte Fritz R. erhielt eine Strafe von zwei Jahren auf Bewährung wegen Beihilfe zum Totschlag. Nach 54 Jahren waren dies wenigstens Ansätze, das grausame Verbrechen zu sühnen, das Neidenburger an Neidenburgern begangen hatten.[31]

Einer der wenigen Masuren, die die Augen vor dem Schicksal der Juden nicht verschlossen, war der Schriftsteller Ernst Wiechert. Für seine christliche Überzeugung und sein mutiges Eintreten für Pastor Martin Niemöller handelte er sich 1938 einige Monate Haft im KZ Buchenwald ein. Hier erlebte er den Terror gegen Juden schon zu einer Zeit, als außerhalb der Lager noch »Frieden« herrschte und die Masuren sogar meinten, »goldene Jahre« zu erleben. Über die Zeit im Konzentrationslager hat Wiechert in dem Bericht »Der Totenwald« geschrieben:[32]

Er wußte, daß die Kerker gefüllt waren mit Unschuldigen. Daß in den Lagern der Tod auf eine grauenvolle Weise erntete. Daß die Ämter von Unwürdigen besetzt, die Zeitungen von Marktschreiern geleitet wurden. Daß man Gott und sein Buch verhöhnte, die Götzen auf den Thron setzte und die Jugend unterwies, das zu verachten und anzuspeien, was die Hände der Alten aufgerichtet und verehrt hatten. Er wußte, daß ein ganzes Volk in wenigen Jahren zu einem Volk von Knechten geworden war ... Seine Wunden vernarbten, aber was hier gewesen war, vernarbte nicht. Es würde keine Haut darüber wachsen, der Zeit oder der Vergeßlichkeit oder der wachsenden Gleichgültigkeit. Sie würden im-

Auch in Masuren brannten in der Nacht vom 9. auf den 10. November 1938 die Synagogen. Ein ganz seltenes Dokument ist das Bild der ausgebrannten Lötzener Synagoge am Tag nach dem Pogrom, festgehalten von dem damals zwölfjährigen Hans Jesgars.

Ernst Wiechert, geboren 1887 im masurischen Forsthaus Kleinort inmitten der Johannisburger Heide, war wie kaum ein anderer Schriftsteller von der Landschaft seiner Heimat geprägt. Zu seinem von Naturleben und Zivilisationskritik bestimmten literarischen Schaffen zählen unter anderen die Romane »Die Magd des Jürgen Doskocil« (1932), »Das einfache Leben« (1939) sowie »Die Jerominkinder« (1945/46). Seine Autobiografien »Wälder und Menschen« (1936) und »Jahre und Zeiten« (1949) porträtieren einen tief in der Natur verhafteten Einzelgänger. Anlässlich seines fünfzigsten Todestages ehrte ihn die Deutsche Post mit einer Sonderbriefmarke.

mer offen bleiben, und jede Falte des Tages oder der Nacht würde sie scheuern und schmerzen. Denn was hier geschehen war, war nicht zwischen Männern geschehen wie im Kriege. Es war nicht einmal zwischen Herren und Knechten geschehen, sondern eben zwischen Henkern und Opfern. Es war nicht mit dem Anstand von Kämpfenden geschehen, denn hier gab es keine Kämpfenden. Es gab nur die Rache von Emporkömmlingen und die Roheit von Schlächtern.

Masurens Juden waren die ersten Vertriebenen. Ihnen wurde von ihren deutschen Nachbarn, von ihren eigenen Landsleuten die Heimat zur Fremde gemacht. Wem die Emigration nicht gelang, starb in den Todeslagern im Osten, in den Ghettos von Lodz, Riga und Kaunas oder bei Massenexekutionen im Baltikum. Wie viele masurische Juden Opfer der deutschen Gewalt wurden, lässt sich nicht mehr ermitteln. Allein aus Berlin wurden mehr als tausend Juden deportiert, die in Masuren geboren worden waren oder dort vor 1933 gelebt hatten. Die Flucht in die Großstadt hatte sie nicht gerettet. Flucht, Tod und Vertreibung in Deutschland begannen schon 1938, nicht erst 1945.

KRIEGSALLTAG IN TRÜGERISCHER RUHE

Im September 1939 glich Masuren einem einzigen Heerlager, denn auch von hier erfolgte am 1. September der Überfall auf das Nachbarland Polen. Siegfried Lenz hat beschrieben, wie er als Dreizehnjähriger den Kriegsbeginn in seiner Heimatstadt Lyck erlebte: »Während von der nahen Grenze der Geschützdonner zu uns herüberdrang, dem meine Großmutter mit erbitterten Chorälen antwortete, stand ich im erregten Spalier der Lycker und beobachtete die Soldaten, die heiter das Nachbarland überfielen, die fröhlich und selbstgewiß, aber auch hochmütig vorbeizogen, beschenkt und mit Blumen dekoriert, siegessicher wie alle Soldaten zu Beginn, wohlgenährt, rasiert natürlich. Panzerwagen zogen drohend vorbei – zum phantastischen Rendezvous mit der besessenen polnischen Kavallerie.«[33]

Der euphorische Jubel war bald verflogen, und der harte Kriegsalltag stellte sich ein. Durch die Einberufung der Männer zur Wehrmacht fehlten überall landwirtschaftliche Arbeitskräfte, eine Lücke, die Kriegsgefangene und Zwangsarbeiter schließen sollten. Nichts jedoch spricht für das Idyll, das die Vertriebenenverbände von den Kriegsjahren zeichnen. Freilich war Ostpreu-

ßens ländlich-abgeschiedener Süden im Vergleich zu den Großstädten, die allmählich im Bombenhagel versanken, eine ruhige
und vom Krieg weitgehend unberührte Gegend, aber Frieden
herrschte hier nicht, zu nah war die polnische Grenze. Auch vor
masurischen Haustüren stand unvermittelt die Gestapo, auch hier
verschwanden Menschen, ohne Spuren zu hinterlassen. Friedlich
waren die Zeiten nur für diejenigen, die nicht sehen wollten, dass
seit 1933 Menschen aus rassischen oder politischen Gründen verhaftet wurden. Mit dem Kriegsausbruch aber wurde alles noch viel
schlimmer, weil die NS-Führung nun keinerlei Rücksichten mehr
nahm. Die Juden mussten den schweren Weg in die polnischen
Ghettos antreten, und über Masuren und Polen kam die totale
»Germanisierung« mit ihrer rassistisch-biologischen Ideologie.

Wer sich vor 1939 für ein polnisches Masuren eingesetzt
hatte, dem waren seit Kriegsbeginn die Häscher der Gestapo auf
der Spur. Überall – selbst im besetzten Polen – fahndeten sie nach
untergetauchten Mitgliedern der propolnischen Masurenvereine,
denen Haft, Anklage wegen Hochverrats, Gefängnisstrafen oder
die Einweisung in ein Konzentrationslager drohten. Im Oktober
1939 erlag Arno Kant den Misshandlungen, ein weiterer Vertreter
der propolnischen Soldauer Masurenbewegung, Robert Małłek,
wurde zur selben Zeit Opfer einer Massenexekution. Otto Schar-
kowski, aus dem Kreis Ortelsburg stammender propolnischer Masure, starb in der Gestapohaft, und Kurt Obitz, ein führendes Mitglied des regionalistischen Masurenbundes in der Weimarer Republik, wenige Wochen nach seiner Befreiung aus fünfjähriger
KZ-Haft in Dachau.

Auch aufrechte Christen waren nun schonungslos dem nationalsozialistischen Terror ausgesetzt. Der Lycker Postschaffner Ferdinand Puzich etwa, Mitglied des Ostpreußischen Gebetsvereins,
lehnte als Beamter den Diensteid auf Hitler ab, womit er sich die
Zwangspensionierung mit 44 Jahren einhandelte. Aber er verweigerte auch den Hitler-Gruß, da »außer in Christo in keinem Menschen das Heil zu finden« sei. Das meldeten regimetreue Nachbarn. Im Mai 1941 wurde Puzich in das KZ Oranienburg deportiert, wo er bereits sechs Wochen später den Misshandlungen
erlag.[34] Reinhold Barcz, Ortelsburger Laienprediger der Gromadki und Sympathisant der polnischen Masurenbewegung, erlitt
1942 im Gerichtsgefängnis Berlin-Moabit den Tod auf dem Scha-
fott.

Einer der wenigen Masuren, die es schafften, in die deutsche Honoratiorenschaft aufzurücken und politisch gestaltend mitzuwirken, war Fritz Maxin (1885 bis 1960). Bis zur Flucht im Jahre 1945 lebte er als Bauer in Wichrowitz, Kreis Neidenburg. Als Mitglied des Ostpreußischen Lutherischen Gebetsvereins stellte er sich in den Dienst der kirchlichen Laienbewegung der Gromadki. 1920 warb er im Ostdeutschen Heimatdienst für einen deutschen Abstimmungssieg und zog dann als Abgeordneter der Deutschnationalen Volkspartei (DNVP) bis 1924 für den Wahlkreis Neidenburg/Osterode in den Deutschen Reichstag ein. Er hegte einige Zeit Sympathie für die NSDAP, war aber bereits 1934 als erklärter Hitler-Gegner in den Reihen der Bekennenden Kirche anzutreffen.

Jugendfreizeit des Christlichen Vereins Junger Männer (CVJM) bei Bauer Fritz Maxin in Wichrowitz zu Ostern 1937. Die Anhängerschaft der Nationalsozialisten in Masuren war groß, dennoch gab es anders Denkende. Widerstand gegen die erklärten Antichristen leisteten insbesondere Angehörige der Gromadki-Bewegung, der Bekennenden Kirche und Mitglieder des CVJM. Die Organisation christlicher Jugendfreizeiten trug Fritz Maxin schließlich die permanente Beobachtung durch die Gestapo ein.

Heinrich Graf Lehndorff war der letzte Besitzer des Gutes Steinort. Das repräsentative Anwesen am Rande des Mauersees war seit der Verleihung durch den Deutschen Orden um 1400 bis zum Ende des Zweiten Weltkriegs im Besitz der Familie. Heini Lehndorff gehörte zum Kreis derjenigen, die am 20. Juli 1944 das Attentat auf Hitler wagten. Diesen wagemutigen Kampf für ein anderes Deutschland bezahlte er mit dem Leben. Marion Gräfin Dönhoff sagte über diesen Cousin: »Nie wieder sah ich jemand, der so sehr zu Hause war in seiner Landschaft – als Mensch, als Herr und als Diener.«

Das prominenteste Opfer der Nationalsozialisten war der Gutsbesitzer Heinrich Graf Lehndorff, dessen Besitz Steinort im Kreis Angerburg den nördlichsten Zipfel Masurens bildete. Er war in die Attentatspläne des Grafen Stauffenberg involviert und geriet nach dem gescheiterten Anschlag auf Hitler im Führerhauptquartier, das sich nur wenige Kilometer entfernt in der »Wolfsschanze« im Kreis Rastenburg befand, in größte Gefahr. Zweimal entkam er der Gestapo, die nach der zweiten Flucht seine hochschwangere Frau und seine drei kleinen Töchter in Sippenhaft nahm. Es gab kein Entrinnen. Einem kurzen Schauprozess vor Freislers Volksgerichtshof folgte am 4. September 1944 die Vollstreckung des Henkerurteils in Berlin-Plötzensee.

Im Herbst 1941 – der Deutsch-Sowjetische Krieg war bereits ausgebrochen – unternahm Marion Gräfin Dönhoff einen mehrtägigen Ritt durch Masuren. Sie beschreibt ein Land, in dem die Zeit stillzustehen, in dem nichts auf den Krieg hinzudeuten schien: »Ich empfinde eine große Zärtlichkeit für dieses karge Land und seine Bevölkerung. Merkwürdig übrigens, wie die Lebensgewohnheiten dieser östlichen Völker, von der Ostsee bis zum Schwarzen Meer, überall die gleichen sind. Von Litauen bis hinunter zum Balkan findet man überall die gleichen Bilder: ausgewachsene Männer oder Kinder, die tagaus, tagein nichts anderes tun, als mit ihrer Kuh umherzuziehen und sie irgendwo am Wald- oder Wegesrand zu hüten.«[35]

Noch wirkte Masuren friedlich, noch kämpften die Armeen nicht auf masurischem Boden, aber unberührt vom Krieg war das alte Grenzland nicht. Seit Oktober 1939 lebten Tausende von polnischen Kriegsgefangenen und Zwangsarbeitern in Masuren. Durch sie erfuhr die polnische Sprache eine Renaissance, da Polen und Masuren sich auf Polnisch verständigten. Das aber war nicht im Sinne der NS-Funktionäre, die befürchteten, dass die Masuren dem polnischen Feind nicht mit der notwendigen, von der Partei propagierten Ablehnung begegneten. Und in der Tat erfuhren polnische Gefangene bei vielen masurischen Bauern eine besonders herzliche Aufnahme und saßen mit der Familie am Tisch. Für die Parteiideologen bestand damit die Gefahr der »Rassenschande«, zumindest aber fanden sie bestätigt, dass das »nationale Bewußtsein« der Masuren noch immer unterentwickelt war.

Hatten die Funktionäre den Masuren bisher vorgegaukelt, sie würden in die große deutsche »Volksgemeinschaft« aufgenom-

Am 25. Mai 1941 wird in Roggen, Kreis Neidenburg, ein neues Lager des Reichsarbeitsdienstes eingeweiht. Während in Europa der Krieg tobt, setzt die NSDAP in Masuren ungerührt ihre Germanisierungspolitik fort. In dem Lager sind Erntehelfer und Arbeitsmaiden aus allen Teilen Deutschlands untergebracht, die in die polnischsprachigen Gemeinschaften der entlegenen Regionen Masurens eindringen sollen.

men, so sprachen sie nun offen aus, was sie wirklich dachten. Ein Geheimdokument vom 5. Januar 1940, verfasst vom BDO-Vorsitzenden Ostpreußen-Süd, Hans Tiska, konterkarierte alles, was die deutsche Vorkriegspropaganda jahrzehntelang ins Feld geführt hatte, um polnische Ansprüche abzuwehren. Nun wurde Masuren als »fremdvölkisches Einbruchsgebiet« bezeichnet, und die Masuren selbst galten als eigenständiger ethnischer Stamm, der mit Deutschland nur kulturell verbunden, nicht aber bis in den inneren Kern deutsch durchdrungen sei: »Nun ist aber leider der bisherige südostpreußische Raum, das ehemalige Abstimmungsgebiet Masuren/Ermland, ein *fremdvölkisches Einbruchgebiet.* Das darin lebende Volkstum, das vorwiegend aus dem Zusammenfließen dreier Blutsströme, dem altpreußischen, deutschen und masovisch-polnischen, erst in jüngerer Zeit zu einer neuen deutschbestimmten Einheit geworden ist oder gar erst wird, hat noch etwas *Unfertiges und Unausgeglichenes* an sich, und der Werdeprozeß ist noch nicht endgültig abgeschlossen.«[36] Dieses national »Unfertige und Unausgeglichene« war nach Tiskas Meinung dafür verantwortlich, dass die Masuren die polnischen Gefangenen gut behandelten: »Die schnelle Verbrüderung mit den Kriegsgefangenen, die Gewährung von Familienanschluß, die Beteiligung an den Weihnachtsfeiern der Kriegsgefangenen und die Lieferung von Gebäck und Getränken hierzu, ihre Gleichstellung mit dem deutschen Arbeiter …, die Anknüpfung intimerer Beziehungen und andere ernstere Entgleisungen, mögen sie auch vorerst Einzelfälle sein und bleiben, sind *Symptome einer wenig gefestigten völkischen Haltung* und eines Mangels an nationalem Selbstgefühl.«[37]

Was offiziell bestritten wurde, offenbarte dieser interne Lagebericht: Die polnische Sprache in Masuren trotzte allen Schikanen und sogar dem nationalsozialistischen Terror. Tiska stellte fest, das masurische Polnisch sei »die allgemeine Umgangssprache der ländlichen Bevölkerung«. Vor 1939 hätte sich von offizieller Seite niemand getraut, eine solche Aussage zu machen, nun aber präsentierte Tiskas Lagebericht ungeschminkte Tatsachen: Auf den Wochenmärkten Masurens, zu denen die Bauern von weither anreisten, dominierte naturgemäß die Sprache der Landbevölkerung, also das Polnische. Tiskas Eindruck war, dass – egal ob in Ortelsburg, Johannisburg, Lyck oder Marggrabowa – der fremde Besucher glauben könne, »auf Grund der Umgangssprache mitten im tiefsten Polen zu sein … Die Bevölkerung Masurens und Südermlands ist *zweisprachig.* Sie spricht zu Hause, auf dem Arbeitsplatz, auf der Straße, im Gasthaus und überall da, wo man unter sich ist, das Polnische bezw. das Masurische und daneben dort, wo es notwendig ist, das Deutsche als die Sprache der Behörden, der Schulen, der Institutionen und sogenannten ›besseren‹ Leute.«[38]

Die nationalsozialistische Masurenpolitik unternahm nun eine radikale Kehrtwendung und verwarf alles, was sie bisher propagiert hatte. Ohne Rücksicht auf drohende polnische Ansprüche entlarvte sie, dass der Begriff »Masurisch« ein Kunsttopos war. Das masurische Polnisch, das die Deutschen zu Beginn des Jahrhunderts zur gesonderten Sprache »Masurisch« erklärt hatten, durfte wieder »Polnisch« sein: »Es empfiehlt sich jetzt bei der neuen Lage, wenigstens in der mündlichen Propaganda *für masurisch ruhig polnisch zu sagen,* um den Charakter des Undeutschen und Volksfremden stärker hervorzuheben und damit aus psychologischen Gründen an die antipolnische Grundhaltung der Bevölkerung zu appellieren.«[39]

Tiskas Einschätzungen wurden bestätigt durch Berichte von BDO-Vertrauensleuten aus verschiedenen Regionen Masurens. Daraus ergibt sich der tatsächliche Sachverhalt – denn im Angesicht des Krieges wäre eine Überzeichnung der realen Situation völlig deplatziert gewesen: Die polnische Sprache hatte als Kommunikationsmedium der Landbevölkerung die hundert Jahre der preußisch-deutschen Germanisierungspolitik überdauert. Die BDO-Vertrauensleute berichteten aus Sdeden, Kreis Lyck: »Leider bleibt es in der Sprachenfrage immer noch beim alten«, über Bobern im selben Kreis: »Die polnische Sprache wird noch immer gebraucht. Im hiesigen Bezirk muß ich oft dagegen einschreiten«, aus Lipinsken, ebenfalls im Kreis Lyck: »Nicht nur mit den Polen, sondern auch unter sich sprechen die Leute auf der Straße und im Gasthause polnisch.« Aus der Kreisstadt Lyck berichtete der zuständige Informant: »Auf dem Markt wird immer noch vorwiegend polnisch gesprochen.«[40]

Die Mehrheit der Masuren hatte Hitler gewählt und zur Macht verholfen, sie feierte die ökonomischen Erfolge und die Aufnahme in die deutsche »Volksgemeinschaft« und hielt zugleich beharrlich an ihrem heimatlichen Dialekt, ihrer Muttersprache, fest. Zwar haben die masurischen Vertriebenenverbände nach dem Krieg diese weite Verbreitung der polnischen Sprache bestritten, doch die Berichte aus der Kriegszeit vermitteln ein anderes Bild. Die nationalsozialistische Propaganda stand 1939 vor einer neuen Herausforderung: »Als Deutsche haben wir deutsch zu sprechen. Nach dem, was im vergangenen Jahr das großmäulige und unfähige polnische Volk, getrieben von den ihm innewohnenden verbrecherischen Haßinstinkten, deutschen Menschen angetan hat, muß die letzte Erinnerung an diese schlimmste Zeit [als die polnische Sprache in Masuren vorherrschte, A.K.] in der Geschichte des deutschen Ostpreußen endgültig mit Stumpf und Stiel ausgerottet werden. Kein polnisches Wort darf mehr über die Lippen eines deutschen Ostpreußen … Um diesem Argument – die Menschen sind polnisch, weil sie polnisch sprechen – die Spitze abzubiegen, erfand das Volk [die Masuren, A.K.] für diesen Dialekt die Bezeichnung ›masurische Sprache‹. Die Zeit für derartige Halbheiten ist jedoch jetzt endgültig vorbei. Wir brauchen klare Fronten, sonst kommt der Gleichgültige wieder mit der Ausrede: Laß mir doch meine ›masurische‹ Muttersprache! ›Masurisch‹ gibt es nicht. Polnisch oder Deutsch, das ist die Frage … Wer jetzt noch glaubt, sich im täglichen Leben gehen lassen zu dürfen und Polnisch zu reden, gehört nicht mehr zu uns.«[41]

Klarer geht es nicht: Das Ziel der Kampagne war es, jeden, der Polnisch sprach, öffentlich an den Pranger zu stellen und mit dem Stigma des Undeutschen zu versehen. Mit derartigem psychologischen Druck hoffte man dem ungeliebten Kind polnische Sprache schließlich und endlich den Garaus machen zu können. Das Dilemma der Masuren war, dass die Germanisierungspolitik bei ihnen nicht die gewünschten Erfolge erzielte, dass sie als »nationale Zwischenschicht« angesehen wurden, der nicht zu trauen sei. Dass sie sich stets als loyal und überaus deutschfreundlich erwiesen hatten, nutzte ihnen nichts.

IM ANGESICHT DES SCHRECKENS

Nach dem deutschen Überfall auf Polen, der mit der Zerschlagung des polnischen Staatswesens endete, lag Masuren in unmittelbarer Nähe zu den Orten der ungeheuerlichen deutschen Verbrechen. Nachdem das Soldauer Land 1939 als Teil des Kreises Neidenburg wieder nach Ostpreußen zurückgekehrt war, konnte nach dem Versailler Vertrag kein Revisionsanspruch mehr erhoben werden. Das hielt Erich Koch jedoch nicht davon ab, seinen Machtbereich auszuweiten. Auf seine Initiative wurden der Provinz Ostpreußen die altpolnischen Gebiete des nördlichen Masowien zugeschlagen. Am 26. Oktober 1939 trat der neu gebildete Regierungsbezirk Ciechanów (Zichenau) ins Leben, zu dem die Kreise Maków (Makeim), Mława (Mielau), Ostrołęka (Scharfenwiese), Płońsk (Plöhnen), Przasnysz (Praschnitz), Sierpc (Sichelberg), Płock (Schröttersburg) und Pułtusk (Ostenburg) zählten. Im Osten gliederte man schließlich die nordostpolnischen Kreise Suwałki und Augustów der Provinz an und schlug sie dem Regierungsbezirk Gumbinnen zu. Mit dieser Annexion polnischer Gebiete reichte das nationalsozialistische Ostpreußen bis vor die Tore Warschaus und umfasste 12 000 Quadratkilometer, auf denen 800 000 Polen, 80 000 Juden und etwa 15 000 Deutsche lebten. Im neuen Regierungsbezirk Ciechanów wurde zwar die deutsche Gemeindeordnung in der Verwaltungspraxis eingeführt, aber Himmler behielt sich für die Region einen polizeilichen Sonderstatus vor, um ohne innenpolitische Rücksichtnahmen die Vertreibung und Ermordung der jüdischen und polnischen Bevölkerung Nordmasowiens durchführen zu können.

Anfänglich übernahmen ostpreußische Landräte die provisorische Verwaltung der polnischen Landkreise südlich der Grenze. Dadurch kamen biedere preußische Beamte mit dem Alltagsterror der deutschen Besatzung in Berührung und halfen als Verwaltungsfachleute bei der Versklavung der Menschen in der Region mit. 1940 folgten ihnen altgediente Parteifunktionäre als Landräte, die vornehmlich ebenfalls aus Ostpreußen stammten. Aus dem Regierungsbezirk Ciechanów sollten sie nach der Vertreibung und Deportation der jüdischen und polnischen Bevölkerung in das Generalgouvernement einen deutschen Mustergau machen. Es war geplant, hier die »Volksdeutschen« aus dem Baltikum, aus Wolhynien und Galizien sowie aus anderen Teilen des sowjetischen Herrschaftsbereichs anzusiedeln, was aber bis Kriegsende nur in Ansätzen gelang. Erich Koch strebte zudem die Ansiedlung ostpreußischer Bauern in Nordmasowien an. Alle Jungbauern, die in ihrer Heimat ohne eigenen Hof bleiben würden, sollten sich hier auf einer Siedlungsstelle als Wehrbauern niederlassen können.

Das alles war jedoch nur der verwaltungstechnische, formale

Gauleiter Koch trifft im Herbst 1939 auf dem Soldauer Bahnhof ein. Unmittelbar nach dem Überfall auf Polen war das 1920 Polen zugesprochene Gebiet wieder dem Kreis Neidenburg angegliedert worden. Damit begann die fast sechsjährige Schreckensherrschaft der Deutschen in Polen. Nicht weit entfernt vom Soldauer Bahnhof wurde mitten in der Stadt in einer ausgedienten Kaserne ein Vernichtungslager eingerichtet.

Rahmen der Besatzungspolitik. Dahinter betrieb das Regime eine Todesmaschinerie, die Millionen Menschen verschlang.

Auch auf dem Gebiet Masurens wurden Menschen interniert. In Soldau befand sich ein Vernichtungslager, das euphemistisch als »Zivilinterniertenlager« und später als »Durchgangslager« bezeichnet wurde. Die SS richtete es in der ehemaligen Kaserne der Stadt Soldau, in direkter Nähe zum Bahnhof an der Grunwaldzka-Straße, ein. Anfänglich diente es der Unterbringung von polnischen Soldaten, die vor der Festung Modlin gefangen genommen worden waren und hier im Oktober und November 1939 untergebracht wurden. Von Soldau aus deportierte man sie dann weiter in das Reichsinnere. Nun übernahm der volksdeutsche »Selbstschutz« im Soldauer Lager das Kommando. Der »Selbstschutz« war eine von den deutschen Besatzern aus örtlichen, vor Kriegsausbruch in Polen lebenden Deutschen zusammengestellte Einheit, der Polizei- und Ordnungsaufgaben oblagen.

Bis zum Frühjahr 1940 wurde das Soldauer Lager als »Durchgangslager« bezeichnet – in Wahrheit war es ein Vernichtungslager. Zwischen Januar und April 1940 wurden hier mindestens 1500 Polen und Juden – vor allem Akademiker, Offiziere und Priester – ermordet. Einzelerschießungen fanden direkt im Lager statt, Massenexekutionen in den umliegenden Wäldern bei Bialutten. Unter den Opfern befand sich auch der dreiundachtzigjährige Erzbischof Antoni Julian Nowowiejski, Metropolitan der masowischen Diözese Płock.[42]

Damit die Mörder bei ihrem Tun nicht von Skrupeln geplagt würden, erklärte man die Häftlinge zu Staatsfeinden, Verbrechern oder Asozialen.[43] Wie grausam man in Soldau mit ihnen umging, offenbart ein internes Untersuchungsverfahren gegen SS-Hauptsturmführer Krause. Krauses Chef, SS-Brigadeführer Rasch, sagte am 16. Juni 1943 zu Gunsten seines Untergebenen Folgendes aus: »Ich prüfte persönlich sämtliche Einzelfälle durch und bezeichnete ihm diejenigen, die zu erschießen waren ... Das ›Wie‹ der Ausführung habe ich ihm überlassen. Es ist daher wohl möglich, daß er gelegentlich auch einzelne Häftlinge im Keller erledigte.« Zur Misshandlung der Polen hieß es an anderer Stelle: »Die Prügelstrafe bei der Einlieferung hat sich als sehr erfolgreich erwiesen.«[44]

Zwischen dem 21. Mai und dem 8. Juni 1940 wurden im Soldauer Lager die geistig behinderten Patienten der ostpreußischen Provinzialanstalten Allenburg bei Wehlau, Tapiau, Kortau und Carlshof bei Rastenburg ermordet. An dieser Aktion im Rahmen des Euthanasieprogramms, das die Vernichtung »lebensunwerten Lebens« vorsah, war das in Posen stationierte »Sonderkommando Lange« beteiligt. Unter dem Kommando des SS-Hauptsturmführers Herbert Lange wurden mit Hilfe eines Gaswagens, der die Aufschrift »Kaiser's Kaffeegeschäft« trug, insgesamt 1558 deutsche und 250 bis 300 polnische Behinderte ermordet. Nachdem sie dies vollbracht hatten, feierten die Angehörigen des Sonderkommandos ein Abschiedsfest, auf dem allen am Mord Beteiligten ein Bernsteinkästchen mit einer Widmung des ostpreußischen Gauleiters überreicht wurde. Zur Belohnung erhielten sie außerdem Sonderurlaub im besetzten Holland. Über die vereinbarte »Kopfprämie« von zehn Reichsmark für jeden Ermordeten kam es später unter den SS-Oberen noch zu Auseinandersetzungen. Dem »Selbstschutz« oblag es, die Leichen im Kämmersdorfer und Bialutter Wald zu vergraben.

Mitte 1940 wurde das Vernichtungslager in ein Straflager umgewandelt, in ein so genanntes Arbeitserziehungslager. Im April/Mai 1944 erhielt dann ein SS-Sonderkommando – das Ende des Dritten Reiches rückte näher – den Befehl zur Beseitigung sämtlicher Spuren von Massengräbern und Leichen im Bialutter Wald. Zu diesen Arbeiten wurden fünfzehn Juden aus dem Ghetto Białystok herangezogen, die die Leichenreste ausgraben und auf Holzstößen verbrennen mussten. Danach wurden sie selbst an Ort und Stelle erschossen. Obwohl die Schlächter bemüht waren, alle potenziellen Zeugen des Grauens zum Schweigen zu bringen, entdeckten Polen nach 1945 viele Massengräber in den Wäldern bei Bialutten (im so genannten Komornicki-Wald).[45]

In den masowisch-kurpischen Herkunftsgebieten der Masuren ereigneten sich derartig viele Verbrechen, dass eine Aufzählung Bände füllen würde. Unmittelbar an der ostpreußischen Grenze befand sich ein größeres jüdisches Ghetto in Mława (Mielau). Als dort 1942 frische Hechte und Schleie entdeckt wurden, deren Verzehr den Ghettobewohnern schon lange verboten war, büßten das zehn Juden mit dem Tod am Galgen. Etwa fünftausend Ghettoinsassen mussten der öffentlichen Hinrichtung beiwohnen. Als sich unter ihnen ängstliche Unruhe und Empörung regte, schoss die deutsche Polizei wahllos in die Menge. Noch ein-

Nur wenige Kilometer hinter Masurens Grenzen müssen die Juden Mławas –
von der NS-Bürokratie in Mielau umbenannt – 1939/40 auf dem Marktplatz
Zwangsarbeit leisten.

mal starben 27 Juden. Am folgenden Tag fielen einer weiteren
»Vergeltungs- und Abschreckungsaktion« weitere fünfzig Juden
zum Opfer. 87 Menschen wurden ermordet für ein paar frische
Fische.[46]

Außerhalb des Regierungsbezirks Ciechanów, aber direkt
an der masurischen Südgrenze gegenüber dem Grenzort Prostken wurden am 7. August 1943 in dem Dorf Grajewo, Kreis
Szczuczyn, 193 Juden und Polen erschossen. Im Juli 1941 exeku-
tierten deutsche Polizei und SS sechshundert Juden auf dem jüdischen Friedhof in Szczuczyn.[47]

Unmittelbar hinter der Grenze Masurens, in Soldau sogar auf
altem ostpreußischem Gebiet, verübte die SS ihre Gräuel. Zwar
hatten viele von den Lagern Kenntnis – das Soldauer Lager befand sich ja mitten in der Stadt – und ahnten zumindest, was sich
dort zutrug, doch nur wenige schafften es nach den eigenen Erfahrungen von Flucht und Vertreibung, Ursachen und Konsequenzen der Ereignisse des Zweiten Weltkriegs einzuordnen.

1945
DAS ENDE DES PREUSSISCH-DEUTSCHEN MASUREN

Seit 1944 wich die Front im Osten zurück, und es kam zu Überfäl-
len polnischer Untergrundgruppen auf Masuren. Nachts drangen
sie durch die großen Waldgebiete aus dem besetzten Polen in die
Grenzkreise vor und zahlten den Masuren, die in ihrer Mehrheit
nun Deutsche waren, heim, was in deutschem Namen seit 1939 in
Polen und anderen besetzten Ländern den Menschen angetan
worden war. Im August 1943 starben bei einem Überfall auf das
nur vier Kilometer von der polnischen Grenze entfernte Heidedorf Turoscheln, Kreis Johannisburg, elf Menschen. Unter ihnen
war auch der Revierförster Opitz – NSDAP-Mitglied und Ober-
sturmbannführer –, den man mit seiner Familie in der außerhalb
des Dorfes gelegenen Revierförsterei fand. Fälle wie diese, die von
der Propaganda ausgeschlachtet wurden, schürten die Hysterie
unter der masurischen Grenzbevölkerung.

Seit der sowjetischen Großoffensive im Sommer 1944 gehörte der Geschützdonner zum Alltag der kriegserfahrenen
Grenzbewohner, die manchen Sturm in ihrer Geschichte ertragen
hatten. Bei vielen war die Erinnerung an das große Völkermorden

von 1914 noch lebendig, als ihre Heimat einem einzigen Schlachtfeld geglichen hatte. Aber der Gauleiter Erich Koch zeigte sich siegesgewiss, da demnächst Wunderwaffen zum Einsatz kommen sollten. Bestand also Grund zur Panik? Am Endsieg zu zweifeln, galt als Verrat. Doch die Zuversicht wich, als Koch – nunmehr auch zum Reichsverteidigungskommissar ernannt – Hitlerjungen, alte Männer, Zwangsarbeiter und Kriegsgefangene mit Spaten zum Bau des »Ostwalls« ausrücken ließ, der von Litauen die ostpreußische Grenze entlang bis an die masurische Südgrenze reichen und die Sowjets aufhalten sollte. Hitlers letztes Aufgebot zog also mit Spaten, Schaufeln und Hacken zum »Schippeinsatz«, woraus der Volksmund »Schippschipp-Hurra« machte. Das klang fatalistisch und respektlos zugleich, denn jeder konnte sehen, wie sinnlos die Aktion war.

Anstatt die Evakuierung der ostpreußischen Zivilbevölkerung planmäßig vorzubereiten, vergeudete man Kraft und Zeit für eine absurde Maßnahme und tat so, als würde man niemals auch nur einen Fußbreit deutschen Bodens preisgeben. In Willamowen, nahe der polnischen Grenze, verrichteten die Bauern ihre Arbeit wie eh und je: »Der Herbst begann, und auf den Feldern und Wiesen wurde gearbeitet und geerntet. Die Äcker wurden für die neue Aussaat vorbereitet. Teilweise ging man schon daran, die Winterfurche zu ziehen, so wie es in all den Jahren von Generationen hier lebender Menschen getan wurde. Begleitet wurden die Arbeiten vom Geschützdonner der nicht weit entfernt liegenden Front. Auf den Menschen lag eine gedrückte Stimmung. Verständlich bei der großen Sorge um die nächste Zukunft – fragten sie sich doch manchmal, ob sie das alles im nächsten Jahr wohl ernten würden?«[48]

Die Zweifel wuchsen, Angst machte sich breit, und Goebbels suchte den Durchhaltewillen der Ostpreußen zu stärken, indem er ihnen unablässig einen Satz einhämmerte: »Denkt an Nemmersdorf!!!« Nemmersdorf im Kreis Gumbinnen war während der ersten sowjetischen Offensive am 16. Oktober 1944 für kurze Zeit in sowjetische Hände gefallen. Nach der Rückeroberung fand die Wehrmacht die Leichen ermordeter deutscher Zivilisten. In allen Details malte die NS-Propaganda vor ausländischen, NS-freundlichen Pressevertretern die Verbrechen aus und betrieb mit ihnen eine gezielte antisowjetische Kampagne. Hass und Furcht sollten die ostpreußische Bevölkerung dazu bewegen, über das Menschenmögliche hinaus die Heimat gegen die »asiatischen Horden« zu verteidigen. Zeitungen, Wochenschauen und Parteiversammlungen kannten nur ein Thema: Denkt an Nemmersdorf! Kämpft, wehrt euch, sonst blüht euch Nemmersdorf!

Die NSDAP kümmerten die Menschen an der Grenze wenig. Gnadenlos schürte sie die Angst vor einem zweiten Nemmersdorf, und genauso gnadenlos verweigerte sie jegliche geordnete Evakuierung der Bevölkerung aus der bedrohten Region! Nur äußerst zögerlich gab Gauleiter Koch schließlich den Befehl zur Räumung eines dreißig Kilometer breiten Grenzstreifens im Osten, der in Masuren entlang der Grenze durch die Kreise Oletzko und Lyck verlief.

Doch noch einmal erlebte Masuren eine kurze Verschnaufpause. Im November und Dezember 1944 tat sich nichts an der Front, das Weihnachtsfest wurde in trügerischer Ruhe gefeiert. Im Januar 1945 ging dann alles Schlag auf Schlag. Am 12. Januar 1945 setzte die Rote Armee zur letzten Offensive an. Unter dem Kommando von General Tschernjakowski stieß die 1. Weißrussische Front von Osten auf Königsberg vor, von Süden setzte sich die 2. Weißrussische Front unter General Rokossowskij vom Narew-Brückenkopf zur masurischen Südgrenze in Bewegung. Der Plan, Ostpreußen vom übrigen Reich abzuschnüren, ähnelte dem der zaristischen Armeen unter Rennenkampff und Samsonow im August 1914. Rasch erreichte die im Süden kämpfende Armee Masuren. Als erste Stadt fiel Soldau am 18. Januar 1945 in sowjetische Hände, Sensburg kapitulierte am 29. Januar 1945: Nach nur elf Tagen wehte über Masuren die Flagge mit dem Sowjetstern.

Obwohl die Rote Armee überall auf dem Vormarsch war, gab die NSDAP nur zögerlich Marschbefehle für die Flüchtlingstrecks aus. Noch immer verlangte sie, Ostpreußen bis zum letzten Blutstropfen zu halten. Wer heimlich die Flucht nach Westen vorbereitete, galt als Verräter. Als dann eine geordnete Evakuierung nicht mehr möglich war, lautete die Devise, der vor allem die Parteigrößen folgten: Rette sich, wer kann. Kreis- und Ortsgruppenleiter, Ortsbauernführer und NS-Verwaltungsbeamte waren die Ersten, die das Weite suchten. Sie erteilten sich insgeheim den Marschbefehl, den sie der ostpreußischen Bevölkerung so lange verweigert hatten, bis es für Zehntausende zu spät war. Von der NSDAP-Elite erreichten fast alle den sicheren Westen, während das Gros der Bevölkerung zurückblieb oder buchstäblich in allerletzter Minute zur Flucht aufbrach: »Am 19. Januar 1945 war es so weit, das allerschlimmste war eingetreten, wir mußten die Heimat verlassen ... Am Himmel ging die Sonne blutrot auf, es war sehr kalt. Wir zogen uns zusätzlich warmes Zeug an, um besser gegen die Kälte geschützt zu sein. Nachdem wir angespannt hatten, kam der Bescheid, das Vieh aus den Ställen zu treiben ... Es mußte zurückgelassen werden. Es war traurig, ansehen zu müssen, wie die arme Kreatur im Schnee durch das Dorf irrte ... Wir gingen alle noch einmal durch das Haus, die Ställe und über den Hof. Es wurde Abschied genommen von der uns so vertrauten Umgebung. Hier waren wir geboren, aufgewachsen und mit allem tief verwurzelt gewesen. Die Tränen konnten wir nicht zurückhalten, wir weinten bitterlich.«[49]

Bei eisigen Temperaturen, die Landschaft lag tief verschneit wie im tiefsten Frieden, verließen die Menschen überstürzt ihre Heimat. Marion Gräfin Dönhoff, Zeitzeugin der Flucht aus Ostpreußen, erlebte einen Exodus: »Und dann begann der große Auszug aus dem gelobten Land der Heimat, nicht wie zu Abrahams Zeiten mit der Verheißung ›in ein Land, das ich dir zeigen werde‹, sondern ohne Ziel und ohne Führung hinaus in die Nacht.«[50] Da die Rote Armee die Provinz Ostpreußen vom Reichsgebiet abzuschnüren drohte, blieb den Flüchtenden nur noch ein Weg: über das vereiste Frische Haff. Noch konnte man über die Frische Nehrung nach Danzig entkommen. Als die Landverbindung bei Elbing endgültig gekappt war, blieb nur noch die Rettung über See. Über das Frische Haff gelangten die letzten Flüchtlinge in den Königsberg vorgelagerten Ostseehafen Pillau, von wo aus Hunderttausende auf Marineschiffen und ehemaligen Kraft-durch-Freude-Dampfern nach Westen ausgeschifft wurden. Tausende Flüchtlinge aus Ostpreußen, darunter viele Masuren, versanken jedoch mit ihren Schiffen in der eisigen Ostsee, als sowjetische U-Boote die Flüchtlingsschiffe torpedierten. Wer die Seereise überstand, gelangte nach Schleswig-Holstein, Mecklenburg oder Dänemark.

Masuren fiel als erstes deutsches Gebiet in sowjetische Hände. In aller Brutalität entfaltete sich hier die Rache der Opfer, die Rache der Soldaten, deren Heimat Schauplatz der verbrecherischen nationalsozialistischen Politik gewesen war. Da die Marschbefehle der NSDAP-Kreisleitungen zu spät eintrafen, gelang nur einem Bruchteil der Masuren die Flucht in den Westen.

Im Januar 1945 rücken sowjetische Panzer in Masuren ein. Die Sieger üben an den Masuren grausame Rache für die Verbrechen der Deutschen im Osten. Viel zu spät gibt die NSDAP-Gauleitung den Befehl zur Evakuierung der Zivilbevölkerung. Viele Flüchtlinge werden von der Front überrollt.

Die Alten harrten aus, weil sie auf Gnade aus Achtung vor dem Alter hofften. Das Gros der Trecks wurde auf der Flucht von sowjetischen Truppen eingeholt und sprichwörtlich überrollt. Alexander Solschenizyn, Offizier der Roten Armee, nahm an der Eroberung Masurens teil. In seinem Gedichtzyklus »Ostpreußische Nächte« beschrieb er den sowjetischen Einmarsch im Kreis Neidenburg:[51]

> Kleinkoslau, Großkoslau.
> Jedes Dorf in hellen Flammen!
> Alles brennt!! Es brennen Ställe,
> brüllt das eingeschloss'ne Vieh.
> Tja, ihr Guten,
> seid ja Deutsche!

An den Masuren wurde grausame Rache geübt. Männer im wehrfähigen Alter, die als Zivilisten die Trecks begleiteten, wurden herausgegriffen und erschossen. Frauen, Kinder und Greise starben qualvolle Tode. Die Straßen waren gesäumt von gebrochenen Wagen, toten Tieren, zerschossenen Panzern, Mobiliar, das von den Wagen geworfen worden war, und von Toten: Säuglingen, die auf der Flucht erfroren, Alten, Verzweifelten, die angesichts der Strapazen und der drohenden Niederlage ihrem Leben ein Ende setzten. Grauen und Tod lag über den masurischen Städten, um die noch gekämpft worden war:[52]

> Neidenburg: verglühend bricht hier
> altes, gutes Mauerwerk.
> Überstürzt ward's aufgegeben,
> rasch besetzt im Plünderwahn,
> dann, den Deutschen auf den Fersen,
> gleich verlassen – neu besetzt.
> Militärs wie Zivilisten –
> Alle Deutsche hier sind fort,
> aber in den warmen Wänden
> steht noch alles unberührt.

Wer den Sowjets in die Hände fiel, hatte Schlimmes zu befürchten. Frauen und Mädchen trugen die schwerste Last, tausendfach wurden sie missbraucht von Sowjetsoldaten, die zu Dutzenden über ihre Opfer herfielen:[53]

Zweiundzwanzig, Höringstraße.
Noch kein Brand, doch wüst, geplündert.
Durch die Wand gedämpft – ein Stöhnen:
Lebend finde ich noch die Mutter.
Waren's viel auf der Matratze?
Kompanie? Ein Zug? Was macht es!
Tochter – Kind noch, gleich getötet.
Alles schlicht nach der Parole:
NICHTS VERGESSEN! NICHTS VERZEIH'N!
BLUT FÜR BLUT! – und Zahn für Zahn,
Wer noch Jungfrau, wird zum Weibe und die Weiber – Leichen bald.

In den Dörfern sammelten sich die Menschen wieder, die Zurückgebliebenen, diejenigen, die die Front überrollt hatte, und wieder
andere, die in die nahen Wälder geflüchtet waren. Zahlreiche
Opfer waren zu beklagen: Erschossene, zu Tode Geprügelte oder
Vergewaltigte. Nichts als verbrannte Erde hatte die Wehrmacht in
den eroberten Gebieten der Sowjetunion zurückgelassen, nichts
als verbrannte Erde hinterließ die Rote Armee in Masuren: Zwischen Drygallen und Arys wurden am 1. Februar 1945 bei einem
sowjetischen Überfall auf einen Ziviltreck 32 Masuren exekutiert;
97 Flüchtlinge aus dem Kreis Lyck erschossen sowjetische Soldaten zwischen Odoyen und Czarnen, unter ihnen auch französische Kriegsgefangene, die bei masurischen Bauern lebten und arbeiteten.

Lew Kopelew, Offizier der Roten Armee, war Zeitzeuge des
sowjetischen Einmarsches im südlichen Masuren: »Wir erreichten
die ersten ostpreußischen Dörfer: Groß Koslau, Klein Koslau – sie
brannten. Der Fahrer mußte sich in der Straßenmitte halten. Auf
beiden Seiten standen die Häuser unter ihren Ziegeldächern in
hellen Flammen. Der hohe Baum vor der brennenden Kirche
schwelte und brannte. Menschen waren nicht zu sehen. Wir fuhren einige Minuten wie durch einen Feuertunnel die schmale, gewundene Dorfstraße entlang. Es war stickend heiß und unheimlich; Funkenregen sprühte, Feuerbrände flogen. Beljajew schrie
abwechselnd: ›Gib Gas, gib Gas – Teufel noch mal, wir verbrennen.‹ Und: ›Los, kehr um – wir sind verloren!‹ Auf dem Dorfplatz
stand ein Pferdekarren, daneben ein paar Troßsoldaten. Wir hielten an: ›Hat es hier schwere Kämpfe gegeben?‹ ›Kämpfe? Wieso?
Die sind doch abgehauen, ehe wir kamen – nicht ein Zivilist ist geblieben‹. ›Sie haben also Minen gelegt und entzündet?‹ ›Wer? Die

Deutschen? Nein, Minen waren doch überhaupt keine da, das Feuer haben unsere gemacht‹. ›Warum das denn?‹ ›Ach, weiß der Henker, warum. Einfach so, zum Spaß.‹ Ein bärtiger, mürrischer Soldat knurrte in trägem Zorn: ›Es heißt eben: hier ist Deutschland. Also: schlagt alles kaputt, verbrennt alles! Übt Rache!‹«[54]

Der Mythos Tannenberg hatte 1944/45 noch einmal eine fatale Rolle gespielt. Als die sowjetischen Truppen die ostpreußische Grenze bereits überschritten hatten, weigerten sich viele Menschen, die den Ersten Weltkrieg schon erlebt hatten, die Heimat zu verlassen, weil sie hofften, es würde so werden wie 1914: eine kurze russische Besatzung, aber dann die rettende Befreiung durch deutsche Truppen. Der Glaube an den Geist von Tannenberg hielt viele von der Flucht ab. Aber 1945 blieb der Retter aus. Das preußisch-deutsche Masuren gab es fortan nicht mehr: Es ist in den Trümmern des Tausendjährigen Reiches untergegangen.

Polnische Brüder? Masuren in Polen

Flucht, Vertreibung, Entrechtung, das war 1945 das Schicksal der meisten Masuren. Von den 439 Einwohnern Ulleschens im Kreis Neidenburg werden 82, also ein Fünftel, Opfer des Krieges.

Gottliebe Anuschewski (70)	an den Folgen der Flucht verstorben
Gottlieb Bachor (77)	an den Folgen der Flucht verstorben
Gustav Galla (50)	in die Sowjetunion deportiert, nicht wiedergekehrt
Minna Jebram (etwa 60)	1945 von Sowjets erschossen
Karl Jendral (81)	auf der Flucht umgekommen
Karoline Jendral (80)	auf der Flucht umgekommen
Emma Kask (55)	von Sowjets erschossen
Gustav Komenda (70)	in einem dänischen Flüchtlingslager verstorben
Luise Kozian (etwa 75)	seit der Flucht vermisst
Adam Loch (56)	in sowjetischer Lagerhaft 1947 verstorben
Minna Majewski (73)	im Januar 1945 von Sowjets erschossen
Ottilie Malkowski (etwa 37)	auf der Flucht umgekommen
Käte Nienerza (21)	1945 in einem sowjetischen Lager verstorben
Johann Nowodworski (44)	mit einem Flüchtlingsschiff untergegangen
Luise Ostrowski (65)	im Januar 1945 von Sowjets erschossen
Marie Oswald (75)	an den Folgen der Flucht verstorben
Amalie Rexa (55)	im Januar 1945 von Sowjets erschossen
Auguste Rexa (75)	auf der Flucht umgekommen
Günter Rexa (14)	im Januar 1945 von Sowjets erschossen
Werner Rexa (Kleinkind)	auf der Flucht umgekommen
Wilhelm Stach I (64)	an den Folgen der Flucht verstorben
August Skischally (66)	an den Folgen der Flucht verstorben
Gottlieb Stensitzki (76)	im Januar 1945 von Sowjets erschossen
Heinz Teske (16)	in einem sowjetischen Lager verschollen
Gottlieb Wallesch (76)	an den Folgen der Flucht verstorben
Kleinkind Wallesch	verhungert
August Waschto (70)	an den Folgen der Flucht verstorben

Ulleschen steht für alle Dörfer Masurens, die zwischen die Mühlsteine von Krieg und Gewalt gerieten und dafür 1945 mit dem Untergang zahlen mussten. Die masurischen Opfer zeugen vom Sterben einer ethnischen Gruppe.

55 Männer aus Ulleschen fallen oder kommen in der Gefangenschaft um, 27 Ullescher Zivilisten sterben infolge von Flucht und Vertreibung. Die Ursachen für Flucht und Vertreibung werden in deutschen Darstellungen über Masuren in der Nachkriegszeit in der Regel nicht erwähnt. Die Tragödie begann bereits im Jahr 1933, setzte sich fort mit der Entrechtung und Vertreibung der Juden und mit dem europäischen Völkermord seit 1939. Die Masuren aber waren die Ersten, die für die deutsche Schuld bezahlten und die dann wie die deutsche Bevölkerung der ostdeutschen Provinzen insgesamt die Hauptlast des Krieges trugen, als Täter und Opfer zugleich. Aber die Masuren verloren nicht nur ihre Heimat, sondern auch ihre Geschichte: Sie bezahlten mit dem Untergang ihrer Ethnie.

Zunächst geschah in Masuren das, was noch nach jedem Krieg geschehen war: Viele kehrten zurück in ihre zerstörten Dörfer. Diejenigen, die von der Front überrollt wurden, traten den Heimweg an. Eine Mutter mit Kindern sieht am 22. Juli 1945 ihr Heimatdorf Wronken im Kreis Oletzko wieder: »Das Dorf war wüst, öde und leer – nur eine polnische Wagenkolonne von ungefähr 15 Fahrzeugen war da, und die plünderten die Häuser, sogar die Kachelöfen bauten sie ab und schleppten alles fort. Selbst das Zinkblechdach von Hennings Saal deckten sie ab. Es war aber noch kein Gehöft besetzt, weder von Russen noch von Polen. Eine beängstigende Stille und Leere lag über dem Dorf!«[1]

Die Zurückkehrenden rückten eng zusammen. Angesichts der Drangsalierung entstand eine große Nähe und Solidarität unter ihnen. Vor allem Frauen, Kinder und Alte harrten müde und leidgeprüft der Dinge, die da kommen mochten. Viele hatten bereits auf der Flucht Schlimmes erlebt, und nun gingen Not, Gewalt und Entbehrung weiter: »Ich sammelte mit den Kindern Ähren, wir mahlten das Korn auf der Quirle, die Kinder halfen abwechselnd. Im Wald sammelten wir Tannenzapfen und Holz und fällten heimlich trockene Bäume. Wir sammelten Pilze und Beeren und brachten sie zu polnischen Bauern, um mal etwas Milch, Grütze oder Weizenmehl zu bekommen. Ansonsten ernährten wir uns nur von Roggenmus, immer wieder Roggenmus, gesalzen mit Viehsalz, das wir noch gefunden hatten. Wir hatten es geschafft und überlebt, aber die Ängste und die schreckliche Ungewißheit hörten nicht auf. Geplündert und beraubt wurden wir jetzt zusätzlich noch von den Polen. Das Korn, das wir mühsam gesammelt hatten, mußten wir verstecken – gefunden und gestohlen haben sie es trotzdem! Sogar Kochtöpfe versteckten wir nach Gebrauch, und die Federbetten schlugen wir morgens in Decken ein und versteckten sie in der Scheune im Stroh, dort wurden sie leider von Mäusen und Ratten angeknabbert.«[2]

Die sowjetischen Truppen rekrutierten Deutsche zur Zwangsarbeit. Seit dem Frühjahr 1945 setzten in großem Umfang Deportationen in das Innere der Sowjetunion ein. Fast alle arbeitsfähigen Männer zwischen dem siebzehnten und dem sechzigsten Lebensjahr und besonders viele junge Frauen wurden verschleppt. Viele sollten nie zurückkehren. Noch war die Lage unklar. Immer mehr Polen strömten nach Masuren, und die Reibereien zwischen Polen und Sowjets nahmen an Heftigkeit zu, denn Polens provisorische Regierung machte lautstark Ansprüche auf diesen Teil Ostpreußens geltend.

Bolesław Bierut, der Staatspräsident der provisorischen polnischen Regierung, hatte bereits während der Konferenz von Jalta am 5. Februar 1945 den polnischen Anspruch auf Ostpreußen angemeldet, wiederum mit der Begründung, dass Masuren »urpolnisches« Land sei und mit dem »Mutterland« Polen vereint werden müsse. Bierut vertrat damit die schon in Versailles vorgebrachte piastische Konzeption, nach der alle westslawischen Grenzregionen einen Teil des altpolnischen Siedlungsgebietes darstellen. Nicht nur die historische Beziehung dieser Regionen zu Polen spielte darin eine Rolle, sondern auch die Existenz »polnischer« Ethnien – neben den Masuren Kaschuben, Oberschlesier und Slowinzen –, die als »Autochthone« der lebendige Beweis für den historischen Anspruch Polens auf diese Gebiete seien.

Im Gegensatz zu den deutschen Ostpreußen galten den Polen die »autochthonen« Masuren als alteingesessene Bevölkerung polnischer Abstammung, die nun mit Hilfe eines Repolonisierungsprogramms auf die »Heimkehr ins Mutterland« vorbereitet werden sollten. Der Begriff implizierte, dass die Masuren ihr »Polentum« jahrhundertelang bewahrt hätten. Für die polnische Nachkriegspolitik und vor allem für die Polnische Vereinigte Arbeiterpartei (PVAP) waren die Masuren der lebendige Beweis für die Polonität Masurens und mussten daher keine Polen werden, weil sie schon immer Polen gewesen seien. Um die Wiederentdeckung dieses verschütteten »Polentums« zu fördern, wurden die Masuren einer verhängnisvollen Politik ausgesetzt, die so tat, als hätten sie einstmals ein polnisches Nationalbewusstsein besessen. Dass dem nicht so war, mussten die Machthaber bald feststellen. Ihr rigoroses Vorgehen entpuppte sich als unverblümte Polonisierungspolitik.

Schon während des Krieges hatten propolnische Masuren aus dem Soldauer Gebiet, die im Generalgouvernement im Untergrund lebten und von der Gestapo als »Renegaten« überall gesucht wurden, den Anschluss Masurens an ein zukünftiges Polen vorbereitet. Am 18. März 1943 gelang ihnen die Gründung eines Masurischen Instituts in Radość bei Warschau. Unter Federführung von Karol und Edward Małłek erarbeitete diese Gruppe, zu der Edmund Piech, Wilhelmine Małłek, Jerzy Burski, Hieronim Skurpski, Bohdan Wilamowski, Walter Późny, Gustaw Leiding, Fryderyk Leyk, Emil Leyk und Jan Szczech gehörten, ein Programm für die Übernahme Masurens durch Polen. Es sah die umfassende »Repolonisierung« Masurens vor, enthielt aber zugleich die Forderung nach einer begrenzten politischen Autonomie. Da das Soldauer Masurenprojekt im Vorkriegspolen an der rechtskatholischen Nationaldemokratie und ihren nationalistischen Forderungen gescheitert war, suchte die masurische Untergrundgruppe nun den engen Schulterschluss mit der Linksregierung. Von der Londoner Exilregierung erwartete sie dagegen wenig Verständnis für ihr Anliegen.

Am 27. Oktober 1944 übergab Jerzy Burski dem kommunistischen Polnischen Komitee für die Nationale Befreiung (Polski Komitet Wyzwolenia Narodowego – PKWN) ein Memorandum der Masurengruppe, einen Monat später traf Karol Małłek mit dem Moskau treuen Parteiführer der polnischen Sozialisten Bierut zusammen. In dem Memorandum verlangte die Gruppe, dass alles Handeln des polnischen Staates an »der nationalen Wiedergeburt« des masurischen Volkes ausgerichtet werde. Damit wurden die wirklichen Verhältnisse in Masuren völlig missachtet. Vor allem die Anmaßung, »im Namen der ganzen masurischen Bevölkerung« zu verkünden, »Masuren, das ist Polen«, entbehrte jeder Grundlage.

Zunächst sollte an Hand eines Kriterienkatalogs festgestellt werden, wer zum »Polentum« gehören dürfe und »repolonisierbar« sei. Diese Frage stellte sich den meisten Masuren 1945 gar nicht. Ihr Land war zerstört, sie wurden vertrieben, deportiert und gepeinigt, weil sie Deutsche waren und bleiben wollten. In der

Volksabstimmung vom 11. Juli 1920 hatten sie sich zur deutschen Kultur- und Sprachgemeinschaft bekannt, und für diese deutsche Identität nahmen sie jetzt Leid, Drangsal und Pein auf sich. Das störte die polnischen Ideologen wenig. Unverdrossen unterstrich Jerzy Burski den polnischen Anspruch auf Masuren: »Nach 700 Jahren harter Knechtschaft, der langjährigen und systematischen Vernichtung all dessen, was polnisch ist ... können wir nun nach Polen zurückkehren.«[3] Bis 1989 war dies das offizielle politische Credo in Polen. In Preußen habe das masurische Volk eine einzige große Leidenszeit erlebt und seit der Herrschaft des Deutschen Ordens unaufhörlich auf die nationale Befreiung durch das »Mutterland« Polen gehofft.

Nachdem man die historischen Tatsachen derartig verdreht hatte, begann am 19. Februar 1945 der Aufbau einer polnischen Zivilverwaltung im südlichen Ostpreußen: Aus den verbliebenen Masuren sollten nationale Polen werden. Jerzy Sztachelski, Wojewode von Białystok, übernahm als offizieller polnischer Regierungsbevollmächtigter in Absprache mit der sowjetischen Militärverwaltung den Aufbau ziviler Strukturen. Noch wurde in den nördlichen Regionen Ostpreußens, im Raum Königsberg und auf der Frischen Nehrung, erbittert gekämpft. Aber bereits am 14. März 1945 war der Masurische Bezirk (Okręg Mazurski) geschaffen, der das gesamte südliche Ostpreußen umfasste und dem neu geschaffenen Ministerium für die Wiedergewonnenen Gebiete unterstellt war. Dabei hatte Masuren streng genommen staatlich nie zu Polen gehört.

Dem Johannisburger Starost Józef Wróblewski standen im Frühjahr 1945 nur drei Mitarbeiter in diesem riesigen Verwaltungsbezirk zur Seite. Die Herausforderung war ungeheuer: überall Zerstörung, ungeklärte Verhältnisse, Hunger und Elend. Es herrschte schlichtweg Anarchie, und es fehlte an allem. Die Polen, ausgeblutet durch die deutsche Terrorherrschaft, hatten nicht genügend qualifiziertes Personal, finanzielle Mittel und Polizeikräfte, um ihren Herrschaftsanspruch auch wirksam durchzusetzen. Neben den permanenten sowjetischen Requirierungen behinderten polnische Banden den geordneten zivilen Aufbau, indem sie alles, was sich transportieren ließ, nach Zentralpolen schafften. Diese als *Szabrownicy* bezeichneten Banden, die vor allem aus dem nordmasowischen Kurpiegebiet agierten, waren bei Polen und Masuren gleichermaßen gefürchtet, denn sie schreckten vor Gewalt nicht zurück. Ganze Dörfer trugen sie Stein für Stein ab – etwa Klein Leschienen, Suchorowitz oder Achodden – und verhökerten das Baumaterial beim Wiederaufbau der von den Deutschen bis auf die Grundmauern zerstörten Hauptstadt Warschau. Masuren war ein ausgebranntes Land, hier setzte sich niemand »ins gemachte Nest«, wie die rechtskonservativen Vertriebenenkreise behaupteten.

Die Masuren traf der Zorn der Opfer, und das machte sie selbst zu Opfern. Da fast alle Männer erschossen oder deportiert worden waren, lebten fast nur noch Frauen, Kinder und Greise im Masurischen Bezirk. Zehn Prozent der Bevölkerung waren Waisen, zwischen dreißig und siebzig Prozent Halbwaisen. Eine Typhusepidemie forderte weitere Opfer. Erst 1946 stabilisierte sich die Bevölkerungszahl allmählich. Damals zählte der Kreis Johannisburg 15 674 Einwohner (gegenüber 54 322 im Jahr 1933), Lötzen 16 674 (46 100), Neidenburg 15 444 (39 942), Ortelsburg 32 681 (72 920), Sensburg 34 396 (53 931), Lyck 21 595 (57 865) und Oletzko 12 282 (39 938). Das entsprach 36 Prozent der Vorkriegsbevölkerung.[4] Gegenüber der Zeit vor dem Krieg war im Masurischen Bezirk im Mai 1946 der Bestand an Pferden auf 2,1 Prozent gesunken, beim übrigen Vieh belief er sich gar nur auf 1,6 Prozent. Die Städte lagen zu vierzig bis fünfzig Prozent in Schutt und Asche, die Dörfer immerhin bis zu dreißig Prozent.

Nach und nach strömten polnische Neusiedler ins Land, und polnische Zwangsarbeiter übernahmen die Höfe, auf denen sie im Krieg gearbeitet hatten, von den masurischen Bauern. So genannte Repatrianten – das heißt polnische Flüchtlinge und Vertriebene aus den einst polnischen Ostgebieten, die nun an die Sowjetunion gefallen waren – sowie polnische Soldaten, die das Schicksal nach West- und Mitteleuropa verschlagen hatte, erhielten ein besonderes Ansiedlungsrecht. Von einer organisierten Ansiedlung konnte jedoch keine Rede sein. Vielmehr kamen nach Masuren zum überwiegenden Teil abenteuerlustige Siedler aus den benachbarten Grenzkreisen Nordmasowiens, aus dem Kurpiegebiet an Bug und Narew mit den Städten Maków, Łomża, Ostrołęka, Mława und Kolno. Diese zentralpolnischen Siedler stellten 1948 drei Viertel aller polnischen Zuwanderer![5] Einzelne ukrainische Familien kamen 1947 im Zuge der berüchtigten »Aktion Weichsel« – der Deportation von im Südosten Polens lebenden Ukrainern in die ehemals deutschen Ostgebiete – nach Masuren und fanden dort eine neue Heimat. Und schon 1946 erhielten die Masuren ihren alten Besitz zurück, wenn ihre Höfe ein Jahr zuvor von polnischen Siedlern besetzt worden waren.

Aller Ideologie zum Trotz sahen die Polen in den Masuren keine »polnischen Brüder«, sondern Deutsche, die für die Verbrechen der Nationalsozialisten verantwortlich waren. Feliks Gloeh, ein evangelisch-augsburgischer Pfarrer aus Warschau, bereiste 1945 die Region und stellte fest, dass die polnische Miliz die Zivilbevölkerung geradezu ermunterte, die Masuren »zu terrorisieren«. Da noch immer galt, dass ein guter Pole nur ein Katholik sein könne, waren die fast durchweg evangelischen Masuren leicht als Schwaben (Szwaby), also Deutsche, auszumachen.

Nach der Gründung der Wojewodschaft Allenstein Ende Mai 1946, zu der der größte Teil Masurens gehörte (nur Lyck und Oletzko kamen zur Wojewodschaft Białystok), konstituierte sich im Juli 1946 das Nationalitätenkomitee und begann, die Optionsfrage zu erörtern. In diesem Nationalitätenkomitee saßen einige propolnische Masuren, die nun auf Grund ihrer Vorkriegsverdienste im »Kampf für das Polentum« mit guten Posten bedacht wurden. Den »autochthonen« Masuren legte man nahe, für Polen zu optieren. Über einen Zeitraum von mehreren Jahren wurden sie aufgefordert, ein Papier zu unterzeichnen, in dem sie ihre polnische Abstammung anerkannten und den Wunsch bekräftigten, Pole zu werden. Mit dieser propolnischen Option waren materielle Vergünstigungen verbunden, was in der Zeit größter Not sicher eine Versuchung darstellte. Doch die wenigsten Masuren waren bereit, zu unterschreiben. Weder Überfälle noch anarchische Zustände und auch nicht die Diskriminierung als »Nazi« konnten sie dazu bewegen, unter die Fittiche des weißen Adlers zu flüchten: »Sie forderten uns auf, für Polen zu optieren und uns durch unsere Unterschrift für Polen zu entscheiden. Wer unterschrieb, dem versprachen die Polen alles. Er durfte bleiben und sollte die gleichen Rechte wie ein polnischer Staatsbürger haben. Es unterschrieb aber natürlich niemand. Niemand wollte Pole werden!«[6]

Von 1945 bis 1948/49 wurden die Masuren registriert und in verschiedene Gruppen eingeteilt. In der Konsequenz ist dieses Vorgehen nicht vergleichbar mit dem Tun der Nationalsozialisten, aber es war ebenfalls bestimmt von einer ethnisch konzipierten Ideologie. Ähnlich wie die NS-Volkslisten seit 1939 im Reichsgau Wartheland und in Danzig-Westpreußen die Germanisierbar-

Übertritte zum »Polentum«, Stand nach der ersten Verifizierung am 15. Oktober 1946

Kreis	Verifiziert	Nicht verifiziert
Lötzen	5345	1811
Rastenburg	1898	535
Sensburg	6879	16385
Neidenburg	1507	659
Osterode	7270	1802
Johannisburg	4242	1970
Ortelsburg	7213	6649
Angerburg	765	420
Lyck	2229	230
Goldap	234	308
Oletzko	154	35
Gesamt	37736	30804

keit der dort lebenden Deutschen und kleiner polnischer Gruppen festlegten, indem sie sie nach einem biologischen Rassismus in vier Kategorien einteilten, nahm die polnische Provinzverwaltung nach 1945 eine Klassifizierung der Bewohner Masurens nach einem ethnischen Rassismus vor. Wer eindeutig seine polnische Abstammung nachweisen konnte, gehörte zu den Privilegierten, wer hingegen eindeutig als Deutscher identifiziert wurde, wurde diskriminiert und schließlich ausgewiesen, wobei der Willkür Tür und Tor geöffnet war. Wer einst in den dem Deutschen Reich eingegliederten polnischen Gebieten die »Volksliste« nicht erhalten oder abgelehnt hatte, war in das Generalgouvernement oder zur Zwangsarbeit nach Deutschland deportiert worden. Nun mussten diejenigen, die die »Verifizierung« nicht akzeptierten, Masuren verlassen oder physische und psychische Gewalt über sich ergehen lassen.[7]

Hinter den harmlos anmutenden Begriffen »Verifizierung« und »Option« verbarg sich die Unterschrift unter das Bekenntnis zum »Polentum«. In den Augen der Masuren war das eine anmaßende Forderung, und sie verweigerten sich, ihre Unterschrift darunter zu setzen. Die polnischen Behörden griffen daher zu repressiven Maßnahmen, doch je mehr sie den Druck erhöhten, desto entschiedener traten die Masuren als Deutsche auf, so dass die Verifizierungsaktionen des Jahres 1946 wenig Erfolge vorzuweisen hatten.

Da die Masuren als »autochthon« galten, blieben sie von spontanen Austreibungen verschont, doch eindeutig als Deutsche deklarierte Bewohner wurden zwangsweise ausgewiesen. Wer nicht für Polen optierte, erhielt keine staatliche Unterstützung und konnte bei Plünderungen nicht einmal auf den Schutz durch die Miliz hoffen.

IM STALINISMUS
(1949–1956)

Trotz aller Schikanen und aller Drangsalierung waren Ende 1946 knapp 31 000 Masuren nicht »verifiziert«. Ihr Status war ungeklärt. Mit der Etablierung des stalinistischen Regimes nach dem Vereinigungsparteitag und der Gründung der Polnischen Vereinigten Arbeiterpartei im Dezember 1948 hatte die Ungewissheit dann ein Ende. Mit erbarmungsloser Härte ging der neue Parteiführer Bolesław Bierut gegen seine innenpolitischen Gegner vor, und zu diesen zählten auch die nicht »verifizierten« Masuren. Das totalitäre Regime konnte keine Masuren dulden, die quasi im rechtsfreien Raum *subversiv* gegen den polnischen Staat agierten, ganz abgesehen davon, dass das sozialistische Staatsverständnis die Schaffung eines ethnisch homogenen Nationalgebildes forcierte. Unter diesen Voraussetzungen erfuhr die Verifizierungspolitik im Winter 1948/49 eine neue Qualität.

Die Gangart bestimmte nun der Allensteiner Wojewode Mieczysław Moczar, ehemals Chef der berüchtigten Sicherheitspolizei UB (Urząd Bezpieczeństwa) in Lodz. Er warf den Masuren »pro-nazistische und pro-amerikanische Propaganda« vor, was jeder Grundlage entbehrte. Verhaftungswellen rollten über das Land, selbst propolnische Masurenfunktionäre, die für ihre polnische Überzeugung in nationalsozialistischen Konzentrationslagern gelitten hatten, wurden als »Imperialisten« und »Reaktionäre« verhaftet oder ins gesellschaftliche Abseits manövriert.

Im Februar 1949 setzte Moczar mit der »Großen Verifizierung« zum letzten Schlag an. Registrierungskommissionen zogen von Dorf zu Dorf und luden die optionsunwilligen Masuren in die örtlichen Gemeindeämter. Tragödien spielten sich hier ab. Wenn materielle Versprechungen nichts halfen, wurde Gewalt angewendet. Wer nicht sofort unterschrieb, den lieferten Polizei und Miliz in den Kreisstädten bei der Sicherheitspolizei ab, wo er inhaftiert blieb, bis er psychisch zermürbt war und unter den Misshandlungen willenlos zusammenbrach: »Es waren viele Männer, vom Jüngling bis zum Greis, denen haben sie die Kleider vom Leibe gerissen und den bloßen Körper mit Drahtseilen, Stöcken und Eisenstangen bearbeitet. Ein Vater saß mit zwei Söhnen. Die Söhne haben sie nicht geschlagen, den Vater so, daß er zusammenbrach, dann ein Eimer Wasser auf den Kopf und noch eine Schicht. Vierzehn Tage hielt es der Mann aus. Dann kam er zu seiner Nachbarsfrau und sagte, er hat unterschrieben. Gewalt bricht Eisen!«[8]

Was im Sensburger Polizeikeller geschah, spielte sich in ähnlicher Weise im Ortelsburger Rathaus ab: »Da mußten welche im Keller bis an den Leib im Wasser stehen und mit den Händen Kohlen aus dem Wasser rauslesen und in andere Keller tragen, andere wieder auf Eis knien, wieder andere wurden nackt ausgezogen und mußten so auf Zementboden entweder knien oder auf einem Fuß stehen oder mit dem Gesicht an die Wand gestellt und durften sich nicht rühren, solange, bis sie doch unterschrieben. Aus Steinfelde wurden alle so kaputtgeschlagen, daß sie wochenlang krank lagen.«[9]

Nach und nach ließ der Widerstand nach, mit physischem und psychischem Terror erzwang das Regime Unterschriften, aber loyale Polen hatte es aus den Masuren nicht machen können. Im Kreis Sensburg, dem einzigen mehrheitlich noch masurischen Landkreis, bleiben im Dezember 1946 nach der »Großen Verifizierung« von mehr als 20 000 Nichtverifizierten nur noch 166 übrig. Alle anderen hatten sich dem Druck gebeugt.[10]

Den Masuren wurde die Heimat zur Fremde. Kaum hatten sie unter großen Schwierigkeiten begonnen, ihre Höfe wieder zu bewirtschaften, kam mit der Kollektivierung 1949 eine neue Bedrohung über sie. Obwohl ihre Höfe eher klein waren, wurden sie als »Kulaken« und »Stützen des Kapitalismus« gebrandmarkt und zum Teil durch absurd hoch angesetzte Grundsteuern für landwirtschaftliche Betriebe zur Aufgabe ihrer Höfe gezwungen. Der Klassenkampf hielt Einzug in Masuren. Während bei den neuen Landwirtschaftlichen Produktionsgenossenschaften (PGR) die Steuer um rund ein Drittel gesenkt wurde, stieg die landwirtschaftliche Grundsteuer für Bauern 1952/53 um 129 Prozent, was für einen Kleinbauern ein Drittel, für einen größeren Bauern 47,7 Prozent der Nettojahresproduktion ausmachte.[11] Zwar widerstanden viele Masuren der Kollektivierung, aber die Zerschlagung der alten Dorfstrukturen konnten sie nicht aufhalten. So verloren sie ihre sozialen Bindungen und damit ein weiteres Stück Heimat. Indem sie sich gegen die Kollektivierung stemmten und permanent gegen die Verordnung, Polnisch zu sprechen, verstießen, verweigerten sie sich dem polnischen Staat. Verbittert und trotzig hielten sie an ihrer deutschen Identität und Sprache fest und vertraten überall einen deutschen Kurs. Sie lehnten sich auf gegen den polnischen Gottesdienst, den sie nun besuchen mussten, denn es gab keinen anderen, und dagegen, dass ihre Vor- und Familiennamen polonisiert wurden. Viele masurische Eltern schickten ihre Kinder nicht in die Schule, weil dort nur auf Polnisch unterrichtet wurde. Teilweise erhielten die Kinder überhaupt keine Schulbildung. Zum ersten Mal in ihrer langen Geschichte formierten sich die Masuren zum geschlossenen Widerstand. Lieber heute als morgen wollten sie ihre Heimat verlassen, aber noch ließ der Staat sie nicht gehen, denn sie waren das Faustpfand, mit dem er seine Ansprüche auf Masuren durchzusetzen trachtete.

Formal hob dann 1950 ein Gesetz alle Sanktionen gegen Personen deutscher Volkszugehörigkeit auf. In einer vom Roten Kreuz koordinierten Aktion, der Operation Link, durften noch im selben Jahr 1600 Masuren aus den ostmasurischen Kreisen Oletzko, Lyck und Goldap in die Bundesrepublik ausreisen. Im darauffolgenden Jahr wurde im Zuge der »Passaktion« (Paszportyzacja) allen Deutschen im polnischen Herrschaftsbereich per Dekret vom 8. Januar 1951 die polnische Staatsangehörigkeit zuerkannt. 35 000 Masuren und Ermländer nutzten jedoch die Möglichkeit, sich von der Warschauer US-Botschaft eine Bescheinigung über ihre deutsche Volkszugehörigkeit ausstellen zu lassen. Von den 13 000 Masuren im Kreis Sensburg besaßen 63 Prozent eine solche Bescheinigung. Sie alle saßen förmlich auf gepackten Koffern und hofften auf eine baldige Ausreise.

Indessen verschärfte sich mit der Entwicklung in Korea der Kalte Krieg, der sich innenpolitisch gegen die Masuren richtete. Auf Grund ihrer Westkontakte – jeder Masure hatte Verwandte im Westen, von denen er seit Kriegsende getrennt war – verdächtigte man sie nun der Spionage und des politischen Revisionismus. Wiederum landeten viele von ihnen im Gefängniss oder wurden auf die eine oder andere Weise Opfer der stalinistischen Willkür.

Die Zukunft war weiterhin ungewiss. Zwar gab es noch große

masurische Gemeinschaften, erleichterten Bande der Solidarität das Leben in der fremd gewordenen Heimat, aber die Hoffnung auf einen Ausgleich mit dem polnischen Staat schwand. Die Masuren blieben so weit wie möglich unter sich in ihren selbstgeschaffenen Nischen und pflegten ihre deutsche Identität. Nur wenige waren bereit, sich im Staat zu engagieren. Lediglich 1,1 Prozent der masurischen Bevölkerung des Kreises Ortelsburg waren Mitglieder der PVAP geworden. Zwischen 1949 und 1954 lag der Anteil der Mischehen zwischen Masuren und Polen unter fünf Prozent.[12]

In einem Brief vom Februar 1950 fasste ein Masure die Gefühlslage zusammen: »… daß wir Masuren sind, leugnen wir nicht ab, wir sind aber deutsche Masuren, das haben wir 1920 bewiesen und nicht, wie der Pole sagt: Masuren sind Polen … Unsere Kinder werden gezwungen, die polnische Schule zu besuchen, und wir werden so mit Steuern belastet, daß es unter keinen Umständen möglich ist, dieses Leben fortzusetzen.«[13] In einem Brief von 1952 schrieb eine Masurin aus Seelonken, Kreis Ortelsburg, was viele ersehnten: »Hier im Dorf wohnen 13 deutsche Familien, und die sowie auch alle Deutsche haben nur den einen Wunsch, so ein Leben zu führen, wie es bis 1945 gewesen war.«[14]

Aber die alten Zeiten kehrten nicht zurück. Vielmehr wurden die germanisierten Ortsnamen nun durch polnische ersetzt, wobei man allerdings fast ausschließlich auf historische Vorbilder zurückgriff. Dabei orientierte man sich jedoch nicht an der amtlichen alten deutschen Form, sondern verwendete die umgangssprachlich gebräuchlichen Namen, wie sie im masurischen Polnisch üblich waren. In diesen Namen überlebte das alte Masuren, auch wenn es die Menschen nicht mehr gibt, die sie einst prägten.

Als Beispiel für die Dreigliederung der masurischen Namen seien einige Orte angeführt. Das in der amtlichen preußischen Form Ulonskofen genannte Dorf wurde 1938 zu Schobendorf. 1946 erhielt es den Namen, der bis 1945 im masurischen Dialekt üblich war: Piece (wörtlich: Ofen). Seelonken/Zielonken (1938 Ulrichssee) hieß fortan Zielonka, Schwentainen (1938 Altkirchen) wieder Świętajno, Jedwabno (1938 Gedwangen) wieder Jedwabno, Rydzewen (Rotwalde) Rydzewo. In einigen Fällen bestimmte allerdings die Ideologie und nicht die Historie den neuen Namen. So hieß Sensburg – auf masurisch Ządzbork – seit 1946 Mrągowo nach dem evangelischen Pfarrer Coelestin Mron-

Konfirmation in Klein Jerutten mit Pfarrer Jerzy Sachs am 10. April 1950. Von der Front überrollt, mussten viele Masuren den Rückweg in ihre Dörfer antreten. Sie fanden ihre Häuser zerstört oder von Fremden besetzt. Wieder rückten sie zusammen. Inseln des masurischen Lebens im katholischen Polen wurden die evangelischen Kirchengemeinden.

govius, Lötzen (Lec) wurde zu Giżycko nach dem Geistlichen Gustav Gisevius, der einst gegen die Germanisierung aufgetreten war. Rastenburg (Rastembork) wurde zu Ehren des Nestors der polnischen Masurenforschung Wojciech Kętrzyński in Kętrzyn umbenannt. Haasenberg, masurisch Hozambark, schließlich nannte sich nach dem dort beheimateten Bauern Gottlieb Labusch, der sich für die polnische Sache Masurens engagiert hatte.

Ein Masure, der bereits das masurische Polnisch nicht mehr beherrschte, beschrieb, wie er als Kind die Nachkriegsereignisse und das Zusammenleben mit den Polen erlebte: »Immer mehr Polen siedelten in Leinau an. In das Haus von Onkel Karl zog ein Pole ein, der sich Siembida nannte. Er sprach einige deutsche Worte, und so konnten wir uns mit ihm ziemlich gut verständigen. Was heißt wir? Ich verstand ja kein einziges polnisches Wort, aber die Erwachsenen. Wir wohnten ja an der polnischen Grenze, und da war es kein Wunder, daß die älteren Menschen diese Sprache verstanden. Es gab sogar alte Menschen, welche die deutsche Sprache nur sehr schlecht beherrschten; dafür sprachen sie das Masurische, was der polnischen Sprache sehr ähnlich war ... Mit den polnischen Kindern hatte ich mich inzwischen angefreundet, wie es Kinder eben tun. Man spielte zusammen, und man schlug sich. Trotzdem gab es polnische Kinder, welche besonders gehässig waren. Sie beschimpften uns als ›Schwabi‹ und ›Hitlerowzi‹, was mir doch sehr unangenehm war. Was hatten wir Kinder denn getan?«[15]

Die Verantwortlichen der Polonisierungspolitik versuchten durchaus, die masurischen Jugendlichen für Polen einzunehmen. Diesem Zweck diente die im Dezember 1945 errichtete Masurische Volksuniversität in Ottilienhof (Rudziska) bei Passenheim, deren erster Direktor der Soldauer Masurenfunktionär Karol Małłek war. In ihrem programmatischen Selbstverständnis sah sich diese Einrichtung als »Schmiede des Polentums«. Ottilienhof weist viele Parallelen zu der 1927 errichteten Masurischen Volkshochschule auf, die, nur wenige Kilometer entfernt gelegen, einst als Grenzlandschule Jablonken zum Hort des deutschen »Grenzlandgeistes« geworden war. Beide Konzepte dienten der ideologischen Umerziehung der Masuren, nur das nationale Credo war ein anderes.

DER STILLE EXODUS
(1956–1969)

Als sich auf dem VIII. Plenum der PVAP am 20. Oktober 1956 der Entstalinisierungskurs durchsetzte und Gomułka an die Spitze der Einheitspartei trat, hoffte ganz Polen auf einen neuen Anfang. Während der stalinistischen »Säuberungen« verhaftete und drangsalierte polnische Masurenfunktionäre wurden nun formell rehabilitiert. Doch selbst jene, die jahrzehntelang im deutschen Masuren für ihre polnische Gesinnung gelitten hatten, hatten sich inzwischen vom polnischen Staat abgewandt, gebrochen und bitter enttäuscht, dass ihr lang gehegter Traum, Masuren mit Polen zu vereinigen, ausgeträumt war. Kaum hatte Gomułka die Ausreisebestimmungen für Masuren im Rahmen der Familienzusammenführung erleichtert, verließen diese in Scharen das Land. Selbst alte Masurenfunktionäre übersiedelten in die Bundesrepublik. Adolf Szymański kam bereits 1958, Johann Dopatka traf 1966 in Bottrop ein, Edward Małłek, Mitautor des masurischen Memorandums von 1944, wandte sich enttäuscht von Polen ab, ebenso kehrte Karol Małłeks Sohn, Ryszard, ein evangelischer Pfarrer, seiner Heimat den Rücken.

Edward Małłek schrieb rückblickend, dass er Masurens Zukunft in Polen gesehen habe. Als dieser lang gehegte Wunschtraum 1945 endlich in Erfüllung zu gehen schien, war er jedoch zu der schmerzhaften Einsicht gekommen, dass »von Seiten Polens kein Anrecht« auf Masuren bestehe. Das polnische Masurenprojekt war gescheitert. Eine Denkschrift vom Dezember 1956, verfasst von propolnischen Masuren, die im öffentlichen Leben der Wojewodschaft Allenstein standen, konnte daran nichts mehr ändern. Dennoch ist dieses Dokument, das unter anderen Bohdan Wilamowski, Otylia Grothowa, Gerard Skok, Walter Późny, Tadeusz Zygfryd Willan, Edward Turowski und Jan Boenigk unterzeichneten und das am 4. Dezember 1956 der PVAP-Führung überreicht wurde, bedenkenswert:[16]

Die Geschichte der Menschen im Ermland und in Masuren ist reich an Tragik und Leid. Auf den Schultern von Ermländern und Masuren lasteten oft Unrecht, Not und Schmerz. Bis heute haben wir dies nicht vergessen. Immer noch schleppen wir diese Last mit uns herum. Um uns herum gibt es viel Abneigung, Unrecht und Gewalt ... Ermländer und Masuren wollen nicht nur Brot, sondern sehnen sich von ganzem Herzen nach der vollen Freiheit. Sie verlangen nach

Achtung für ihr im Verlauf von sieben Jahrhunderten gewachsenes »Anderssein« und nach Freiheit für die Pflege ihrer Traditionen. Sie verlangen auch, daß die Zusammenführung der aufgrund der Kriegshandlungen getrennten Familien nicht – wie früher – ein politisches Glücksspiel ist, sondern in humanitärer Weise behandelt und schnell zum Abschluß geführt wird.

Endlich ist die Zeit gekommen, sich aufzurichten, das Joch des Unrechts und des Leids abzuwerfen. Wir haben den Glauben an ein besseres Morgen wiedergewonnen und wollen es errichten. Wir glauben, daß die derzeitige Partei- und Regierungsführung fähig und gewillt ist, uns bei der Realisierung dieser Bestrebungen zu Hilfe zu kommen. Um diesen Glauben unter Beweis zu stellen, sind wir nach Warschau gekommen und legen diese Denkschrift vor.

Binnen drei Jahren ging im Kreis Sensburg, bis dahin mit Abstand der Kreis mit der höchsten masurischen Bevölkerung, die Zahl der Masuren von 22 603 – was einem Anteil von 59 Prozent der Gesamtbevölkerung entsprach – auf 12 000 im Jahr 1958 zurück. Der Exodus begann. In diesem Jahr belief sich die Gesamtzahl der Masuren in Polen auf 34 500, während acht Jahre zuvor allein die evangelisch-lutherische Diözese Masuren noch 68 500 Mitglieder gezählt hatte. Doch dabei blieb es nicht. Auch die sechziger Jahre verzeichneten eine stille, aber stetige Abwanderung nach Westen.

Eine ältere Masurin schrieb Anfang Januar 1959 aus Johannisburg: »Ob es sich für mich lohnt mit dem Rausfahren? Anfang Januar wurde ich nun 69 Jahre alt; wie lange werde ich noch laufen? Hier sind noch bekannte Deutsche, und dort bin ich einsam und verlassen. Ich möchte noch abwarten, was die Zukunft bringt. Wenn es zum Friedensvertrag kommen möchte, wüßten wir, woran man ist.«[17] Gerade ältere Masuren hegten lange die Hoffnung auf einen Friedensvertrag und verschoben die Ausreise immer wieder, da sie mit Leib und Seele an ihrer Heimat hingen. Doch auch sie zogen schließlich die Konsequenz aus ihren Erfahrungen: »Vergeblich war die Berufung auf Recht und Gerechtigkeit, die im Volksstaat angeblich in gleichem Maße für alle Bürger gelten sollten; es machte einzig das Maß ihrer früheren Erfahrungen voll, daß sie eine unterworfene Gemeinschaft waren und daß sie, wenn sie hier leben wollten, dies nur als Untertanen konnten.«[18]

MASUREN OHNE MASUREN
(1970–1989)

Die letzte große Ausreisewelle setzte ein, nachdem im Zuge der Ostpolitik Willy Brandts die diplomatischen Beziehungen zwischen der Bundesrepublik und Polen aufgenommen worden waren. Die Rückkehr zum Status quo ante war damit nicht mehr zu erwarten. Als Helmut Schmidt und Edward Gierek am Rande der Helsinki-Konferenz 1975 über einen deutschen Milliardenkredit und bessere Ausreisebedingungen Einigkeit erzielten, nahm die Zahl derer, die ihrer Heimat den Rücken kehrten, noch einmal zu. Im Herbst 1980 beantragten propolnische masurische Intellektuelle die Registrierung eines Masurischen Kulturvereins. Der Antrag wurde vom Staat abgelehnt.

Die Tragödie Masurens prägte auch das Leben Erwin Kruks:[19]

Unser Gesang
Nur noch im Kirchengesangbuch,
Und die Kirchengesangbücher – in den Händen Verstorbener.
Wir träumten von Freiheit
Und alles erfüllte sich
In der Musik des Sandes:
Unsere Gräber
Senkten sich über uns.

Gräser
Überwucherten Friedhöfe.
Doch hinter jenen, die gegangen sind,
Sind die Tore noch nicht geschlossen.
Und niemand beklagt sich,
Wo unser Land ist.
Konnten wir hier irgendwann leben?
Hier, wo man nach unserem Leben
Die Spuren verbrennt?

Wir, die letzten der Lebenden,
Heimlich, damit unsere Lebenssünde
Nicht ans Tageslicht kommt,
Sterben leise und lange in dieser Gegend.
So viel blieb uns vom Vaterland,
Wo durch Wiesen Wasser fließen
Und Bäume sich über Seen neigen.
Dort waren unsere Häuser und Wolken und der Gesang.
Dort knarren noch manchmal Türen,
Plötzlich geweckt durch den flüchtigen Wind.

Der 1941 in Gutfeld, Kreis Neidenburg, geborene Kruk, der als der bekannteste literarische Vertreter der kleinen propolnischen Masurengruppe gilt, trat nun aus der Partei aus, arbeitete aktiv in der Gewerkschaft Solidarność mit und zog nach der politischen Wende von 1989 als parteiloser Vertreter in den Warschauer Senat ein.

Nach Abschluss der Ostverträge bis zum Ende der kommunistischen Ära in Polen im Jahr 1989 reisten 55 227 Masuren und Ermländer in die Bundesrepublik aus. »Ihr habt Masuren und Ermland, und wir haben die Masuren und Ermländer«, hieß es schließlich.[20]

Auch die Kirchen gelangten über all die Jahre nicht zu einer friedlichen Koexistenz. Immer wieder weckten die evangelischen Gotteshäuser katholische Begehrlichkeiten. Nach dem Krieg hatte der polnische Staat den Großteil aller evangelischen Kirchen, und das waren vorwiegend unierte Kirchen, der polnischen evangelisch-augsburgischen Kirche als Rechtsnachfolgerin überlassen. Infolge der Ausreisewellen standen aber immer mehr evangelische Gotteshäuser leer. Die Katholiken, denen der Staat den Neubau von Kirchen nicht gestattete, griffen nun zur Selbsthilfe, indem sie illegal solche verwaisten Gotteshäuser besetzten, ohne eine Verhandlung mit der evangelisch-lutherischen Kirche überhaupt in Betracht zu ziehen. Sie schufen damit Fakten, denen sich die kleine evangelische Minderheitenkirche kaum erwehren konnte.

In Puppen, Kreis Ortelsburg, fand am 23. September 1979 in der örtlichen evangelischen Kirche ein Gottesdienst statt. Noch während der Feier drang die katholische Gemeinde samt Pfarrer in das Gotteshaus ein und nahm es gewaltsam in Besitz. Am 20. April 1980 forderten katholische Bewohner von Gawrzyalken den örtlichen evangelischen Küster auf, die Kirchenschlüssel herauszugeben. Als er sich weigerte, brachen sie die Kirchentür auf, wechselten die Schlösser und besetzten die Kirche. Obwohl bereits Verhandlungen liefen, fanden weitere illegale Kirchenbesetzungen in Barranowen, Ukta (5. April 1981), Aweyden (1. Mai 1981) und Seehesten (10. Oktober 1981) statt. Die ermländische Diözese stellte dazu lakonisch fest, dass man nicht länger zusehen könne, wie zunehmend evangelische Kirchen leer stünden. Nach den Gründen für den Massenexodus der Masuren fragte sie nicht.

Masuren ohne Masuren, das war das Ergebnis der polnischen

Masurenpolitik, über die ein polnischer Historiker das vernichtende Urteil fällte: »Was die Preußen in mehr als 400 Jahren nicht geschafft haben, das haben wir Polen in einer Generation geschafft, nämlich aus den Masuren bewußte Deutsche zu machen.«[21]

EXKURS

MASUREN IN DEUTSCHLAND

Wer die Flucht in den Westen geschafft hatte, dem standen schwere Jahre bevor. Gerade die Bauern haderten mit dem Schicksal, waren sie doch in besonderer Weise mit ihrer Heimat verbunden. Die alten Dorfstrukturen waren zerschlagen, alles, was früher Halt gegeben hatte, unwiederbringlich verloren. Kaum einer wusste vom anderen, die Männer waren noch in Kriegsgefangenschaft, die Familien über die vier Zonen der Sieger verstreut. Obwohl die Flüchtlinge ungleich schwerer für die deutsche Schuld büßten, erfuhren sie selten die Solidarität derer, die sie aufnehmen mussten. Sie waren Außenseiter, Hergelaufene, »Pollacken«. Lieber heute als morgen wollten sie daher zurück, »nach Hause« fahren, die Felder bestellen und von vorn beginnen.

Ein 73 Jahre alter masurischer Bauer aus Rohmanen, Kreis Ortelsburg, schrieb Weihnachten 1946 einen verzweifelten Brief an seine Tochter: »Wie lange dieser Zustand noch dauern wird, wissen wir alle nicht, aber das wissen wir, daß das deutsche Volk unter diesen Umständen langsam, aber sicher zu Grunde geht. Die Strafe, die der liebe Gott über uns anhängt, ist hart, aber auch gerecht, und wir müssen alle geduldig tragen, bis uns eines Tages auch für die noch zurückgebliebenen Deutschen die Sonne scheinen wird.«[22] Mit Pferd und Wagen war der Alte, getrennt von Kindern und Enkeln, bis nach Südniedersachsen gelangt. Jede Woche fragte er bei der englischen Militärverwaltung nach, wann er wieder anspannen und nach Masuren zurückkehren könne. Als sich abzeichnete, dass an eine Rückkehr nach Masuren nicht mehr zu denken war, legte er sich nieder und schloss am 2. Januar 1948 für immer die Augen.

Als feststand, dass die Heimkehr ausgeschlossen war, entwickelte sich das Ruhrgebiet schnell zum Zentrum der masurischen Ansiedlung. Seit 1870 lebten hier ja bereits größere

DIE BÜRGERSCHAFT DER STADT NEUMÜNSTER NIMMT OFFENEN HERZENS TEIL AN DEN SORGEN, WÜNSCHEN UND HOFFNUNGEN DER HEIMATVERTRIEBENEN AUS DEM DEUTSCHEN OSTEN + UM IHRE ENGE VERBUNDENHEIT ZU BEKUNDEN UND DAS GEFÜHL FÜR EIN GEMEINSAMES, UNTEILBARES DEUTSCHES SCHICKSAL WACHZUHALTEN, ÜBERNIMMT DIE STADT NEUMÜNSTER MIT DEM HEUTIGEN TAGE DIE PATENSCHAFT ÜBER KREIS UND STADT

LÖTZEN

NEUMÜNSTER, DEN 14. AUGUST 1954

Johannsen
STADTPRÄSIDENT

OBERBÜRGERMEISTER

Patenschaftsurkunde der Stadt Neumünster »über Kreis und Stadt Lötzen«. Das Gros der Masuren gelangte nach dem Zweiten Weltkrieg in die Bundesrepublik Deutschland. Wieder solidarisierten sich – wie bereits im Ersten Weltkrieg – kommunale Einrichtungen mit den Masuren. Es entstanden Patenschaften, die den Vertriebenen eine ideelle Heimat geben sollten.

Gruppen masurischer Arbeiter, so dass beinahe jeder Masure irgendeine Verbindung nach Westfalen besaß. Nun zog es die geflüchteten, vertriebenen und ausgesiedelten Masuren dorthin, wo ihre Landsleute wohnten. Aus eigener Kraft schufen sie sich – gefördert durch das Wirtschaftswunder der Adenauer-Zeit – hier ihr neues Heim, wobei der Lastenausgleich half, der aber nur eine kleine Aufwandsentschädigung war und die realen Verluste bei weitem nicht kompensieren konnte.

Bald entstanden die Kreisgemeinschaften, die die ehemaligen ostpreußischen Landkreise repräsentierten und deren Kreisvertreter sich als »Landräte im Exil« verstanden. Jedes Dorf, jedes Kirchspiel Masurens wählte Gemeindevertreter, die wiederum einem Kreistag angehörten, der das oberste Beschlussgremium einer Kreisgemeinschaft war. Zu den Aufgaben der Kreisgemeinschaften zählte die Organisation von Heimattreffen, die Herausgabe von Heimatblättern, Zeugenermittlung bei Lastenausgleichsverfahren, Betreuung in Masuren verbliebener Landsleute, Sozialberatung und Dokumentation der Regionalgeschichte. Bis heute bestehen acht masurische Kreisgemeinschaften, deren Zukunft jedoch ungewiss ist.

Obwohl es oft an tätiger Nächstenliebe fehlte, gehörte die Bekundung der Solidarität mit den Vertriebenen in der bundesrepublikanischen Nachkriegszeit zum allgemeinen Konsens. Viele westdeutsche Kommunen – Städte und Landkreise – wählten ostdeutsche Kreisgemeinschaften als Paten. Unter der Obhut der Kommunen sollten die Vertriebenen über einen Ort im Westen verfügen, der ihnen Rückhalt bei ihrer Arbeit gab. Bis heute bestehen diese Patenschaften zwischen westdeutschen Kommunen und Kreisgemeinschaften. Für Johannisburg übernahm der Kreis Schleswig-Flensburg die Patenschaft, für Lötzen die Stadt Neumünster, für Lyck die Stadt Hagen, für Neidenburg die Stadt Bochum, für Ortelsburg die Stadt Herne, für Osterode Stadt und Landkreis Osterode/Harz, für Sensburg die Stadt Remscheid und für Oletzko (Treuburg) die Stadt Leverkusen.

Mit der Bildung der Kreisgemeinschaften, in deren Vorstandsreihen ehemalige Bürgermeister, Landräte, Kreisbauernführer, Ortsgruppenleiter, SA-Sturmführer und BDO-Aktivisten saßen, geriet die masurische Mehrheit ein letztes Mal in die Abhängigkeit der alten Elite. Wiederum spielte die bäuerlich geprägte Mehrheit der Landbevölkerung eine Statistenrolle, die willfällig die kühnen Thesen der Funktionäre zu bejubeln hatte. Während die Kreisgemeinschaften in ihrer Arbeit vor allem sozial und gemeinschaftsfördernd ausgerichtet waren, schlug der Dachverband – die 1948 gegründete Landsmannschaft Ostpreußen – von Anfang an scharfe politische Töne an. Dabei lag den einfachen Masuren, anders als die Funktionäre glauben machen wollten, nichts an der Revisionspolitik der Verbandsoberen, vielmehr sehnten sie sich nach heimatlichem Austausch und suchten zerrissene Bande wieder zu knüpfen.

Die Masuren nahmen ein weiteres Mal nicht wahr, wie sie zum Spielball von Interessen wurden, die sich gegen ihre eigene Geschichte richteten. Hilflos sahen sie zu, wie man sie vollends ihrer Geschichte beraubte, denn die Landsmannschaft erklärte Ostpreußen zum ethnisch rein deutschen Gebiet. Unreflektiert zog das ideologische Gedankengut der NS-Zeit damit in die landsmannschaftliche Geschichte ein. Noch 1998 hieß es in einer Festschrift anlässlich des fünfzigjährigen Bestehens: »Mehrheitlich war das Gebiet mit Deutschen besiedelt. Sprache, Sitte, Recht und Lebensart waren deutsch.«[23] Kein Wort von den polnischsprachigen Masuren und Ermländern, von den litauischsprachigen Preußen; kein Wort von der Germanisierungspolitik, dem NS-Terror gegen Juden und propolnische Masuren. Stattdessen verkündete die Landsmannschaft Ostpreußen – Dachverband aller masurischen Kreisgemeinschaften – »Geschichtslosigkeit und geschichtliche Verfälschungen werden wir nicht hinnehmen. Für uns ist es eine vordringliche Aufgabe, das Geschichtsbewußtsein zu vertiefen und die mehr als über 700jährige Geschichte des deutschen Ostens allen Deutschen bewußtzumachen. Dies festzuhalten und festzustellen ist ein Gebot historischer Wahrhaftigkeit.«[24]

Die hier beschworene historische Wahrhaftigkeit galt offensichtlich nicht in Bezug auf die Geschichte Masurens. Für Masuren gab und gibt es weiterhin keinen Platz. Sein kulturelles Erbe wurde nicht 1945, sondern erst in der Bundesrepublik Deutschland vernichtet, wo jeder Versuch unterbunden wurde, die masurische Sprache, Volkskultur und Tradition zu bewahren. Jetzt ist es zu spät.

Im »Heimatmuseum« sammelt Zygmunt Rogalla fleißig alles, was Zeugnis von der facettenreichen Geschichte Lucknows ablegten, ungeschönt und ungefiltert. Doch als sich die Funktionäre des Heimatvereins sein geliebtes Heimatmuseum aneignen wollen, sieht er nur noch einen Weg, Masurens Geschichte vor neuer nationaler Gewalt zu bewahren: Er läßt sein Heimatmuseum in Flammen aufgehen und verhindert damit, dass noch einmal jemand die Geschichte Masurens nach Gutdünken missbrauchen kann. Zygmunt Rogalla weiß genau, dass es weder in der Bundesrepublik noch in Masuren eine Renaissance seiner untergegangenen Kultur geben wird, nichts wird mehr daran erinnern, was einst war: »Aber wir missen doch zurick, Siechmunt, wir missen, weil alles auf uns wartet: die Bäume und Seen und der Schloßberg und die Felder und der alte Fluß, der die Flöße trägt. Nein, Simon, sagte ich, wir werden nicht mehr erwartet dort in Lucknow; die anderen, die uns hätten erwarten können – es gibt sie nicht mehr. Kein Laut, der dich erinnert, kein Gesicht, das aufglänzt bei deinem Anblick, keine Hand, die unentrinnbare Beziehungen erneuert, weil die andern fort sind, verschollen und versunken, darum wird es den Augenblick nicht geben, auf den du hoffst.«[25]

Neues Leben

Ohne Zweifel hat das 20. Jahrhundert die über sechshundertjährige Geschichte Masurens hinweggefegt. Masurens vornationale Ethnie passte nicht in das ideologische Wunschbild vom ethnisch homogenen Nationalstaat. Ohne Verständnis für die besondere Lage, die in dieser Grenzregion über Jahrhunderte entstand, walzten deutscher und polnischer Nationalismus alles nieder, was masurisch war. »Germanisierung« oder »Polonisierung«, das waren die Alternativen, die den Masuren offen standen. Ein eigener masurischer Weg blieb ihnen verwehrt.

Heute leben schätzungsweise fünf- bis zehntausend Masuren weit verstreut über die Region. Nach der Zulassung deutscher Minderheitenvereine suchten vor allem die älteren Masuren Anschluss an die deutsche Kultur. Inzwischen kommen jährlich zu Tausenden Besucher aus dem Westen in ihre alte Heimat und suchen alte Kontakte wiederherzustellen.

Das alte Masuren ist untergegangen, doch seit 1989 lebt Masuren wieder: Nicht in seinen Menschen mit ihrer Kultur und Sprache, aber in der Erinnerung an das Gewesene. Immer mehr junge Polen, Ukrainer und Litauer, die heute in Masuren leben, wollen endlich wissen, wie die Geschichte ihrer Heimat wirklich war. Bis 1989 überwog das ideologisch sorgsam gepflegte Bild, Masuren sei »urpolnisches« Land, das 1945 »ins polnische Mutterland heimgekehrt« sei. Diese fatale Falsifizierung der Geschichte kann man nicht allein den kommunistischen Machthabern anlasten, vielmehr war diese seit 1872 von Wojciech Kętrzyński entwickelte Sichtweise die der überwältigenden Mehrheit der polnischen politischen Öffentlichkeit. Doch wo waren, fragen seit den neunziger Jahren junge Polen, die Menschen, die angeblich freudestrahlend ihre »Rückkehr nach Polen« 1945 nicht abwarten konnten? In Masuren gibt es niemanden mehr, der ihnen erzählen könnte, wie es wirklich war.

Die polnische Nachkriegsgesellschaft in Masuren lebte im Grunde genommen ahistorisch, da ihr die wahre Geschichte dieser Landschaft vorenthalten wurde. Ohne Kenntnis des Gewesenen konnte die zweite und dritte Generation aber keine regionale Identität entwickeln. Nun wollen die Jungen nicht länger leben wie ihre Eltern und Großeltern, die 1945 nach Masuren kamen und sich seither nach ihren Heimatregionen sehnen. Um sich heimisch zu fühlen, bedarf der Mensch der Verwurzelung, einer Identität, die aus dem Kleinen, aus dem Vertrauten, erwächst.

Die Suche nach der eigenen Identität begann. Den Anfang machten junge Polen 1990 in Allenstein, wo die Kulturgemeinschaft »Borussia« entstand – ein durchaus provokanter Name, der mit Bedacht gewählt wurde. Die jungen Idealisten wollten zur Diskussion ermuntern. Im Grunde ging es ihnen gar nicht um eine Renaissance des preußisch-deutschen Erbes, vielmehr sahen sie in der lateinischen »Borussia« die multiethnischen Traditionen der alten Landschaft Preußen am besten repräsentiert. Sie suchten nach dem Regionalbewusstsein und der kulturellen Identität der Bewohner des polnischen Ostpreußen und verstanden sich von Anfang an als Verfechter eines offenen Regionalismus, der die multikulturellen Facetten unterstreicht.

»Borussias« Arbeit begann mit der Instandsetzung von deutschen Soldatenfriedhöfen aus dem Ersten Weltkrieg. Deutsche und polnische Jugendliche fanden 1993 in Dröbnitz einen Sommer lang zusammen, restaurierten die Soldatengräber und entwarfen eine gemeinsame Inschrift: »Es gibt Tiefen des Leidens, die ewig sinnlos bleiben, wenn nicht die Frucht sie klärt.« Historische Workcamps, literarische Seminare, Autorenlesungen, internationale Zusammenkünfte von Russen, Litauern, Ukrainern, Weißrussen und Deutschen gehören mittlerweile zum Alltag der »Borussia«. Die Zeitschrift gleichen Namens avancierte inzwischen zu einem ernst zu nehmenden intellektuellen Forum über Europa, regionale Identität und kulturelles Erbe. Erstmals gelingt hier die Wahrnehmung nationaler, ethnischer und religiöser Minderheiten: »Nicht genug, daß die neuen ›Borussen‹ Ostpreußen entschieden als einen Teil Europas bestimmen. Sie bestehen darauf, daß über alle Grenzen im Raum allgemein menschliche Werte anzuerkennen seien, gestützt auf die Achtung historischer, moralischer, existenzieller Wahrheiten. In einem Satz des Programms wird das ganze facettenreiche zwischen Nähe und Ferne,

In Masuren leben heute keine Masuren mehr, nur die Landschaft ist geblieben.
Sie in ihrer Anmut und Schönheit zu erhalten, ist Aufgabe aller Menschen.

Konkretem und Allgemeinem, Wirklichkeit und Norm vermittelnde Konzept eindrucksvoll zusammengefaßt. Sie behandeln die Denkmale einer jeden nationalen Vergangenheit als Denkmale der Menschheit.«[1]

Die Zeitschrift *Borussia* wird überall ernst genommen. Ihr entscheidender Beitrag zur Aufarbeitung der Vergangenheit und zur Schaffung einer regionalen Identität gab wichtige Impulse für weitere Initiativen. Mittlerweile erscheinen in fast allen masurischen Städten und Kreisen populärwissenschaftlich orientierte Geschichtshefte, die unter uneingeschränkter Einbeziehung deutscher Autoren die Geschichte Masurens dokumentieren. Historische Dogmata gibt es längst nicht mehr. Die Lötzener Masurische Gemeinschaft, die in der Stadt ein eigenes kleines Museum einrichtete und mit der Herausgabe der historischen Zeitschrift *Masovia* an die alte preußisch-deutsche Tradition der Litterarischen Vereinigung Masovia anknüpft, die *Studia Angerburgica,* die Johannisburger *Znad Pisy,* der Ortelsburger *Rocznik Mazurski* (Masurisches Jahrbuch) – sie alle zeugen von einem neuen Bewusstsein.

Das alte Masuren wird nicht wiedererstehen, aber es scheint, als widerfahre den Masuren – nach einem Jahrhundert politischer Vereinnahmung – nun erstmals historische Gerechtigkeit. Auch wenn es die Masuren nicht mehr gibt: Endlich wird ihre schwierige Lage zwischen Deutschen und Polen gewürdigt, endlich zollt man ihnen den Respekt, den deutscher und polnischer Nationalismus ihnen stets verwehrt haben.

Anmerkungen

MASUREN, DAS UNBEKANNTE LAND

1 Siegfried Lenz: So zärtlich war Suleyken, Frankfurt am Main 1960, S. 148.
2 Friedrich Krosta: Land und Volk in Masuren. Masurische Studien, in: Bericht über das Kneiphöfische Stadtgymnasium zu Königsberg 1874/75, Königsberg 1875, S. 1–16, hier S. 2/3.
3 Reinhold Weber: Masuren, Leer 1983, S. 15.
4 Meyers Konversations-Lexikon, Bd. 9, Leipzig/Wien 1897.
5 Benutzte Lexika in chronologischer Reihenfolge: Allgemeine deutsche Real-Encyclopädie für die gebildeten Stände, Bd. 9, Leipzig 1846; Meyers Konversations-Lexikon, Bd. 9, Leipzig/Wien 1897; Wielka Ilustrowana Encyklopedja Powszechna, Bd. 10, Kraków [1926]; Der Große Brockhaus, Bd. 12, Leipzig 1932; Der Große Herder, Bd. 13, Freiburg 1934; Meyers Lexikon, Bd. 7, Leipzig 1939; Wielka Encyklopedja Powszechna, Bd. 7, Warszawa 1966; Meyers Neues Lexikon, Bd. 9, Leipzig 1974.

DIE LANDSCHAFTEN SASSEN, GALINDEN UND
SUDAUEN IM ORDENSSTAAT

1 Hartmut Boockmann: Ostpreußen und Westpreußen, 3. Aufl. Berlin 1995, S. 76.
2 Ders.: Der Deutsche Orden, 3. Aufl. München 1989, S. 126.
3 Paul Hensel: Die Polengefahr für die masurische Bevölkerung, Berlin 1910, S. 3.
4 Hermann Gollub: Geschichte der Stadt Ortelsburg, Ortelsburg 1926 (Reprint Leer 1993), Quellenanhang S. 173/174.
5 Grzegorz Białuński: Osadnictwo regionu Wielkich Jezior Mazurskich od XIV do początku XVIII wieku – starostwo leckie (giżyckie) i ryńskie. Olsztyn 1996 [= Ośrodek Badań Naukowych im. Wojciecha Kętrzyńskiego w Olsztynie. Rozprawy i Materiały, Nr. 159], S. 41.
6 Max Toeppen: Geschichte Masurens, Danzig 1870, S. 107.
7 Białuński, Osadnictwo, S. 88.
8 Boockmann, Ostpreußen und Westpreußen, S. 138.

9 Fritz Gause: Polnische Einwanderung in die Komturei Osterode nach dem 2. Thorner Frieden (1466). Ein Beitrag zu der Frage der Herkunft der Masuren, in: Altpreußische Forschungen 2 (1924), S. 25 bis 40, hier S. 40.

10 Arthur Döhring: Über die Herkunft der Masuren, Osterode 1910, S. 9 und 33.

11 Wojciech Kętrzyński: O ludności polskiej w Prusiech niegdyś krzyżackich, Lwów 1882, S. 225.

12 Boockmann, Der Deutsche Orden, S. 115ff.

13 Toeppen, Geschichte Masurens, S. 150.

14 Lotar Weber: Preussen vor 500 Jahren ..., Danzig 1878, S. 131.

15 Ebda.

16 Gollub, Geschichte der Stadt Ortelsburg, Quellenanhang: Einsetzung (collatio) des ersten Ortelsburger Pfarrers, S. 179.

17 Weber, Masuren, S. 61.

18 Toeppen, Geschichte Masurens, S. 112.

DIE GROSSE WILDNIS ALS TEIL PREUSSENS

1 Klaus Zernack: Polen und Rußland. Zwei Wege in der europäischen Geschichte, Berlin 1994, S. 156.

2 Boockmann, Ostpreußen und Westpreußen, S. 242.

3 Ebda, S. 243.

4 Ebda, S. 248.

5 Weber, Masuren, S. 50/51. Es bleibt offen, ob es sich um Zygmunt I. Stary oder Zygmunt II. August handelte.

6 Neben Hennenberger und Hartknoch auch noch Max Toeppen, Geschichte Masurens, S. 172.

7 Manfred Kwalo: Die magdeburgischen Freien im Amt Lyck 1723/26, in: Altpreußische Geschlechterkunde 21 (1991), S. 113–124, hier S. 114.

8 Otto Wank: Quellenkundlicher Beitrag zur Siedlungs- und Bevölkerungsgeschichte des Kreises Sensburg, in: Altpreußische Geschlechterkunde 20 (1990), S. 449–512, hier S. 464/465.

9 Heinz Göring: Schatullsiedlungen im Amte Oletzko, in: Mitteilungen des Vereins für die Geschichte von Ost- und Westpreußen 13 (1938), Nr. 1, S. 6–18, hier S. 6.

10 Toeppen, Geschichte Masurens, S. 183.

11 Hermann Gollub (Hg.): Masuren, Königsberg 1934 [= Ostpreußische Landeskunde in Einzeldarstellungen], S. 118/119.

12 Walther Hubatsch: Geschichte der Evangelischen Kirche Ostpreußens, Bd. I, Göttingen 1968, S. 93.

13 George Pisanski: Collectanea zu einer Beschreibung der Stadt Johannisburg in Preußen, in: Altpreußische Geschlechterkunde 25 (1995),
S. 129–172, hier S. 151.

14 Winfried Lipscher und Kazimierz Brakoniecki (Hgg.): Meiner Heimat
Gesicht, München 1996, S. 322–327 (aus dem Polnischen von Peter
Steger).

15 Hubatsch, Geschichte der Evangelischen Kirche, S. 153–168.

16 Weber, Masuren, S. 71.

17 Weber negiert sogar jegliche polnische Einwanderung zu dieser Zeit.
Vgl. Reinhold Weber, Masuren, S. 71.

18 Albert Zweck: Masuren, Stuttgart 1900, S. 173/176.

19 Bernhart Jähnig: Die Stadtwerdung von Arys, in: Altpreußische Geschlechterkunde 23 (1993), S. 113–132, hier S. 118/119.

20 Otto Wank: Quellenkundlicher Beitrag zur Siedlungs- und Bevölkerungsgeschichte des Kreises Sensburg, in: Altpreußische Geschlechterkunde 20 (1990), S. 449–512, hier S. 459.

21 Toeppen, Geschichte Masurens, S. II.

22 Ernst Opgenoorth (Hg.): Handbuch der Geschichte Ost- und Westpreußens II/1: Von der Teilung bis zum Schwedisch-Polnischen Krieg
1466–1655, Lüneburg 1994, S. 95; Toeppen, Geschichte Masurens,
S. 257.

23 Toeppen, Geschichte Masurens, S. 257; Klaus Bürger: Kreisbuch
Osterode/Ostpreußen, Osterode/Harz 1985, S. 220.

24 Białuński, Osadnictwo, S. 212 (dort auch die Angaben zu der Tabelle:
Wüste Bauernhufen im Amt Lötzen nach dem Tatareneinfall von
1657).

25 Roland Seeberg-Elverfeldt: Ergänzendes zum Tatareneinfall, in: Mitteilungen des Vereins für die Geschichte von Ost- und Westpreußen 9
(1934), Nr. 1, S. 11/12).

26 K. A. Maczkowski: Eckersberg und seine Umgebung, in: Masovia 5
(1899) [= Sonderschriften des Vereins für Familienforschung in Ost-
und Westpreußen, Nr. 56], S. 10–142, hier S. 70.

27 Weber, Masuren, S. 74.

28 Vgl. hierzu u.a. Alfred Cammann (Hg.): Märchenwelt des Preußenlandes, 3. Aufl. Berlin 1992, S. 448/449 (Der Tatarensee bei Lyck) und
S. 332.

29 Max Toeppen: Aberglauben aus Masuren, 2. Aufl. Danzig 1867,
S. 136/137.

30 Lipscher/Brakoniecki, Meiner Heimat Gesicht, S. 316–321 (aus dem
Polnischen von Peter Steger).

1 Boockmann, Ostpreußen und Westpreußen, S. 330.
2 Ebda, S. 339/340.
3 Max Toeppen: Historisch-comparative Geographie von Preußen, Gotha 1858, S. 262.
4 Toeppen, Geschichte Masurens, S. 293/294.
5 Wilhelm Sahm: Die nach der großen Pest von 1709–10 in Lötzen übriggebliebenen Einwohner, in: Masovia 8 (1902), S. 220ff. (Übersetzung aus Ernst Trincker: Chronik der Gemeinde Lötzen, Lötzen 1902, S. 63–65).
6 Bernhart Jähnig: Die Stadtwerdung von Arys, a.a.O., S. 131 (dort auch die Angaben zu der Tabelle: Bevölkerungsstatistik für das Hauptamt Rhein).
7 Pisanski, Collectanea zu einer Beschreibung der Stadt Johannisburg in Preußen, a.a.O., S. 129–172.
8 Otto Wank: Bevölkerungsfluktuation zwischen Ostpreußen und den Nachbarländern vom 16. bis 18. Jahrhundert. Ein Beitrag zur Siedlungs- und Bevölkerungsgeschichte mit zugehörigen Namenslisten, in: Altpreußische Geschlechterkunde 24 (1994), S. 125–218.
9 Reinhold Weber: Der Kreis Lyck, 2. Aufl. Hohenwestedt 1995, S. 140.
10 Gerhard Czybulka: Wandlungen im Bild der Kulturlandschaft Masurens seit dem Beginn des 18. Jahrhunderts, Berlin 1936 [= Veröffentlichungen des Seminars für Staatenkunde und Historische Geographie, Nr. 2], S. 101.
11 Ebda, S. 20 und S. 48/49.
12 Toeppen, Geschichte Masurens, S. 386.
13 Ebda, S. 394.
14 Otto Wank: Chronik masurischer Bauernhöfe vom 16. bis 18. Jahrhundert. Ein Beitrag zur Siedlungs- und Bevölkerungs- und Wirtschaftsgeschichte Ostpreußens, in: Altpreußische Geschlechterkunde 26 (1996), S. 1–118, hier S. 9/10.
15 Gollub, Geschichte der Stadt Ortelsburg, S. 88/89.
16 Toeppen, Geschichte Masurens, S. 298.
17 Hans Heinz Diehlmann: Lehnbuch des Amtes Rhein. Ostpreußischer Foliant 454, in: Altpreußische Geschlechterkunde 19 (1989), S. 1–48, hier S. 9 (»Inventarium über die Ublickschen Güter«, 10. März 1705).
18 Czybulka, Wandlungen Masurens, S. 2.
19 Max Toeppen: Die Einrichtung der Elementarschulen im Ortelsburger Hauptamte unter der Regierung König Friedrich Wilhelms I., in: Altpreußische Monatshefte 3 (1866), S. 302–311, hier S. 303.
20 Ebda, S. 305/306.
21 Weber, Kreis Lyck, S. 498.

22 Zitiert nach Johannes Brehm: Die Entwicklung der evangelischen Volksschule in Masuren im Rahmen der Gesamtentwicklung der preußischen Volksschule, Bialla 1914, S. 279.
23 Gause, Soldau, S. 214.
24 Weber, Kreis Lyck, S. 547–558.
25 Hubatsch, Geschichte der Evangelischen Kirche, S. 175.
26 Gustav Krahl: Kirche und Kirchspiel Friedrichshof in alter und neuer Zeit, Ortelsburg 1897, S. 40f.
27 Evangelisches Gesangbuch. Ausgabe für die Evangelisch-Lutherischen Kirchen in Niedersachsen und für die Bremische Evangelische Kirche, Hannover/Göttingen 1994.
28 Nach Bernhart Jähnig: Die Stadtwerdung von Arys, a.a.O., S. 131 (Visitationsbericht des Erzpriesters von Johannisburg, Johannes Friedrich Boretius [Johannisburg, 1728 November 25]. Eigenhändige Anlage nebst Beilage zum ebenfalls eigenhändigen Schreiben des Erzpriesters vom 25. November 1728 an den König. StA Kbg., EM 122 e, Nr. 14, Bl. 3r–4r, 5r).
29 Gause, Soldau, S. 143, 151 und 155.
30 D. Daniel Heinrich Arnoldt: Kurzgefaßte Kirchengeschichte des Königreichs Preußen, Königsberg 1769, S. 788/789.
31 Hubatsch, Geschichte der Evangelischen Kirche, S. 206.
32 Gause, Soldau, S. 147.
33 Ebda, S. 172.
34 Gollub, Geschichte der Stadt Ortelsburg, S. 104.
35 Gause, Soldau, S. 329.
36 Toeppen, Geschichte Masurens, S. 429.
37 Ebda, S. 432/433.
38 Ebda, S. 434–436.

»MASUREN« ENTSTEHT

1 Ernst Opgenoorth (Hg.): Handbuch der Geschichte Ost- und Westpreußens III: Von der Reformzeit bis zum Vertrag von Versailles 1807–1918, Lüneburg 1998, S. 104 und 75.
2 Czybulka, Wandlungen Masurens, S. 69.
3 Gause, Soldau, S. 116.
4 Opgenoorth, Handbuch der Geschichte Ost- und Westpreußens III, S. 77.
5 Bruno Schumacher, Geschichte Ost- und Westpreußens, 7. Aufl. Würzburg 1987, S. 262.
6 Gause, Soldau, S. 121.
7 Opgenoorth, Handbuch der Geschichte Ost- und Westpreußens III, S. 77/78.

8 Archiwum Państwowe w Olsztynie 4/69b. Auswanderungs Consensi nach Polen. Kreis Ortelsburg 1833.

9 Krzysztof Groniowski: Wychódzy mazurscy i warmińscy w Królestwie Polskim w połowie XIX wieku, in: Komunikaty Mazursko-Warmińskie 68 (1960), S. 247–257, hier S. 256f.

10 Gause, Soldau, S. 215.

11 Archiwum Państwowe w Olsztynie 4/998. Die Schule Jägersdorf. Jägersdorf, 21. April 1869: »Unterthänigstes Gesuch der hiesigen Dorfschaft um hochgeneigte Genehmigung resp. Bestimmung der Frühschule im hiesigen Schulbezirk«.

12 Archiv der evangelisch-augsburgischen Kirchengemeinde Passenheim/Pasym. Acta specialia scholastica des Kirchspiels Passenheim. Die Schule in Scheufelsdorf. Brief der Bauern von Scheufelsdorf/Tilkowo an den Passenheimer Pfarrer, Tilkowo, 15. Dezember 1855.

13 Archiwum Państwowe w Olsztynie 4/1352/2. Regierung Allenstein. Schule Glauch. Lehrer und Regulierung. Franzel, Willenberg, 27. Oktober 1852.

14 Evangelisches Zentralarchiv Berlin 7/19620. Willenberg. Willenberg, 20. Juni 1853. Amtliches Tage-Buch des provisorischen Predigers August Czygan zu Willenberg in der Diözese Ortelsburg.

15 Archiv der evangelisch-augsburgischen Kirchengemeinde Passenheim/Pasym. Acta Scholastica. Schule zu Scheufelsdorf. Verfaßt 1843/44 [ohne Datum].

16 Toeppen, Geschichte Masurens, S. 441f.

17 Czybulka, Wandlungen Masurens, S. 32.

18 Ebda, S. 87.

19 Weber, Kreis Lyck, S. 16of.

20 Evangelisches Zentralarchiv Berlin 7/19141. Kirchliche Verhältnisse in Masuren 1859–1863. Bericht des Generalsuperintendenten Moll über die kirchlichen Zustände in Masuren, Königsberg, 7. Januar 1864, an den Evangelischen Oberkirchenrat.

21 Evangelisches Zentralarchiv Berlin 7/19698. Die außerordentliche Kirchen- und Schul=Visitation. Sensburg 1855, Königsberg, 10. Oktober 1855.

22 Evangelisches Zentralarchiv Berlin 7/19141. Zur Kunde Masurens. Bericht dem Central-Ausschusse für Innere Mission erstattet von Prediger Oldenberg. Überreicht am 1. Februar 1866, S. 90 und S. 36/37.

23 Evangelisches Zentralarchiv Berlin 7/19141. Kirchliche Verhältnisse in Masuren 1859–1863. Bericht des Generalsuperintendenten Moll über die kirchlichen Zustände in Masuren, Königsberg, 7. Januar 1864, an den Evangelischen Oberkirchenrat.

24 Toeppen, Geschichte Masurens, S. 472/473.

25 Archiwum Państwowe w Olsztynie 11/169. Landratsamt Lötzen. Pfarrer Gayck an Superintendent Lötzen, Rhein, 10. April 1837.

26 Archiwum Państwowe w Olsztynie 52/1. Superintendentur Lötzen. Kirchenvisitations-Rezeß der Kirche zu Widminnen 1793–1891. Pfarrer an Superintendent Lötzen, Widminnen, 25. Februar 1840.

27 Archiwum Państwowe w Olsztynie 57/6. Superintendentur Osterode. Kirchenstatistische Tabelle 1862 (dort die Angaben zu der Tabelle: Polen und Deutsche in der Superintendentur Osterode 1862).

28 Ev. Gemeindeblatt (Ev. Gemeindeblatt, Nr. 29, Königsberg, 21. Juli 1855, 10. Jg.): »Die Generalkirchenvisitation in der Diözese Ortelsburg«.

29 Die polnische Sprachfrage in Preußen, Leipzig 1845, S. 55–57 (Dritter Artikel: Schreiben Mrongovius an den König, Danzig, 7. April 1842).

30 Leszek Belzyt: Sprachliche Minderheiten im preußischen Staat 1815–1914, Marburg 1998, Tabellenanhang (dort die Angaben zu der Tabelle: Prozentualer Anteil der deutschen und polnischen Bevölkerung in den masurischen Kreisen).

31 Vgl. als negative Beispiele Walther Hubatsch: Masuren und Preußisch-Litthauen in der Nationalitätenpolitik Preußens 1870–1920, Marburg 1966 [erstmals in ZfO 14 (1965) und 15 (1966); Stefan Hartmann: Zur nationalpolnischen Bewegung und zur preußischen Politik in Masuren vor dem Ersten Weltkrieg, in: ZfO 42 (1993), S. 40–83. Eine erfreuliche Neubewertung der Sprachenfrage erfolgte erstmals erst durch Jörg Hackmann: Die Nationalitäten in Ostpreußen in der preußischen Politik bis zur Mitte des 19. Jahrhunderts, in: Mare Balticum 1997, S. 38–49.

32 Evangelisches Zentralarchiv Berlin 7/19344. Johannisburg. Bd 1, 1850–1893 (»Masuren's Gruß und Dank an unsern Allergnädigsten König und Herrn Friedrich Wilhelm IV. Majestät bei Allerhöchstdessen Anwesenheit in Johannisburg, am 19ten Juni 1854. Zugleich ein Wort über Masurens Zustände und ihre Verbesserung. Von Gottfried Schulz, evangel. Pfarrer. Johannisburg 1854«).

33 Ebda, S. 14/15.

34 Toeppen, Aberglauben aus Masuren, S. 5.

35 Gotthilf Willutzki: Ostersingen in Plötzkendorf, in: Hagen-Lycker-Brief 1985, S. 71/72.

36 Max Kullick: Erinnerungen an Sorden (Sordachen) am Gr. Selmentsee, in: Hagen-Lycker-Brief 1995, S. 84–87, hier S. 85.

37 Karol Małłek: Jutrznia na Gody i inne widowiska, Olsztyn 1980, S. 6/7.

38 Ebda, S. 63. Sein Text wurde hier übernommen, aber mit dem Masurischen Gesangbuch (Kancjonał Mazurski, Nr. 669) abgeglichen.

39 List niebieski. Fragmente im Besitz des Autors [etwa 1870]. Übersetzungen durch den Autor. Erwähnt werden die Himmelsschlüssel u. a. bei Paul Hensel: Die evangelischen Masuren in ihrer kirchlichen und nationalen Eigenart, Königsberg 1908, S. 40ff.

40 Die folgende Darstellung folgt im Wesentlichen der ausgezeichneten Biografie von Joachim Borchart: Der europäische Eisenbahnkönig Bethel Henry Strousberg, München 1991.

»MIT DEM EISENBAHNSTRANG KOMMT DIE GERMANISIERUNG«

1 Weber, Kreis Lyck, S. 172/173 (Erlebnisbericht Dr. Fritz Woita).

2 Gause, Soldau, S. 287.

3 Arthur Weinreich: Bevölkerungsstatistiken und siedlungsgeographische Beiträge zur Kunde Ost-Masurens, Königsberg 1911, S. 56.

4 Hermann Braun: Alte und neue Bilder aus Masuren. Eine Geschichte des Kreises und Stadt Angerburg, Angerburg/Lyck 1888, S. 24.

5 Belzyt, Sprachliche Minderheiten (dort die Angaben zu der Tabelle: Prozentualer Anteil der polnischsprachigen Bevölkerung Masurens).

6 Walther Hubatsch (Hg.): Die evangelischen General-Kirchen- und Schulvisitationen in Ost- und Westpreußen 1853 bis 1944, Göttingen 1970, hier Visitationsbericht Neidenburg 1898.

7 Hubatsch, Geschichte der Evangelischen Kirche, S. 351/352.

8 Archiwum Państwowe w Olsztynie 99/256. Oberpräsident v. Horn, Königsberg, 24. Juli 1873: Bestimmungen über den Unterricht in der deutschen Sprache in den von Kindern polnischer und littauischer Zunge besuchten Volksschulen in der Provinz Preußen.

9 Herbert Somplatzki: Morgenlicht und Wilde Schwäne, Dortmund 1996, S. 19/20.

10 Krosta, Masurische Studien, S. 4/5.

11 Adolf Schimanski: Die wirtschaftliche Lage der Masuren, Königsberg 1921, S. 2 (Phil. Diss.).

12 Paul Stade: Das Deutschtum gegenüber den Polen in Ost- und Westpreußen, Berlin 1908, S. 9f.

13 Albert Weiß: Preußisch Litauen und Masuren, Teil I–III, Rudolstadt 1878/79, S. 174.

14 Ebda, S. 174/175.

15 Ebda, S. 179.

16 Lipscher/Brakoniecki, Meiner Heimat Gesicht, S. 347.

17 Wojciech Kętrzyński: O Mazurach, Poznań 1872 (aus dem Polnischen von Ursula Fox).

18 Lipscher/Brakoniecki, Meiner Heimat Gesicht, S. 344/345 (aus dem Polnischen von Ursula Fox).

19 Ebda, S. 107/108 (Ernst Wiechert: Die Jerominkinder).

20 Ernst Wiechert: Die Jerominkinder, Frankfurt a. M./Berlin 1994, S. 33.

21 Jozef Kaczmarek: Die polnischen Arbeiter im Rheinisch-Westfälischen Industriegebiet, Köln 1922, S. 27f.

22 Erich Sadlowski: Wilhelmshof. Ein Dorf in Ostpreußen, Lippstadt 1994, S. 97.

23 Curt Kob: West-Masuren, Berlin 1908, S. 44.
24 Oskar Mückeley: Die ostpreußischen Sekten, Gemeinschaften und kirchlichen Versammlungen im rhein.-westfäl. Industrie-Bezirk, Gelsenkirchen 1913, S. 1.
25 Ders.: Die Masuren im rheinisch-westfäl. Industriebezirk, Gelsenkirchen 1910, S. 19.
26 Königl. Statistisches Bureau (Hg.): Die Gemeinden und Gutsbezirke der Provinz Preußen und ihre Bevölkerung, Berlin 1874; Gemeindelexikon für die Provinz Ostpreußen, Berlin 1907 (dort auch die Angaben zu der Tabelle: Anzahl der jüdischen Gemeinden Masurens in der Kaiserzeit).
27 Ernst Haase (Hg.): Hugo Haase. Sein Leben und Wirken, Berlin o.J., S. 38.

IM SCHATTEN VON TANNENBERG

1 Max Siemoneit: Die Masurischen Seen. Reiseführer, Lötzen 1936, S. 9.
2 Andreas Kuhn: Die Schreckenstage von Neidenburg. Kriegserinnerungen aus dem Jahre 1914, Minden/Westf. 1916, S. 18.
3 Alexander Solschenizyn: August Vierzehn, Darmstadt 1972, S. 585/586.
4 Wiechert, Die Jerominkinder, S. 307.
5 Ebda, S. 347.
6 Weber, Kreis Lyck, S. 197.
7 Victor v. Poser (Hg.): Ortelsburg, Ortelsburg 1916, S. 83.
8 Auszug aus der Chronik der Kirchengemeinde Locken, in: Christian Moszeik (Hg.): Kriegserlebnisse ostpreußischer Pfarrer, Bd. 1, 2. Aufl. Berlin 1915, S. 157–169, hier S. 168.

»GRENZ- UND VOLKSTUMSKAMPF«

1 Übersetzung aus Alfred Kleindienst und Oskar Wagner: Der Protestantismus in der Republik Polen 1918/19 bis 1939, Marburg 1985, S. 423/424.
2 Masuren- und Ermländerbund (Hg.): Masurischer Heimatkalender für das Jahr der Abstimmung 1920, Berlin [1919], S. VI.
3 Ebda, S. VII.
4 Siegfried Lenz: Heimatmuseum, 11. Aufl. München 1997, S. 232/233.
5 Wojciech Wrzesiński: Plebiscyty na Warmii i Mazurach oraz na Powiślu w roku 1920, Olsztyn 1974 [= Ośrodek Badań Naukowych im. Wojciecha Kętrzyńskiego w Olsztynie. Rozprawy i Materiały, Nr. 45], S. 271; Dokument 312: Endbericht der Interalliierten Kommission für den Bezirk Allenstein. Vertreter Großbritanniens, E. Rennie, an den Vorsit-

zenden der Botschafter-Konferenz in Paris, 14. August 1920, ebda,
S. 447–452 (dort auch die Angaben zu der Tabelle: Ergebnis der
Volksabstimmung in Masuren).

6 Bürger, Kreisbuch Osterode, S. 358/359.

7 August Tadday: Bestand und Geschichte der Landgemeinde Ulleschen
im Kreise Neidenburg/Ostpreußen, Teil I–III, Siegen 1971–1979
(Maschinenmanuskript), S. 23–35.

8 Gazeta Olsztyńska, Nr. 104 (28. August 1920) und Nr. 111 (11. September 1920).

9 Lycker Zeitung, Nr. 159 (10. Juli 1926).

10 Richard Skowronnek: Heimat, Heimat!, Berlin 1927, S. 85.

11 Ebda, S. 87.

12 Geheimes Staatsarchiv Preußischer Kulturbesitz Berlin XX. HA, Rep. 2
(II), Nr. 4162: Arbeiterräte. AR Lyck an RK Winnig, Lyck, 5. Juni 1919.

13 Adolf von Batocki und Gerhard Schack: Bevölkerung und Wirtschaft
in Ostpreußen, Jena 1929, S. 21 und 30/31.

14 Władysław Pohorecki: Mazurzy w Prusach Wschodnich, in: Sprawy
Narodowościowe 6 (1932), S. 167–195.

15 Schul- und Ortschronik Grünheide (zusammengest. von Susanne Barg-
stedt), in: Johannisburger Heimatbrief 1993, S. 129–133, hier S. 130.

16 Lycker Zeitung, Nr. 148 (27. Juni 1932).

17 Bruno Hoffmann (Hg.): Masuren. Ein Wegweiser durch das Land der
tausend Seen, Königsberg 1937, S. 5.

18 W. v. Ungern-Sternberg: Reiseland Ostpreußen, in: Das nationalsozialistische Ostpreußen, Königsberg 1935, S. 57.

19 Archiwum Państwowe w Olsztynie 264/580. Magistrat Johannisburg:
Heimatverein Johannisburg. Grußadresse v. Hindenburg, Hannover,
21. Mai 1920.

20 Rudolf Grenz: Das Reichsehrenmal Tannenberg, in: Bürger, Kreisbuch Osterode, S. 309.

21 Ebda, S. 314.

22 Unsere Heimat, Nr. 6 (26. März 1933): Landschulausbau und Landvolkbildung (Verfasser Max Worgitzki).

23 Hans Tiska: Das Kreisheimatmuseum, in: Victor v. Poser und Max
Meyhöfer (Hgg.): Der Kreis Ortelsburg, 2. Aufl. Leer 1978, S. 280 bis
296, hier S. 295.

24 Stanisław Rybka: Protest, Poznań 1921, S. 5.

25 Hans Nitram: Achtung! Ostmarkenfunk! Polnische Truppen haben
heute nacht die ostpreußische Grenze überschritten, 2. Aufl. Olden-
burg 1932. Vgl. zur Rezeption dieses Buches in Ostdeutschland Peter
Fischer: Die deutsche Publizistik als Faktor der deutsch-polnischen Beziehungen 1919–1939, Wiesbaden 1991 [= Studien der Forschungs-
stelle Ostmitteleuropa an der Universität Dortmund, Bd. 7].

26 Eugen Zenon Lewandowski: Co każdy Mazur dzisiaj powinnien być,
Szczytno 1919, S. 17.

27 Max Worgitzki: Ostpreußen-Soldau [o.O., 1928], S. 23 [= Taschen-
buch des Grenz- und Auslandsdeutschtums, Heft 15].

28 Toeppen, Aberglauben aus Masuren, S. 133.

29 Vossische Zeitung, Nr. 230 (19. Mai 1921).

30 Diese Angaben wie auch die in den folgenden Abschnitten stützen
sich auf Dieter Hertz-Eichenrode: Die Wende zum Nationalsozialismus
im südlichen Ostpreußen 1930–1932. Zugleich ein Beitrag zur Geschichte des Masurentums, in: Olsztyńskie Studia Niemcoznawcze,
Olsztyn 1986, S. 59–112 [= Ośrodek Badań Naukowych im. Wojciecha
Kętrzyńskiego w Olsztynie. Rozprawy i Materiały, Nr. 98].

31 Hans-Ulrich Wehler, Zur neueren Geschichte der Masuren, in: Zeitschrift für Ostforschung 11 (1962), S. 147–162, hier S. 148.

32 Völkischer Beobachter vom 21. April 1932 (Reichsausgabe).

33 Geheimes Staatsarchiv Preußischer Kulturbesitz Berlin XX. HA, Rep.
240. Gauarchiv NSDAP GON B 30b: Bund Deutscher Osten: Vorschlag
für die Durchführung einer Grenzlandkundgebung August/Septem-
ber 1936.

34 Adalbert Josef Nobis: Die preußische Verwaltung des Regierungsbezirks Allenstein 1905–1945, München 1987 (Diss. Bonn) [= Gesamtreihe der Ost- und Westpreußenstiftung, Bd. 17], S. 433–435.

TOTENGRÄBER MASURENS

1 Emil Staschik: Chronik des masurischen Dorfes Groß-Kessel/Kreis
Johannisburg/Ostpreußen, in: Johannisburger Heimatbrief 1995,
S. 122–128, hier S. 127.

2 v. Poser/Meyhöfer, Der Kreis Ortelsburg, S. 171–182.

3 Ośrodek Badań Naukowych im. Wojciecha Kętrzyńskiego w Olsztynie.
BDO. R 724/18. BDO-KL Hoffmann an Untergruppe Allenstein, Sensburg, 5. Juni 1938.

4 Otilia Schwab-Reinwald: Erinnerungen an Ostpreußen, in: Neidenburger Heimatbrief 105 (1995), S. 25–30, hier S. 28.

5 Wilhelm Klüsener: Als westfälisches Ferienkind in Passenheim, in: Ortelsburger Heimatbote 1989, S. 119/120.

6 NSDAP-Kreisleitung an BDO, in: Jan Chłosta: Czasopismo, Mazur, z lat
1928–1939, in: Komunikaty Mazursko-Warmińskie 134 (1976), S. 523
bis 536, hier S. 532.

7 Archiwum Państwowe w Olsztynie [ohne Signatur]. Kreisbefehle der
NSDAP-Kreisleitung Sensburg. Kreisbefehl 5/36. Sensburg, 17. April
1936 (Betr.: Masurischer Dialekt).

8 Ośrodek Badań Naukowych im. Wojciecha Kętrzyńskiego w Olsztynie.
BDO R-725/VII/2. BDO-Untergruppe an Kreisgruppen, Allenstein,
30. Dezember 1936; auch: Paweł Sowa: Cena polskości, Warszawa
1976, S. 114–131.

9 Ośrodek Badań Naukowych im. Wojciecha Kętrzyńskiego w Olsztynie. BDO. R-725/VII/5. BDO an Untergruppe, Lötzen, 23. April 1938 (Betr.: Mas. Gottesdienst in Rotwalde. Erwähnt auch bei Paweł Sowa, Cena polskości, S. 119; Ryszard Otello: Problemy narodowościowe w Kościele ewangelickim na Mazurach w latach 1918–1945, Warszawa 1978 (maschinenschriftl. Diss), S. 208 und 220.

10 Lehrer Schröder an BDO-Untergruppe Allenstein, Hohenstein, 23. November 1937. Dokumentenanhang, in: Emilia Sukertowa-Biedrawina: Materiały do dziejów walki hitlerowców z ruchem polskim na Mazurach i Warmii w latach 1933–1939, in: Komunikaty Mazursko-Warmińskie 95/96 (1967), S. 157–185, hier S. 174/175.

11 Ortelsburger Zeitung, Nr. 178 (2. August 1934): »Der Reichspräsident gestorben«.

12 Siemoneit, Die Masurischen Seen, S. 13. Darin heißt es auf S. 111: »dessen [Ostpreußens] Menschen noch glauben fest und unerschütterlich, daß die Liebe zu dieser Schönheit Deutschland einst krönen wird, wie es der Tannenberggeist nach heiligem Siegen und Sterben Dir und mir einst befahl«.

13 Inserat Fremdenverkehrsamt Lötzen, in: Bruno Hoffmann: Masuren, Königsberg 1937, S. 64.

14 Lenz, Heimatmuseum, S. 415.

15 Werner Granitzki: Herkunft von Ortsnamen aus dem Kreis Lyck, in: Hagen-Lycker-Brief 1996, S. 80–82.

16 Lenz, Heimatmuseum, S. 417/418.

17 Ebda, S. 416/417.

18 Amtliches Kreisblatt des Kreises Ortelsburg, Nr. 44 (31. August 1938).

19 Johannes Zachau: Die Einwohnerschaft Neidenburgs um 1740, in: Masurischer Volkskalender 1940, S. 109–115.

20 Lenz, Heimatmuseum, S. 368.

21 Ebda, S. 382.

22 Der Kicker. Ausgabe Mitteldeutschland, Nr. 32 (7. August 1934): »Schluß mit polnischen Gerüchten. Die Abstammung der Spieler des FC Schalke 04«. Vgl. auch: Unser Masuren-Land, Nr. 2 (26. Januar 1935): »Schalke 04 und seine Masuren«.

23 OP Ostpreußen an RMI, Königsberg, 15. Juni 1937 (Betr. Verhältnis der Muttersprache zur Volkstumszugehörigkeit), in: Paweł Sowa: Tropem spadkobierców Hakaty, Warszawa 1979, Dokumentenanhang, S. 153/154.

24 Geheimes Staatsarchiv Preußischer Kulturbesitz Berlin XX. HA. Rep. 240. GON B 29g: Antisemitisches Material, Flugblatt Neidenburg 1933.

25 Bundesarchiv. R 1501 RMI. 225730. Politische Lage in Ostpreußen, Bd. 1: 1927–1934, NSDAP-Ortsgruppe Lyck, 19. Oktober 1933 an RMI.

26 Archiwum Państwowe w Olsztynie 264/226. Magistrat Johannisburg. Bürgermeister an Landrat. Lagebericht, Johannisburg, 20. Oktober 1934.

27 Archiwum Państwowe w Olsztynie 268/5 Magistrat Ortelsburg. Kreistag der NSDAP 1935.

28 Archiwum Państwowe w Olsztynie 264/225. Magistrat Johannisburg. Bürgermeister an Landrat, Johannisburg, 20. März 1935.

29 Vgl. dazu Andreas Kossert: Die jüdische Gemeinde Ortelsburg, in: Michael Brocke (Hg. u.a.): Zur Geschichte und Kultur der Juden in Ost- und Westpreußen, Hildesheim/Zürich/New York 2000, S. 87–124, hier S. 116–119.

30 Ralph Giordano: Ostpreußen ade. Reise durch ein melancholisches Land, 3. Aufl. München 1997, S. 164.

31 Vgl. dazu den Bericht des ehemaligen Neidenburger Bürgermeisters Paul Wagner im Neidenburger Heimatbrief 43 (1963), S. 271–274, der von den Geschehnissen berichtete, als sei alles an ihm spurlos vorübergegangen. Vgl. auch Westfalen-Blatt, Nr. 216 (16. September 1992).

32 Ernst Wiechert: Der Totenwald. Ein Bericht, München o.J., S. 9 und 90.

33 Siegfried Lenz: Ich zum Beispiel. Kennzeichen eines Jahrgangs (1966), aus: ders.: Beziehungen, Ansichten und Bekenntnisse zur Literatur, Hamburg 1970. Hier aus: Lipscher/Brakoniecki, Meiner Heimat Gesicht, S. 383/384.

34 »Heil Hitler« Gruß verweigert. Im KZ totgeschlagen, in: Hagen-Lycker Brief 1999, S. 123–125.

35 Marion Gräfin Dönhoff und Dietrich Weldt: Ritt durch Masuren, Leer 1992, S. 19/20.

36 Ośrodek Badań Naukowych im. Wojciecha Kętrzyńskiego w Olsztynie. R-724/18. BDO 1940/41. Memorandum BDO Bezirksverband Ostpreußen-Süd an Regierungspräsident, Allenstein, 8. Februar 1940 (Betr.: Das sogenannte masurische Problem).

37 Ebda.

38 Ebda.

39 Ebda.

40 Ebda.

41 Masurisch oder polnisch? Eine selbstverständliche Verpflichtung, in: Masurischer Volkskalender 1941, S. 61–63.

42 Regensburger Bistumsblatt, Nr. 10 (5. März 1967): Der Bischofsmord von Soldau. Vgl. zum Soldauer Lager den Bericht der polnischen Untersuchungskommission zu den NS-Kriegsverbrechen. Janusz Gumkowski: Obóz hitlerowski w Działdowie, in: Biuletyn Głównej Komisji Badania Zbrodni Hitlerowskich 10 (1958), S. 57–88.

43 Ernst Klee: »Euthanasie« im NS-Staat. Die »Vernichtung lebensunwerten Lebens«, 3. Aufl. Frankfurt am Main 1983, S. 190.

44 Berlin Document Centre (BDC): Verhandlung: SS-Brigadeführer Otto Rasch, Berlin, 16. Juni 1943.

45 Szymon Datner, Janusz Gumkowski und Kazimierz Leszczyński (Hgg.): Genocide 1939–1945, Warszawa/Poznań 1962, S. 91–94.

46 Christian Tilitzki: Alltag in Ostpreußen 1940–45. Die geheimen Lageberichte der Königsberger Justiz, Leer 1991 (Dokument Nr. 34: Bericht des OLG-Präsidenten vom 29. Juni 1942), S. 209/210.

47 Kazimierz Leszczyński: Eksterminacja ludności żydowskiej na Ziemiach Polskich w latach 1939–1945. Opracowanie materiałów ankiety z 1945 roku (województwa: białostockie, gdańksie i kieleckie), in: Biuletyn Głównej Komisji Badania Zbrodni Hitlerowskich 8 (1956), S. 115 bis 204, hier S. 139/140.

48 Erich Sadlowski: Wilhelmshof – Ein Dorf in Ostpreußen, Lippstadt 1994 (Eigenverlag), hier Fluchtbericht Erika Oberdeck, S. 113.

49 Ebda, S. 116/117.

50 Marion Gräfin Dönhoff: Der große Exodus, in: Hans-Jürgen Bömelburg, Renate Stößinger und Robert Traba (Hgg.): Vertreibung aus dem Osten. Deutsche und Polen erinnern sich, Olsztyn 2000, S. 25–27.

51 Alexander Solschenizyn: Ostpreußische Nächte, Darmstadt/Neuwied 1976, S. 11.

52 Ebda, S. 27/29.

53 Ebda, S. 35.

54 Lev Kopelev: Aufbewahren für alle Zeit, 1. Aufl. München 1979, S. 89/90.

POLNISCHE BRÜDER? MASUREN IN POLEN

1 Bericht Ida Danowski, geb. Malischewski, in: Helmut Bieber: Wronken – Chronik eines masurischen Dorfes, 2. Aufl. Münster 1987 (Eigenverlag), S. 191.

2 Ebda, S. 193.

3 Erklärung Jerzy Burskis an die Provisorische Nationale Regierung, Lublin, 2. Januar 1945, in: Tadeusz Baryła (Hg.): Warmiacy i Mazurzy w PRL, Olsztyn 1994, S. 1/2 [= Ośrodek Badań Naukowych im. Wojciecha Kętrzyńskiego in Olsztynie. Rozprawy i Materiały, Nr. 140].

4 Rudolf Neumann: Ostpreußen unter polnischer und russischer Verwaltung 1945–1955. Frankfurt am Main/Berlin 1955, S. 18.

5 Ebda, S. 42.

6 Paul Glass und Fritz Bredenberg (Hgg.): Der Kreis Sensburg, Würzburg 1960, S. 123.

7 Leszek Belzyt: Między Polską a Niemcami, Toruń 1996, S. 116 (dort auch die Angaben zu der Tabelle: Übertritte zum »Polentum«, Stand nach der ersten Verifizierung am 15. Oktober 1946).

8 Glass/Bredenberg, Der Kreis Sensburg, S. 128.

9 Brief Groß Borken, 3. April 1949 (Privatbesitz des Autors).

10 Andrzej Sakson: Mazurzy – społecznosc pogranicza. Poznań 1990 [= Ziemie Zachodnie. Studia i Materiały, Nr. 15], S. 103.

11 Heinrich Mrowka: Bodenreform und Kollektivierung als Instrumente der Integration nationaler Minderheiten in Polen, in: Sowjetisches Modell und nationale Prägung. Kontinuität und Wandel in Ostmitteleuropa nach dem Zweiten Weltkrieg, Marburg 1991, S. 240–255, hier S. 254.

12 Sakson, Mazurzy, S. 155 und 240.

13 Brief vom Februar 1950, in: Glass/Bredenberg, Der Kreis Sensburg, S. 124.

14 F. M. Seelonken, Dezember 1952 (Privatbesitz des Autors).

15 Heinrich Piskorski: Meine Schulzeit in Leinau und Groß Schöndamerau, in: Ortelsburger Heimatbote 1998, S. 115–123, hier S. 116.

16 Erwin Kruk: Chronik aus Masuren, in: Lipscher/Brakoniecki, Meiner Heimat Gesicht, S. 531.

17 Brief aus Johannisburg, 7. Januar 1959, in: Emil Johannes Guttzeit: Der Kreis Johannisburg. Ein ostpreußisches Heimatbuch, Würzburg 1964 [= Ostdeutsche Beiträge. Aus dem Göttinger Arbeitskreis, Bd. XXXI], S. 263/267.

18 Erwin Kruk, Chronik aus Masuren, in: Lipscher/Brakoniecki, Meiner Heimat Gesicht, S. 528.

19 Erwin Kruk: Aus dem Land der Verstorbenen (1983), in: Lipscher/ Brakoniecki, Meiner Heimat Gesicht, S. 153/154 (aus dem Polnischen von Ursula Fox).

20 Sakson, Mazurzy, S. 186.

21 Zitiert nach einem Vorwort von Gotthold Rhode, in: Andrzej Wróblewski:»Wer unterschied schon Masuren von Deutschen?«, in: Frankfurter Allgemeine Zeitung, Nr. 179 (4. August 1990).

22 Brief Friedrich Biella, Dankelshausen, 21. Januar 1946 (Privatbesitz des Autors).

23 50 Jahre Landsmannschaft Ostpreußen 1948–1998, Hamburg 1998, S. 17.

24 Ebda, S. 104.

25 Lenz, Heimatmuseum, S. 649.

NEUES LEBEN

1 Rex Rexheuser: Erbe und neue Identität: Eine Konferenz in Allenstein, 7.–9. November 1991, in: Nordost-Archiv 1 (1992), S. 175/176.

Bibliographie

Lange Zeit war die Masurenforschung dem Diktat der Politik unterworfen: Masurische Geschichte musste entweder *deutsch* oder *polnisch* sein. Erst nach 1989 änderte sich das. Daher wird hier auf die ideologische Tendenz älterer deutscher und polnischer Werke hingewiesen, wird die jeweilige Veröffentlichung kurz kommentiert. Heute lassen sich eindeutige nationale Kategorisierungen nicht mehr vornehmen, vielmehr sind die Grenzen inzwischen fließend, und es werden in der Sache pointiert und kritisch die eigenen nationalen Traditionen untersucht – eine überfällige Arbeit, die Masuren von der Last nationaler Hypotheken befreit und den Historikern endlich die Möglichkeit gibt, sich den wirklichen Forschungsfeldern zu widmen. Mittlerweile gibt es sie kaum noch, *die* deutsche oder *die* polnische Forschung. Gerade die polnische Seite hat sich gründlich mit der Geschichte Masurens nach 1945 befasst, was die »Polonisierung der ostdeutschen Landesgeschichte« (Klaus Zernack) für diese Region zur Folge hat. Das ist gut so, denn nach 1989 kommen nun für die deutsche Forschung wichtige Impulse von polnischen Historikern, die heute in Masuren leben. Es versteht sich daher von selbst, dass der polnischen Historiografie hier ein ebenbürtiger Platz eingeräumt wird.

Da es mittlerweile umfangreiche Werke zur Geschichte Ostpreußens gibt, steht hier die spezielle Literatur zu Masuren im Mittelpunkt, und selbst mit dieser Einschränkung kann die Auswahl nur einen Überblick über die Fülle deutscher und polnischer Veröffentlichungen geben.

ALLGEMEINES
Bibliographien
Baranowski, Henryk: Bibliografia Historii Pomorza Wschodniego i Zachodniego za rok 1958, in: Zapiski Historyczne 24 (1958–1959) und 26ff. (1961ff.), ab 1970: Bibliografia Historii Pomorza Wschodniego l Zachodniego oraz krajów regionu Bałtyku.
Minakowski, Jerzy (Bearb.): Komunikaty Mazursko-Warmińskie. Bibliografie zawartości za lata 1957–1992. Olsztyn 1993 [gleichzeitig Komunikaty Mazursko-Warmińskie 200 (1993)].
Wermke, Ernst: Bibliographie der Geschichte von Ost- und Westpreußen, Bd. 1: bis 1929. Königsberg 1933 [Nachdruck mit Nachtrag Aalen 1962]; Bd. 2: für die Jahre 1930–1938, Aalen 1964; Bd. 3: für die Jahre 1939–1970, Bonn-Bad Godesberg 1974; Bd. 4: für die Jahre 1971–1974 [Wissenschaftliche Beiträge zur Geschichte Ost-Mitteleuropas, Bd. 109], Marburg 1978.

Zeitschriften

Borussia (Hg. Kulturgemeinschaft Borussia, Allenstein, seit 1992).

Komunikaty Mazursko-Warmińskie (Hg. Wissenschaftliche Vereinigung und Kętrzyński-Zentrum für wissenschaftliche Studien sowie Masurisches Institut, Allenstein, seit 1957).

Masovia (Hg. Wspólnota Mazurska und Masurisches Archiv, Lötzen, seit 1997).

Nordost-Archiv. Zeitschrift für Regionalgeschichte (Hg. Institut Nordostdeutsches Kulturwerk, Lüneburg, seit 1967).

Preußenland (Mitteilungen der Historischen Kommission für ost- und westpreußische Landesforschung und aus den Archiven der Stiftung Preußischer Kulturbesitz, Berlin, seit 1963).

Rocznik Mazurski (Hg. Historisch-Soziales Institut, Ortelsburg, seit 1996).

Studia Angerburgica (Hg. Museum für Volkskultur, Angerburg, seit 1996).

Znad Pisy (Hg. Museum des Johannisburger Landes, Johannisburg, seit 1995).

Nachschlagewerke

Altpreußische Biographie (Hg. Christian Krollmann), Königsberg und Marburg 1939–1989.

Antoni, Michael (Bearb.): Dehio – Handbuch der Kunstdenkmäler. West- und Ostpreußen, München 1993.

Boetticher, Adolf: Die Bau- und Kunstdenkmäler der Provinz Ostpreußen, Heft 1–9, Königsberg 1892–1899.

Hoffmann, Bruno (Hg.): Ein Wegweiser durch das Land der tausend Seen, Königsberg 1937.

Liżewska, Iwona, und Wiktor Knercer: Przewodnik po historii i zabytkach Ziemi Szczycieńskiej, Olsztyn 1998.

Mortensen, Hans, Gertrud Mortensen und Reinhard Wenskus: Historisch-geographischer Atlas des Preußenlandes, Wiesbaden 1968ff.

Oracki, Tadeusz: Słownik biograficzny Warmii, Mazur i Powiśla, XIX i XX wieku (do 1945 roku), Warszawa 1983.

Ders.: Słownik biograficzny Warmii, Prus Książęcych i Ziemi Malborskiej. Od połowy XV do końca XVIII wieku, Olsztyn 1984 und 1988 [Biblioteka Olsztyńska, Nr. 11 und 15, 2 Bde.].

Orłowicz, Mieczysław: Ilustrowany przewodnik po Mazurach Pruskich i Warmii, Warszawa 1923 [Neuauflage Olsztyn 1991].

Rzempołuch, Andrzej: Ehemaliges Ostpreußen. Kunstreiseführer, Olsztyn 1996.

Simoneit, Max: Die Masurischen Seen, 3. Aufl. Lötzen 1936.

Weise, Erich (Hg.): Handbuch der Historischen Stätten: Ostpreußen und Westpreußen, Stuttgart 1966 [Kröner-Taschenausgabe, Bd. 317].

Handbücher

Fast zeitgleich entstanden auf deutscher und polnischer Seite zwei Handbücher zur Geschichte Ost- und Westpreußens. Leider sind beide Handbücher Beispiele für ein beharrliches Festhalten an überholten nationalen Stereotypen, so dass sie keine innovativen Elemente für die gegenwärtige Forschung enthalten.

Labuda, Gerard (Hg.): Historia Pomorza, Bd. III (1815–1850), Teil 2: Zagadnienia polityczne, narodowościowe i wyznaniowe (Bearb. Janusz Jasiński), Poznań 1996.

Opgenoorth, Ernst (Hg.): Handbuch der Geschichte Ost- und Westpreußens, Teil I–IV, Lüneburg 1993–1998 [= Einzelschriften der Historischen Kommission für Ost- und Westpreußische Landesforschung, Bd. 10].

Quellen

Die wichtigsten Quellenwerke zur frühen Geschichte Ostpreußens finden sich bei Hartmut Boockmann und Jörg Hackmann.

Hubatsch, Walther (Hg.): Die evangelischen General-Kirchen- und Schulvisitationen in Ost- und Westpreußen 1853 bis 1944 (Bearb. Iselin Gundermann), Göttingen 1970.

Łukaszewicz, Bohdan (Hg.): Rok 1956 na Warmii i Mazurach. Wybór zródeł. Olsztyn 1998 [= Ośrodek Badań Naukowych im. Wojciecha Kętrzyńskiego w Olsztynie. Rozprawy i Materiały, Nr. 175].

Stawecki, Piotr und Wojciech Wrzesiński (Hgg.): Plebiscyty na Warmii, Mazurach i Powiślu w 1920 roku. Wybór źródeł. Olsztyn 1986 [= Ośrodek Badań Naukowych im. Wojciecha Kętrzyńskiego w Olsztynie. Rozprawy i Materiały, Nr. 95].

Biografien und Memoiren

Bienkowski, Wiesław: Krzysztof Celestyn Mrongowiusz 1764–1855. W służbie umiłowanego języka, Olsztyn 1983.

Hundrieser, Herbert: Es begann in Masuren. Meinen Kindern erzählt, Groß-Umstadt 1989 [= Publikationsreihe der Ost- und Westpreußenstiftung in Bayern, Nr. 16a].

Jaroszyk, Karol: Wspomnienia z Prus Wschodnich (1908–1920), Olsztyn 1969 [= Ośrodek Badań Naukowych im. Wojciecha Kętrzyńskiego w Olsztynie. Biblioteka Olsztyńska, Nr. 4].

Kasparek, Danuta: Jan Karol Sembrzycki 1856–1919. Mazur na rozdrożu narodowym, Olsztyn 1988 [deutsch: Johannes Karl Sembrzycki (1856–1919), in: Mare Balticum 1997, S. 50–55].

Małłek, Karol: Interludium mazurskie. Wspomnienia 1920–1939, Warszawa 1968.

Ders.: Z Mazur do podziemia. Wspomnienia 1939–1945, Warszawa 1970.

Ders.: Z Mazur do Verdun. Wspomnienia 1890–1919, Warszawa 1967.

Ders.: Polskie są Mazury. Wspomnienia 1945–1966, Warszawa 1972.

Rosłan, Jan: Ernst Wiechert. Życie i dzieło, Olsztyn 1992 [= Ośrodek Badań Naukowych im. Wojciecha Kętrzyńskiego w Olsztynie. Biblioteka Olsztyńska, Nr. 21].

Tryniszewski, Eugeniusz: Antoni Osuchowski 1849–1928, Olsztyn 1985.

Belletristik

Viele Romane der Vorkriegszeit standen in der Tradition der Grenzland- und Heimatromane, die mit vollmundigem nationalen Pathos die Schicksalhaftigkeit des masurischen Lebens beschrieben. Zu dieser Kategorie gehören die Werke der Brüder Fritz und Richard Skowronnek sowie diejenigen Max Worgitzkis.

Skowronnek, Fritz: Dies irae. Ein ostpreußischer Zukunftsroman, Berlin 1925.

Ders.: Du mein Masuren. Geschichte und Gestalten, Berlin 1915.

Ders.: Das Masurenbuch, Berlin 1916.

Ders.: Von der russischen Grenze, Berlin 1915.

Ders.: Die braune Soscha und andere masurische Dorferzählungen, Berlin o. J.

Skowronnek, Richard: Der Bruchhof. Roman aus Masuren, Stuttgart/Berlin o. J. (Feldausgabe).

Ders.: Heimat, Heimat!, Berlin 1927.

Ders.: Der Kampf um die Scholle. Eine Geschichte aus Masuren, Berlin o. J. [vor 1915].

Ders.: Der letzte Bauer von Romahnken. Masurische Dorfgeschichten, Berlin/Leipzig 1918.

Worgitzki, Max: Sturm über Masuren. Roman, Tilsit 1942.

Ein besonderer Vertreter Masurens ist Ernst Wiechert, der in seinen Romanen die Natur verherrlicht. Sein wichtigster Masurenroman:

Wiechert, Ernst: Die Jerominkinder, Frankfurt am Main/Berlin 1994.

Der bedeutendste aus Masuren stammende deutsche Schriftsteller ist zweifellos Siegfried Lenz, der Masuren ein bleibendes literarisches Denkmal gesetzt hat.

Lenz, Siegfried: Heimatmuseum, 11. Aufl. München 1997.

Ders.: So zärtlich war Suleyken. Masurische Geschichten, Frankfurt am Main 1968.

Wolfgang Koeppen verbrachte seine Jugendjahre in Masuren.

Koeppen, Wolfgang: Es war einmal in Masuren, 2. Aufl. Frankfurt am Main 1991.

Der wichtigste polnische Schriftsteller Masurens ist Erwin Kruk, der mit seiner »Chronik aus Masuren« das Schicksal der Masuren nach 1945 beschreibt.

Kruk, Erwin: Kronika z Mazur, Warszawa 1989.

Eine Anthologie ostpreußischer Literatur aus vier verschiedenen Sprachen – Deutsch, Litauisch, Polnisch und Russisch – liegt seit einigen Jahren vor und unterstreicht das multiethnische Erbe der Region:

Lipscher, Winfried, und Kazimierz Brakoniecki (Hgg.): Meiner Heimat Gesicht, München 1996.

LITERATUR ZU EINZELNEN THEMEN
Gesamtdarstellungen zur Geschichte Ostpreußens
Boockmann, Hartmut: Ostpreußen und Westpreußen, 3. Aufl. Berlin 1995.
Hartknoch, Christoph: Alt- und Neues Preußen ..., Frankfurt am Main und Leipzig 1684.
Lohmeyer, Karl: Geschichte von Ost- und Westpreußen, Bd. 1: Bis 1411, 3. Aufl. Gotha 1908.
Schumacher, Bruno: Geschichte Ost- und Westpreußens, 7. Aufl. Würzburg 1987.
Toeppen, Max: Historisch-comparative Geographie von Preußen, Gotha 1858.
Voigt, Johannes: Geschichte Preußens von den ältesten Zeiten bis zum Untergang der Herrschaft des Deutschen Ordens, 9 Bde., Königsberg 1827–1839.

Gesamtdarstellungen zur Geschichte Masurens
Die aufgeführten Gesamtdarstellungen unterscheiden sich in ihrer Qualität sehr deutlich. Max Toeppens »Geschichte Masurens« von 1870 reflektiert wie keine andere vornationale Positionen und ist deshalb die wichtigste Monografie über die Region. Mittlerweile erschien dieses Standardwerk auch auf Polnisch.
Achremczyk, Stanisław: Historia Warmii i Mazur. Od pradziejów do 1945 roku, Olsztyn 1992 [= Ośrodek Badań Naukowych im. Wojciecha Kętrzyńskiego w Olsztynie. Biblioteka Olsztyńska, Nr. 18].
Gollub, Hermann (Hg.): Masuren, Königsberg 1934 [= Ostpreußische Landeskunde in Einzeldarstellungen].
Martin, Bernd: Masuren. Mythos und Geschichte, Karlsruhe 1998.
Toeppen, Max: Geschichte Masurens. Ein Beitrag zur preußischen Landes- und Kulturgeschichte. Nach gedruckten und ungedruckten Quellen dargestellt, Danzig 1870 (Reprint Aalen 1978) [polnisch: Historia Mazur. Przyczynek do dziejów krainy i kultury pruskiej, Olsztyn 1995.
Weber, Reinhold: Masuren. Geschichte – Land und Leute, Leer 1983.

Gesamtdarstellungen zu einzelnen Sachgebieten
Nationale Identität, Nationalismus,
Historiografie und Kirche
Arnoldt, D. Daniel Heinrich: Kurzgefaßte Kirchengeschichte des Königreichs Preußen, Königsberg 1769.
Belzyt, Leszek: Zur Frage des nationalen Bewußtseins der Masuren im 19. und 20. Jahrhundert, in: Zeitschrift für Ostmitteleuropaforschung 45 (1996), S. 35–71.
Blanke, Richard: Polish-speaking Germans? Language and National Identity among the Masurians since 1871, Köln/Weimar 2001 [= Ostmitteleuropa in Vergangenheit und Gegenwart, Bd. 24].

Brehm, Johannes: Die Entwicklung der evangelischen Volksschule in Masuren im Rahmen der Gesamtentwicklung der preußischen Volksschule, Bialla 1914 (Teil I–III Diss. Königsberg).

Garber, Klaus, Manfred Komorowski und Axel E. Walter (Hgg.): Kulturgeschichte Ostpreußens in der Frühen Neuzeit, Tübingen 2001 [= Frühe Neuzeit, Bd. 56].

Hackmann, Jörg: Die Nationalitäten in Ostpreußen in der preußischen Politik bis zur Mitte des 19. Jahrhunderts, in: Mare Balticum 2 (1997), S. 38–49.

Ders.: Ostpreußen und Westpreußen in deutscher und polnischer Sicht. Landeshistorie als beziehungsgeschichtliches Problem, Wiesbaden 1996 [= Deutsches Historisches Institut Warschau. Quellen und Studien, Bd. 3].

Hubatsch, Walter: Geschichte der Evangelischen Kirche Ostpreußens, Bd. I, Göttingen 1968.

Jasiński, Grzegorz: Mazurzy w drugiej połowie XIX wieku. Kształtowanie się świadomości narodowej, Olsztyn 1994 [= Ośrodek Badań Naukowych im. Wojciecha Kętrzyńskiego w Olsztynie. Rozprawy i Materiały, Nr. 143].

Kossert, Andreas: Preußen, Deutsche oder Polen? Die Masuren im Spannungsfeld des ethnischen Nationalismus 1870–1956, Wiesbaden 2001 [= Deutsches Historisches Institut Warschau. Quellen und Studien, Bd. 12].

Wehler, Hans-Ulrich: Zur neueren Geschichte der Masuren, in: Zeitschrift für Ostforschung 11 (1962), S. 147–162.

Landschaftsporträts

Heß vonWichdorff, Hans : Masuren. Skizzen und Bilder von Land und Leuten, Berlin 1915.

Kętrzyński, Wojciech: O Mazurach, Poznań 1872 [Neuauflage Olsztyn 1988, Hg. Janusz Jasiński].

Krosta, Friedrich: Land und Volk in Masuren. Masurische Studien. Ein Beitrag zur Geographie Preussens, in: Bericht über das Kneiphöfische Gymnasium zu Königsberg 1874/75, Königsberg 1875, S. 1–16.

Limanowski, Bolesław: Mazowsze pruskie. Z portretem autora i mapką, Kraków 1925.

Sempołowska, Stefania: Mazury pruskie, Warszawa 1920 [in: Stefania Sempołowska: Publicystyka społeczna, Warszawa 1960, S. 188–234].

Sukertowa, Emilia: Mazurzy w Prusach Wschodnich, Kraków 1927 [= Bibljoteka Geograficzna »Orbis«, Bd. 10].

Tetzner, Franz: Die Slawen in Deutschland. Beiträge zur Volkskunde der Preussen, Litauer und Letten, der Masuren und Philipponen, der Tschechen, Mährer und Sorben, Polaben und Slawinzen, Kaschuben und Polen, Braunschweig 1902.

Weiss, Albert: Preußisch Littauen und Masuren. Historische und topographisch-statistische Studien betreffend den Regierungsbezirk Gumbinnen, Teil I–III, Rudolstadt 1878/79.

Zweck, Albert: Masuren. Eine Landes- und Volkskunde, Stuttgart 1900 [Deutsches Land und Leben].

Verwaltung

Hubatsch, Walther (Hg.): Grundriß zur deutschen Verwaltungsgeschichte 1815–1945. Bd 1: Ost- und Westpreußen (Bearb. Dieter Stüttgen), Marburg 1975.

Nobis, Adalbert Josef: Die preußische Verwaltung des Regierungsbezirks Allenstein 1905–1945, München 1987 (Diss. Bonn) [= Gesamtreihe der Ost- und Westpreußenstiftung, Bd. 17].

Stüttgen, Dieter: Die preußische Verwaltung des Regierungsbezirks Gumbinnen 1871–1920, Köln/Berlin 1980 [= Studien zur Geschichte Preußens, Bd. 30].

Polnische Minderheit, polnisches Masurenbild

Wakar, Andrzej, und Wojciech Wrzesiński: ›Gazeta Olsztyńska‹ w latach 1886–1939, Olsztyn 1986 [= Ośrodek Badań Naukowych im. Wojciecha Kętrzyńskiego w Olsztynie. Rozprawy i Materiały, Nr. 104].

Wrzesiński, Wojciech: Ruch polski na Warmii, Mazurach i Powiślu 1920–1939, Olsztyn 1973.

Ders.: Prusy Wschodnie w polskiej myśli politycznej 1864–1945, Olsztyn 1994 [= Ośrodek Badań Naukowych im. Wojciecha Kętrzyńskiego w Olsztynie. Rozprawy i Materiały, Nr. 141].

Sprache, Volksüberlieferung, Statistik, Religion

Chojnacki, Władysław: Słownik polskich nazw miejscowych w byłych Prusach Wschodnich, Poznań 1946.

Gerss, Otto: Über die im preußischen Masuren gebräuchliche polnische Sprache. Beitrag eines Masuren, in: Masovia 9 (1903), S. 70–76.

Institut für Heimatforschung an der Universität Königsberg (Hg.): Masurische Volkslieder mit Bildern und Weisen, Berlin/Leipzig 1934.

Pohorecki, Władysław: Mazury w Prusach Wschodnich. Polacy w Prusach Wschodnich, in: Sprawy Narodowościowe 6 (1932), S. 167–195.

Pruski, Kancjonał: Wybór pieśni Starych i Nowych, Królewiec 1891.

Sembritzki, Johannes: Über Ursprung und Bedeutung der Worte »Masur« und »Masuren«, in: Altpreußische Monatsschrift 24 (1887), S. 256 bis 267.

Ders.: Die topographischen Veränderungen in den 7 masurischen Kreisen des Regierungsbezirkes Gumbinnen während des 19. Jahrhunderts, in: Masovia 10 (1904), S. 10–59.

Toeppen, Max: Aberglauben aus Masuren, 2. Aufl. Danzig 1867.

Wittschell, Leo: Das Ergebnis der Sprachenzählung von 1925 im südlichen Ostpreußen, Hamburg 1926 [= Veröffentlichungen des Geographischen Instituts der Albertus-Universität Königsberg, Heft 7].
Ders.: Die völkischen Verhältnisse in Masuren und dem südlichen Ermland, Hamburg 1925 [= Veröffentlichungen des Geographischen Instituts der Albertus-Universität Königsberg, Heft 5].

Juden in Masuren
Borchart, Joachim: Der europäische Eisenbahnkönig Bethel Henry Strous-
berg, München 1991.
Grynberg, Michał: Żydzi w rejencji ciechanowskiej, Warszawa 1984.
Kossert, Andreas: Die jüdische Gemeinde Ortelsburg. Beitrag zur Ge-
schichte der Juden in Masuren, in: Brocke, Michael, Margret Heit-
mann und Harald Lordick (Hgg.): Zur Geschichte und Kultur der Ju-
den in Ost- und Westpreußen, Hildesheim/Zürich/New York 2000
[= Netiva. Studien des Salomon Ludwig Steinheim-Instituts, Bd. 2],
S. 87–124.
Ders.: Aus der Geschichte der jüdischen Gemeinde zu Johannisburg/
Ostpreußen, in: Brocke, Michael, Margret Heitmann und Harald Lor-
dick (Hgg.): Zur Geschichte und Kultur der Juden in Ost- und West-
preußen, Hildesheim/Zürich/New York 2000 [= Netiva. Studien des
Salomon Ludwig Steinheim-Instituts, Bd. 2], S. 67–86.
Ders.: Żydzi wschodniopruscy, in: Elżbieta und Robert Traba (Hgg.):
Tematy żydowskie, Olsztyn 1999, S. 152–172.

Regionalgeschichtliche Arbeiten aus verschiedenen Epochen
Braun, Hermann: Alte und neue Bilder aus Masuren. Eine Geschichte der
Stadt und des Kreises Angerburg, Angerburg/Lyck 1888.
Bystrzycki, Piotr: Działdowszczyzna w latach II Rzeczypospolitej, Olsztyn
1997 [= Ośrodek Badań Naukowych im. Wojciecha Kętrzyńskiego w
Olsztynie. Rozprawy i Materiały, Nr. 163].
Czybulka, Gerhard: Wandlungen im Bild der Kulturlandschaft Masurens
seit dem Beginn des 18. Jahrhunderts, Berlin 1936 (Diss. Berlin)
[= Veröffentlichungen des Seminars für Staatenkunde und Historische
Geographie an der Friedrich-Wilhelms-Universität zu Berlin, Nr. 3].
Frenzel, Julius: Beschreibung des Kreises Oletzko, Regierungsbezirk
Gumbinnen, in geschichtlicher, statistischer und topographischer
Sicht, Marggrabowa 1870.
Gause, Fritz: Geschichte des Amtes und der Stadt Soldau. Marburg 1959
[= Wissenschaftliche Beiträge zur Geschichte und Landeskunde Ost-
mitteleuropas, Nr. 38; Sonderschriften des Vereins für Familienfor-
schung in Ost- und Westpreußen, Nr. 95, Hamburg 1995].

Gebauer, Bernhard: Die Entwicklung der Siedlungslandschaft in Süd-Ostmasuren (Kreis Lyck); unter besonderer Berücksichtigung der Siedlungsgenese. Ein Beitrag zur Kulturlandschaftsforschung im deutschen Osten, Göttingen 1959 (Typoskript, Diss. Göttingen 1959).

Gollub, Hermann: Geschichte der Stadt Ortelsburg, Ortelsburg 1926 (Reprint-Druck Leer 1993).

Gregorovius, Julius: Die Ordensstadt Neidenburg in Ostpreußen, Marienwerder 1883.

Grigat, Christian: Die Geschichte des Kreises Treuburg, Treuburg 1938.

Kob, Curt: West-Masuren. Eine bevölkerungsstatistische Untersuchung, Berlin 1908 [Diss. Königsberg].

Krahl, Gustav: Kirche und Kirchspiel Friedrichshof in alter und neuer Zeit. Ein Beitrag zur Kulturgeschichte Masurens, Ortelsburg 1898.

Linde, Hans: Piassutten/Kreis Ortelsburg. Ein Beitrag zur Geschichte der ländlichen Gesellschaft in Süd-Ostpreußen, Leipzig 1939 (Diss. Leipzig).

Maczkowski, K. A.: Eckersberg und seine Umgebung, in: Masovia 5 (1899), S. 10–142 [= Sonderschriften des Vereins für Familienforschung in Ost- und Westpreußen, Nr. 56].

Templin, Karl (Hg.): Unsere masurische Heimat. Zum hundertjährigen Bestehen des Kreises Sensburg, 2. Aufl. Sensburg 1926.

Trincker, Ernst: Chronik der Gemeinde Lötzen, Lötzen 1912.

Wank, Otto: Quellenkundlicher Beitrag zur Siedlungs- und Bevölkerungsgeschichte des Kreises Sensburg, in: Altpreußische Geschlechterkunde, NF 20 (1990), S. 449–512.

Weinreich, Arthur: Bevölkerungsstatistiken und siedlungsgeographische Beiträge zur Kunde Ost-Masurens, vornehmlich der Kreise Oletzko und Lyck, Königsberg 1911 (Diss. Königsberg).

Kreisdarstellungen

Seit den späten fünfziger Jahren begannen die vertriebenen Masuren unter der Ägide der Kreisgemeinschaften in der Landsmannschaft Ostpreußen die Geschichte ihrer Heimatkreise in Kreisbüchern zu dokumentieren. Fast alle Autoren lebten bis 1945 in Masuren, waren Beamte oder Gutsbesitzer und gehörten zum Kreis der Lokalhonoratioren. Die Darstellung des 20. Jahrhunderts spielt in den Kreisbüchern eine zentrale Rolle, doch die NS-Verbrechen sowie der polnisch-masurische kulturelle Hintergrund Masurens werden so gut wie nicht erwähnt. Lediglich das Osteroder Kreisbuch bildet hier eine rühmliche Ausnahme.

Bürger, Klaus: Kreisbuch Osterode/Ostpreußen, Osterode/Harz 1977.

Glass, Paul, und Fritz Bredenberg (Hgg.): Der Kreis Sensburg, Würzburg 1960 [= Ostdeutsche Beiträge. Aus dem Göttinger Arbeitskreis, Bd. XV].

Grenz, Rudolf: Der Kreis Treuburg. Ein ostpreußisches Heimatbuch, Lübeck 1971.

Guttzeit, Emil Johannes: Der Kreis Johannisburg. Ein ostpreußisches Heimatbuch, Würzburg 1964 [= Ostdeutsche Beiträge. Aus dem Göttinger Arbeitskreis, Bd. XXXI].

Meyhöfer, Max: Der Kreis Lötzen. Ein ostpreußisches Heimatbuch, Würzburg 1961 [= Ostdeutsche Beiträge. Aus dem Göttinger Arbeitskreis, Bd. XX].

Ders.: Der Kreis Neidenburg. Ein ostpreußisches Heimatbuch, Landshut 1968.

Ders.: Der Kreis Ortelsburg. Ein ostpreußisches Heimatbuch, 2. Aufl. Leer 1978 [= Ostdeutsche Beiträge. Aus dem Göttinger Arbeitskreis, Bd. IV].

Weber, Reinhold: Der Kreis Lyck. Hohenwestedt 1995 [2. Aufl. = Sudauen. Blätter zur Heimatgeschichte des Kreises Lyck, Folge 8].

Auf polnischer Seite erschienen etwa zeitgleich ebenfalls Kreisbücher – in der Gestalt den deutschen verblüffend ähnlich –, die den polnischen Anspruch auf Masuren manifestieren sollten, weshalb die preußisch-deutsche Vergangenheit hier kaum Erwähnung findet.

Jałożyński, Jan, u. a. (Hg.): Szczytno. Z dziejów miasta i powiatu, Olsztyn 1962.

Maciejewska, Joanna, u. a. (Hg.): Pisz. Z dziejów miasta i powiatu, Olsztyn 1970.

Wakar, Andrzej, und Tadeusz Willan: Giżycko. Z dziejów miasta i powiatu, Olsztyn 1966.

Wakar, Andrzej, u. a. (Hg.): Olecko. Z dziejów miasta i powiatu, Olsztyn 1974.

Ders. u. a. (Hg.): Mrągowo. Z dziejów miasta i powiatu, Olsztyn 1975.

Ders. u. a. (Hg.): Nidzica. Z dziejów miasta i okolic, Olsztyn 1976.

Ders. u. a. (Hg.): Ostróda. Z dziejów miasta i okolic, Olsztyn 1976.

Die deutschen und polnischen Kreisdokumentationen sind eine reiche Quelle für die Analyse nationaler Denkkategorien in der Geschichte Masurens.

LITERATUR ZU DEN EINZELNEN KAPITELN
Die Landschaften Sassen, Galinden und Sudauen im Ordensstaat (1225–1525)

Abe, Kinya: Die Komturei Osterode des Deutschen Ordens in Preußen 1341–1525, Köln/Berlin 1972 [= Studien zur Geschichte Preußens, Bd. 16].

Białuński, Grzegorz: Osadnictwo regionu Wielkich Jezior Mazurskich od XIV do początku XVIII wieku – starostwo leckie (giżyckie) i ryńskie, Olsztyn 1996 [= Ośrodek Badań Naukowych im. Wojciecha Kętrzyńskiego w Olsztynie. Rozprawy i Materiały, Nr. 159].

Boockmann, Hartmut: Der Deutsche Orden. Zwölf Kapitel aus seiner Geschichte, 3. Aufl. München 1989.

Döhring, Arthur: Über die Herkunft der Masuren. Mit besonderer Berücksichtigung der Kreise Osterode und Neidenburg. Ein Beitrag zur Besiedlungsgeschichte des Ordenslandes Preussen, Osterode 1910 (Diss. Leipzig).

Gause, Fritz: Polnische Einwanderung in die Komturei Osterode nach dem 2. Thorner Frieden (1466). Ein Beitrag zu der Frage nach der Herkunft der Masuren, in: Altpreußische Forschungen 2 (1924), S. 25–40.

Kętrzyński, Wojciech: O ludności polskiej w Prusiech niegdyś krzyżackich, Lwów 1882.

Saborowski, Ewald: Besiedlung und Nationalitätenverhältnisse des Hauptamtes Ortelsburg (zur Zeit der Herrschaft des Deutschordens), in: Masovia 30 (1925), S. 97–176 (auch Diss. Königsberg 1922).

Weber, Lotar: Preussen vor 500 Jahren in culturhistorischer, statistischer und militärischer Beziehung, nebst Special-Geographie, Danzig 1878.

Wippermann, Wolfgang: Der Ordensstaat als Ideologie. Das Bild des Deutschen Ordens in der deutschen Geschichtsschreibung und Publizistik. Berlin 1979 [= Einzelveröffentlichungen der Historischen Kommission zu Berlin, Bd. 24; Publikationen zur Geschichte der deutsch-polnischen Beziehungen, Bd. 2].

Die Große Wildnis als Teil Preußens
(1525–1701)

Augusiewicz, Sławomir: Najazdy tatarskie na Prusy Książece (1656–1657). Legendy i fakty, in: Komunikaty Mazursko-Warmińskie 209 (1995), S. 233–247.

Kamieński, Andrzej: Stany Prus Książecych wobec rządow brandenburskich w drugiej połowie XVII wieku. Olsztyn 1995 [= Ośrodek Badań Naukowych im. Wojciecha Kętrzyńskiego w Olsztynie. Rozprawy i Materiały, Nr. 148].

Majewski, Wiesław: Działania wojenne w Prusach Książecych (wrzesień 1656 – luty 1657), in: Komunikaty Mazursko-Warmińskie 218 (1997), S. 579–598.

Michels, Georg: Zur Wirtschaftsentwicklung von Kleinstädten und Flecken im Ordensland und Herzogtum Preussen (bis 1619): Gilgenburg – Hohenstein – Neidenburg – Ortelsburg – Willenberg, Lüneburg 1996 [= Einzelschriften der Historischen Kommission für ost- und westpreußische Landesforschung, Bd. 11; Veröffentlichungen aus dem Projektbereich Ostdeutsche Landesgeschichte an der Universität Bonn, Heft 11].

Wank, Otto: Bevölkerungsfluktuation zwischen Ostpreußen und den Nachbarländern vom 16. bis 18. Jahrhundert. Ein Beitrag zur Siedlungs- und Bevölkerungsgeschichte mit zugehörigen Namenslisten, in: Altpreußische Geschlechterkunde, NF 24 (1994), S. 125–218.

Die »polnischen« Ämter im Königreich Preußen
(1701–1815)

Bogdan, Danuta: Das Litauische und Polnische Seminar an der Königsberger Universität vom 18. bis zur Mitte des 19. Jahrhunderts, in: Nordostarchiv NF 43 (1994), S. 113–132.

Jähnig, Bernhart: Die Stadtwerdung von Arys, in: Altpreußische Geschlechterkunde, NF 23 (1993), S. 113–132.

Kwalo, Manfred: Die magdeburgischen Freien im Amt Lyck 1723/25, in: Altpreußische Geschlechterkunde, NF 21 (1991), S. 113–124.

Pisanski, George: Collectanea zu einer Beschreibung der Stadt Johannisburg in Preußen, in: Altpreußische Geschlechterkunde, NF 25 (1995), S. 129–172.

»Masuren« entsteht
(1815–1871)

Groniowski, Krzysztof: Wychódzy mazurscy i warmińscy w Królestwie Polskim w połowie XIX wieku, in: Komunikaty Mazursko-Warmińskie 68 (1960), S. 247–257.

Jasiński, Grzegorz: Duchowieństwa mazurskie w II połowie XIX wieku, in: Janusz Jasiński (Hg.): Zagadnienie narodowościowe w Prusach Wschodnich w XIX i XX wieku, Olsztyn 1993, S. 61–86 [= Ośrodek Badań Naukowych im. Wojciecha Kętrzyńskiego w Olsztynie. Rozprawy i Materiały, Nr. 133].

Ders.: Jan Jenczio (1797–1884). Mazurski gospodarz z Markowskich, in: Komunikaty Mazursko-Warmińskie 196 (1992), S. 127–146.

Ders.: Superintendent Gottfried Schulz (1791–1867) i jego poglądy na sprawy mazurskie, in: Komunikaty Mazursko-Warmińskie 201 (1993), S. 413–429.

Ders.: Urząd wicegeneralnego superintendenta – próba sanacji Kościoła ewangelickiego na Mazurach (1868–1876), in: Komunikaty Mazursko-Warmińskie 211 (1986), S. 45–65.

Ders.: U źródeł gromadkarstwa. O grupie »świętych« na Mazurach, in: Komunikaty Mazursko-Warmińskie 213 (1996), S. 396–377.

Kasparek, Norbert: Prusy Wschodnie w polskiej myśli politycznej lat 1795–1847, Olsztyn 1995 [= Ośrodek Badań Naukowych im. Wojciecha Kętrzyńskiego w Olsztynie. Rozprawy i Materiały, Nr. 144].

Małłek, Janusz: Regionale und nationale Identität sowie ethnische und konfessionelle Minderheiten in Preußen im 19. und 20. Jahrhundert, in: Nordostarchiv, NF Bd. IV (1997), Heft 2, S. 649–658.

Martuszewski, Edward: Preparandy nauczycielskie na Mazurach w pierwszej połowie XIX wieku, in: Komunikaty Mazursko-Warmińskie 143 (1979), S. 11–40.

»Mit dem Eisenbahnstrang kommt die Germanisierung«
(1871–1914)

Hartmann, Stefan: Zur nationalpolnischen Bewegung und zur preußischen Politik in Masuren vor dem Ersten Weltkrieg, in: Zeitschrift für Ostforschung 42 (1993), S. 40–83.

Hensel, Paul: Die evangelischen Masuren in ihrer kirchlichen und nationalen Eigenart. Ein kirchengeschichtlicher Beitrag zur Frage der katholisch-polnischen Propaganda in Masuren, Königsberg 1908 [= Schriften der Synodalkommission für ostpreußische Kirchengeschichte, Heft 4].

Ders.: Die Polengefahr für die masurische Bevölkerung, Berlin 1911.

Hubatsch, Walther: Masuren und Preußisch-Litthauen in der Nationalitätenpolitik Preußens 1870–1920, Marburg 1966 [erstmals in: Zeitschrift für Ostmitteleuropaforschung 14 (1965) und 15 (1966)].

Jasiński, Grzegorz: Mazurska Partia Ludowa. Próba oceny roli i znaczenia, in: Masovia 1 (1997), S. 23–36.

Kościński, Konstanty: Sprawa mazurska. Wiadomości z dziedziny historycznej, statystycznej i politycznej, Poznań 1908.

Mańkowski, Alfons: Z nad jezior mazurskich. Wspomnienie z wycieszki kraju- i ludoznawczej, Poznań 1912.

Mrowka, Heinrich: Die Anfänge einer polnischen politischen Bewegung in Masuren. Die polnische Presse, die »Masurische Volkspartei« und die Wahlen zum Reichstag, in: Spieler, Silke, und Hans Hecker (Hgg.): Deutsche, Slawen und Balten. Aspekte des Zusammenlebens im Osten des Deutschen Reiches und in Ostmitteleuropa, Bonn 1989, S. 128 bis 140 [Kulturstiftung der deutschen Vertriebenen].

Otello, Ryszard: Ruch gromadkarski w Prusach Wschodnich w latach 1848–1914, in: Komunikaty Mazursko-Warmińskie 133 (1976), S. 307 bis 328.

Im Schatten von Tannenberg
(1914–1918)

Kuhn, Andreas: Die Schreckenstage von Neidenburg. Kriegserinnerungen aus dem Jahre 1914, Minden 1916.

Moszeik, Chr. (Hg.): Kriegserlebnisse ostpreußischer Pfarrer, Bd. 1 und 2, 2. Aufl. Berlin 1915.

Solschenizyn, Alexander: August Vierzehn, Darmstadt und Neuwied 1972.

»Grenz- und Volkstumskampf«
(1918–1933)

Hertz-Eichenrode, Dieter: Politik und Landwirtschaft in Ostpreußen 1919–1930. Untersuchung eines Strukturproblems in der Weimarer Republik, Köln-Opladen 1969 [= Schriften des Instituts für politische Wissenschaft, Bd. 23].

Ders.: Die Wende zum Nationalsozialismus im südlichen Ostpreußen 1930–1932. Zugleich ein Beitrag zur Geschichte des Masurentums, in: Olsztyńskie Studia Niemcoznawcze, Olsztyn 1986, S. 59–114 [= Ośrodek Badań Naukowych im. Wojciecha Kętrzynskiego w Olsztynie. Rozprawy i Materiały, Nr. 98].

Kozieło-Poklewski, Bohdan: Kształtowanie się postaw politycznych ludności Mazur w okresie międzywojennym, in: Janusz Jasiński (Hg.): Zagadnienia narodowościowe w Prusach Wschodnich w XIX i XX wieku, Olsztyn 1993, S. 121–131 [= Ośrodek Badań Naukowych im. Wojciecha Kętrzyńskiego w Olsztynie. Rozprawy i Materiały, Nr. 133].

Ders.: Narodowosocjalistyczna Niemiecka Partia Robotnicza w Prusach Wschodnich 1921–1933, Olsztyn 1995 [= Ośrodek Badań Naukowych im. Wojciecha Kętrzyńskiego w Olsztynie. Rozprawy i Materiały, Nr. 150].

Volksabstimmung

Die Literatur zu diesem Thema ist auch nach 1945 von starken emotionalen nationalen Positionen begleitet, weshalb sie ideologisch stark gefärbt ist.

Barke, Hugon: Skąd pochodzą Mazurzy i jak im sie wiodło w czasach dawniejszych, Szczytno 1919.

Ders. und Kazimierz Jaroszyk: Walka o Mazowsze Pruskie, Poznań 1931.

Gayl, Wilhelm v.: Ostpreußen unter fremden Flaggen. Ein Erinnerungsbuch an die ostpreußische Volksabstimmung vom 11. Juli 1920, Königsberg 1940.

Hubatsch, Walther: Die Volksabstimmung in Ost- und Westpreußen 1920 – ein demokratisches Bekenntnis zu Deutschland, Hamburg 1980.

Kętrzyński, Wojciech: Plebiscyty na Warmii i Mazurach oraz na Powiśli w roku 1920, Olsztyn 1920 [= Ośrodek Badań Naukowych im. Wojciecha Kętrzyńskiego w Olsztynie. Rozprawy i Materiały, Nr. 45].

Klatt, Rudolf: Ostpreußen unter dem Reichskommissariat 1919/1920, Heidelberg 1958 [= Studien zur Geschichte Preußens, Bd. 3].

Marzian, H. G. (Hg.): Selbstbestimmung für Ostdeutschland. Eine Dokumentation zum 50. Jahrestag der ost- und westpreußischen Volksabstimmung am 11. Juli 1920, Göttingen 1970.

Masuren unzweifelhaft nicht polnisch, Berlin [um 1919].

Sowa, Paweł: Ratujmy Mazury. Napisał w 11 rocznicę plebiscytu Warmijak, Toruń 1931.

Uziembło, Adam: Walka o Mazury, in: Niepodległość 19 (1939), S. 262 bis 288 (Neudruck Olsztyn-Białystok 1981) [Übersetzung: Der Kampf um Masuren, Hg. Publikationsstelle Berlin-Dahlem].

Worgitzki, Max: Geschichte der Abstimmung in Ostpreußen. Der Kampf um Ermland und Masuren, Leipzig 1921.

Bischof Julius Bursche
Der Leiter der evangelisch-augsburgischen Kirche war eine umstrittene Gestalt in den deutsch-polnischen Beziehungen, was sich auch in der Literatur niederschlug.

Gastpary, Woldemar: Biskup Bursche i sprawa polska, Warszawa 1972.

Kleindienst, Alfred, und Oskar Wagner: Der Protestantismus in der Republik Polen 1918/19 bis 1939 im Spannungsverhältnis von Nationalitätenpolitik und Staatskirchenrecht, kirchlicher und nationaler Gegensätze, Marburg 1985 [= Marburger Ostforschungen, Bd. 42].

Kneifel, Eduard: Bischof Dr. Julius Bursche. Sein Leben und seine Tätigkeit 1862–1942, Vierkirchen 1980.

Krebs, Bernd: Nationale Identität und kirchliche Selbstbehauptung. Julius Bursche und die Auseinandersetzung um Auftrag und Weg des Protestantismus in Polen 1917–1939. Neukirchen-Vluyn 1993 [= Historisch-theologische Studien zum 19. und 20. Jahrhundert, Bd. 6].

Totengräber Masurens
(1933–1945)

Gumkowski, Janusz: Obóz hitlerowski w Działdowie, in: Biuletyn Głownej Komisji Badania Zbrodni Hitlerowskich 10 (1958), S. 57–88.

Korc, Ewa, und Antoni Sołoma: Z badań nad hitlerowską eutanazją w Prusach Wschodnich, in: Acta Universitatis Wratislaviensis No. 923. Studia nad Faszyzmen i Zbrodniami Hitlerowskiemu XII. Wrocław 1987, S. 189–199.

Koziełło-Poklewski, Bohdan: Memoriał Bund deutscher Osten z 1940 roku w sprawie polskiej w Prusach Wschodnich, in: Komunikaty Mazursko-Warmińskie 133 (1976), S. 407–422.

Ders.: Przyczynki do działalnosci służby pracy w Prusach Wschodnich w latach 1931–1935, in: Komunikaty Mazursko-Warmińskie 137/138 (1977), S. 391–402.

Linck, Hugo: Der Kirchenkampf in Ostpreußen 1933 bis 1945. Geschichte und Dokumentation, München 1968.

Sowa, Paweł: Cena polskości, Warszawa 1976.

Ders.: Tropem spadkobierców Hakaty: Antypolska działalność Bund Deutscher Osten na Warmii i Mazurach (1933–1939), Warszawa 1979.

Sukertowa Biedrawina, Emilia: Materiały do dziejów walki hitlerowców z ruchem polskim na Mazurach i Warmii w latach 1933–1939, in: Komunikaty Mazursko-Warmińskie 95/96 (1967), S. 157–185.

Tilitzki, Christian: Alltag in Ostpreußen 1940–45. Die geheimen Lageberichte der Königsberger Justiz, Leer 1991.

Vorkriegsauswahl

*Fast alle hier aufgeführten Titel vertreten eine ideologisch eindeutige polnische
oder deutsche Position.*

Marienfeld, Otto: Untersuchung an masurischer Bevölkerung, Berlin
1934 [= Veröffentlichungen aus dem Gebiete der Medizinalverwal-
tung, Bd. 43, Heft 5].

Maschke, Erich: Die Masuren in Geschichte und Gegenwart, in: Ostland,
Nr. 36 (2. September 1933), S. 372–373.

Masurisch oder polnisch? Eine selbstverständliche Verpflichtung, in: Masurischer Volkskalender 1941, S. 61–63.

[Obitz, Kurt]: Die Geschichte des masurischen Volkes. Soldau 1937 (Typoskript, Dienstübersetzung PUSTE. Original ebenfalls nicht gedruckt: Dzieje ludu mazurskiego, Działdowo 1937).

Schimanski, Erich: Das Bauernhaus Masurens. Ein Beitrag zur deutschen
Volkskunde, Königsberg 1936 (Diss. Königsberg) [= Sonderschriften
der Altertumsgesellschaft Prussia].

*Zwei polnische Journalisten reisten nach dem deutsch-polnischen Nichtan-
griffspakt 1934 nach Masuren und schilderten ihre Eindrücke von Ostpreußen.*

Gietrych, Jędrej: Za północnym kordonem (Prusy Wschodnie), Warszawa
1934.

Wańkowicz, Melchior: Na tropach Smętka, Warszawa 1959 (mehrere Auflagen).

*Wańkowiczs literarisch ansprechendes Buch war 1945 oft das einzige, was die
polnische Öffentlichkeit über Masuren informierte. Wańkowicz war einer der bekanntesten Journalisten Polens.*

»Polnische Brüder?« Masuren in Polen

Kopiczko, Andrzej: Kościół warmiński a polityka wyznaniowa po II wojnie
światowej, Olsztyn 1996 [= Ośrodek Badań Naukowych im. Wojciecha
Kętrzyńskiego w Olsztynie. Rozprawy i Materiały, Nr. 152].

Kossert, Andreas: Między dwiema tradycjami. Trudna historia Kościoła
ewangelickiego na Mazurach po roku 1945, in: Borussia 17 (1998/
99), S. 113–135.

Kraft, Claudia: Pierwsze lata w województwie olsztyńskim po II wojnie światowej. Trudne początki nowego społeczeństwa, in: Komunikaty Mazursko-Warmińskie 226 (1999), S. 533–553.

Dies. (Bearb.): Wojewodschaft Allenstein, in; Włodzimierz Borodziej/
Hans Lemberg (Hgg.): »Unsere Heimat ist uns fremdes Land geworden …« Die Deutschen östlich von Oder und Neiße 1945–1950.
Bd. 1: Zentrale Behörden, Wojewodschaft Allenstein, S. 431–656 [er-
schien ebenfalls in polnischer Sprache].

Madajczyk, Piotr: Niemcy polscy 1944–1989, Warszawa 2001.

Rogall, Joachim: Die Tragödie einer Grenzlandbevölkerung – polnische Forschungen über die Masuren, in: Zeitschrift für Ostforschung 41 (1992), S. 102–111.

Sakson, Andrzej: Mazurzy – społecznosc pogranicza. Poznań 1990 [= Ziemie Zachodnie. Studia i Materiały, Nr. 15].

Ders.: Stosunki narodowościowe na Warmii i Mazurach 1945–1997. Poznań 1998 [= Ziemie Zachodnie. Studia i Materiały, Nr. 21].

Strauchold, Grzegorz: Polska ludność rodzima ziem zachodnich i północnych. Opinie nie tylko publiczne lat 1944–1948, Olsztyn 1995 [= Ośrodek Badań Naukowych im. Wojciecha Kętrzyńskiego w Olsztynie. Rozprawy i Materiały, Nr. 151].

Wróblewski, Andrzej K.: Wer unterschied schon Masuren von Deutschen? Ein Volksstamm zwischen Feinden – Erinnerung an das Schicksal Südostpreußens nach 1945, in: Frankfurter Allgemeine Zeitung, Nr. 179 (4. August 1990).

Masuren im Ruhrgebiet

Kaczmarek, Jozef: Die polnischen Arbeiter im Rheinisch-Westfälischen Industriegebiet, Köln 1922.

Konopatzki, Siegfried: Die innerdeutsche Westwanderung der ostpreußischen Bevölkerung und die Erforschung ihrer Ursachen, Pegau/Leipzig 1936 (Diss. Leipzig).

Linde, Hans: Die soziale Problematik der masurischen Agrargesellschaft und die masurische Einwanderung in die Emscherzone, in: Soziale Welt 1958, S. 233–246.

Mückeley, Oskar: Die Masuren im rheinisch-westfäl. Industriebezirk im Hinblick auf die ihnen gegenwärtig drohenden Gefahren und die Bekämpfung derselben, Gelsenkirchen 1910.

Ders.: Die Ost- und Westpreußen-Bewegung im rhein.-westfäl. Industriebezirk. Eine Festschrift zur Abstimmungs-Gedenkfeier 1926, Gelsenkirchen 1926.

Oenning, Ralf Karl: »Du da mitti polnischen Farben ...«. Sozialisationserfahrungen von Polen im Ruhrgebiet 1918 bis 1939, Münster/New York 1991.

Stefanski, Valentina-Maria: Zum Prozeß der Emanzipation und Integration von Außenseitern. Polnische Arbeitsmigranten im Ruhrgebiet, 2. Aufl. Dortmund 1991.

Wehler, Hans-Ulrich: Krisenherde des Deutschen Kaiserreichs 1871 bis 1918, Göttingen 1979.

Ders.: Die Polen im Ruhrgebiet bis 1918, in: Vierteljahrsschrift für Sozial- und Wirtschaftsgeschichte 1 (1961), S. 203–235.

Personenregister

Ortsregister

Abbildungsnachweis

ARCHIVE UND LEIHGEBER

Archiv für Kunst und Geschichte, Berlin: 117, 172, 187, 232, 310, 353
Leo Bikowski, Lindlar: 270
Bildarchiv Preußischer Kulturbesitz, Berlin: 21, 45, 96
Hartmut Boockmann, Göttingen: 52 rechts
DIZ Dokumentations- und Informationszentrum München: 65, 180,
    215, 234, 238 oben, 257
Walter Doerk, Münster: 139
Ralf Freyer, Freiburg: 13, 57, 137, 176, 383
Geheimes Staatsarchiv Preußischer Kulturbesitz, Berlin: 36, 329,
    345, 348
Frank Jork, Berlin: 162
Herzog Anton Ulrich-Museum, Braunschweig: 49 (Museumsfoto
    B.P. Keiser)
Willi Iwanowski, Peine-Stederdorf: 369
Gretl Janello, Heidelberg: 201
Kreisgemeinschaft Lötzen, Neumünster: 333 oben
Landesbildstelle Württemberg, Stuttgart: 52 links
Bernhard Maxin, Seeheim/Malchen: 291, 292, 328, 336, 337
Muzeum Warmii i Mazur, Olsztyn: 89, 106
Hedwig Rehle, Augsburg: 245
Ilsabe Streng, Sonneberg: 129
Ullstein Bild, Berlin: 101 oben, 135 unten, 215, 227, 228, 261, 267, 279

PUBLIKATIONEN

Kazimierz Brakoniecki und Konrad Nawrocki, Die Atlantis des Nordens.
    Das ehemalige Ostpreußen in der Fotografie, Olsztyn 1993: 25 (Foto
    Carl Wünsch), 55, 105, 134
Bernd Krebs, Państwo Naród Kościół, Bielsko-Biała 1998: 286 rechts
Marion Gräfin Dönhoff, Bilder die langsam verblassen. Ostpreußische
    Erinnerungen, Berlin 1989: 338
Marion Gräfin Dönhoff, Namen die keiner mehr nennt, Frankfurt am
    Main/Wien/Zürich 1964: 60 (Aufnahme Ruth Hallensleben)
Christoph Hartknoch, Alt- und Neues Preussen und Preussischer
    Historien zwey Theile ..., Frankfurt am Main und Leipzig 1684: 38

Heimatbote der Kreisgemeinschaft Ortelsburg 1989: 325 oben

Heimatbote der Kreisgemeinschaft Ortelsburg 1993: 305

Ronny Kabus, Juden in Ostpreußen, Husum 1998: 182, 223

Krystyna Korzon, Wojciech Kętrzyński 1838–1918, Wrocław/Warszawa/
Kraków 1993: 206

Kreisgemeinschaft Lötzen (Hg.), Lötzen – Stadt und Kreis, bearb. von
Rudolf Madeya, Leer 1989: 195, 235, 238 unten, 297, 325 unten

Kreisgemeinschaft Osterode Ostpreußen e.V. (Hg.), Kreisbuch Osterode
Ostpreussen, erarb. u. zusammengestellt von Klaus Bürger, Osterode
am Harz 1977: 115

Der Kreis Neidenburg – Ostpreußen im Bild, zusammengestellt und
hrsg. von Wolf-Joachim Becher und Gerhard Toffel, Leer o. J.: 69,
140, 164, 203, 255, 286 links

Der Kreis Ortelsburg im Bild, zusammengestellt von Max Brenk, Leer
1981: 39, 59, 76, 101 unten, 191, 230, 262, 317

Masuren in 144 Bildern, hrsg. von Martin Kakies, Leer 1956: 66 Mitte
und unten

Neidenburger Heimatbrief 1995, Heft 105: 340

Ostpreußen nebst dem Memelgebiet und der Freien Stadt Danzig,
hrsg. von Fritz Mielert, Bielefeld/Leipzig 1926: 33

Marcel Reich-Ranicki. Sein Leben in Bildern, © 1999 Deutsche Verlags-
Anstalt GmbH, Stuttgart: 319 (alle Rechte an dem Foto © Marcel
Reich-Ranicki)

Erich Schimanski, Das Bauernhaus Masurens, Königsberg 1936:
135 oben

Sensburger Heimatbrief 43 (1998): 252

Fritz Skowronnek, Das Masurenbuch, Berlin 1916: 66 oben, 67

Albert Zweck, Masuren. Eine Landes- und Volkskunde, Stuttgart 1900:
175

Die übrigen Abbildungen stammen aus dem Besitz des Autors: 31, 95,
109, 118, 123, 145, 155, 158, 169, 183, 221, 237, 253, 266, 274, 282,
295, 296, 302, 311, 314, 376. Nicht alle Rechteinhaber konnten ermittelt
werden; deren Urheberrechte werden hiermit vorsorglich und ausdrücklich anerkannt.